Gisa Pauly

STRANDLÄUFER

Ein Sylt-Krimi

PIPER

Mehr über unsere Autorinnen, Autoren und Bücher:
www.piper.de

Von Gisa Pauly liegen im Piper Verlag vor:

Mamma-Carlotta-Reihe:
Band 1: Die Tote am Watt
Band 2: Gestrandet
Band 3: Tod im Dünengras
Band 4: Flammen im Sand
Band 5: Inselzirkus
Band 6: Küstennebel
Band 7: Kurschatten
Band 8: Strandläufer
Band 9: Sonnendeck
Band 10: Gegenwind
Band 11: Vogelkoje
Band 12: Wellenbrecher
Band 13: Sturmflut
Band 14: Zugvögel
Band 15: Lachmöwe
Band 16: Schwarze Schafe

Siena-Reihe:
Band 1: Jeder lügt, so gut er kann
Band 2: Es wär schon eine Lüge wert
Band 3: Lügen haben lange Ohren

Dio Mio! Mamma Carlottas himmlische Rezepte
Der Mann ist das Problem
Venezianische Liebe

Unser Versprechen für mehr Nachhaltigkeit
• Klimaneutrales Produkt
• FSC®-zertifiziertes Papier
• Hergestellt in Europa

FSC www.fsc.org
MIX
Papier | Fördert gute Waldnutzung
FSC® C083411

Originalausgabe
ISBN 978-3-492-30362-0
1. Auflage Juni 2014
10. Auflage April 2022

Umschlaggestaltung: Eisele Grafik-Design, München
Umschlagmotiv/Artwork: Martina Eisele, unter Verwendung der Bilder von pavlen/E+/GettyImages (Fallschirm), Julian Weber/Shutterstock (Strand), Eric Isselee/Shutterstock (Möwen und Kuh)
Satz: Eberl & Koesel Studio, Altusried-Krugzell
Gesetzt aus der Scala
Druck und Bindung: CPI books GmbH, Leck
Printed in the EU

Heiliger Wattwurm! *Was ist denn da unten los? Da geht's ja noch lärmender zu als beim neuen Gosch. Ich hätte gleich hierhin fliegen sollen, bei Gosch ist die Konkurrenz einfach zu groß. Außerdem wird da dermaßen aufgepasst, dass man sich nicht mal in die Nähe der Tische trauen, geschweige denn darunter oder darauf zur Landung ansetzen kann. Im Nu wird man weggescheucht. Aber hier, auf dem Parkplatz, der heute keiner ist, wird vielleicht was zu holen sein. Also die Flügel ausbreiten und ein paar Runden treiben lassen, bei jeder Runde ein bisschen tiefer. Aha, auf ein paar Tischen wird Gebäck angeboten! Und da! Dicke, fest verschlossene Miesmuscheln! Da läuft einem ja das Wasser hinterm Schnabel zusammen. Man sollte den Kerl, der sie bewacht, durch plötzliche Darmentleerung aus der Reserve locken und dann ... Aber stopp! Was für eine Enttäuschung! Ungenießbar sind sie, diese wunderbaren, schwarz glänzenden Miesmuscheln. Da steht einem ja das Gefieder zu Berge! Gemalte Miesmuscheln! Gut, dass ich darauf nicht reingefallen bin. Und sonst? Viel Krimskrams, leider alles ungenießbar. Ich bin zwar sicher, dass die Leute da unten was Essbares in ihren Taschen haben, aber da ist nicht ranzukommen. Jedenfalls zurzeit nicht. Besser abwarten und noch ein paar Runden kreisen. Irgendwann nimmt jemand ein belegtes Brötchen in die Hand, und dann kommt meine Chance. Heutzutage muss man sich seine Nahrung hart erkämpfen. Der einzige Punkt, in dem ich der Sylter Obrigkeit zustimme: Es gibt einfach zu viele Möwen auf Sylt. Das waren noch Zeiten, als die Leute Spaß daran hatten, uns zu füttern! Aha, da geht der Bewacher des Bildes mit einem Fischbrötchen zum Abfalleimer. Er beißt noch einmal ab, der Rest scheint ihm nicht zu schmecken. Jetzt achtgeben! Sturzflug, wieder die Flügel ausbreiten, schweben, zwei Meter über dem Opfer kurz wegtreiben lassen, es in Sicherheit wiegen, dann der Angriff von hinten …*

Au!« Tove Griess war zurückgewichen, sein misslauniges Gesicht nahm im Schreck für einen Moment einen geradezu kindlichen Ausdruck an. Verdutzt sah er der Silbermöwe hinterher, die den Rest seines Fischbrötchens zu dem unbebauten Grundstück trug, auf dem vor ein paar Jahren noch das Kurhaus von Wenningstedt gestanden hatte. Ein Schwarm von Artgenossen folgte ihr und balgte sich dort um die Beute.

»Das Füttern der Möwen ist verboten!«, rief Carlotta Capella empört, die hinter einem Tapeziertisch stand, auf dem die Ladenhüter ihres Flohmarktangebotes lagen, die bis jetzt keine Käufer gefunden hatten.

»Habe ich das Mistvieh etwa gefüttert?«, schrie Tove Griess wütend zurück. »Beklaut hat sie mich!« Aufgebracht machte er kehrt und ging zu seinem Flohmarktstand zurück, den er in Mamma Carlottas Nähe aufgebaut hatte.

»Die Möwen haben mittlerweile ihre Scheu vor den Menschen verloren«, bestätigte Carolin. »Das ist nicht gut. Sie müssen zu ihrem artgerechten Verhalten zurückfinden.« Mamma Carlottas Enkelin war ein ernsthaftes Mädchen, ruhig und bedächtig wie ihr Vater, das sich Probleme zu Herzen und das Leben niemals auf die leichte Schulter nahm.

Eine leise Stimme mischte sich ein, schleppend und unlustig aus reiner Gewohnheit, aber durch Hohn und Schadenfreude diesmal ein wenig verschärft. »Das ist wohl das erste Mal, dass Tove seine Fischbrötchen aus der Hand gerissen werden«, brummte Fietje Tiensch. Der Strandwärter von Wenningstedt hockte auf einem Klappstuhl hinter Toves Stand, wo er sich so klein gemacht hatte, als fürchtete er Kundschaft. Er fror, hatte die Ärmel seiner marineblauen Wolljacke so weit wie möglich über die Hände gezogen und den Reißverschluss seines Troyers, den er daruntertrug, bis zum Kinn geschlossen. Auch er hatte die Farbe, die alle Menschen, die an der Wasserkante leben, besonders mögen.

Tove Griess, der Wirt von Käptens Kajüte, einer Imbissstube am Hochkamp, die genau wie ihr Besitzer nicht den besten Ruf genoss, fuhr wütend herum. Sein grobes Gesicht, die vorgewölbte Stirn mit den buschigen Augenbrauen und seine kleinen Augen, die die Farbe von schwerer See und den Ausdruck eines Käptens hatten, der einer meuternden Mannschaft gegenübersteht, versetzte einen arglosen Mitmenschen schon in Angst und Schrecken, wenn er gut gelaunt war. Sobald die Wut ihn packte, nahm jeder Reißaus, der mit ihm zu tun bekam.

»Schnack kein dummes Zeug, Fietje Tiensch!«, fuhr er seinen einzigen Stammgast an. »Sieh lieber zu, dass du meine Sachen loswirst. Seit du an meinem Stand hockst, ist noch kein Euro in die Kasse gewandert.«

»Weil du nur Plunder anzubieten hast«, entgegnete Fietje ungerührt und zog sich die Bommelmütze über die Augenbrauen. Der Rest seines Gesichtes wurde von einem ungepflegten Bart überwuchert, als wollte er sich hinter ihm und unter seiner Mütze unsichtbar machen. »Und überhaupt ... besorg deinen Flohmarktstand allein, wenn du mit mir nicht zufrieden bist.«

»Schon vergessen, dass ich fürs Mittagsgeschäft in meinen Laden zurückmusste? Für eine Woche Freibier kannst du dich ruhig ein bisschen anstrengen.«

Aber der Standwärter blieb so gemütsarm, wie man ihn kannte. Toves chronisch schlechte Laune focht ihn genauso wenig an wie die Möwenplage oder eine heraufziehende Sturmflut. Unruhig wäre Fietje Tiensch nur geworden, wenn die Biervorräte in Käptens Kajüte zur Neige gingen oder die Jever-Brauerei in Lieferverzug gekommen wäre. Beides war jedoch gottlob noch nie vorgekommen.

»Ich muss übrigens gleich in mein Strandwärterhäuschen«, knurrte er. »Nach dem Rechten sehen. Nur, dass du's weißt. Auch im März sind schon Leute am Strand!«

Mamma Carlotta witterte Unfrieden und wollte gerade mit ein paar versöhnlichen Worten für Eintracht sorgen, wurde aber durch einen Kaufinteressenten davon abgehalten. Ein Tourist in mittleren Jahren nahm einen Kerzenleuchter zur Hand. Carlottas Tochter hatte ihn von ihrer Cousine Marinella zur Hochzeit bekommen, aber nie gemocht. Zwar hatte Lucia ihn nach den Flitterwochen pflichtschuldigst in ihre neue Heimat Sylt überführt, ihn dort aber in einer Truhe versenkt, in der ihre Mutter ihn nun gefunden hatte.

Schon kurz nach Carlottas Ankunft auf Sylt hatten die Kinder von dem Flohmarkt gesprochen, der auf dem Parkplatz an der Dünenstraße, direkt neben dem Minigolfplatz, abgehalten werden sollte. Carolin und Felix hatten ihre Zimmer entrümpelt, was von ihrer Nonna mit viel Lob bedacht worden war, hatten Spielzeug, CDs, Bücher und Kleidung zusammengetragen, mit deren Verkauf sie ihr Taschengeld aufbessern wollten. Leider war der Erfolg nicht so groß, wie sie erhofft hatten. Felix stand immer noch hinter seiner alten Carrerabahn, und auch Carolin hatte vergeblich versucht, ihre Polly-Pocket-Sammlung loszuwerden. Im Laufe der nächsten Stunde musste der Flohmarkt abgebaut werden, und die beiden boten ihre Ladenhüter noch immer vergeblich an.

Die verborgenen Schätze ihres Vaters jedoch hatten sich als Verkaufsschlager erwiesen. Zum Glück war er bereit gewesen, seinen Werkstattkeller zu durchforsten und alles, was nicht mehr gebraucht wurde, in die Flohmarktkisten zu packen. Am Ende hatte er sogar die große Truhe geöffnet, die auf dem Speicher stand und noch immer alles enthielt, was Lucia zu Lebzeiten zum Wegwerfen zu schade gewesen war. Die ganze Familie, Erik Wolf, seine Schwiegermutter und die beiden Kinder, hatten eine Weile vor dem Trödel gestanden, der von Lucia aussortiert worden war, und jeder von ihnen war von Erinnerungen überwältigt worden, die er hinunterschlucken oder sich aus den Augen wischen musste. Jedes Teil, was dort in der Truhe lag, war zuletzt von Lucia betrachtet, berührt und dann dort verwahrt worden. Der Autounfall in der Nähe von Niebüll war mit einem Mal wieder herangerückt, das Entsetzen, der Schmerz, das Grauen waren noch einmal ganz nah gewesen.

Aber dann hatte Erik gesagt: »Sie wäre damit einverstanden, dass wir die Sachen verkaufen.«

Das hatte schließlich den Ausschlag gegeben. Niemand hätte auf etwas verzichten mögen, was Lucia lieb und wert gewesen war, aber nun war ihr Tod so weit verkraftet, dass sie sich von dem trennen konnten, was Lucia selbst schon aus ihrem Leben verbannt hatte. Noch vor wenigen Monaten hätte Erik die Hand auf den Deckel der Truhe gelegt und verboten, sie zu öffnen. Aber nun war er neu verliebt, Wiebke hatte ihn von seiner Trauer um Lucia erlöst, er konnte endlich loslassen. Mamma Carlotta hatte Verständnis für ihren Schwiegersohn. Sie wusste, wie schwer Erik unter Lucias Verlust gelitten hatte und immer noch litt, aber es war gut, dass die Zeit die schwersten Wunden geheilt hatte und er sich wieder dem Leben zuwenden konnte. Sie wusste, dass er Lucias Tod nie überwinden würde, so wie sie selbst ihn auch nicht würde überwinden können, aber dass das Leben weitergehen musste, wusste sie genauso gut. Und nun hatte es auch Erik eingesehen. Es würde nicht leicht sein, eine andere Frau an Lucias Platz zu sehen, aber Mamma Carlotta war entschlossen, damit zurechtzukommen. Auch die Kinder mussten einsehen, dass Eriks Liebe zu Lucia nicht geringer wurde, wenn er eine neue Frau in sein Leben ließ.

»Er ist aus Muranoglas«, erklärte sie nun und hielt den Leuchter gegen das spärlich durch die Wolken sickernde Sonnenlicht, damit der Kaufinteressant sah, wie wundervoll das blaue Glas leuchten konnte.

›Kitsch‹ hatte Lucia gesagt, aber das verschwieg ihre Mutter. Mit vielen zu Herzen gehenden Worten schilderte sie das schwere Schicksal von Cousine Marinella, der der Leuchter zu verdanken war. Deren Mann war mit einer kleinen Trattoria pleitegegangen, woraufhin sie ihr Auskommen als Küchenhilfe in einer Pizzeria suchen musste, die früher zu ihrer Konkurrenz gezählt hatte. Aber trotz ihrer Bedürftigkeit hatte sie dieses großzügige Hochzeitsgeschenk gemacht! »In Italia geht eben die Familie über alles!«

Der Mann war so betroffen, wie sie erhofft hatte. Er gehörte zu den Norddeutschen, die sich von gefühlvollen Erzählungen beeindrucken ließen und jede Übertreibung für bare Münze nahmen. Einem Italiener wäre sofort klar geworden, dass hier für ein gutes Geschäft gelogen wurde, dass sich die Balken bogen, aber der norddeutsche Tourist bestaunte Mamma Carlottas große Gesten und die Worte, die in einem Tempo von ihrer Zunge rollten, dass der gute Mann kaum folgen konnte. Vorsichtig erkundigte er sich, ob sie aus Italien stamme, was er womöglich schon kurz darauf bereute. Denn aus dem eifrigen Verkaufsgespräch wurde nun ein längerer Vortrag über das wunderschöne Italia und die Glaskunst aus Murano, ehe Mamma Carlotta das Gesprächsthema nach Umbrien verlegte, wo sie in einem kleinen Bergdorf geboren worden war, in dem sie heute noch lebte. Der Tourist, der zunächst über den Preis des Leuchters verhandeln wollte, zückte widerstandslos das Portemonnaie, als er zudem erfuhr, dass sie sieben Kinder zur Welt gebracht hatte, dass ihr Mann, Gott hab ihn selig, viele Jahre pflegebedürftig gewesen war und dass ihre Tochter Lucia erstaunlicherweise auf dieser kalten Nordseeinsel ihr Glück gefunden hatte, obwohl sie doch an Sonne und Wärme gewöhnt gewesen war. Während der Flohmarktkunde mehrmals vergeblich um Einwickelpapier bat, erzählte Mamma Carlotta noch schnell, dass sie nun, da ihr Dino sie nicht mehr brauchte, häufig nach Sylt käme, um der Familie ihrer verstorbenen Tochter beizustehen. Gerne hätte sie auch noch erklärt, wie sie zu ihren flotten Deutschkenntnissen gekommen war, aber da hatte der Kunde sich bereits einem hölzernen Bilderrahmen am nächsten Flohmarktstand zugewandt.

Sie fuhr sich mit den Fingerspitzen durch die dunklen Locken, die nur wenige graue Strähnen aufwiesen, zupfte die winddichte Jacke zurecht, die ihr Schwiegersohn ihr zur Verfügung stellte, wenn sie auf Sylt war, und sah an der langen Hose herunter, die sie trug. Ein Kleidungsstück, das sie in Wenningstedt erworben hatte und niemals nach Umbrien exportieren würde. In ihrem Dorf trug eine Witwe in ihrem Alter keine Hose! Völlig undenkbar! Dort hatten die Frauen für den Alltag ein paar Kittelschürzen im Schrank und für Sonn- und Feiertage etwas Feines aus Wolle oder Seide. Solange sie jung waren, durfte die Kleidung farbig, geblümt oder kariert sein, später wurde sie dann der Tochter vermacht und gegen dunkelblaue und graue Kleider eingetauscht, sobald der Witwenstand und damit das Ende der modischen Skala erreicht war. Auch in Mamma Carlottas Schrank daheim hingen zwei schwarze Kittelschürzen, aber seit sie regelmäßig die Insel Sylt besuchte, widersetzte sie sich den Regeln, die die Witwen ihres Dorfes aufgestellt hatten, immer öfter.

Zum Glück war schon die nächste Kundin in Sicht, eine Frau in ihrem Alter, die genauso redefreudig war wie Mamma Carlotta selbst. Sie hörte sich gerne an, dass der Schnellkochtopf aus der neapolitanischen Fabrik eines Onkels stammte, der mit solchen Geräten ein Vermögen gemacht, sich, kaum dass er reich geworden war, von seiner Frau getrennt hatte und seitdem drei Ehen mit immer jüngeren Frauen eingegangen war, die allesamt gescheitert waren.

»Das geschieht ihm ganz recht!«

Die beiden Frauen waren sich einig, was für Mamma Carlotta nicht nur zum Verkauf des Schnellkochtopfs, sondern auch eines Käsebretts aus Eriks Junggesellenzeit und einer Hutschachtel unbekannter Herkunft führte. Der Abschied fiel herzlich aus, und Mamma Carlotta war davon überzeugt, dass diese Kundin gern noch etwas länger an ihren Lebenserinnerungen Anteil genommen hätte, wenn sie nicht auf das Warenangebot von Tove Griess aufmerksam geworden wäre. Sie nahm einen der bunt bemalten Holzschuhe zur Hand, die Tove ausgelegt hatte. »Lieber Himmel, ist der scheußlich!«

Tove Griess, der noch nie versucht hatte, sein Geschäft durch Freundlichkeit anzukurbeln, weder in seiner Imbissstube noch hinter dem Flohmarktstand, hatte dennoch die Mundwinkel gehoben, als die Frau sein Angebot in Augenschein nahm. Prompt fielen sie wieder herab. »Sie brauchen ihn ja nicht zu kaufen, wenn er Ihnen nicht gefällt. Meine Mutter hat ihn im Frühling immer mit Primeln bepflanzt. Mir hat das gefallen! Aber wenn Sie was Besseres gewöhnt sind ...« Murmelnd fügte er etwas Unverständliches an, in dem die Wörter ›Schickimicki‹ und ›hochnäsig‹ vorkamen.

Die Frau erschrak über seine Schlussfolgerung, versicherte hastig, dass sie nicht unhöflich sein wollte und dass die Geschmäcker nun mal verschieden seien. Dann zeigte sie auf das Gemälde, das Tove an einen alten Mayonnaisespender gelehnt hatte. Eine abstrakte Malerei in Grautönen, die von hellen Linien überdeckt wurden. Sie sahen aus wie rückwärtslaufende Wellen, die sich kurz vor dem Horizont überschlugen. Die schwarzen Miesmuscheln am unteren Rand des Bildes standen so klar und deutlich vor dem abstrakten grau verschleierten Motiv, dass sie aussahen, als sollten sie nicht dazugehören. Die Frau wollte augenscheinlich wiedergutmachen, was Tove gekränkt hatte, indem sie an diesem Teil seines Flohmarktangebotes etwas Positives fand. »Hat das Bild auch Ihrer Mutter gehört?« Da sie seiner Zustimmung sicher war, fügte sie schon an, ehe Tove antworten konnte: »Sie hatte Kunstverstand.«

Aber Tove glaubte ihr kein Wort und sah keinen Grund, ihr die Verlegenheit zu nehmen. »Keine Ahnung, woher das Geckleckse stammt. Über unserem Sofa hat es jedenfalls nicht gehangen.« Er wandte sich an Fietje, der eine Banane schälte, während er die Möwe im Auge behielt, die über ihnen kreiste. »Hat sich irgendjemand für dieses Bild interessiert?«

»Kein Schwein«, antwortete Fietje.

Tove drehte sich wieder zu der Frau um, die jedoch die Gunst des Augenblicks genutzt und sich davongemacht hatte.

»Ist ja auch potthässlich«, meinte Tove und betrachtete das Gemälde kopfschüttelnd, als sähe er es zum ersten Mal. »Ich möchte wissen, wo mein Alter das aufgetrieben hat. Es stand hinter den Weckgläsern im Keller.«

»Ich glaube, das ist Tachismus«, mischte Carolin sich ein und fuhr sich dabei mit den Fingerspitzen über die Lippen, so wie ihr Vater seinen Schnauzer glatt strich, wenn er nachdachte oder etwas formulieren wollte, was seine ganze Aufmerksamkeit erforderte. Immer dann, wenn Carolin schulische Bildung an den Mann bringen wollte, war sie ihrem Vater noch ähnlicher als in der übrigen Zeit, in der sie schweigen konnte wie Erik und genauso wie er erstaunt zusah, wenn Felix sich vor Lachen die Seiten hielt oder so laut schimpfte wie seine Mutter.

»Hä?« Felix bedachte seine Schwester mit einem verächtlichen Blick, den er immer aufsetzte, wenn Carolin ihm zeigte, dass sie nicht nur zwei Jahre älter war, sondern auch zwei Jahre Bildungsvorsprung hatte und überdies am Schulunterricht weitaus interessierter war als Felix, der es wie viele seiner italienischen Vorfahren hielt. Er ließ die Zukunft auf sich zukommen wie eine angenehme oder auch böse Überraschung und würde erst, wenn sie Gegenwart war, darüber entscheiden, ob er ihr mit Fleiß, Gleichgültigkeit oder krimineller Energie begegnen wollte.

Toves Blick war nicht minder abschätzig. Er reagierte, wenn er auf Bildung stieß, genauso wie Felix. Nur in Fietjes Gesicht, zwischen dem Rand seiner Bommelmütze und den oberen Flusen seines weichen Bartes, stieg etwas auf, was für Augenblicke den Schleier von der Betäubung wegzog, für die er seit Jahren mit regelmäßigem und ausschweifendem Biergenuss in Käptens Kajüte sorgte. »Tachismus ist eine Strömung der abstrakten Malerei«, erklärte er und sorgte auf diese Weise dafür, dass sich Toves Laune noch weiter verschlechterte. »Der Künstler stellt spontane Empfindungen auf der Leinwand dar. Er bannt das Unbewusste in Farbe und Form. Die Miesmuscheln sind für ihn die Verbindung des Unbewussten mit realen Erinnerungen.«

»Klookschieter!« Tove sah aus, als wollte er Fietje für seine Besserwisserei eine Ohrfeige verpassen. Aber Mamma Carlotta, die sich für eine Meisterin im Schlichten und sogar Verhindern von Streitigkeiten hielt, konnte eine verbale Auseinandersetzung abwenden. Ohne sich nach der Bedeutung des Wortes ›Klookschieter‹ zu erkundigen und ohne das Gemälde eines Blickes zu würdigen, lenkte sie die Aufmerksamkeit auf das Werkzeug, das Tove auf seinem Tapeziertisch ausgebreitet hatte und von dem nur wenige Stücke verkauft worden waren. Vor allem deswegen, weil Tove Preise verlangte, die beinah jeden Interessenten in die Flucht schlugen.

»Warum wollen Sie sich von dem Werkzeug trennen, Signor Griess?«, fragte sie und rieb sich heimlich die Hände, weil Tove sich prompt von Fietje abwandte und seinen Ärger über den Besserwisser vergaß. »Sie sind wohl kein Heim... wie sagt man?«

»Heimwerker?«, fragte Fietje. »Nö, das ist er wohl nicht. Aber auch kein Einbrecher mehr. Tove hat irgendwann gemerkt, dass er seinem Alten nicht das Wasser reichen kann, und hat es aufgegeben.«

Erschrocken über die vielen Sätze, die er ganz gegen seine Gewohnheit an einem Stück von sich gegeben hatte, zog er seine Bommelmütze noch weiter ins Gesicht und vertiefte sich in die Betrachtung der Kartons, in denen Tove sein Flohmarktangebot transportiert hatte und die unverkäuflichen Reste nach Hause zurückbringen würde.

»Dösbattel!«, knurrte Tove. »Hör auf, dummes Zeug zu schnacken.«

Mamma Carlotta hatte noch mit der ihr unbekannten Vokabel

›Dösbattel‹ zu tun, als sich eine andere Stimme einmischte: »Das ist ja ein interessantes Angebot, Herr Griess! Stammt das alles von Ihrem Vater? Gehört davon nicht einiges in unsere Asservatenkammer?«

»Nix da, Herr Hauptkommissar!« Tove packte energisch seine Sachen zusammen und warf sie so hastig in einen Karton, dass Eriks Blick, der bis dahin noch freundlich gewesen war, nun misstrauisch wurde. Mit den Augen folgte er jedem Teil, das in Toves Kartons wanderte, ohne jedoch einzugreifen.

Mamma Carlotta verzog sich zu ihrem Stand, der gerade verwaist war, und tat so, als wolle sie dort eine marmorne Blumensäule vor unbefugtem Zugriff bewahren. Sie musste sich zwingen, in den schwelenden Konflikt zwischen ihrem Schwiegersohn und Tove Griess nicht schlichtend einzugreifen, indem sie Erik zum Beispiel darauf hinwies, wie lobenswert es doch sei, wenn Tove Griess sich das Einbruchswerkzeug seines kriminellen Vaters vom Halse schaffte. Aber Erik sollte nicht wissen, wie gut ihr Tove und Fietje bekannt waren, deswegen hielt sie es für klüger, sich zurückzuhalten. Bis jetzt ahnte ihr Schwiegersohn nicht, wie häufig sie in Käptens Kajüte einkehrte und dass sie den Wirt und auch den Strandwärter heimlich zu ihren Sylter Freunden zählte. Sie hatte sogar Verständnis dafür, dass Erik die beiden, denen die Zelle im Polizeirevier Westerland bestens vertraut war, nicht zum Bekanntenkreis seiner Schwiegermutter zählen wollte. Nein, Erik sollte glauben, dass sie Tove Griess und Fietje Tiensch nicht besser kannte als alle anderen Sylter, die verächtlich auf die beiden herabsahen.

Sie beobachtete Erik, wie er breit und behäbig dastand, Tove schweigend beobachtete und sich nachdenklich über den Schnauzer strich. Alles an ihm war breit, der Körperbau, seine Hände, sein kantiges Gesicht, der Cord seiner Hose und der Pullunder mit den Querstreifen, den er am liebsten trug. Lucia hatte kurz vor ihrer Hochzeit sogar behauptet, Erik habe auch ein breites Herz, und dabei ein Lächeln gezeigt, das ihre Mutter noch nie gesehen hatte. Das war der Moment gewesen, in dem Mamma Carlotta einsah, dass ihre Tochter die Wärme ihrer Heimat verlassen musste, um auf einer Insel in der eiskalten Nordsee glücklich zu werden. Von da an hatte sie auch daran glauben können, dass Lucia es mit einem Mann aushalten würde, der schweigen konnte, wie in Italien nur der alte Teobaldo schwieg, seit er sich während einer Schlägerei die Zunge abgebissen hatte.

Sie zuckte zusammen, und ihr wurde klar, dass sie sich in Erinnerungen verloren hatte, als Erik mit einem Mal sehr energisch sagte: »Moment mal! Was ist denn das?«

Hauptkommissar Erik Wolf hatte seinen Assistenten verständigt, der vor einer halben Stunde Feierabend gemacht hatte und gerade zu Hause angekommen war. Seine Begeisterung, als er hörte, dass sein Chef Überstunden von ihm erwartete, hielt sich dementsprechend in Grenzen. »Hat das nicht Zeit bis morgen?«

Erik zögerte. »Wollten Sie nicht ohnehin zum Abendessen kommen? Meine Schwiegermutter rechnet fest mit Ihnen.«

»Wirklich?« Sören Kretschmer tat erstaunt, obwohl er eigentlich wissen musste, dass die Schwiegermutter seines Chefs ihn gern zu Gast hatte. Sie war der Meinung, dass das Kochen erst richtig Spaß machte, wenn viele Esser am Tisch saßen, und die Qualität der Köchin daran zu messen war, dass Antipasti, Primo, Secondo und Dolce trotzdem für alle reichten, auch wenn die Zahl der Gäste unübersichtlich wurde. Dennoch hielt Sören es gelegentlich für angebracht, so zu tun, als überraschte ihn die Einladung zum Essen, damit ihm die Sorge, eventuell ein ungebetener Gast zu sein, schleunigst genommen wurde. »Also gut. Wir treffen uns bei Ihnen.«

Erik hatte zugestimmt. »Ich fahre die Tapeziertische und den Trödel nach Hause, der nicht verkauft worden ist. Meine Schwiegermutter muss mit den Kindern zu Fuß zurück. Ist ja nicht weit! Und wir gucken uns die alten Akten an. Zehn Jahre ist das her. Mindestens!«

Nun war Sörens Rennrad, mit dem er sich in Form hielt, am Gartenzaun angekettet, die Flohmarktkisten waren im Schuppen verstaut, und Erik fuhr mit seinem Assistenten gen Westerland ins Kommissariat. Wieder einmal war er froh, einen Assistenten zu haben, mit dem er sich blind verstand. Sören war wie ein Sohn für ihn, obwohl Erik vom Alter her gar nicht sein Vater sein konnte. Ihm gefiel Sörens Ruhe und seine Zuverlässigkeit, und am besten fand er, dass sie beide gern schwiegen und sich auch ohne viele Worte verstanden.

»Die Staatsanwältin hat mir vor ein paar Wochen noch vorgehalten, dass es mir damals nicht gelungen ist, den Kunstraub aufzuklären.«

»Um welchen Maler ging es eigentlich?«, erkundigte sich Sören. »Etwa um Boy Lindegard?«

Erik nickte. Sylts berühmtesten Maler kannte jedes Kind, das auf der Insel zur Schule gegangen war. Viele sogar nur diesen einen. Felix jedenfalls verließ gern das Zimmer, wenn die Rede auf Rembrandt oder Picasso kam, während er die Lebensdaten Boy Lindegards herunterbeten und zumindest seine drei Hauptwerke beim Namen nennen konnte.

»Der Sylt-Zyklus gehört nicht zu seinen besten Arbeiten, aber für unsere Heimat ist er natürlich besonders wichtig.«

»Und da von Lindegard nichts unter hunderttausend weggeht«, ergänzte Sören, »wird auch der Sylt-Zyklus sehr wertvoll sein.«

»Er besteht aus drei Gemälden. ›Strandläufer‹, ›Krebsgang‹ und ›Salzwiesen‹. Abstrakte Malerei natürlich, wie immer. Aber beim Sylt-Zyklus hat er etwas Gegenständliches eingefügt. Bei allen drei Bildern!«

»Die Miesmuscheln«, sagte Sören wie ein gehorsamer Schüler.

»Als Lindegard erfuhr, dass er unheilbar krank war, wollte er sein Werk in die richtigen Hände geben. Bevor er starb, hat er den Sylt-Zyklus der Stadt Westerland vermacht. Im Rathaus sollten die drei Bilder aufgehängt werden.«

Sören erinnerte sich plötzlich an alte Zeitungsberichte. »Kaum wurde etwas über Lindegards nahes Ende bekannt, begannen seine Bilder schon im Wert zu steigen.«

»So sehr«, bestätigte Erik, »dass der Bürgermeister sich fragte, wie er die drei Gemälde eigentlich sichern sollte. Unmittelbar nach Lindegards Tod wurde jedes Bild auf dreihunderttausend Euro geschätzt.«

Sören dachte nach. »Sind sie aus dem Rathaus gestohlen worden?«

»Da sind sie gar nicht erst angekommen. Als die Bilder von einer Galerie auf dem Festland nach Sylt gebracht werden sollten, ist der Transporter überfallen worden. Alle drei Bilder weg! Und die beiden Fahrer schwer verletzt.«

»Und Sie haben nicht herausbekommen, wer hinter dem Kunstraub steckte?« Sören gab sich Mühe, die Frage nicht geringschätzig klingen zu lassen.

Erik antwortete erst, als er in die Kjeirstraße eingebogen war. »Es gab mehrere Verdächtige, aber es fehlten die Beweise. Es musste auch einen Hehler gegeben haben, aber auf dessen Spur sind wir ebenfalls nicht gekommen. Obwohl alles dafürsprach, dass er auf Sylt sein Unwesen trieb.«

»Sie sind nicht auf den Vater von Tove Griess gekommen?«, fragte Sören und sah Erik verständnislos an. »Das war doch ein notorischer Krimineller, soviel ich weiß!«

»Ein Halunke, wie er im Buche stand«, bestätigte Erik. »Aber so ein Riesending hat ihm niemand zugetraut. Bis dahin hatte er sich nur mit kleinen Diebereien abgegeben. Es gab auch keine Anhaltspunkte. Haie Griess war nie mit einem unserer Verdächtigen gesehen worden. Wir haben ihn eine Weile beschattet, aber das hat nichts ergeben. Und dann wurde er wegen einer anderen Sache verhaftet und wanderte in den Knast.«

»Und wurde dort vergessen?«

»Gewissermaßen.« Erik fing an, sich über diese Fragen zu ärgern.

»Weswegen ist er verhaftet worden?«, fragte Sören.

»Ich glaube, er hatte eine Sparkasse in Büsum überfallen.«

Sören pfiff durch die Zähne. »Ein so kleines Licht war er also doch nicht.«

»Natürlich war er das«, antwortete Erik heftig. »Der ist schon am nächsten Tag festgenommen worden, weil er sich selten dämlich angestellt hat. Kurz nach seiner Entlassung aus der Haft ist er dann gestorben.«

»Und hat seinem Sohn sein Einbruchswerkzeug und den Teil seiner Beute hinterlassen, den er noch nicht an den Mann gebracht hatte.« Sören wurde plötzlich nachdenklich. »Komisch, dass das Lindegard-Gemälde beim Hehler geblieben ist. Warum haben die Kunsträuber es sich nicht geholt? Vielleicht war Haie Griess gar kein Hehler, sondern gehörte zu den Kunsträubern?«

»Fragen Sie mich was Leichteres. Aber eigentlich war Kunstraub ein paar Nummern zu groß für Haie Griess. Wir haben immer darauf gehofft, dass die Bilder irgendwo auftauchen und uns zu den Tätern führen.«

»Hätten wir Tove Griess nicht zum Verhör mitnehmen sollen?«

»Wozu? Der kann uns nichts erzählen.«

»Vielleicht doch?«

»Solange er so wütend ist, verrät der nichts. Und dass er nichts weiß, ist so gut wie sicher. Glauben Sie, Tove Griess hätte das Gemälde auf dem Flohmarkt angeboten, wenn er wüsste, wie wertvoll es ist? Und dass es aus einem Kunstraub stammt?«

Sören schüttelt den Kopf. Er wusste genau wie Erik, dass der Wirt in einem solchen Fall seine Kontakte zur Unterwelt genutzt und das Bild still und heimlich verkauft hätte. Für sehr viel Geld!

»Auf dem Flohmarkt hätte er es für fünf Euro hergegeben. Aber nicht mal die sind ihm geboten worden. Boy Lindegard ist anscheinend mehr was für Kunstkenner, aber nicht für Leute, die ein hübsches, fröhliches Bild fürs Wohnzimmer kaufen wollen.

Und wenn jemand Boy Lindegard erkannt haben sollte, hat er das Bild vermutlich für eine Fälschung gehalten.« Sören griff sich an den Kopf. »Boy Lindegard auf dem Flohmarkt! Das glaubt doch kein Mensch!«

Erik blieb vor der Ampel stehen, starrte das Bahnhofsgebäude auf der anderen Straßenseite und die ›Reisenden Riesen im Wind‹ an, die davorstanden. Sie wurden von Touristen betrachtet, Kinder erklommen die überdimensionalen Füße und machten sich gegenseitig auf die Gesichter der Grünen Riesen aufmerksam, die falsch herum auf dem Hals saßen.

In die Stille hinein fragte Sören: »Die drei Bilder sind also seit zehn Jahre verschollen?«

»Nur zwei. Ein Bild ist kurz nach dem Raub wieder aufgetaucht. ›Salzwiesen‹.« Erik grinste schief und fuhr ironisch fort: »Aber leider war das reiner Zufall, nicht das Ergebnis erfolgreicher Ermittlungsarbeit. Die Staatsanwältin vergisst nie, das zu erwähnen.«

»Wie kann so ein Gemälde zufällig auftauchen?«

»Es war wohl gerade einem Käufer übergeben worden. Ein reicher Typ mit einem Mustang. Aber der hatte auf dem Rückweg einen Unfall. Im Wrack des Wagens fand sich das Lindegard-Gemälde. Zum Glück unversehrt. Der Fahrer war tot, den konnten wir nicht mehr befragen. Und seine Lebensgefährtin wusste von nichts.«

»Wirklich nicht?«

»Nun, sie wusste immerhin«, gab Erik zurück, »dass ihr Freund einen dicken Batzen Geld im Tresor hatte. Schwarzgeld! Ungefähr eine halbe Million! Da war sie ganz sicher.«

»Und die waren weg?«

»Gut zweihunderttausend lagen noch da.«

»Also haben die Ganoven fast dreihunderttausend kassiert! Und der Typ hätte das Bild gut versteckt und irgendwann hervorgeholt, wenn keiner mehr davon redet.«

»Das war ein Kunstverrückter. Sein Haus war voller Bilder.

Der besaß viel mehr Gemälde, als er sich jemals an die Wand hängen konnte.«

Die Ampel wechselte auf Grün, sie bogen in den Kirchenweg ein und gleich darauf nach links auf das Gelände des Polizeireviers. Erik stieg aus, öffnete die Kofferraumhaube und hob vorsichtig das Bild heraus.

Sören betrachtete es kopfschüttelnd. »Und so was soll dreihunderttausend wert sein? Hundertmal mit dem Pinsel hin und her und dann behaupten, die Pinselstriche wären rückwärts geführt worden und deswegen hieße das Bild ›Krebsgang‹?«

Erik betrachtete seinen Assistenten kopfschüttelnd. »Schämen Sie sich, Sören. Sie sind ja ein richtiger Kunstbanause!«

»Und Sie sind ganz schön leichtsinnig«, kam es prompt zurück. »Sie haben ein kleines Vermögen in der Hand! Ist Ihnen das eigentlich klar?«

Prompt begannen Eriks Hände zu zittern. »Sie haben recht! Wir müssen uns überlegen, wo wir das Bild unterbringen.«

Mit vorsichtigen Schritten bewegte er sich auf den Hintereingang des Polizeireviers zu. Sören folgte ihm mit der Hand am Hosenbund, als wollte er jeden Moment seine Dienstwaffe ziehen und das teure Bild vor einem Kunstdieb beschützen. »Vielleicht im Heimatmuseum?«

Erik antwortete erst, als er das Gemälde unbeschadet in sein Büro getragen und dort an die Wand gelehnt hatte. »Da ist es nicht sicher genug. Am besten, wir lassen es ins Flensburger Museum bringen. Wenn ich mich recht erinnere, ist ›Salzwiesen‹ dort auch gelandet. Im Museum gibt es vermutlich auch jemanden, der bescheinigen kann, dass es sich wirklich um das Lindegard-Gemälde handelt. Wir brauchen Sicherheit. Am Ende ist es doch nur eine Fälschung.« Erik strich sich lange den Schnauzer glatt, dann griff er in die Schublade seines Schreibtisches, spielte kurz mit dem Stiel seiner Pfeife, ließ sie dann aber, wo sie war, und holte eine Tafel Trauben-Nuss-Schokolade hervor.

Sören grinste. Sein rundes Gesicht mit den immer roten Wangen leuchtete wie ein reifer Sommerapfel. »Sie brauchen Nervennahrung?«

Erik nickte. »Ich muss die Staatsanwältin anrufen. Sie muss uns einen Sachverständigen schicken und dafür sorgen, dass das Bild nach Flensburg gebracht wird. Am besten heute noch.«

Sören blickte auf die Uhr. »Ob das noch klappt?«

Erik sah plötzlich ängstlich aus. »Wo sollen wir denn hin damit?« Er starrte das Gemälde an, als erwartete er von ihm eine Antwort. »Stellen Sie sich vor, es wird uns heute Nacht gestohlen?«

»Es gab sicherlich genug Augenzeugen, als Sie es vorhin auf dem Flohmarkt beschlagnahmt haben«, gab Sören zu bedenken und nickte.

Erik hatte keine Vorstellung, wie viele darauf aufmerksam geworden waren, aber sicherlich waren es einige gewesen. Und dass schon bald in den Restaurants und Kneipen der Insel davon gesprochen wurde, war so gut wie sicher.

Der Bestätigung, die er zugleich bekam, hätte es eigentlich nicht bedurft. Polizeimeister Enno Mierendorf, groß, kräftig, dunkelhaarig, der gerade seinen Kollegen abgelöst hatte und zur Spätschicht angetreten war, kam in Eriks Büro. »Was habe ich gehört? Sie haben auf dem Flohmarkt einen van Gogh beschlagnahmt?«

Erik überließ es seinem Assistenten, den Irrtum aufzuklären. Aber an Enno Mierendorfs Bestürzung änderte das nichts. Boy Lindegard erschien dem Polizeimeister, der in Westerland zur Schule gegangen war, sogar noch wesentlich eindrucksvoller als van Gogh.

»Donnerschlag! Ist er echt?«

Sören wies wortlos zu dem Bild, das an der Wand lehnte. Mierendorf stellte sich davor, kratzte sich am Kinn und gab sich kunstbeflissen. »Ja, der ist echt«, behauptete er dann und begründete die Sicherheit, die er zur Schau trug, damit, dass er schon mindestens zweimal in einem Museum die Bilder Lindegards betrachtet und außerdem noch ein Schulbuch im Schrank stehen hätte, in dem die Bilder des Sylter Malers abgedruckt seien. Mit diesen Worten ging er eilig ins Revierzimmer zurück, ehe Sören auf die Idee kommen konnte, ihn weiter zu Lindegards Lebenswerk zu befragen. Sören war jünger, noch in den Zwanzigern. Wenn es um Schulwissen ging, war er seinen Kollegen meist ein Stück voraus.

Er sah seinen Chef ungeduldig an. »Nun mal los!«

Erik nickte. Aber bevor er die Nummer der Staatsanwältin wählte, brach er einen Riegel von der Schokolade ab und schob ihn sich in den Mund. Wie immer ließ er zunächst die Schokolade in seinem Mund schmelzen, bis nur noch die Haselnüsse und die Rosinen auf seiner Zunge lagen. Genussvoll zerbiss er sie, dann fühlte er sich stark genug für ein Gespräch mit Frau Dr. Speck. Auch deshalb, weil ihm gerade eine Idee gekommen war …

Mit einer aufmunternden Geste schob er Sören die Schokolade hin, obwohl er wusste, dass sein Assistent nicht zugreifen würde. Sörens Nervennahrung sah anders aus. Ohne den Blick von dem Lindegard-Gemälde zu nehmen, zog er eine Tüte Salmiakpastillen aus der Hosentasche und schob sich so viele der schwarzen Rauten in den Mund, dass sein Chef angewidert das Gesicht verzog, während er wählte.

Mamma Carlotta hatte die Kinder mit einer fadenscheinigen Begründung nach Hause geschickt und war froh, dass beide ohne Weiteres darauf eingegangen waren. Entweder glaubten sie ihr wirklich, dass sie der Standnachbarin beim Einpacken der unverkauften Waren helfen wollte, oder sie waren ihr schlichtweg dankbar, dass sie sich aus der Nähe des tobenden Imbissstubenwirtes entfernen durften, der ihrem Vater in einem Augenblick die Pest an den Hals und ihn im nächsten zur Hölle wünschte. Dass sie sich das nicht anhören wollten, war verständlich, aber dass sie es nicht wagten, ihren Vater zu verteidigen, ebenso. Tove Griess sah noch immer aus, als wollte er jedem den Hals umdrehen, der Erik Wolfs Partei ergriff, sodass Fietje Tiensch sich nach dem vorsichtigen Hinweis auf die Pflichten eines Kriminalhauptkommissars eilig verdrückte. Mamma Carlottas Angst vor dem cholerischen Wirt war zwar wesentlich geringer, weil sie inzwischen auch die andere Seite seiner dunklen Seele kannte, aber in Gegenwart ihrer Enkelkinder wollte auch sie sich nicht auf ihn einlassen. Die beiden wussten genauso wenig von ihren häufigen Besuchen in Käptens Kajüte wie ihr Vater und sollten nicht in Loyalitätskonflikte gebracht werden. Mit gesenkten Köpfen waren die beiden an dem tobenden Wirt vorbeigehuscht und befanden sich nun auf dem Heimweg. Felix hatte sich zwar noch getraut, ganz leise etwas von Kriminellen zu murmeln, die sich nicht beschweren sollen, wenn sie so dämlich sind, ein geklautes Bild auf dem Flohmarkt anzubieten. Aber das hatte er fast unhörbar von sich gegeben und schien dankbar zu sein, dass Tove Griess nichts davon mitbekommen hatte.

Nun trat Mamma Carlotta auf ihn zu. »Sie hören sofort auf, schlecht von meinem Schwiegersohn zu reden! Capito? Er hat nur seine Pflicht getan.«

»Scheißbullen!«, fluchte Tove weiter, als hätte er Mamma Carlottas Worte nicht gehört.

»Finito, Signor Griess! Was kann mein Schwiegersohn dafür, dass Sie einen kriminellen Vater hatten?«

Prompt richtete sich Toves Zorn auf seinen Erzeuger. »Hätte der mir nicht wenigstens verraten können, was er hinter den Weckgläsern versteckt? Wenn ich das Gemälde den Richtigen angeboten hätte, wäre ich jetzt reich! Käptens Kajüte wäre saniert! Ich hätte umbauen können! Anbauen! Ausbauen! Ein richtiges Restaurant wäre aus meinem Imbiss geworden!«

Mamma Carlotta verzichtete auf den Hinweis, dass hierzu nicht nur Geld, sondern auch eine geschmackvolle Einrichtung, eine gute Küche und ein angenehmer Service gehörten. Nichts von dem würde Tove Griess zu bieten haben, selbst wenn Käptens Kajüte doppelt so groß wäre, wenn es keine düsteren Holzvertäfelungen mehr gäbe, der schlammgrüne Fußboden herausgerissen worden wäre und eine gewissenhafte Reinigungskraft dort regelmäßig ihre Arbeit verrichtete. »Vielleicht ist Ihr Vater nicht mehr dazu gekommen, Sie einzuweihen?«, fragte sie beschwichtigend. »Haben Sie mir nicht erzählt, dass er ganz plötzlich gestorben ist?«

»Der Schlag hat ihn getroffen«, brummte Tove und schloss seine Kartons, damit er sie in den Lieferwagen tragen konnte, der in der Nähe parkte. »Nach dem letzten Ding, das er gedreht hat, ist er zwar in den Bau gewandert, aber die Beute hat er noch verstecken können. Und er hat dichtgehalten! Bei keinem Verhör hat er verraten, wo die Kohle war, die ihm der Kassierer der Sparkasse in den Sack gesteckt hatte. Er ist dabeigeblieben, dass er sie auf der Flucht vor der Polizei verloren hat.«

Mamma Carlotta fiel plötzlich wieder ein, was Fietje ihr verraten hatte: Toves Vater war direkt nach seiner Haftentlassung zu dem Versteck neben dem Leuchtturm von Hörnum gegangen, um die Beute zu holen.

»Kein Wunder«, sagte Tove, »dass meinen Alten der Schlag getroffen hat, als das viele Geld nicht mehr da war. Hätte er es bei seiner Verhaftung zurückgegeben, wäre seine Strafe geringer ausgefallen. Mindestens ein Jahr hat er umsonst abgesessen! So was hält der stärkste Kreislauf nicht aus.«

Mamma Carlotta half ihm beim Zusammenklappen des Tapeziertisches. »Ihr Vater wollte sich anschließend ein gutes Leben machen? Das Geld aus dem Banküberfall und dann noch …« Sie mochte den Satz nicht zu Ende sprechen, weil in Toves Augen schon wieder der Jähzorn aufflackerte.

»Wahrscheinlich ist dieses Gemälde eine Menge wert! Wenn er das verkauft hätte, wäre es uns richtig gutgegangen!«

Der Tapeziertisch überstand Toves Wutausbruch nicht. Die

Scharniere kreischten auf, die hölzernen Beine knirschten, den Rest bekam er, als Tove mit beiden Beinen auf den am Boden liegenden Tisch sprang und darauf herumtrampelte. »So 'n verdammter Schiet! Ich könnte ein reicher Mann sein!«

Mamma Carlotta kannte seine schlechte Laune zur Genüge, aber derart blindwütig hatte sie ihn noch nie erlebt. Dass sein eigener Vater ihn um die Chance gebracht hatte, ein reicher Mann zu werden, war zu viel für Tove Griess. Die Kunden seiner Imbissstube würden am Wochenende nicht viel zu lachen haben und nichts Genießbares vorgesetzt bekommen.

Sogar Wiebke Reimers zögerte, als sie auf Mamma Carlotta zuging. Eigentlich war sie eine unerschrockene junge Frau, geradlinig, offen und entschlossen, das Leben schön zu finden. Dass auch sie vor Toves finsterer Miene zurückschreckte, ließ befürchten, dass der Wirt in den nächsten Stunden einige seiner Kunden, von denen es sowieso nur wenige gab, verlieren würde.

Wiebke war Mitte dreißig, hatte rote Locken, eine sommersprossenübersäte Haut und bernsteinfarbene Augen, die Erik in Entzücken versetzt hatten, als er ihnen zum ersten Mal nähergekommen war. Immer, wenn er von Wiebkes schönen Augen sprach, schüttelte Mamma Carlotta die Erinnerung an Lucias dunkle Augen ab, von denen Erik vor Jahren ebenso hingerissen gewesen war. Es war schwer, aber es gelang ihr jedes Mal. Vielleicht war es gut, dass Lucia und Wiebke sich so wenig ähnlich waren.

Mamma Carlotta winkte Wiebke heran, um ihr Mut zu machen. Zum Glück brauchte sie ihr nicht weiszumachen, dass sie rein zufällig mit dem Wirt von Käptens Kajüte sprach, weil er genauso zufällig in ihrer Nähe seinen Stand aufgebaut hatte. Wiebke wusste von Mamma Carlottas Geheimnis und hatte versprochen, es zu wahren. Kurz nachdem sie Erik kennengelernt hatte, war Wiebke in die Imbissstube geschneit, während Mamma Carlotta dort an der Theke saß. Es war ihr nichts anderes übrig geblieben, als Wiebke einzuweihen und um Stillschweigen zu bitten. Mamma Carlotta war sicher, dass Erik noch genauso ahnungslos war wie vorher. Er glaubte nicht im Traum daran, dass seine Schwiegermutter Stammgast in einer verlodderten Imbissstube war und den cholerischen Wirt und seinen treusten Gast, einen unverbesserlichen Spanner, besser kannte als andere. Dieses Geheimnis, das sie mit Wiebke teilte, hatte von vornherein ein unsichtbares Band um sie geschlungen. Nicht eines, wie es Lucia und ihre Mutter verbunden hatte, nein, das nicht. Aber doch eines, das nicht schnell zu lösen sein würde.

Wiebke entschloss sich, Tove Griess einfach zu übersehen. »Ist Erik schon zu Hause?«

Mamma Carlotta antwortete umständlich und so langatmig, bis Tove seinen Lieferwagen bepackt hatte und losgefahren war. Dann erst erzählte sie Wiebke brühwarm von den Ereignissen auf dem Flohmarkt. »Stellen Sie sich vor, das Bild wollte niemand haben, obwohl es ein ganz wertvolles Gemälde war.«

»War es denn nicht schön?«

Mamma Carlotta zuckte die Achseln. »Ich habe nicht genau hingeguckt. Was ich aus der Ferne gesehen habe, war schon schrecklich genug. Keine schöne Landschaft, keine Schale mit Obst, keine Vase mit Blumen ... nein, nur irgendwelche Striche, die auch jedes Kind hinbekommen hätte.«

Wiebke verzichtete darauf, Eriks Schwiegermutter zu korrigieren. Sie schien zu wissen, dass die Kunst von Boy Lindegard über jeden Zweifel erhaben war. Lachend griff sie nach Mamma Carlottas Arm. »Kommen Sie! Wir fahren mit meinem Auto heim.«

Ohne auf eine Antwort zu warten, lief Wiebke los. Anscheinend hatte sie ihren Kastenwagen auf dem Parkplatz des Hotels Windrose abgestellt, wo natürlich nur Hotelgäste parken durften. Aber Wiebke gehörte zu den Menschen, die sich durch Vorschriften nicht einengen ließen. Während sie ihr nachhastete, fragte Mamma Carlotta sich, wie Erik mit dieser Gewohnheit umgehen mochte. Er selbst bemühte sich, immer korrekt zu handeln, und hatte sogar schon ein schlechtes Gewissen, wenn er eine Parkuhr für eine Stunde bezahlt hatte, aber zwei Stunden weggeblieben war. Wiebke hätte die Parkuhr erst gar nicht gefüttert, und Mamma Carlotta wäre froh gewesen, einen Euro gespart zu haben. Erik jedoch hielt in solchen Fällen einen Vortrag darüber, wie wichtig diese Einnahmen für die Stadt Wenningstedt waren.

Wiebkes rote Locken flogen, der bunte Schal, den sie mehrfach um den Hals gewickelt hatte, zappelte hinter ihr her. Sie trug wieder ihre Cowboystiefel, die sie besonders liebte, eine enge Jeans und eine Felljacke, die so kurz war, dass darunter gelegentlich ein Streifen nackter Haut zum Vorschein kam. Mamma Carlotta hatte sie schon mehrmals ermahnt, besser auf ihre Gesundheit achtzugeben, und ihr ausgemalt, welche Folgen ihr Leichtsinn für ihre Nieren, ihre Blase und ihren gesamten Unterleib haben könnte. Bisher jedoch erfolglos.

Leider war es schwierig, mit Wiebke zusammen irgendwohin zu gehen. Sie lief immer voraus, weil ihr jede andere Geschwindigkeit als die eigene zu langsam war und sie nicht die Geduld aufbrachte, sich einem gemächlichen Schritt anzupassen. Sogar Mamma Carlotta, die eigentlich ebenso flott auf den Beinen war und es selbst nur schwer ertragen konnte, wenn Erik im Bummelschritt neben ihr herging, war Wiebkes Tempo nicht gewachsen. Leider! Sonst hätte sie vielleicht das Unglück verhindern können. Die Eile, die zu Wiebkes Leben gehörte, führte leider gelegentlich zu diesen Unfällen, die bei bedächtiger Fortbewegung zu vermeiden gewesen wären. Prompt übersah sie einen kleinen Findling am Fuß des Friesenwalls, der den Parkplatz des Hotels Windrose abschloss, stolperte darüber, griff Hilfe suchend, aber vergeblich mit beiden Armen nach etwas, an dem sie sich festhalten konnte, und stürzte mit vorgerecktem Oberkörper dem Portier entgegen, der gerade mit strenger Miene auf sie zutrat, um ihr Vorhaltungen wegen der unbefugten Benutzung des Hotelparkplatzes zu machen. Mit seiner strengen Miene war es jedoch vorbei, als Wiebke an seiner Brust lag und sich an ihn klammerte. Auch als sie wieder sicher auf ihren Beinen stand und sich stammelnd entschuldigte, blieb auf dem Gesicht des Portiers das freundliche Staunen eines älteren Mannes, der schon lange keine junge, hübsche, wohlproportionierte Frau mehr in den Armen gehalten hatte. Und als Wiebke dann noch versprach, ihr Auto auf der Stelle zu entfernen und niemals wieder unerlaubt hier zu parken, geleitete er sie sogar zur Fahrertür und sorgte höchstpersönlich dafür, dass sie einstieg, ohne sich dabei den Hals zu brechen. Das Lächeln lag immer noch auf seinem Gesicht, als Wiebke in einem Tempo vom Parkplatz preschte, das jedem Verkehrswächter den Schweiß auf die Stirn getrieben hätte.

Die Staatsanwältin war tatsächlich noch in ihrem Flensburger Büro. Sie gehörte zu denen, die sich für unabkömmlich hielten und nur verächtlich grinsten, wenn einer der Untergebenen auf seinem pünktlichen Feierabend oder einem freien Wochenende beharrte. Lediglich in der kurzen Zeit, in der sie liiert gewesen war, hatte sie die Ansprüche, die sie an alle stellte, die mit ihr zusammenarbeiten, auf ein Normalmaß reduziert. Aber kaum war ihre Liebe zerbrochen, versuchte sie wieder, jedem ihr Arbeitstempo aufzudrücken, und ließ keine Ausrede gelten, wenn ein Ermittlungsergebnis nicht ruck, zuck auf ihrem Schreibtisch landete.

»Der Lindegard-Raub? Der Fall, an dem Sie so kläglich gescheitert sind?«

Erik verzichtete auf den Einwand, dass damals nicht er der leitende Ermittler gewesen sei, sondern sein damaliger Vorgesetzter, der längst pensionierte Hauptkommissar Tangel. Er wäre sowieso nicht zu Wort gekommen, selbst wenn er es versucht hätte. Also hielt er Frau Dr. Specks Erregung schweigend das Ohr hin und wartete geduldig, bis sie sich ihr Erstaunen von der zornigen Seele geredet hatte. Dann erst senkte sie die Stimme, ihr Tonfall wurde sachlich, und sie war bereit, über den Kunstraub zu sprechen, ohne nach jedem Satz einen Vorwurf einzufügen. »Haie Griess war also der Hehler?«

»Sieht so aus«, antwortete Erik.

»Wie ist es möglich, dass das Bild im Keller seines Sohnes vergessen wurde?«

»Das haben wir uns auch gefragt.« Erik war froh, dass er bereits mit Überlegungen aufwarten konnte. »Das muss einen Grund haben. Und dieser Grund führt uns vielleicht zu dem Täter, dem wir damals nichts nachweisen konnten.«

»Was wollen Sie damit sagen, Wolf?«

»Wir hatten drei Verdächtige. Wer davon noch lebt und in Freiheit ist, scheidet praktisch aus. Derjenige hätte sich das Bild geholt, nachdem Haie Griess wegen Bankraubs verhaftet worden war.«

Die Staatsanwältin hatte Zweifel. »Ob das so einfach ist?«

Aber Erik blieb standhaft. »So muss es sein! Der Täter muss tot sein oder im Knast sitzen.«

»Kommen Sie mir nicht mit einem Toten als Täter. Ich will den Kerl auf der Anklagebank sehen.«

Erik ging nicht darauf ein. »Ich möchte die Akten noch einmal durchsehen. Die Unterlagen sind damals zur Staatsanwaltschaft nach Flensburg gegangen. Haben Sie einen schnellen Zugriff? Können Sie mir alles schicken lassen?«

Erik befürchtete schon, Frau Dr. Speck würde sich entschließen, die Sache selbst in die Hand zu nehmen und die Akteneinsicht auf die Schnelle zwischen Abendessen und einem Saunagang einzuschieben, weil bei ihr ja alles ruckzuck ging, während im Kommissariat Westerland viel zu langsam gearbeitet wurde … Doch zu seiner Erleichterung drang ein »Okay!« durch die Leitung. »Aber ein bisschen dalli, wenn ich bitten darf.«

Diesen Hinweis überhörte Erik. »Jetzt erst mal das Wichtigste: Was geschieht mit dem Bild?« Bevor die Staatsanwältin antworten konnte, sprach er schon weiter: »Ich schlage vor, es nach Flensburg ins Museum zu bringen. Dort ist es sicher, und dort gibt es auch Experten, die die Echtheit des Gemäldes überprüfen können.«

»Das ist vor morgen früh nicht möglich«, antwortete sie ohne langes Zögern.

»Dann gilt es, das Gemälde bis morgen so gut zu sichern, dass nichts passieren kann. Es gab viele Schaulustige, als ich es beschlagnahmt habe. Wir dürfen nichts riskieren.«

Die Staatsanwältin stimmte zu. »Haben Sie einen Vorschlag?«

Nun konnte Erik sich mit der Idee brüsten, die ihm gekommen war, nachdem er mit dem Stück Trauben-Nuss-Schokolade seinen Denkapparat auf Touren gebracht hatte. »Wir haben seit ein paar Jahren dieses private Sicherheitsunternehmen auf der Insel. Die Leute arbeiten gut mit der Polizei zusammen. Sie laufen Streife bei Großveranstaltungen, kontrollieren Gewerbetreibende, im Sommer haben sie mehrere Strandpartys aufgelöst, die aus dem Ruder gelaufen waren. Dort gibt es sicherlich Kapazitäten, die wir nutzen können. Wenn man uns kurzfristig Wachmänner zur Verfügung stellt, ist das Gemälde sicher.«

Frau Dr. Speck überlegte nicht lange. »Also gut! Tun Sie alles, was nötig ist. Morgen früh schicke ich einen Sicherheitstransporter nach Sylt, der das Bild abholt. Die Ermittlungsakten bringt er gleich mit, dann sehen wir weiter.«

Sören sah seinen Chef bewundernd an, als dieser das Gespräch beendet hatte. »Wie sind Sie auf die Idee mit dem Sicherheitsunternehmen gekommen?«

Erik winkte bescheiden ab. »Suchen Sie die Nummer der Firma raus! Und am besten rufen Sie da auch gleich an.« Er schenkte Sören ein kleines Lächeln, das beinahe unter seinem Schnauzer verschwand. »Damit wir pünktlich zum Abendessen zurück sind.«

Das beflügelte Sören, den Junggesellen, der sich sonst mit dem zufriedengeben musste, was sein Kühlschrank hergab. Schon nach wenigen Augenblicken war er mit der erfreulichen Mitteilung zurück, dass die Sicherheitsfirma bereits in den nächsten Minuten mehrere Leute schicken wolle. »Spezialisten für Objektschutz! Wenn sie halten, was sie mir versprochen haben, sind die wirklich schwer auf Zack.«

Bis dieser Beweis erbracht worden war, versuchte Erik sich an alle Einzelheiten des Kunstraubs zu erinnern, die ihm noch im Gedächtnis hafteten. Viele waren es nicht. Nicht einmal die Namen der Verdächtigen wollten ihm einfallen. »Einer hieß Dagobert«, murmelte er. »Aber der Nachname? Irgendwas Ausländisches. Spanisch oder Italienisch. Oder Französisch?« Er schüttelte den Kopf und gab es auf. »Mein Chef war damals der Meinung, dass wir es mit einer regelrechten Kunstmafia zu tun hatten. Einer schützte den anderen, wir liefen überall gegen eine Mauer des Schweigens.«

Er holte noch einmal die Tafel Schokolade hervor, und Sören griff nach seinen Salmiakpastillen.

»Der Typ, der in dem Mustang ums Leben kam, in dem ›Salzwiesen‹ transportiert worden war, hatte nichts notiert, keinen Namen, keine Telefonnummer.«

»Durch das Auftauchen des Bildes bei Tove Griess hat sich einiges verändert. Dass wir nun wissen, wer der Hehler war, macht es womöglich leichter«, meinte Sören. »Und die Tatsache, dass sich zehn Jahre lang kein Mensch um dieses Bild gekümmert hat, auch.«

Schweigen senkte sich über die beiden, von denen nun jeder seinen eigenen Gedanken nachhing.

»Sagen Sie mal, Chef ...«, durchbrach Sören nach einigen Minuten die Stille. »Diese Larissa, die seit Kurzem bei Ihnen wohnt ... kommen Sie mit der eigentlich klar?«

Erik antwortete, ohne den Blick vom Fenster zu nehmen, wo Wolkenfetzen vorbeiflogen und Papier von stürmischen Böen in die Höhe gewirbelt wurde. »Einfach ist es nicht mit ihr. Aber sie ist nun mal eine alte Freundin von Wiebke …«

»… die nun auch bei Ihnen wohnt. Ganz schön was los bei den Wolfs zurzeit.«

Erik winkte ab. »Wiebke hat immer noch ihre Wohnung in Hamburg. Und die wird sie auch behalten. Aber Sie wissen ja, sie arbeitet als freie Journalistin. Da spielt es meist keine Rolle, wo sie schreibt, ob auf Sylt oder in Hamburg.«

»Und Larissa Freier?«

Erik seufzte. »Die wird wohl noch eine Weile bei uns wohnen. Sie kann sich ja keine eigene Bleibe leisten. Ich konnte Wiebke den Wunsch nicht abschlagen.«

Seine Miene sprach Bände. Aber Sören hätte auch so gewusst, wie wenig es Erik behagte, wenn Gäste im Hause waren, mit denen ihn nichts verband.

»Warum jobbt sie ausgerechnet auf Sylt? Warum nicht in Hamburg, München oder in der Lüneburger Heide? In der Vorsaison verdient sie hier nicht mehr als anderswo. Aber in jeder anderen Stadt ist es leichter, eine Wohnung zu finden.«

»Sie wissen doch, dass sie auf Sylt viel Zeit verbracht hat. Als Kind alle Ferien und die meisten Wochenenden.«

»Ja, ja, die Eltern konnten es sich leisten, mal eben nach Sylt zu jetten. Die Villa in Kampen musste ja auch gelegentlich bewohnt werden.«

Erik gab seine bequeme Haltung auf und setzte sich gerade hin. »Mir gefallen diese Schickimicki-Typen genauso wenig wie Ihnen, Sören. Ein Haus in der Provence, ein Weingut in der Toskana und eine Villa auf Sylt. Aber Larissa kann man nicht vorwerfen, dass ihre Eltern früher zum Jetset gehört haben.«

Sören stand auf und ging zum Fenster. Erik hatte mal wieder Gelegenheit, seine durchtrainierte Figur zu bewundern, das breite Kreuz, die muskulösen Oberarme, obwohl Sören nicht darauf aus war, seinen Sportler-Body durch enge Kleidung zu betonen. »Ja, ihr ist übel mitgespielt worden«, bestätigte er.

»Mit einem Mal aus dem Wolkenkuckucksheim fallen und eine Bruchlandung in der Realität machen!«

Erik nickte. »Und deswegen hält sie sich gern auf Sylt auf. Dort, wo sie mal glücklich gewesen ist. Wiebke sagt, sie fährt regelmäßig mit dem Fahrrad nach Kampen und betrachtet die Villa, die früher ihren Eltern gehört hat.«

»Obwohl da jetzt andere wohnen?« Sören drehte sich um und verzog das Gesicht. »Das ist ja Masochismus.«

Erik zuckte die Achseln. »Jeder geht auf seine Weise mit schweren Verlusten um.«

Er horchte auf, als sich draußen die Tür des Revierzimmers öffnete, Schritte ertönten und Ennos Stimme zu hören war. »Mir scheint, die Leute von der Sicherheitsfirma sind da.« Erik bedachte Sören mit einem anerkennenden Blick. »Auf die scheint wirklich Verlass zu sein.«

Ob es richtig ist, auf diese Weise mit dem schrecklichen Verlust umzugehen?«, fragte Mamma Carlotta und wies Wiebke an, das marinierte Gemüse, das sie immer am ersten Tag ihres Aufenthaltes auf Sylt einlegte, auf einem Tablett anzurichten. Mehr traute sie ihr nicht zu. Dass Wiebke nicht kochen konnte, wusste sie mittlerweile. Und nachdem sie zunächst schockiert gewesen war, weil es in ihrem Dorf zu den Pflichten jeder jungen Frau gehörte, so früh wie möglich eine gute Köchin zu werden, war sie nun dankbar, dass niemand ihr in die Arbeit pfuschte. »Ich habe auch noch Garnelen und Peperoni in Knoblauchöl.« Sie riss die Tür des Backofens auf, holte das Ciabatta heraus und drückte mit dem Daumen die Mitte des Brotlaibs ein. Das feine Knirschen zeigte ihr, dass es Zeit war, ihn aus dem Ofen zu nehmen.

Wiebke holte einen Brotkorb aus dem Schrank. Danach schien sie Mamma Carlottas Anweisung vergessen zu haben. »Ich finde auch, dass sie die Wunde immer wieder aufreißt, wenn sie sich die Villa in Kampen anguckt. Aber Larissa lässt sich nicht reinreden.«

»Und wie kommt sie mit der Arbeit im Bahnhofsbistro zurecht?«, erkundigte sich Mamma Carlotta, nachdem sie ausführlich beklagt hatte, dass sie bei Feinkost Meyer keine frischen Steinpilze für die Crema di Porcini bekommen hatte, sondern sich mit getrockneten begnügen musste.

»Nicht gut.« Wiebke setzte sich auf den Tisch, stellte die Füße auf einen Stuhl und sah Mamma Carlotta bei der Arbeit zu. Hätten Carolin oder Felix sich so verhalten, wäre ihnen ein Rüffel sicher gewesen. Auf den Tisch setzen und die Schuhe auf einen Stuhl stellen – wo gab es denn so was? Aber Mamma Carlotta schluckte die Worte, die ihr auf der Zunge lagen, herunter. Wiebke würde womöglich Eriks zweite Frau werden, sie musste auf ein unbeschwertes Verhältnis mit ihr achten, wenn sie weiterhin nach Sylt eingeladen werden wollte.

»Sie hat ihr Geld noch nie selbst verdienen müssen«, fuhr Wiebke fort. »Und jetzt schuftet sie sich ab und bekommt dafür einen Monatslohn, den sie früher locker an einem einzigen Nachmittag ausgegeben hat.« Sie sprang zu Mamma Carlottas Erleichterung wieder auf, weil sie nicht still sitzen konnte, während sie sich erregte. Da verhielt sie sich wie eine waschechte Italienerin. »Leute bedienen, wo sie sich früher selbst hat bedienen lassen! Sich freche Bemerkungen anhören, wo man sich früher bei ihr eingeschmeichelt hat, weil sie ja die Tochter von reichen Prominenten war!«

»Das ist nicht leicht«, gab Mamma Carlotta zu und beauftragte Wiebke mit dem Tischdecken, damit sie nicht noch einmal auf die Idee kam, sich auf den Tisch zu setzen.

»In der Uni wollten alle mit Larissa befreundet sein. Vor allem die, die von einer Karriere im Fernsehen träumten.«

»Die hatten gehofft, dass sich die Bekanntschaft mit Larissa mal auszahlen würde?«, vermutete Mamma Carlotta.

»Klar!« Wiebke suchte nach einer Tischdecke, die sie erst fand, nachdem sie fast alle Schränke geöffnet und sich an beinahe jeder Schranktür den Kopf gestoßen hatte. »Ihre Eltern waren Fernsehstars. Jeder kannte die Kochsendung mit den beiden. Die Freiers waren die ersten Fernsehköche im deutschen Fernsehen.«

»Wie konnte es passieren, dass derart erfolgreiche Menschen pleitegehen?«

Wiebke zählte die Bestecke ab, erst dann antwortete sie: »Sie haben sich übernommen. Die Fernsehsendung reichte ihnen bald nicht mehr. Sie brachten Kochbücher heraus, gründeten einen Kochbuchverlag und haben schließlich sogar Kochbuchhandlungen eröffnet.«

»Una buona idea«, fand Mamma Carlotta.

Aber Wiebke schüttelte den Kopf. »Das war der Anfang vom Ende. Die Läden liefen nicht. Was der Kochbuchverlag einbrachte, musste in die Läden investiert werden. Und dann kam das Aus für die Fernsehsendung! Anscheinend hatten die Freiers gar nicht mitbekommen, dass die Quoten gesunken waren. Larissa sagt, für sie wäre es völlig überraschend gekommen, von einem Tag auf den anderen. Sie standen quasi ohne Einkommen da, aber mit einem Riesenberg von finanziellen Verpflichtungen.«

»Madonna!« Mamma Carlotta rutschte die Hähnchenbrust aus der Hand, aus der sie Supreme di Pollo al Limone machen wollte. »Una tragedia! Kein Wunder, dass Larissa immer so schlecht gelaunt ist. Aber sie muss sich endlich mit den Tatsachen abfinden. Viele Frauen müssen sich ihr Geld als Kellnerinnen verdienen. Aber sie? Sie meint immer noch, dass sie was Besseres wäre.« Mamma Carlotta hatte Butter in der Pfanne erhitzt und legte die Hähnchenbrüste hinein. Während sie die Zitronen für die Limettensoße auspresste, redete sie sich in Rage: »Ständig dieses beleidigte Gesicht, als könnte einer von uns was dafür, dass sie nicht mehr die Tochter reicher Eltern ist! Und immer die Klagen, dass sie sich keine Designerklamotten mehr leisten kann. Habe ich mir jemals was von Versace gekauft? Non mai! Aber bin ich deswegen eingeschnappt? No! Bin ich nicht! Es ist wirklich nicht leicht mit ihr.«

Jetzt erst fiel Mamma Carlotta auf, dass Wiebke still geworden war, nur ein Räuspern von sich gab. Und nun kam ihr sogar der Verdacht, dass sie dieses Räuspern schon mehrmals gehört hatte. Entsetzt fuhr Mamma Carlotta herum. Und da stand sie – Larissa Freier! Und sie sah genauso aus, wie Mamma Carlotta sie beschrieben hatte: tödlich beleidigt!

»Scusi, Signorina!«, stieß Mamma Carlotta hervor. »Das habe ich nicht so gemeint. In Wirklichkeit tun Sie mir sehr, sehr leid. Mi dispiace! Das ist ja auch alles ... molto terribile. Der Tod Ihrer Eltern und ...«

Aber Larissa ließ sie nicht zu Ende reden. »Schon gut. Nun weiß ich wenigstens, woran ich bin. Leider bin ich gegen die Wohnungsnot auf Sylt machtlos, sonst würde ich Sie umgehend von meiner Anwesenheit befreien. Damit Sie sich mein beleidigtes Gesicht nicht länger ansehen müssen ...«

Larissa Freier achtete weder auf Wiebkes beschwichtigenden Gesten noch auf Mamma Carlottas Flehen. Sie stand kerzengerade da, mit einer so tragischen Unnahbarkeit, dass Mamma Carlotta sich ihr verzweifelt entgegenwarf, um sie an den Oberarmen zu packen und erst wieder loszulassen, wenn ihr verziehen worden war.

»Signorina! Ich habe mich falsch ausgedrückt. Sie wissen ja, meine fehlerhaften Deutschkenntnisse ...«

Larissa, die wusste, dass Mamma Carlotta die deutsche Sprache sehr gut beherrschte, war nicht zu beeindrucken. Ihr schmales Gesicht blieb unbewegt, in ihre grauen Augen stieg nicht der Hauch einer Gemütsbewegung. Sie strich sich über das glatte, straff nach hinten gekämmte und im Nacken zusammengebundene Haar, öffnete die glossglänzenden Lippen leicht, wie sie es gelernt hatte, als die Kameras der Zeitungsreporter sich noch gelegentlich auf sie richteten, und warf einen Blick in die gläserne Tür des Küchenschranks, als wollte sie ihr Spiegelbild kontrollieren. Mit großer Würde entzog sie Mamma Carlotta den Ärmel ihres Kaschmirpullovers, den sie aus ihrer Zeit als

Tochter reicher Eltern herübergerettet hatte, und drehte sich um, als wollte sie den tadellosen Sitz ihrer Designerjeans demonstrieren, denen bis jetzt noch nicht anzusehen war, dass sie schon nicht mehr dem allerletzten Schrei der Mode entsprachen. Als die Tür hinter ihr ins Schloss fiel, hinterließ sie einen Duft von Chanel, der wohl ebenfalls noch zu ihrem alten Leben gehörte. Nur die Kellnerschürze, die sie beim Eintreten über eine Stuhllehne gehängt hatte, erinnerte daran, dass es mit diesem Leben vorbei war.

Mamma Carlotta ließ sich schnaufend auf einen Stuhl fallen und vergaß die Hähnchenbrüste, obwohl sie bereits brutzelnd und duftend um Aufmerksamkeit flehten. Sie dachte auch nicht an die Kapern, die dringend gehackt werden mussten. »Madonna! Wie konnte ich nur! Das werde ich mir nie verzeihen!«

Sie war Italienerin! Italienern war Höflichkeit heilig, in jeder Lebenslage, ob es jemand verdient hatte oder nicht, und ganz egal, ob damit die Ehrlichkeit auf der Strecke blieb. Aber was tat sie? Sie war nicht nur unhöflich, sondern sogar ungastlich gewesen, hatte der bedauernswerten Larissa Freier zu verstehen gegeben, dass sie in diesem Hause nicht willkommen war, dass sie nicht gemocht wurde, dass ihre Anwesenheit lästig war. »Ich bin nicht besser als der Avvocato in Città di Castello«, jammerte sie. »Der behauptet, Gäste wären wie Fisch. Am dritten Tag beginnen sie zu stinken.«

Wiebke musste wider Willen lachen. Anscheinend hatte sie mehr Verständnis für Mamma Carlotta als diese für sich selbst. »Es war ein Fehler, sie hier einzuquartieren«, sagte sie.

»Können Sie nicht zu ihr gehen«, flehte Mamma Carlotta, »und ihr sagen, wie leid es mir tut?«

Aber Wiebke schüttelte den Kopf. »Wenn Larissa sauer ist, hält man sich besser von ihr fern. Aber sie wird sich schon wieder einkriegen.« Sie nickte zum Herd. »Das Abendessen, Signora …«

Entsetzt sprang Mamma Carlotta auf, griff nach einem Pfannenwender und drehte die Hähnchenbrüste um. Keinen Augenblick zu früh! Die zarte Haut war schon dunkelbraun, aber zum Glück gerade noch knusprig und nicht verbrannt zu nennen. Eigentlich fiel es ihr ja leicht, mehrere Dinge gleichzeitig zu tun, aber Schuldgefühle und Küchenarbeit passten einfach nicht zusammen. Wenn sie sich Vorwürfe machte, konnte sie sich nicht gleichzeitig erfolgreich um Supreme di Pollo al Limone kümmern. »Dio mio!«

Sie passt nicht zu uns«, sagte Erik, als er aus Westerland herausfuhr. »Und ich verstehe nicht, dass Wiebke mit ihr befreundet ist. Dieses ewige Jammern und Klagen! Als hätte sie ein Anrecht darauf, ohne Arbeit ein bequemes Leben zu führen.«

»Sie war es gewöhnt«, erinnerte Sören. »Stellen Sie sich den Schock vor. Erst ein Leben lang aus dem Vollen schöpfen, und dann plötzlich über Nacht arm wie eine Kirchenmaus.«

Erik schien zu zweifeln. »Sie hat wirklich nichts davon mitbekommen, dass ihre Eltern auf die Pleite zusteuerten? Larissa hat Betriebswirtschaft studiert, sie wollte mal den Kochbuchverlag und die Buchhandlungen übernehmen. Und da hat sie nicht gemerkt, dass ihre Eltern ihre Häuser verkauften? Die Villa in Kampen war das einzige Objekt, das noch nicht unter den Hammer gekommen war.«

Nun wurde auch Sören skeptisch. »Dann muss sie es wohl so gemacht haben wie die drei Affen. Nichts hören, nichts sehen, nichts sagen.«

»Sie kann von Glück reden, dass die Immobilienpreise auf Sylt gewaltig sind«, bestätigte Erik. »Mit dem Verkauf der Villa konnte sie nach dem Tod ihrer Eltern immerhin deren Schulden bezahlen.«

»Ich kann mich noch an die Zeitungsberichte erinnern! Wenn die Freiers auch nicht mehr auf dem Bildschirm zu sehen waren, der tödliche Unfall wurde in allen Gazetten breitgetreten.«

»Als bekannt wurde, dass sie finanziell am Ende waren, hat man sogar von gemeinschaftlichem Selbstmord getuschelt.«

»Hat Larissa das jemals bestätigt?«, fragte Sören.

Erik schüttelte den Kopf, als er in den Süder Wung einbog. »Sie spricht nicht darüber. Was ich weiß, habe ich von Wiebke erfahren. Ganz ehrlich ... mir wäre es lieb, wenn sie aufhören würde, auf Sylt in ihrer Vergangenheit herumzustochern.«

»Im Klartext: Sie möchten, dass sie auszieht?«

Darauf wollte Erik nicht antworten. »Natürlich ist sie unglücklich mit ihrer Arbeit als Kellnerin. Es muss doch möglich sein, alte Kontakte aufleben zu lassen, um einen anderen Job zu finden. Anspruchsvoller und besser bezahlt! Ihre Eltern kannten Gott und die Welt. Da soll es nicht möglich sein, eine adäquate Beschäftigung zu finden? Selbst, wenn sie das Studium nicht abgeschlossen hat?« Er parkte vor dem Haus und wies auf das Fahrrad, das neben der Eingangstür lehnte. »Anscheinend hat sie schon Feierabend. Wetten, dass sie nicht im Traum daran gedacht hat, meiner Schwiegermutter zur Hand zu gehen?«

Seufzend öffnete Erik die Fahrertür, setzte das linke Bein auf die Straße und zog sich an der Karosserie in die Höhe. Die Staatsanwältin wäre entsetzt gewesen, wenn sie hätte erleben müssen, wie sehr es dem Hauptkommissar an Dynamik mangelte.

Im Flur empfing die beiden der Duft von gebratenem Fleisch, und Erik strich sich über den Magen, als er seine Jacke an die Garderobe hängte. Dann erst nahm er die Stimmen wahr, die aus der Küche drangen, und stellte fest, dass dort ein Gespräch, weit entfernt von fröhlicher Plauderei, im Gange war.

»Du würdest Fürstin Charlène aufs Klo folgen, wenn du dadurch Fotos bekommst, die sonst keiner hat«, sagte Carolin gerade. »Zum Kotzen! Nur wegen der Kohle!«

Erik stieß die Küchentür auf, als käme es auf jede Sekunde an. Erschrocken starrte er seine Tochter an, die er selten derart erregt gesehen hatte.

»Deinetwegen können Promis nicht in Ruhe Urlaub machen«,

fuhr sie fort, ohne den Gruß ihres Vaters zu erwidern. »Als hätten die kein Recht auf ungestörte Erholung. Ständig bist du mit der Kamera hinter ihnen her.«

»Das ist mein Job«, entgegnete Wiebke und verschränkte abwehrend die Arme vor der Brust. »Wenn ich es nicht tu, tun's die Kollegen. Und du liest genauso gern die Klatschpresse wie alle anderen.«

»Was Fürstin Charlène oder Prinz William machen, interessiert mich nicht die Bohne«, behauptete Carolin.

»Ich meckere auch nicht an deinem Praktikum herum. Du willst doch nicht im Ernst eine Friseurlehre machen?«

»Eher als ein Publizistikstudium«, pflaumte Carolin zurück.

Erik hatte genug gehört. »Kann mir mal jemand sagen, worum es hier geht?«

Mamma Carlotta sah endlich eine Chance, sich einzumischen. »Um Signorina Reimers' Beruf und Carolinas Praktikum im Friseursalon.«

Erik schluckte die Bemerkung herunter, dass ihm ein Praktikum in einem Anwaltsbüro oder einer Arztpraxis lieber gewesen wäre, merkte aber früh genug, dass es besser war, erst mal die verschiedenen Positionen zu orten.

»Aber Signorina Reimers meint ...«

»... Friseure sind doof oder schwul oder beides. Und Friseurinnen blond und strohdumm.«

»Das habe ich nie gesagt!«

»Aber gedacht!«

»Was weißt du von meinen Gedanken?«

»Sie stehen dir auf der Stirn geschrieben!«

Erik war es leid. »Schluss jetzt!«, brüllte er, was Felix aus seinem Zimmer holte, der sich sofort mit dem ihm angeborenen italienischen Temperament auf die Seite seiner Schwester schlug. »Gibt's Stress, Caro?«

Fehlte nur noch, dass auch Larissa auf der Bildfläche erschien und ihren elitären Senf dazugab.

»Vielleicht sollte ich doch lieber …«, begann Sören, wurde aber sofort von Mamma Carlotta unterbrochen, die wusste, was er sagen wollte.

»Nonsenso! Setzen Sie sich! Wir beginnen mit Antipasti.«

»Mir ist der Appetit vergangen«, verkündete Carolin, warf den Kopf zurück und verließ die Küche. »Ich mach mir erst mal die Haare.«

Felix sah so aus, als hielte er einen empörten Abgang ebenfalls für angemessen, verzichtete aber darauf, nachdem er den Deckel des Suppentopfes gehoben und den Duft der Steinpilzsuppe erschnuppert hatte. Er setzte sich neben Sören, allerdings mit finsterer Miene, die noch finsterer wurde, als Wiebke seinen Vater mit einem Kuss begrüßte.

»Schön, dass du da bist.«

Erik hätte Wiebke am liebsten zurückgedrängt, damit Felix sie nicht in seinen Armen sehen musste. Aber dann bemerkte er ihr enttäuschtes Gesicht und zog sie schnell wieder an sich. Doch es war zu spät. Wiebke hatte gemerkt, was in ihm vorging. Sie wand sich aus seinen Armen, Felix' Miene war noch genauso finster wie zuvor, die Augen seiner Schwiegermutter huschten aufmerksam von einem zum anderen, und Sören tat so, als bemerke er nichts von den verletzten Gefühlen in dieser Küche.

Dann fiel Wiebke ein, dass sie vor geraumer Zeit gebeten worden war, die Antipasti auf einer Platte anzurichten, und sprang auf, um das Versäumte umgehend nachzuholen. Dass sie dabei an den Tisch stieß und Sörens Rotweinglas umfiel, trug nicht zur Verbesserung der aufgeladenen Stimmung bei. Mamma Carlotta suchte nach dem Salz, während sie hektisch erklärte, dass damit jedem Rotweinfleck zu Leibe gerückt werden könne, Erik holte ein Geschirrtuch, das er der Decke unterlegte, damit die Tischplatte vor dem Rotwein geschützt wurde, Wiebke stand daneben und stieß immer wieder die gleichen Entschuldigungen aus. Sören und Felix waren vom Tisch abgerückt, um so wenig wie möglich zu stören, und Eriks Assistent schien sich zu fragen, ob es womöglich klüger sei, die immer wiederkehrende Migräne seiner Mutter vorzuschieben, um sich gleich nach den Antipasti verabschieden zu können.

Erik beobachtete Wiebke, die unglücklich dastand, weil sie selbst nichts beitragen konnte, um ihre Ungeschicklichkeit wiedergutzumachen. Eine Welle des Mitgefühls überkam ihn, und die Liebe zu ihr griff nach ihm wie ein Windstoß an der Wasserkante, mit dem man rechnet, der einen aber dennoch umhauen kann. Nein, ihre Schuld war es nicht, dass die Behaglichkeit verloren gegangen war. Wenn überhaupt jemand schuld war, dann er selbst. Wiebke würde ihm, wenn sie zu Bett gingen, wieder vorwerfen, dass er seine Gefühle für sie nicht zeigen konnte, dass er es nicht schaffte, den Kindern zu offenbaren, dass er sie liebte, wie er früher ihre Mutter geliebt hatte.

Obwohl sie seinen Blick suchte, starrte er auf den Teller, spießte einen marinierten Champignon auf und schob ihn in den Mund. Wie schwierig das alles war! Er hätte nicht gedacht, dass es ihm so schwerfallen würde, zu den Gefühlen zu stehen, die er für Wiebke empfand. Bei Lucia war alles so einfach gewesen!

Madonna, was war das für ein schrecklicher Abend! Wiebke saß stumm wie ein Fisch da, löffelte die Crema di Porcini in sich hinein und nahm nicht wahr, dass Mamma Carlotta Hilfe bei den gedünsteten Paprikaschoten brauchte, die sie zu der Hähnchenbrust servieren wollte. Felix erhielt sich seinen finsteren Blick, Sören tat so, als merke er nichts, und Erik versuchte erfolglos, mit geistlosen Scherzen die Stimmung aufzuhellen. Nur gut, dass Larissa Freier aus dem Haus gegangen und nicht zum Abendessen erschienen war. Ihre gekränkte Miene hätte vermutlich alles noch schlimmer gemacht. Es reichte wirklich, dass Carolin ihren Protest so weit trieb, dass sie sich nach den Antipasti mit einer Haarpracht zu ihnen setzte, die allen die Sprache verschlug.

Felix stand nach wie vor auf der Seite seiner Schwester: »Geil! Endlich mal 'ne scharfe Frisi!«

Sören tat auch diesmal so, als merke er nichts, Wiebke schloss sich ihm an und sah über das hinweg, was sich auf Carolins Kopf türmte, und Erik glaubte an einen gelungenen Scherz, als er fragte, ob Karneval nicht längst vorüber sei.

Mamma Carlotta war die Einzige, die so entgeistert reagierte, wie ihre Enkelin es erhofft hatte: »Wie siehst du denn aus?«

»Ich mache ein Praktikum bei einem Hairstylisten«, kam es zurück. »Da kann ich nicht mit Pferdeschwanz zur Arbeit erscheinen.«

»Genau!«, bestätigte Felix und bedachte Wiebke mit einem finsteren Blick, als hätte sie diesen Vorschlag gemacht. »Ich werde ihn übrigens fragen, ob ich bei ihm jobben kann. Haare zusammenfegen und so. Caro meint, er könnte Hilfe gebrauchen.« Felix fuhr sich durch die Locken. »Leihst du mir dein Gel, Caro? Ich kann da auch nicht ohne Styling auftauchen.«

Auf Carolins Kopf wies alles Richtung Zimmerdecke, was mit einem feinen Kamm hochzutoupieren war. Viel Haarlack sorgte dafür, dass ihre Haare nicht wieder der Erdanziehungskraft folgten. Vor ihrem Gesicht baumelten einige glatte, durch Gel verstärkte Strähnen, die sich wie Kabelstränge aus der übrigen Haarpracht lösten.

»Du wirst anfangen zu schielen«, mutmaßte ihre Nonna, »wenn da ständig was vor deinen Augen hängt.« Und natürlich hatte sie prompt eine Geschichte parat, in der eine bedauernswerte Nachbarin dem Wahnsinn anheimgefallen war, weil sie durch eine Glaskörpertrübung im Auge ständig Fliegenbeine sah, wohin sie auch blickte. »Bevor sie aus dem Fenster sprang, hat man sie tagelang nur mit geschlossenen Augen gesehen.«

Carolin zeigte ihrer Nonna mit einem gereizten Blick, was sie von diesem Kommentar hielt. Felix schickte einen finsteren Augenausdruck hinterher, Sören schwieg weiterhin, und Erik hatte endlich eingesehen, dass jede Bemerkung auf die Frage hinauslaufen würde, ob das Berufsbild des Friseurs für eine angehende Abiturientin angemessen wäre. Und vermutlich würde der Name irgendeines Stars fallen, der auf der Bühne ebendiese Frisur trug, von Wiebke jedoch fotografiert worden war, als er gerade unter der Dusche und noch nicht gestylt gewesen war. In diese Debatte wollte sich niemand hineinziehen lassen. Wiebke nicht, weil sie kein weiteres Mal Carolins Widerspruch reizen wollte, Erik nicht, weil er sich weder mit Wiebke noch mit Carolin anzulegen wagte, Sören nicht, weil er sich auf keinen Fall einmischen wollte, und Mamma Carlotta nicht, weil sie sich einerseits mit Wiebke gutstellen wollte, im Zweifel aber immer auf der Seite ihrer Enkel stand. Das mochte sie im Hinblick auf Wiebkes zukünftige Position in dieser Familie nicht riskieren. Hier war Diplomatie gefragt!

Die Steinpilzsuppe schmeckte köstlich und wurde ausgiebig gelobt, weil das Essen ein Feld war, auf dem keine Tretminen zu erwarten waren. Die Hähnchenbrust mit den Kapern und der Limettensoße fand ebenfalls langatmige Anerkennung, und die gefüllten Pfirsiche wurden so ausführlich gelobt, bis man glauben konnte, Wiebkes Job sei vergessen und ihre Gedanken über den Friseurberuf ebenfalls.

Mittlerweile stand der Abend schwarz vor den Fenstern, Felix und Carolin waren in ihre Zimmer gegangen, Sören hatte sich verabschiedet, und Mamma Carlotta, Erik und Wiebke saßen noch beim Espresso in der Küche. Die Gesprächslücken wurden immer häufiger und länger, obwohl Mamma Carlotta sich jedes Mal bemühte, sie zu füllen. Als es schon auf Mitternacht zuging, hatte sie beinahe von jedem Bewohner ihres Dorfes eine Anekdote zum Besten gegeben, jede einzelne mit viel Phantasie verlängert und ausgeschmückt. So etwas hielt sie lange durch, aber als sie die Geschichte von dem junge Priester erzählt hatte, der in die Tochter eines Schweinezüchters verliebt gewesen und auf der Flucht vor ihrem wütenden Vater in den Gülletrog gefallen war, wurde auch sie allmählich müde. Wenn sie unter fröhlicheren Umständen bis zum frühen Morgen erzählen konnte, in diesem Fall war es anstrengend, über etwas reden zu müssen, nur damit das Gespräch nicht auf das Problem kam, das sich trotzdem nicht aus der Küche verscheuchen ließ. Mamma Carlotta überlegte, ob sie es wagen könnte, zu Bett zu gehen und Wiebke und Erik allein zu lassen. Irgendwann würden die beiden ohnehin darüber reden müssen, wie damit umzugehen war, dass Felix und Carolin keine andere Frau an dem Platz sehen wollten, der früher ihrer Mutter gehört hatte. Dass Erik der ahnungslosen Freundlichkeit, mit der seine Kinder Wiebke anfänglich begegnet waren, vertraut hatte, zeigte nur, dass alle Männer so waren wie der Schweinezüchter, der lange geglaubt hatte, dass der Priester nur ins Haus kam, um mit seiner Tochter zu beten.

Mit der Frage »Wo nur Larissa so lange bleibt?« erhob Mamma Carlotta sich, als wollte sie im Gästezimmer nachsehen, ob Larissa vielleicht heimgekehrt war, ohne dass es jemand gehört hatte.

Erik gesellte sich in ihre Sorge. »So spät ist sie noch nie nach Hause gekommen.«

Mamma Carlotta überlegte, ob sie es wagen konnte, ihrem Schwiegersohn zu gestehen, dass sie Larissa beleidigt hatte, aber ehe sie einen Entschluss fassen konnte, ging Eriks Handy. Sein Diensthandy!

Erik sah auf die Uhr, runzelte die Stirn, strich seinen Schnauzer glatt … dann wusste er, dass er rangehen musste. Und ein paar Minuten später wusste er, dass er in dieser Nacht nur wenig Schlaf bekommen würde.

Sören stand schon vor dem Haus, als Erik vorfuhr, um ihn abzuholen. Er sah mürrisch aus, blass und verschlafen. Auch ohne die Vorwürfe, die Sören ihm am Telefon gemacht hatte, wäre Erik bei seinem Anblick sofort klar gewesen, dass er bereits im Tiefschlaf gewesen war, als sein Handy klingelte.

»Aus dem ersten Schlaf gerissen«, knurrte Sören, als er ins Auto stieg. »So was ist total ungesund.«

»Mord ist auch ungesund«, gab Erik zurück, worauf Sören alles andere, was ihm noch auf der Zunge lag, hinunterschluckte und verstummte.

Schweigend fuhren sie Richtung Kampen. Es war eine stille, schwarze Nacht. Der Wind war eingeschlafen, Mond und Sterne verbargen sich hinter einer dichten Wolkendecke, trotzdem hob sich die Manegenkuppel des Inselzirkus vom finsteren Himmel ab. Als sie die Norddörfer Halle und den Golfplatz hinter sich gelassen hatten, schienen sie für ein paar Augenblicke allein mit ihrer Insel zu sein, mit der einsamen Straße, mit den Dünen links von ihnen, die mehr zu erahnen als zu erkennen waren, den Heckenrosenwällen am rechten Straßenrand. Dann aber kam ihnen ein Wagen entgegen, und als dessen Scheinwerfer vorbeigeflogen waren, folgte ein weiterer. In und um Kampen war auch nachts immer was los.

Der Reimert-Hansen-Weg war eine der ersten Straßen Kampens, eine von denen, in denen es immer still und ruhig war, eine Straße mit teuren Häusern, die allesamt Zweitwohnsitze waren. Sylter lebten hier nicht.

In dieser Nacht herrschte dort Unruhe. Vor einem großen Grundstück, auf dem sich fast bescheiden ein reetgedecktes Haus hinter einem hohen Friesenwall duckte, standen mehrere Autos. Die Spurensicherer waren schon eingetroffen und holten sämtliche Gerätschaften aus dem Wagen, die für die Tatortarbeit gebraucht wurden. Dr. Hillmots Wagen stand in der Auffahrt des Hauses, vor einem geschlossenen Tor, hinter dem zwei gepflasterte Fahrspuren zur Garage führten.

Als Erik ausstieg, atmete er tief durch. Die Nachtluft war klar und würzig, kalt zwar, aber trotz der Windstille in sanfter Bewegung, was die Kälte erträglich machte. Eine Nacht, die noch zum Winter gehörte, aber bereits vom Frühling träumte.

Er hielt einen der Spurensicherer auf, der auf den Wagen der

KTU zuging, um etwas herauszuholen. Ehe er fragen konnte, wies der Mann schon zum Haus: »Im Wohnzimmer!«

Sie gingen auf die geöffnete Haustür zu, ein helles Rechteck in einer ansonsten dunklen Fassade. Von den vielen Lampen, die den Weg zur Haustür säumten, brannte keine einzige. Sie betraten eine geräumige Diele, die schwarz-weißen Bodenfliesen strahlten Kühle aus, aber der alte Bauernschrank auf der rechten Seite macht diesen Eindruck wieder wett. Eine kleine Sitzgruppe stand vor der großen Flügeltür, die ins Wohnzimmer führte, links davon gab es eine schmale, gewundene Treppe zum ersten Stock. Abgestandener Rauch hing in der Luft.

Die zweiflügelige Wohnzimmertür hatte einen weißen Rahmen und im oberen Bereich kleine Butzenscheiben, in denen sich das Licht brach, das aus zwei Stehlampen und einer Wandleuchte fiel. Eine behagliche Beleuchtung! Schade nur, dass hinter den großen Fenstern, die in den Garten führten, Finsternis herrschte. Erik war sicher, dass es sich um einen schönen Garten handelte.

Er war es gewöhnt, sich einem Tatort vorsichtig zu nähern. Bevor er sich dem Verbrechen zuwandte, ließ er zunächst die Umgebung auf sich wirken, in der die Tat geschehen war. Ein geräumiges Wohnzimmer, mit modernen Möbeln ausgestattet, die mit ein paar Antiquitäten friesische Wohnlichkeit erzeugten. Der offene Kamin war kalt, der Raum wirkte aufgeräumt, in zwei cremefarbenen Sesseln lagen dekorativ ein paar kleine Kissen, die exakt die Farbe des hölzernen Fußbodens hatten. Nur auf dem großen Sofa hatte jemand gesessen. Der Tote? Die Kissen dort waren zerdrückt, als hätte sich jemand darauf niedergelassen, anstatt sie sich in den Rücken zu schieben.

Weißes Licht flammte auf, Kommissar Vetterich hatte einen Scheinwerfer aufgestellt, der den Tatort und die Umgebung ausleuchten sollte. Nun machte Erik einen Schritt auf Dr. Hillmot zu, der vor einer Gestalt kniete, die vor dem Sofa auf dem Boden lag. Ein Mann, nicht mehr jung, mit grauen Haaren, der Erik bekannt vorkam. Er war nobel gekleidet, die sportliche, legere Note täuschte nicht darüber hinweg, dass er bei einem teuren Designer eingekauft hatte. Sein Körper lag seltsam verkrümmt da, als sei der Sturz völlig überraschend gekommen und er auf der Stelle bewusstlos oder gar tot gewesen.

Dr. Hillmot suchte Halt an der Tischkante und wuchtete sich mit ihrer Hilfe in die Höhe. Erik hielt den Atem an, bis er auf den Beinen stand, ohne dass der Glastisch zu Schaden gekommen war. Der Gerichtsmediziner zog ein Taschentuch aus seiner Jacke und wischte sich die schweißnasse Stirn ab. »Vielleicht sollte ich endlich abnehmen«, stöhnte er.

Erik ging darauf nicht ein. Dr. Hillmot würde niemals abnehmen, im Gegenteil. In den letzten zehn Jahren hatte er ständig zugenommen, und das würde sich in den nächsten zehn Jahren nicht ändern. Man konnte nur hoffen, dass er bis zur Pensionierung durchhielt und sich nicht irgendwann neben eine Leiche knien und dann drei kräftige Männer brauchen würde, die ihn in die Höhe zogen. Weit war er von diesem Zustand nicht mehr entfernt.

Erik wartete, bis der Gerichtsmediziner wieder zu Luft kam und sein Schnaufen ein Ende hatte. »Mord?«, fragte er dann.

Dr. Hillmot schüttelte den Kopf. »Sieht nach einem Sturz aus. Ein heftiger Sturz. Nicht ausgerutscht und hingefallen, sondern kräftig gestoßen. Möglich auch, dass er mit einem Angreifer gerungen hat und sie gemeinsam gestürzt sind.« Er dachte kurz nach, legte den Zeigefinger an die Nase, dann nickte er. »Ja, das ist am wahrscheinlichsten. Der Angreifer könnte auf sein Opfer gefallen sein, dadurch hat sich die Kraft, mit der der arme Kerl aufgeschlagen ist, verdoppelt.«

»Woran erkennen Sie das?«

»An der Verletzung am Hinterkopf. Ich habe ihn mir schon von hinten angesehen.«

»Könnte er nicht auch erschlagen worden sein?«

Dr. Hillmot schüttelte den Kopf. »Schlagverletzungen sehen

anders aus. Sie liegen über dem Hutkrempenbereich, Sturzverletzungen darunter. Ich vermute ein Subduralhämatom.« Als er Eriks fragenden Blick bemerkte, ergänzte er: »Eine Verletzung zwischen harter und weicher Hirnhaut, die zu inneren Blutungen führt. Der Mann war in diesem Fall sofort bewusstlos und ist kurz darauf gestorben. Man erkennt so eine Hirnverletzung daran, dass eine Pupille weiter ist als die andere und beide Pupillen zur Seite abweichen.«

Sören wies auf ein kleines quadratisches Tischchen, das neben dem Kopf des Toten stand. »Dort ist er aufgeschlagen?« Er verzog das Gesicht, als er das stabile Gestell des Tisches in Augenschein nahm. »Gusseisern! Von guter Qualität.«

Nun fiel Erik auf, dass ein kleiner Teppich verrutscht und ein Fußhocker umgefallen war. Er schien seinen Platz vor dem Sessel zu haben, zu dessen Füßen der Tote lag, damit der Hausherr mit hochgelegten Beinen fernsehen konnte.

»Sieht so aus, als hätte ein Kampf stattgefunden«, stellte Sören fest, ehe Erik es aussprechen konnte. »Kurz, aber heftig.«

»Wann?«, fragte Erik und sah Dr. Hillmot erwartungsvoll an.

Der stöhnte auf, weil ihn diese Frage von Mordfall zu Mordfall mehr ärgerte. »Immer die Frage nach dem Todeszeitpunkt«, murrte er, antwortete aber bereitwillig: »Die Leichenstarre hat noch nicht eingesetzt. Sie beginnt nach ein bis zwei Stunden, zunächst an den Augenlidern, dann in den Kaumuskeln.«

»Das heißt, der Mann ist noch keine Stunde tot?«, fragte Erik aufgeregt.

Dr. Hillmot schien darüber nachzudenken, ob er es sich noch einmal antun sollte, sich neben den Toten zu knien, dann entschied er sich dagegen und nickte der Einfachheit halber. »Höchstens eine Stunde«, bestätigte er und ergänzte grinsend: »Sie können den Mörder noch erwischen, wenn Sie sich beeilen.«

»Dazu müssten wir erst mal wissen, wen wir zu suchen haben«, entgegnete Sören, der keinen Spaß verstand, wenn er aus dem Schlaf gerissen worden war. »Wer hat die Leiche gefunden?«

Der Gerichtsmediziner zuckte die Schultern. »Ich glaube, ein Nachbar. Fragen Sie Vetterich, der weiß es.«

»Ist der Tote schon identifiziert?«, fragte Erik.

Dr. Hillmot lachte. »Den kennt doch jeder. Oder machen Sie sich nichts aus Talkshows?«

Mamma Carlotta wartete darauf, dass Wiebke schlafen ging, damit sie selbst bei einem letzten Glas Rotwein in Ruhe darüber nachdenken konnte, wie es mit der neuen Frau im Hause Wolf weitergehen sollte. Zwar wohnte Wiebke noch in Hamburg und kam nur zu Besuch nach Sylt, aber was würde sein, wenn Erik sie täglich an seiner Seite haben wollte? Wenn er den Wunsch hatte, sie zu heiraten und zur Mutter seiner Kinder zu machen?

»Erik hätte mich auch mitnehmen können«, sagte Wiebke in die Stille hinein, angelte nach der Rotweinflasche und goss sich ein. »Vielleicht geht es um einen brisanten Mordfall. Dann hätte ich noch heute Nacht einen Artikel schreiben können. Vielleicht wäre er morgen noch ins Blatt gekommen.«

»Enrico hat von einem Todesfall gesprochen. Von Mord war nicht die Rede.«

Wiebke winkte ab. »Wir werden es ja hören.«

»Außerdem«, setzte Mamma Carlotta nach, »würde der Chefredakteur des Inselblattes ein Affentheater machen, wenn eine andere Zeitung früher an Informationen käme als er. Koopmann ist mit der Staatsanwältin befreundet, da muss Enrico vorsichtig sein.«

Wiebke trank ihr Glas in einem Zug leer. »Ich bin seine Freundin. Da ist es ja wohl klar, dass ich als Erste bedient werde.« Sie gähnte herzhaft. »Ich gehe schlafen. Für die Tageszeitungen ist es jetzt zu spät. Die haben alle schon Redaktionsschluss.«

Mamma Carlotta betrachtete Wiebke eine Weile, wie sie dasaß, ihren Kopf aufgestützt, und in ihr Weinglas starrte. »Lucia hat immer auf Enrico gewartet, wenn er zu einem Mordfall gerufen worden war«, sagte sie leise und ließ den Satz durch die Küche schweben wie einen Luftballon, zu dem alle aufschauen mussten, um darauf aufzupassen, dass er keiner Kerzenflamme nahe kam.

Aber Wiebke starrte weiter in ihr Glas. »Sehen Sie? Sie reden auch von einem Mordfall.«

»Meine Tochter hat immer gewartet, um Enrico nicht mit den schrecklichen Erlebnissen alleinzulassen. Ob es nun ein Unglücksfall war, ein Selbstmord oder ein Mord, Enrico hat vor einer Leiche gestanden, vielleicht schrecklich zugerichtet, er hat mit trauernden Angehörigen gesprochen, die weinen, die verzweifelt sind ...«

»Schon verstanden, Signora«, unterbrach Wiebke sie.

Doch Mamma Carlottas Lektion war noch nicht zu Ende. »Lucia hat ihm dann Espresso gekocht oder ein Glas Wein eingegossen und ihm zugehört, wenn er sich alles von der Seele reden wollte. Wenn er hungrig war, hat sie ihm noch was zu essen gemacht ...«

»Ich kann nicht kochen, das wissen Sie doch.«

»Ein paar Antipasti auf den Tisch stellen kann jeder.«

Nun richtete Wiebke sich auf und sah Mamma Carlotta bittend an. »Ich glaube, es ist besser, Sie bleiben auch wach.«

Damit war Mamma Carlotta vollkommen einverstanden. Als kluge Frau und verständnisvolle Schwiegermutter hätte sie zwar Wiebke das Feld überlassen, auf dem Erik versorgt und verwöhnt werden musste, aber wenn Wiebke sie ausdrücklich bat, würde sie natürlich bleiben.

Mamma Carlotta seufzte unhörbar. Wiebke Reimers war eine so nette Person, aber nun war sie nicht mehr sicher, dass sie wirklich die Richtige für Erik war. Auch die Kinder waren zunächst voller Sympathie gewesen, doch kaum hatte Erik sie seine feste Freundin genannt, war es mit den Problemen losgegangen. Carolin hatte fast jeden Abend in Italien angerufen, um ihrer Nonna zu berichten, dass sie ihren Vater nie mehr für sich allein habe, weil Wiebke nun die Wochenenden in Wenningstedt verbrachte, und Felix beklagte sich, wenn er mit seiner Schwester allein zu Hause war, weil sein Vater bei Wiebke in Hamburg war. Zwar erwähnte er gleichzeitig, dass er nun endlich mal wieder die beiden Freunde einladen könne, die Erik nicht zum guten Umgang seines Sohnes zählte, weil er sie einmal dabei erwischt hatte, wie sie Bier ins Haus schmuggelten. Aber obwohl Felix sich einerseits über die sturmfreie Bude freute, klagte er andererseits wie ein kleiner Junge darüber, dass sein Papa ihn allein gelassen hatte. Mamma Carlotta merkte, dass es schwer sein würde, sich zu entscheiden. Einerseits mussten natürlich die Ängste und Sorgen der Kinder ernst genommen werden, andererseits hatte Erik ein Anrecht auf Glück. Wenn sie als Mutter seiner toten Frau das sogar einsah, mussten auch die Kinder sich überzeugen lassen.

Sie wurde aus ihren Gedanken gerissen, als Wiebke flüsterte: »Es ist alles schwieriger, als ich angenommen hatte.«

Mamma Carlotta wollte sich gerade erkundigen, ob sie beide an das Gleiche gedacht hatten, ob Wiebke auch darüber nachgesonnen hatte, wie sie Erik eine Partnerin und den Kindern eine Mutter werden konnte ... da hörten sie ein Geräusch von der Haustür her.

Wiebke sprang auf. »Erik? Dann war's wohl doch kein Mord.«

Sie riss die Küchentür auf, schlug sich das Türblatt dabei vor den Kopf und hielt sich wimmernd die Stirn, während in der Diele eine Stimme ertönte, die weder Erik noch Sören gehörte. »Hast du dir mal wieder selber ein Bein gestellt?«

Larissa! Seit Erik nach Kampen gerufen worden war, hatte Mamma Carlotta nicht mehr an Wiebkes Freundin gedacht, die sie vor wenigen Stunden so schwer beleidigt hatte. Unter anderen Umständen wäre sie jetzt ebenfalls in die Diele gelaufen, hätte Larissa in die Küche gezogen, auf einen Stuhl gedrückt, ihr die Reste des Abendessens angeboten und jede Abwehr mit vielen italienischen Worten erstickt. Jetzt jedoch legte sie keinen Wert darauf, Larissa am Tisch sitzen zu haben, obwohl sie das schlechte Gewissen noch immer drückte. Mit Larissa hatte sich noch nie fröhlich plaudern lassen, an diesem Tag würde es erst recht nicht möglich sein. Vermutlich war sie nach wie vor gekränkt und hatte in den vergangenen Stunden versucht, eine andere Bleibe zu finden, um möglichst bald das Haus verlassen zu können, in dem man sie nicht gern hatte. Die Arme! Aber trotz des Mitleids und ihrer Schuldgefühle hoffte Mamma Carlotta, dass Larissa sich nicht zu ihnen setzen wollte.

Sie lauschte auf Wiebkes Stimme, die Larissa in die Küche locken wollte, und nickte zufrieden, als diese immer wieder antwortete: »Nein, ich will nicht. Ich brauche Schlaf.«

»Was ist denn los mit dir?«, fragte Wiebke. »Warum bist du so durcheinander? Du siehst ja völlig verstört aus.«

»Quatsch!«, gab Larissa patzig zurück, und nun hörte Mamma Carlotta die unteren Treppenstufen knarren.

Larissa war durcheinander? Und sie sah verstört aus? Carlottas Neugier siegte prompt über ihr schlechtes Gewissen. Im Nu stand sie neben Wiebke am Fuß der Treppe und sah Larissa hinterher. Diese blickte sich kurz um, als sie in der ersten Etage angekommen war, und nun sah Mamma Carlotta es auch. Larissa Freier war leichenblass und schien geweint zu haben. Gebeugt, wie unter einer schweren Last, ging sie zu der Stiege, die ins ausgebaute Dachgeschoss führte, wo Erik im vorigen Jahr ein Gästezimmer hatte einrichten lassen. Kurz bevor sie auf die erste Stufe trat, schien ihr bewusst zu werden, wie entmutigt sie wirken musste, und sie riss sich zusammen. Aber die steife Würde, mit der sie sich aufrichtete, zeigte nur umso deutlicher, wie es um sie stand.

Mamma Carlotta starrte ihr so lange nach, bis die Tür des Gästezimmers ins Schloss gefallen war. »Madonna, wie sehr muss ich sie verletzt haben! Oder ist ihr was zugestoßen?«

Wiebke versuchte, die Verfassung ihrer Freundin auf die

leichte Schulter zu nehmen. »Die soll sich nicht so anstellen. Aber sie war ja schon immer so eine Mimose. Statt froh zu sein, dass sie überhaupt hier wohnen darf …«

Sie sprach den Satz nicht zu Ende und schob Mamma Carlotta in die Küche zurück. Resolut begann sie aufzuzählen, wie oft sie Larissa schon deprimiert oder sogar völlig aufgelöst gesehen hatte und dass es stets Lappalien gewesen waren, die dazu geführt hatten. »Einmal war ihr Tagebuch verschwunden! Statt es zu suchen, hat sie die Zeit damit vertan, zu heulen und alle Leute zu verdächtigen, die ihren Weg kreuzten.«

Doch Wiebke schaffte es nicht, die Schuldgefühle aus der Küche zu jagen. Mamma Carlotta war überzeugter denn je, dass sie einem jungen Menschen mit unbedachten Worten das Herz gebrochen hatte. Wie konnte sie nur? Der Pfarrer ihres Dorfes, bei dem sie beichten musste, würde verständnislos den Kopf schütteln und ihr viele Rosenkränze zur Buße auferlegen.

Sie erwog, schon vor dem Schlafengehen mit den ersten anzufangen, damit es später, wenn sie wieder in Umbrien war, schneller ging. Nach ihrer Rückkehr hatte sie ja immer alle Hände voll zu tun, bis die Hemden und Blusen, die während ihrer Abwesenheit nicht gebügelt worden waren, wieder im Schrank hingen. Dann aber entschloss sie sich, fürs Erste zu versuchen, ihre Sorgen zu verdrängen, damit sie sie nicht mehr quälten. Sie füllte die Rotweingläser erneut, aber sie war sicher, dass auch das nichts bringen würde.

Der Nachbar schien auf sie gewartet zu haben. Während sie auf die Haustür zuschritten, öffnete sie sich schon, und ein Mann erschien auf der Schwelle, der ihnen erleichtert entgegensah, als wäre ihm das Warten lang geworden.

»Polizei?«, fragte er, warf aber auf den Dienstausweis, den Erik ihm hinhielt, nur einen flüchtigen Blick.

Er ließ sie eintreten und wies ihnen den Weg ins Wohnzimmer. Auch in diesem Haus war der Luxus erst auf den zweiten Blick erkennbar. Auf den ersten war es um eine behagliche Einrichtung gegangen, die so viel von friesischer Wohnkultur übernahm, dass das Ambiente nicht protzig wirkte. Darüber, dass es sich um teure Designermöbel handelte, konnte man hinwegsehen.

Oscar Filbri war Mitte fünfzig, ein Mann von durchschnittlichem Äußeren, dessen Attraktivität in der Sicherheit bestand, die mit dem beruflichen und finanziellen Erfolg gewachsen war. Er wirkte souverän trotz der Erschütterung, die ihm noch ins Gesicht geschrieben stand.

»Sie haben Viktor Krevert also gefunden?«, begann Erik.

Filbri nickte. »Ich war noch mit dem Hund draußen. Eine kleine Runde, bevor ich schlafen gehen wollte.«

Jetzt erst bemerkte Erik den Bernhardiner, der sich, breit, behäbig und augenscheinlich schon alt, hinter dem Sofa ausgestreckt hatte und sich nun erhob, als hätte er mitbekommen, dass sein Herrchen von ihm sprach. Er trottete auf die beiden Polizeibeamten zu, schnupperte kurz an ihren Händen, dann legte er sich wieder auf seinen Platz.

»Als ich zurückkam«, fuhr Filbri fort, »sah ich, dass die Haustür der Kreverts offen stand. Das kam mir komisch vor. Ich bin hin, um nach dem Rechten zu sehen.«

»Sie haben das Haus betreten?«

»Zunächst nicht. Erst mal habe ich gerufen. Nach Madeleine! Ich hatte ja keine Ahnung, dass Viktor auch auf Sylt ist.«

»Sie kennen sich gut?«, warf Erik ein.

»Wir haben ein harmonisches nachbarschaftliches Verhältnis«, erklärte Oscar Filbri.

»Freundschaftlich?«

Filbri zögerte. »Nein, dazu kennen wir uns nicht gut genug. Die Kreverts wohnen ja noch nicht lange hier. Für sie und für mich sind es Zweitwohnsitze, wir sind nicht das ganze Jahr über hier. Die Kreverts haben ihren ersten Wohnsitz in Köln, meiner ist in Düsseldorf. Wir haben ein paarmal ein Glas Wein zusammen getrunken. Mehr nicht.«

Erik winkte ab. »Erzählen Sie uns erst, wie es weiterging. Sie haben also nach der Frau von Viktor Krevert gerufen.«

»Ja! Sie ist schon eine Weile auf Sylt. Madeleine ist Galeristin, sie will in Kampen eine weitere Galerie eröffnen.«

»Aber niemand hat geantwortet«, führte Sören ihn zum Gesprächsfaden zurück.

Filbri nickte. »Und da fiel mir ein, dass Madeleine weggefahren war. Schon vor mehreren Stunden. Natürlich habe ich sofort an Einbrecher gedacht. In diesem Moment fiel mir auch auf, dass das Haus dunkel war. Normalerweise lässt Madeleine Licht an. Im Haus und auch im Garten.«

»Daraufhin haben Sie das Haus betreten?«, fragte Erik betont freundlich. »Hatten Sie keine Angst?«

»Doch. Aber es war alles ruhig. Ich hatte das Gefühl, dass die Einbrecher geflohen waren und vergessen hatten, die Haustür zu schließen.« Filbri stand auf, fuhr sich durch die Haare und drehte den Beamten den Rücken zu, als wollte er sie nicht seine Erschütterung sehen lassen. Tatsächlich wischte er sich über die Augen, ehe er sich wieder umwandte. »Erst mal habe ich das Licht in der Diele angemacht, dann bin ich auf die Wohnzimmertür zu …« Er schluckte. »Und da habe ich Viktor liegen sehen.«

»Und die Polizei verständigt«, ergänzte Sören.

Filbri wies zu einem schnurlosen Telefon, das auf dem Wohnzimmertisch lag. »Ich habe auch versucht, Madeleine zu erreichen, aber sie nimmt nicht ab. Ich habe ihr auf die Mailbox gesprochen, dass sie sofort nach Hause kommen soll.«

Erik war beunruhigt. »Haben Sie ihr den Grund genannt?«

»Nein, nein!«, wehrte Filbri ab. »Ich kann ihr doch nicht auf so lapidare Weise mitteilen, dass ihr Mann tot ist.«

Erik nickte anerkennend, dann bat er Filbri, ihm Madeleine Kreverts Handynummer aufzuschreiben. »Ich werde später noch mal versuchen, sie zu erreichen.« Während Filbri nach einem Zettel suchte, fragte Erik: »Ist Ihnen nichts aufgefallen? Geräusche im Nachbarhaus? Bewegung hinter den Fenstern? Oder am Nachmittag Fremde, die das Haus beobachteten?«

Oscar Filbri schüttelte den Kopf. »Ich habe schon gründlich darüber nachgedacht, während ich auf Sie gewartet habe. Nein, es hat nichts Ungewöhnliches gegeben.«

Erik nahm mit kurzem Dank den Zettel mit Madeleine Kreverts Handynummer entgegen, lehnte sich zurück und bat Oscar Filbri, ihm zu erzählen, was er über Viktor Krevert wusste. »Mir selbst ist nur bekannt, dass er ein berühmter Talkmaster ist.«

Filbri zögerte. »Viel weiß ich eigentlich nicht von ihm. Er hat mir mal erzählt, dass er aus kleinen Verhältnissen stammt. Sein Vater war Arbeiter, die Mutter Hausfrau, die sich mit Näharbeiten was dazuverdiente. Die Fernsehkarriere ist ihm nicht in die Wiege gelegt worden. Aber Viktors gutes Aussehen war sein Kapital. Er hat wohl früh gelernt, dass er damit und mit seinem Charme alles bekommen konnte. Die Frauen flogen auf ihn.«

Erik glaubte zu verstehen. »Affären? Eifersüchtige Rivalinnen? Gehörnte Ehemänner?«

Aber Filbri wehrte erschrocken ab. »Viktor war kein Frauenvernascher. Er liebte seine Madeleine. Es war ihm sehr wichtig, eine gute Ehe zu führen.« Er runzelte die Stirn und sah Erik ungläubig an. »Lesen Sie denn nie die Klatschpresse? Dort wird immer wieder betont, dass die Ehe der Kreverts zu den wenigen zählt, die schon lange hält und augenscheinlich glücklich ist. Ich bin sicher, Viktor hat nie eine andere Frau angesehen, seit er mit Madeleine verheiratet ist.«

Sören stieß einen erstaunten Laut aus. »Ungewöhnlich in dieser Branche.«

Filbri bestätigte es. »Anfänglich hat Viktor sehr darunter gelitten, dass man ihm Berechnung unterstellte. Madeleine stammt aus reichem Hause, ihrem Einfluss und ihrem Geld hat er seine Karriere zu verdanken.« Er fuhr mit beiden Händen durch die Luft, als wollte er seine Worte von einer Tafel wischen und neu beginnen. »Nein, seine Karriere hat er seiner eigenen Persönlichkeit zu verdanken. Aber den Weg dahin hat ihm Madeleine mit ihren Beziehungen geebnet. Das weiß ... das wusste Viktor, und dafür war er ihr sehr dankbar.«

Erik erhob sich, fürs Erste hatte er genug gehört. »Sind Sie auch im Fernsehgewerbe tätig?«, erkundigte er sich, während er Filbri zum Abschied die Hand reichte.

»Oh, nein! Ich besitze einige Juweliergeschäfte.«

Dass er damit reich geworden war, brauchte er nicht zu erwähnen. Erik wusste, dass jemand, der sich eine reetgedeckte Villa in Kampen leisten konnte, sehr vermögend sein musste.

Als er in der Tür stand, fiel ihm noch etwas ein. »Sie sagten, die Kreverts wohnen noch nicht lange hier?«

»Nein, erst seit einigen Monaten. Sie haben das Haus relativ günstig kaufen können. Wer hoch verschuldet ist, hat ja keine Zeit, auf bessere Angebote zu warten.«

Erik verstand. »Ein Notverkauf? Dem früheren Besitzer stand das Wasser bis zum Hals?«

»So kann man es nennen.«

Er trat aus dem Haus, Sören wartete bereits auf dem Weg, der zum Gartentor führte. Erik drehte sich noch einmal um. »Wem gehörte das Haus früher?«

»Johannes und Sonja Freier. Die beiden Fernsehköche, Sie erinnern sich? Ihre Tochter hat das Haus nach dem schrecklichen Unfall geerbt. Das Einzige, was noch da war. Hoch belastet! Wie ich hörte, hat sie mit dem Erlös lediglich die Schulden ihrer Eltern decken können. Es heißt, ihr wäre sonst nichts geblieben. Schrecklich!« Filbri verzog das Gesicht, als hätte er plötzlich Zahnschmerzen. »Ich fürchte, die Kreverts haben Larissas Notlage ausgenutzt und den Preis gedrückt, als sie merkten, dass sie so schnell wie möglich verkaufen musste.«

So anhaltend hatte Mamma Carlotta geklagt, so intensiv und immer wieder aufs Neue, dass irgendwann auch Wiebke von der Sorge gepackt wurde, dass ihre Freundin im Gästezimmer bittere Tränen vergoss, weil ihr die Eltern und die Heimat genommen worden waren und sie dort, wo sie Unterschlupf gefunden hatte, nicht geliebt wurde.

»Sie hat alles verloren«, klagte Mamma Carlotta immer wieder. »Darf man sich da wundern, dass sie nicht vergnügt sein kann? Was mir wie schlechte Laune vorkam, ist in Wirklichkeit unsägliche Trauer. Madonna! Wie konnte ich nur!?«

Diese Frage hatte sie schon ein Dutzend Mal hervorgestoßen, und bisher hatte Wiebke jedes Mal versucht, sie zu besänftigen. Jetzt aber nickte sie und stimmte in den Wehgesang ein. »Ich hätte dafür sorgen müssen, dass Larissa das nicht so ernst nimmt! Ich bin genauso schuld.«

Beinahe wären sie sich in die Arme gefallen, um in inniger Gemeinsamkeit unter ihrer Schuld zu leiden, doch die Türglocke verhinderte es. Mamma Carlotta fuhr in die Höhe, im Nu hatte sie ihren Fehler vergessen. Aufrecht saß sie da und starrte erst Wiebke, dann die Uhr an.

»Kurz nach Mitternacht? Wer kann das sein?«

Wiebke sprang auf. »Erik! Wer sonst?«

Aber Mamma Carlotta hielt sie zurück. »Nonsenso! Enrico hat einen Schlüssel.«

»Vielleicht vergessen?« Wiebke war schon an der Küchentür.

»No, no, Signorina!« Mamma Carlotta griff nach ihrem Ärmel. »Wer weiß, wer da vor der Tür steht? Es ist kein Mann im Haus, der uns beschützen könnte!«

Wiebke befreite sich aus ihrem Griff. »Moderne Frauen beschützen sich selbst.«

»Un momento!« Mamma Carlotta lief zum Küchenfenster, wo sie einen Blick auf die Eingangsstufen hatte, die zur Haustür führten. Sie sah die Hosenbeine eines Mannes, seine Füße, die sich nun umdrehten und langsam die Stufen hinabstiegen. Dann war die ganze Gestalt zu erkennen.

»Ein Fremder«, flüsterte sie. »Ich habe ihn nie gesehen.«

Atemlos beobachtete sie, wie er den Blick über die Hausfassade schweifen ließ, nach oben sah und dann zum Küchenfenster.

Carlotta duckte sich. »Ich glaube, er hat mich gesehen.«

Nun wurde es Wiebke zu bunt. »Sind wir etwa zwei Angsthasen, die sich vor einem fremden Mann fürchten?«

Mamma Carlotta gelang es nicht, sie zurückzuhalten. Sie hörte, wie Wiebke die Haustür öffnete und fragte: »Sie wünschen bitte?«

Die Stimme des Mannes war wohltönend und sympathisch. Dass er sich mit großer Höflichkeit entschuldigte, gefiel Mamma Carlotta. »Es tut mir sehr leid, dass ich so spät noch störe. Ich sah Licht, und da dachte ich ...«

»Zu wem möchten Sie?«, unterbrach Wiebke ihn, und ihre Stimme klang so forsch, dass Mamma Carlotta sie heimlich bewunderte. Wenn dieser Mann etwas Böses im Schilde führte, würde er sich jetzt gut überlegen, ob er sich das richtige Opfer ausgesucht hatte.

»Zu Larissa Freier«, antwortete er. »Man hat mir gesagt, dass sie hier wohnt. Ich habe zunächst im Bahnhofsbistro nach ihr gesehen, weil ich wusste, dass sie dort arbeitet, aber man hat mir gesagt, sie hätte längst Feierabend.«

Mamma Carlotta war schon drauf und dran, zur Tür zu stürzen, Wiebke beiseitezuschieben und den Mann, der zu Larissa wollte, mit vielen schönen Worten hereinzubitten. Bei all dem, was sie ihr angetan hatte, wollte sie nicht auch noch kleinlich sein und einen Gast abweisen, nur weil die Zeit für einen Besuch unpassend war.

Doch als sie Wiebkes nach wie vor unbeugsame Stimme hörte, blieb sie, wo sie war. Vielleicht hatte Wiebke recht, wenn sie noch immer misstrauisch war und kühl fragte: »Wer sind Sie?«

Wieder entschuldigte sich die Stimme, dann hörte Mamma Carlotta sie sagen: »Mein Name ist Paul Freier. Ich bin Larissas Onkel, der Bruder ihres verstorbenen Vaters.«

Der Schatten, den Wiebkes Gestalt in den Flur warf, wich zur Seite. Anscheinend hatte sie die Tür freigegeben, um Larissas Onkel hereinzulassen. Mamma Carlotta hörte Schritte, die sich näherten.

»Ich war monatelang nicht erreichbar. Erst kürzlich habe ich von dem schrecklichen Unglück gehört. Da habe ich mich sofort auf den Weg gemacht, von Neuseeland nach Sylt.«

Aus Wiebkes Stimme war nun das Misstrauen verschwunden. »Larissa hat gelegentlich von Ihnen erzählt. Und sie hat mir auch Fotos gezeigt.« Sie lachte leise. »Jetzt erkenne ich Sie. Mein Abenteuer-Onkel, hat Larissa immer gesagt.«

Nun hielt Mamma Carlotta nichts mehr. Schon stand sie neben Wiebke und knipste das strahlende Lächeln an, mit dem sie jeden Gast begrüßte. »Buona sera, Signore! Treten Sie ein!«

Wiebke stand schon auf der Treppe. »Ich sage Larissa Bescheid.«

Aber noch ehe sie auf der oberen Stufe angekommen war, erschienen Larissas Füße auf der Stiege, die ins ausgebaute Dachgeschoss führte. Ihre Stimme war schon zu hören, bevor sie ganz zu sehen war. »Onkel Paul?«

Sie blieb auf dem oberen Treppenabsatz stehen, starrte auf den Mann, der zu ihr hochblickte, dann flog sie die Treppe hinab, ihrem Onkel in die Arme.

»Mein Pralinchen! Es tut mir so leid!«

Nun weinte Larissa, und Mamma Carlotta brach es das Herz, sie so traurig zu sehen, wie sie sich den Wolfs nie gezeigt hatte. »Nichts ist mehr so wie früher, Onkel Paul«, schluchzte sie. »Alles ist kaputt. Mein ganzes Leben!«

Paul Freier wiegte sie, streichelte ihren Rücken, schloss die Augen und drückte sein Gesicht in ihr Haar. Mamma Carlotta kamen vor Rührung die Tränen. Endlich einmal zeigte Larissa echte Gefühle, eine wahrhaftige Trauer, nicht nur dieses diffuse Beleidigtsein, als wäre sie vom Schicksal ungerecht behandelt worden.

Wiebke zog sich in die Küche zurück, sie wollte das emotionale Wiedersehen nicht stören. Mamma Carlotta jedoch schaffte es nicht, sich von der Verbundenheit zwischen Onkel und Nichte loszureißen. Sie kreuzte die Arme vor der Brust und konnte sich an der Wiedersehensfreude nicht sattsehen. Als folgte sie mit angehaltenem Atem einem Theaterstück, in dem es in der letzten Szene endlich zum ersehnten Happy End kam, das umso rührender war, da die Hauptdarstellerin unvorteilhaftes Nachtzeug trug, eine glänzende Fettcreme im Gesicht hatte und ihr die offenen Haare unordentlich ins Gesicht fielen.

»Es ist so schrecklich, Onkel Paul!«

Larissa wirkte geradezu zerbrechlich in den Armen des stattlichen Mannes, der unkonventionell, aber geschmackvoll gekleidet war und sehr gepflegt wirkte. Seine dichten grauen Haare sollten wohl aussehen, als wären sie ihrem Besitzer gleichgültig, verrieten aber einen guten Schnitt. Der graue Bart hatte genau die richtige Länge, um so auszusehen, als gehörte er einem Überlebenskünstler, hatte aber einen sauberen Abschluss in Höhe der Oberlippe. Paul Freier gefiel sich augenscheinlich in der Rolle des Abenteurers, der keine Zeit und Gelegenheit hatte, auf sein Äußeres zu achten, hielt diese Rolle aber nicht in allen Details durch. Sein weißer Rollkragenpullover war makellos, die Beine seiner Bluejeans dagegen waren abgewetzt, ausgeblichen und unordentlich in derbe, knöchelhohe Stiefel gesteckt worden. Sie hatten offensichtlich schon viele Jahre und Kilometer auf dem Leder und waren nur locker geschnürt, als wäre Paul Freier immer auf dem Sprung, nie ganz daheim, immer bereit, die Stiefel notfalls enger zu schnüren und sich auf eine große Wanderung zu begeben. Genau wie die Stiefel schien auch die dunkle Jacke schon viele Jahre auf der stumpfen Wolle zu haben, aber dass sie von einem Designer entworfen worden war, ließ sich dennoch erahnen.

Dann löste Larissa sich von ihrem Onkel. »Gut, dass du gerade heute kommst.«

Er sah sie erstaunt an. »Ist was geschehen? Gerade heute?«

Larissa warf Mamma Carlotta einen Blick zu, und diese rechnete schon damit, dass Larissa nun von der Kränkung reden würde, die ihr zugefügt worden war. Sie spürte bereits das Brennen der Scham auf ihren Wangen, da erkundigte sich Larissa, ohne die Frage ihres Onkels zu beantworten: »Wo warst du so lange?«

»Im Amazonasgebiet«, gab Paul Freier zurück. »Eine Weile habe ich in einer Lodge bei Manaus gelebt, dort wäre ich telefonisch vielleicht zu erreichen gewesen. Aber dann bin ich in den Dschungel vorgestoßen, zu Fuß und mit dem Kanu. Das Amazonasgebiet umfasst sieben Millionen Quadratkilometer. Die Menschen, mit denen ich in Neuseeland zusammenlebe, wussten, dass sie mich nicht erreichen konnten. Sie haben deine Briefe für mich aufgehoben, mehr konnten sie nicht tun.« Er schob Larissa sanft von sich und sah sie wehmütig an. »Als ich wieder in Wellington ankam, fand ich die Nachricht vor, dass deine Eltern tödlich verunglückt sind. Ich musste ein paar Sachen regeln, dann bin ich aufgebrochen, um nach dir zu sehen.«

Mamma Carlotta entschloss sich nun zu handeln. Sie nahm Paul Freier resolut die Jacke ab, bugsierte erst ihn und dann seine Nichte in die Küche, drückte Larissa, die in einem rosa Frottee-Schlafanzug steckte, der nicht aus ihrer Zeit als reiche Tochter stammen konnte, auf einen Stuhl und wies Paul Freier mit großer Geste den Platz an ihrer Seite zu. »Möchten Sie eine Kleinigkeit essen? Un po' di antipasti? Es ist auch noch was von den überbackenen Pfirsichen da. Ich könnte sie noch einmal in den Ofen schieben, aber sie schmecken auch kalt sehr gut. Natürlich kann ich Ihnen auch eine Tomatensuppe kochen. Das geht molto veloce.« Nun erst registrierte sie Paul Freiers abwehrende Gesten. »Aber ein Rotwein? Sì, sì, zum Wiedersehen gehört un vino rosso.«

Sie wartete seine Antwort nicht ab, sondern lief schon in den Keller, um eine neue Flasche aus Eriks Weinvorrat zu holen. Als sie zurückkam, erzählte Larissa ihrem Onkel gerade, wie sie Obdach bei den Wolfs gefunden und warum sie sich ausgerechnet auf Sylt Arbeit gesucht hatte. Zu Mamma Carlottas großer Erleichterung ließ sie unerwähnt, dass sie in diesem Hause nicht beliebt war. »Auf Sylt bin ich immer so glücklich gewesen. Ich wollte in der Nähe unseres Ferienhauses sein. Aber die Mieten sind wahnsinnig teuer, wenn man überhaupt eine Wohnung findet. Hier wird ja jeder Quadratmeter an Touristen vermietet.« Sie warf Wiebke ein warmes Lächeln zu und streifte sogar Mamma Carlotta mit einem freundlichen Blick, was diese mit großer Erleichterung erfüllte. »Wiebke ist seit dem Sommer mit Erik Wolf zusammen, einem Polizeibeamten.«

»Un commissario«, stellte Carlotta richtig. »Kriminalhauptkommissar.«

»Und Wiebke hat dafür gesorgt«, fuhr Larissa fort, »dass ich hier wohnen kann. Jedenfalls für eine Weile. Wenn ich weiß, wie mein Leben weitergehen soll, gehe ich nach Dortmund zurück. Wahrscheinlich mache ich dann noch mein Examen und suche mir eine vernünftige Anstellung.«

Paul Freier griff nach ihrer Hand. »Ist denn gar nichts übrig geblieben vom Vermögen deiner Eltern?«

Larissa antwortete nicht, sondern stellte ihrerseits eine Frage: »Du hast gewusst, dass sie auf die Pleite zusteuerten?«

Paul Freier lächelte milde und drückte Larissas Hand. »Du auch, Pralinchen. Aber du hast es nicht sehen wollen.«

Mamma Carlotta und Wiebke warfen sich einen Blick zu, dann hoben sie beide wie verabredet das Glas. Während sie trank, stellte Mamma Carlotta fest, dass Paul Freier ihr über den Rand seines Glases einen intensiven Blick schenkte, der sie verwirrte. Was wollte er damit ausdrücken? Schon lange war sie von einem Mann nicht mehr so angesehen worden. Genau genommen hatte es nur einen einzigen gegeben, der ihr derart offen gezeigt hatte, dass sie ihm gefiel. Das war ihr Dino gewesen, und sie hatte gerade ihren sechzehnten Geburtstag gefeiert. Ein halbes Jahr später war sie schwanger geworden und hatte geheiratet. In ihrem Dorf wurde keine verheiratete Frau mit einem solchen Blick bedacht, und so brachte dieser winzige Augenblick sie gehörig ins Schwitzen.

Da Mamma Carlotta jede Gefühlsregung in Worte kleidete, mit vielen Silben verarbeitete, mit zahlreichen Sätzen kommentierte und unzähligen kleinen Geschichten überdeckte, wenn die Gefühle nicht beim Namen genannt werden sollten, begann sie zu reden. »Wo wohnen Sie, Signor Freier? In einem Hotel?«

»In der Windrose«, erklärte er. »Aber da ich eine Weile bleiben möchte, werde ich mir wohl eine Ferienwohnung suchen. Ein Leben im Hotel, das ist nichts für mich. Obwohl ich sagen muss … die Küche dort ist ausgezeichnet. Aber ich fühle mich unfrei im Hotel. Wie eingesperrt!« Das Eindringliche verließ nun seinen Blick, doch das Gefühl, dass er etwas ganz Besonderes sah, blieb. »Wissen Sie vielleicht von einem Ferienapartment in der Nähe, Signora?«

Mamma Carlotta brauchte nicht lange zu überlegen. »Sì! Im Garten der Nachbarn gibt es ein hübsches kleines Holzhaus, das an Touristen vermietet wird. Ich bin sicher, dass es zurzeit frei ist. Gleich morgen werde ich zu Frau Kemmertöns gehen und sie fragen.«

»Das wäre wunderbar«, entgegnete Paul Freier bescheiden. »Dann könnte ich in Larissas Nähe sein.«

»Certo! Sie können dann jederzeit durch die Hecke schlüpfen, und schon sind Sie in unserem Garten. Ich werde Ihnen den Schlüssel der Kellertür geben, dann können Sie Ihre Nichte besuchen, wann immer Sie wollen.«

Erik und Sören verließen das Grundstück des Nachbarn und kehrten zum Tatort zurück. Erik betrachtete den Zettel, den Oscar Filbri ihm gegeben hatte, dann zog er sein Handy aus der Tasche. »Ich versuch's noch mal bei Madeleine Krevert.«

Sören wollte etwas Zustimmendes von sich geben, aber in diesem Moment bog ein Auto in den Reimert-Hansen-Weg ein. Als es näher kam, nahm der Fahrer das Gas weg, und der schwarze Mercedes der G-Klasse kam vor dem Haus der Kreverts zum Stehen. Ein Geländewagen, ein großes kantiges Auto, das bei einer Wüstendurchquerung das richtige Fahrzeug gewesen wäre, auf Sylt jedoch lediglich dazu diente, sich von den Einheits-BMWs und Porsches zu unterscheiden. Eine Frau stieg aus, deren Haar leuchtete, wie es nur möglich war, wenn das Blond künstlich erzeugt worden war. Das musste Madeleine Krevert sein, Erik hatte nicht den geringsten Zweifel. Sie sah genauso aus, wie er sich eine Frau vorstellte, die in einer Villa in Kampen ihren zweiten Wohnsitz hatte. Groß und überschlank, teuer gekleidet, mit ebenso teuren Accessoires ausgestattet, herausfordernd in ihren Bewegungen, in ihrer Körperhaltung und ihrer kräftigen Stimme.

»Was ist hier los?«, fragte sie, während sie auf Erik und Sören zuging. »Wer sind Sie?« Ohne die Antwort abzuwarten, zeigte sie zum Haus. »Was ist hier passiert?«

Erik stellte erst sich selbst, dann Sören vor, suchte nach seinem Dienstausweis und hielt ihn der Frau hin, die ihn jedoch nicht zur Kenntnis nahm. »Sie sind Madeleine Krevert?«

»Was ist hier los?«, wiederholte sie, statt Eriks Frage zu beantworten. Sie versuchte, ruhig und selbstbewusst zu wirken, aber ihre Hände, die nervös am Kragen ihrer Lederjacke nestelten, verrieten sie. Zu Madeleine Krevert gehörte anscheinend Souveränität in jeder Lebenslage, aber hier geriet sie an ihre Grenze.

»Ich wollte Sie gerade anrufen. Ihr Nachbar, Herr Filbri, hat schon mehrfach versucht, Sie zu erreichen.«

Sie griff in ihre Louis-Vuitton-Tasche, holte ihr Handy hervor und sah aufs Display. »Sieben verpasste Anrufe. Ich war im Gogärtchen. Da war es laut, ich habe nichts gehört.« Energisch steckte sie das Handy wieder weg. »Ein Einbruch? Oder was?«

Sie lief auf die Haustür zu, wo sich ihr jedoch Kommissar Vetterich, der Leiter der Kriminaltechnischen Untersuchungsstelle, in den Weg stellte.

Sören stand im Nu neben ihr, hielt sie am Ärmel fest und reagierte nicht darauf, dass sie ihn ärgerlich abschüttelte. »Warten Sie, Frau Krevert!«

Tatsächlich zögerte sie nun. Obwohl sie nicht zu den Frauen zu zählen schien, die sich aufhalten ließen, zog über ihre selbstbewusste Miene ein Schleier der Angst. »Ein Einbruch, oder?«, fragte sie noch einmal, aber es sah so aus, als vermutete sie bereits Schlimmeres.

Dann war auch Erik herangekommen. Er schüttelte den Kopf und antwortete: »Ihr Mann! Wir müssen Ihnen leider die traurige Mitteilung machen, dass er tot ist.«

Sie wies ungläubig ins Haus, dann lachte sie, wie ein Mensch lacht, dem das Entsetzen bereits im Halse steckt. »Da drin? Mein Mann? Das kann nicht sein!«

»Warum sind Sie da so sicher?«

»Weil er nicht auf Sylt ist.«

»Aber Herr Filbri hat ihn erkannt. Er hat ihn gefunden.«

Eine halbe Stunde später saß Madeleine Krevert in der Küche und weinte. Wie sie es geschafft hatte, parallel zum Schluchzen und Tränenstrom drei Zigaretten zu konsumieren, war Erik schleierhaft. Der Qualm störte ihn, obwohl er als Pfeifenraucher dafür eigentlich Verständnis haben sollte. Aber er hätte am liebsten die Fenster aufgerissen und sich noch lieber das Rauchen verbeten, aber Madeleine Krevert konnte schließlich in ihrem eigenen Hause machen, was sie wollte. Da war er machtlos.

»Können Sie sich erklären, warum Ihr Mann nach Sylt gekommen war, ohne seinen Besuch anzukündigen?«

Madeleine schüttelte den Kopf. »Er ruft sonst immer vorher an. Ich wäre ja auch zu Hause geblieben, wenn ich gewusst hätte, dass er kommt.«

Sie steckte sich schon wieder eine Zigarette an, und diesmal kam es Erik so vor, als wollte sie sich hinter den Rauchwolken, die sie ausstieß, verstecken. »Sie waren sicherlich nicht allein im Gogärtchen?«

»Ich war mit Freundinnen zusammen.«

Erik zückte sein Notizbuch. »Sind Sie so nett, mir die Namen aufzuschreiben?«

Er wusste, was nun folgen würde, und ließ es mit stoischer Ruhe über sich ergehen. »Sie denken, ich könnte meinen Mann umgebracht haben? Sind Sie wahnsinnig? Wir kommen Sie dazu ...«

»Das ist reine Routine«, unterbrach Sören sie. »Dazu sind wir verpflichtet. Das hat nichts mit Ihrer Person zu tun.«

Madeleine Krevert ließ sich tatsächlich von ihm zurückhalten. Sie inhalierte erst einen tiefen Zug, dann begann sie, eine Reihe von Namen in Eriks Notizbuch zu kritzeln.

»Bitte mit Adressen und Telefonnummern«, sagte Erik leise.

Wieder schien es, als wollte sie explodieren, aber dann nickte sie und fügte alles hinzu, was Erik brauchte.

»Hatte Ihr Mann Feinde?«, fragte Sören.

Sie schüttelte den Kopf, ohne mit dem Schreiben aufzuhören. »Er muss ein zufälliges Opfer gewesen sein. Ein Einbrecher, der von ihm überrascht wurde.«

Erik nickte. »Und der hat vorher überall das Licht gelöscht, damit er nicht gesehen wurde. Draußen im Garten, vor dem Haus ...«

»Eine andere Erklärung habe ich nicht.« Madeleine Krevert schob Erik sein Notizbuch wieder hin. »Der Kerl ist ins Haus eingedrungen, hat überall das Licht gelöscht, damit er von draußen nicht gesehen wird. Und während er sich auf die Suche nach Beute macht, kommt mein Mann ...«

»Bis jetzt sind keine Einbruchsspuren gefunden worden. Könnte es sein, dass Sie vergessen haben, eine Tür abzuschließen?«

»Unsinn!« Sie hatte ihre Trauer fürs Erste abgestreift und rettete sich in Arroganz, als wollte sie damit an der kostbaren Vergangenheit festhalten, in der ihr Mann an ihrer Seite gewesen war. »Vielleicht ist Ihnen aufgefallen, dass unsere Einrichtung nicht gerade billig ist? Zwar haben wir einen Tresor im Keller, wo mein Schmuck untergebracht ist, aber allein die Gemälde sind einiges wert. Ein solches Haus schließt man sorgfältig ab, das ist ganz klar. Noch nie habe ich eine Tür offen gelassen.«

»Sie haben keine Alarmanlage?«

»Doch! Aber nach mehreren Fehlalarmen schalten wir sie nur noch ein, wenn das Haus unbewohnt ist.«

Erik blickte durch die geöffnete Küchentür in die Diele, als könnte es dort einen weißen Fleck an der Wand geben, wo vorher ein Gemälde gehangen hatte. »Sie haben gesagt, es fehlt nichts. Und das Haus ist augenscheinlich nicht durchsucht worden.«

Sören konnte mit Madeleine Kreverts Theorie anscheinend etwas anfangen. »Nachdem er den Hausherrn umgebracht hat, ist der Kerl geflüchtet«, meinte er. »Wenn er tatsächlich überrascht wurde, war er nicht mehr kaltblütig genug, das Haus zu durchsuchen.«

Erik wollte vor Madeleine Krevert diese Möglichkeiten nicht diskutieren. »Wir warten ab, bis die SpuSi fertig ist. Vielleicht sehen wir danach klarer.« Er wandte sich an die Witwe. »Das Haus müssen wir versiegeln. Können Sie woanders unterkommen? Oder sollen wir Sie in ein Hotel bringen?«

Madeleine Krevert sah ihn überrascht an und schien protestieren zu wollen. Dann aber fiel ihr wohl ein, dass sie in dem Haus, in dem ihr Mann vor ein paar Stunden gestorben war, kein Auge zutun würde. Und da in diesem Moment der Wagen eines Bestattungsunternehmers vorfuhr, beschloss sie: »Ich übernachte bei einer Freundin in Westerland.« Sie tippte auf einen der Namen, die sie Erik aufgeschrieben hatte. »Dort kann ich auf jeden Fall für eine Nacht unterkommen. Vielleicht auch länger.« Sie wischte sich über die Augen, als sollte es mit der Trauer vorerst vorbei sein. Erik wusste nicht recht, was er davon halten sollte, aber vielleicht gehörte sie zu den Menschen, die erfolgreich waren, weil sie ihre Entschlusskraft stets an erste Stelle setzten. Persönliche Gefühle standen immer hintenan, sie bekamen erst Raum, wenn alles erledigt war, was getan werden musste. Vielleicht war das die Voraussetzung dafür, einen Weg zu beschreiten, der in einer Ferienvilla in Kampen endete?

Sie stand auf und sah auf Erik und Sören herab, als wunderte sie sich, dass die beiden noch auf ihren Stühlen saßen. »Wenn Sie mich brauchen … Sie haben ja meine Handynummer.«

Erik erhob sich hastig und stellte nun fest, dass sie einen halben Kopf größer war als er. »Wir fahren Sie.«

Aber Madeleine Krevert winkte ab. »Die paar Kilometer …«

In diesem Moment wurden Stimmen vor dem Haus laut. Erik hörte einen der Spurenfahnder schimpfen und Vetterich nach einer Rolle Absperrband rufen. Dann flammte vor dem Gartenzaun ein Scheinwerfer auf, und ehe Erik begriff, was vor sich ging, holte Madeleine Krevert einen Taschenspiegel hervor und kontrollierte ihr Make-up. »Das hat noch gefehlt«, murmelte sie und tupfte verwischte Wimperntusche ab. »Wetten, dass ich das Oscar Filbri zu verdanken habe?«

»Was?«, fragte Erik verständnislos, während Sören schon zur Tür lief, um etwas zu verhindern, was er schneller durchschaut hatte als sein Chef.

»Seine Patentochter arbeitet seit Neuestem bei RTL«, antwortete Madeleine Krevert. »Zurzeit dreht sie auf Sylt für eine Serie über reiche Zweitwohnungsbesitzer. Oscar hat diesen Fernsehfritzen sogar sein Haus geöffnet und sie in allen Räumen filmen lassen. Nur damit die Kleine sich bei ihren Vorgesetzten beliebt machen kann.« Mit heftigen Bewegungen wischte sie sich das

Rouge von den Wangen und nahm sich damit das frische Aussehen, das ihr in diesem Augenblick wohl nicht passend erschien. »Jetzt darf das liebe Kind also auch die ersten Bilder über den Mordfall Viktor Krevert liefern. Na, der kriegt was von mir zu hören. Dieser Idiot!«

»Wir gehen nicht von Mord aus«, sagte Erik. »Sie etwa?«

Madeleine Krevert sah ihn überrascht an, dann drehte sie die Augen zur Decke. »Nun werden Sie mal nicht kleinlich, Herr Wolf. Ich weiß, zu Mord gehören Vorsatz und Heimtücke. Aber dass mein Mann Selbstmord begangen hat, glauben Sie doch auch nicht! Oder?«

Mamma Carlotta hielt ihr Gesicht dem Wind entgegen, der sich am frühen Morgen erhoben und sogar Regen und Hagel über die Insel gefegt hatte. Damit war nun zwar Schluss, aber die Böen gebärdeten sich noch immer wie Kontrahenten, die über die Flauten siegen wollten. Wer darauf gehofft hatte, dass der Frühling bald Einzug hielt, war an diesem Morgen enttäuscht. Sogar das Licht war noch das des Winters, grau und nichtssagend.

Sie hatte das Fahrrad im Schuppen stehen lassen und es vorgezogen, zu Fuß zum Bäcker zu gehen. So würde sie es auch halten, wenn sie sich zum Einkaufen bei Feinkost Meyer oder zu einem Cappuccino in Käptens Kajüte aufmachte. Der tückische Wind konnte eine ungeübte Radfahrerin vom Radweg auf die Straße und dort vor ein Auto wehen, wenn man nicht aufpasste. Und wer viele Gedanken im Kopf bewegte, war nicht immer bei der Sache und somit hochgradig gefährdet.

Als Mamma Carlotta den Bäckerladen betrat, lockerte sie die Kapuze, die sie fest unter dem Kinn zusammengebunden hatte, und öffnete den Reißverschluss ihrer Jacke. Im Geschäft war es angenehm warm, die Hitze, die aus der Backstube kam, sogar schwer zu ertragen, wenn man sich so angezogen hatte, wie es auf Sylt auch in Erwartung des Frühlings angeraten war. Da sie sich gerne länger beim Bäcker aufhielt, brach ihr prompt der Schweiß aus, während sie mit ihm über seine Schwester redete, die in der Türkei verheiratet war. An deren Schicksal nahm Mamma Carlotta gern Anteil, weil schließlich auch ihre Lucia einem Mann in ein fremdes Land gefolgt war. Die Schwester des Bäckers vermisste im Mai den jungen Matjes, während sich Lucia auf Sylt oft nach frischen Feigen gesehnt hatte. So etwas verband! Diesmal war das Gespräch sogar besonders lang, weil der Bäcker von Eheproblemen seiner Schwester zu berichten wusste. Sie hatte einen langen Besuch auf Sylt angekündigt, und der Bäcker hatte den Verdacht, dass sie mit Sack und Pack auf der Insel erscheinen und nie wieder in die Türkei zurückkehren würde.

Als Mamma Carlotta das Für und Wider dieser möglichen Entscheidung ausgiebig erörtert und nebenbei eine große Tüte mit Brötchen ausgehändigt bekommen hatte, war sie in Schweiß gebadet, und der Wind, der sie vor der Tür erwartete, erschien ihr noch kälter als zuvor.

Natürlich würde Erik wieder sagen, es wäre nicht nötig gewesen, frische Brötchen zu holen, das Brot vom Vortag hätte vollkommen ausgereicht, aber für Mamma Carlotta war es wichtig, Erik und die Kinder für die Zeit, in der sie ohne Fürsorge auskommen mussten, zu entschädigen. Seit Lucia nicht mehr lebte, war es schwer für Erik, neben seinem Beruf auch noch den Kindern gerecht zu werden. Wenn seine Schwiegermutter auf Sylt war, sollten die drei alles bekommen, was früher Lucia für sie bereitgehalten hatte. Erst recht heute, nachdem Erik spät in der Nacht vom Dienst zurückgekehrt war und gleich angekündigt hatte, dass er trotzdem schon am frühen Morgen wieder ins Kommissariat würde aufbrechen müssen. Von dem Todesfall in Kampen hatte er nicht viel erzählt, aber Mamma Carlotta wusste, wie gut es ihm tat, wenn sie ihn verwöhnte, nachdem er im Dienst etwas so Entsetzliches wie Mord- und Totschlag erlebt hatte. Wenn er auch niemals zugeben würde, dass ihm ihre Fürsorge bei der Verarbeitung all des Schrecklichen half.

Sie ging langsamer, als ihr Blick auf der anderen Straßenseite auf das Schild ›Hairstylist Donald‹ fiel. Pinkfarbene Buchstaben leuchteten ihr entgegen, der Schriftzug war sowohl über der Eingangstür als auch auf den beiden Schaufensterscheiben angebracht. Dahinter war alles dunkel, der Friseursalon hatte noch nicht geöffnet. Nur ein paar winzige Lampen brannten im Inneren und holten schwarze Möbel aus dem Dämmerlicht, die auf einem dunklen Holzboden standen. Über ihnen baumelten überdimensionale weiße Kugellampen, die dem Salon, sobald sie eingeschaltet waren, ein neues Größenverhältnis gaben. Die Kundinnen von ›Hairstylist Donald‹ sollten sich wohlfühlen, als sei der Himmel extra für sie zum Leuchten gebracht worden. Mamma Carlotta konnte gut verstehen, dass Carolin diese Atmosphäre gut gefiel. Vielleicht sollte sie ihrer Empfehlung folgen und sich selbst einmal in die Hände von Hairstylist Donald begeben? Seit ihre Enkelin ihr verraten hatte, dass ihr Chef italienischer Abstammung war, fand Mamma Carlotta, dass man sich die Sache überlegen könne.

Frau Kemmertöns hatte ebenfalls aufs Fahrrad verzichtet und sich zu Fuß zu ihrem Arbeitsplatz in der Kurverwaltung aufgemacht. Sie kam gerade den Süder Wung hinab und staunte mal wieder in Mamma Carlottas ausgeschlafenes Gesicht, mit dem ihr eigenes nicht konkurrieren konnte. Ihm war deutlich anzusehen, dass sie gerne länger geschlafen hätte. Leider hatte Frau Kemmertöns zu wenig Zeit, um mit Mamma Carlotta ausführlich die Frage zu erörtern, ob es sich schickte, wenn Frauen in ihrem Alter zu einem Hairstylisten gingen, der mit großer Wahrscheinlichkeit dreimal so teuer war wie der Friseur, dem sie sich beide bisher anvertraut hatten. Aber Frau Kemmertöns, die Nachbarin der Wolfs, versprach, sich darüber Gedanken zu machen und sich später mit Mamma Carlotta in aller Ausführlichkeit darüber zu beraten. Zwar hatte sie, die geborene Friesin, eine andere Vorstellung von dem, was Mamma Carlotta ausführlich nannte, aber sie hatten mittlerweile zu einem nachbarschaftlichen Kontakt gefunden, von dem beide etwas hatten. Frau Kemmertöns war dankbar, dass von ihr nicht ein Redeschwall erwartet wurde, wie er aus Mamma Carlotta ohne jede Anstrengung heraussprudelte, und diese war hocherfreut, dass Frau Kemmertöns sich alles anhörte, was sie zu berichten hatte, und das sogar mit Freude und nie versiegendem Staunen.

Als sie hörte, dass ihr ein Feriengast winkte, fiel dann aber doch die Eile von ihr ab. »Ein alleinstehender Herr? Gerne! Unser Gästehaus im Garten steht zurzeit leer.«

Die Geschichte von Paul Freier, seiner Abenteuerlust und seiner Weltenbummelei, hörte sie sich gerne noch an, und sogar das tragische Ende seines Bruders, Larissas Vater, obwohl sie darüber längst Bescheid wusste. Und dass Onkel und Nichte so nah wie möglich beieinander wohnen wollten, sah sie ohne Weiteres ein. Dann blickte sie auf die Uhr und stellte fest, dass sie schon so spät dran war, dass es auf ein paar Minuten mehr oder weniger auch nicht ankam. »Zu spät komme ich auf jeden Fall.«

Frau Kemmertöns, die sonst immer nur mit offenem Munde zuhörte, was ihr von Mamma Carlotta berichtet wurde, hatte in diesem Falle einmal selbst etwas zu erzählen. Aufgeregt wies sie zur Touristeninformation, wo es einen großen Schaukasten gab, der mit Plakaten behängt war. Dort konnte sich der interessierte Tourist über sämtliche Möglichkeiten informieren, wie sich in Wenningstedt die Zeit vertreiben ließ. »Sehen Sie sich das an!« Sie zog Mamma Carlotta am Arm zurück, bis sie vor dem Plakat angekommen waren, an dem diese achtlos vorbeigegangen war. Dann schlug sie die Hand vor den Mund und kicherte wie ein junges Mädchen.

Mamma Carlotta starrte das Wort ›Frauenabend‹ an, ohne etwas zu verstehen. So sah sich Frau Kemmertöns, die wohl gehofft hatte, um lange Erklärungen herumzukommen, gezwungen, die Sache zu erläutern. »In Käptens Kajüte! Stellen Sie sich das vor! Tove Griess hat eine neue Idee, wie er Leute in seine Bruchbude locken kann.«

Mamma Carlotta verstand kein Wort. »Nur Frauen? Warum?«

»Warum wohl?«, fragte Frau Kemmertöns bedeutungsvoll zurück, kicherte vielsagend, blickte aber weiterhin in ein verständnisloses Gesicht. Dann holte sie so tief Luft, dass es beinahe den Reißverschluss ihrer Jacke gesprengt hätte. »Weil da ein Stripper auftritt!« Wieder nahm sie die Hand vor den Mund, als wollte sie das obszöne Wort zurückdrängen oder niemanden sehen lassen, wie amüsiert sie war.

Carlotta war nicht schlauer als vorher. »Was ist das?«

Frau Kemmertöns sah sich um, dann machte sie eine so obszöne Bewegung, dass Mamma Carlotta sofort klar wurde, worum es ging. »Uno spogliarellista? Einer, der sich für Geld auszieht?«

»Pscht, nicht so laut«, machte Frau Kemmertöns, die um ihren guten Ruf fürchtete. »Ist das nicht unglaublich?«, fragte sie und kicherte hinter vorgehaltener Hand.

Mamma Carlotta konnte sich Frau Kemmertöns' Gekicher nur so erklären, dass sie vor lauter Empörung zu keiner angemessenen Reaktion gefunden hatte. Lang und breit setzte sie der Nachbarin auseinander, dass sie genauso entrüstet sei wie diese. Dann aber, nachdem sie sich so gründlich ereifert hatte, dass ihr trotz des Windes warm geworden war, winkte sie ab. »Tove Griess hat schon die verrücktesten Ideen gehabt, aber bisher hat keine funktioniert. Seine Imbissstube läuft vermutlich noch genauso schlecht wie immer.«

Frau Kemmertöns aber war keineswegs sicher. Und wieder wurde sie von sinnlosem Gekicher geschüttelte, als sie erklärte: »Der Stripper soll ein ganz Schamloser sein. Wahrscheinlich nichts im Kopf, aber dafür einen langen …«

»Santa Maria nel cielo!«, unterbrach Mamma Carlotta und atmete erleichtert auf, als der Rest des Satzes ungesagt blieb. Sie starrte Frau Kemmertöns an, als fürchtete sie, dass die Nachbarin dieses entsetzliche Wort doch noch herausbringen würde. Ein solches Vokabular von einer waschechten Friesin? Sogar von einer, die sich sonst nicht einmal aufregte, wenn ihr der Pflaumenkuchen anbrannte oder der Ehemann bei der Obsternte vom Baum fiel? Sie hatte nie für möglich gehalten, dass Frau Kemmertöns zu einer solchen Reaktion fähig war, und stellte bei dieser Gelegenheit fest, dass friesische Entrüstung anders war als italienische. Frau Kemmertöns' verklemmtes Lachen, das sie in den Mund zurückzustopfen versuchte, wirkte auf Mamma Carlotta wie eine barsche Aburteilung, die durch keinen Temperamentsausbruch leichter wurde und nicht durch rudernde Arme verscheucht werden konnte. Nein, Frau Kemmertöns' Aufgebrachtheit war so bodenständig wie sie selbst, so vollbusig, breithüftig und unbeweglich wie sie. »Wir können ja mal zusammen zu einem dieser Frauenabende gehen, Signora!«

Sie lachte sehr laut und sehr lange, wie Mamma Carlotta die Nachbarin noch nie hatte lachen hören. Und plötzlich kam ihr der schreckliche Verdacht, dass die verkrampfte Belustigung doch keine Empörung war, sondern ein Vergnügen ausdrückte, das nur zur Hälfte aus Entrüstung bestand. Auf diese Weise behielt sich Frau Kemmertöns wohl vor, sich der Reaktion ihres Gegenübers schleunigst anzupassen, damit sie weder für altmodisch und verklemmt noch für frivol gehalten werden konnte.

Mamma Carlotta aber war nicht bereit, ihr weiter bei der Entscheidung zu helfen, ob man sich über etwas derart Schamloses wie einen Stripper zu empören habe oder sich amüsieren dürfe, und verabschiedete sich hastig. Sie versprach noch schnell, am Nachmittag mit Paul Freier vorbeizukommen, damit er sich das Gästehaus im Garten der Kemmertöns ansehen konnte, dann lief sie weiter.

Kurz vor der Haustür vergaß sie das skandalöse Geschehen in Käptens Kajüte, denn Larissa Freier kam ihr entgegen, eilig und mit gesenktem Kopf, als wollte sie an Carlotta vorbeigehen und später behaupten, sie hätte sie nicht gesehen.

Aber das ließ Carlotta Capella nicht zu! »Signorina! Sie gehen ohne Frühstück aus dem Haus?«

Larissa blieb stehen, sichtlich ungern. »Ich esse gleich im Bahnhofsbistro eine Kleinigkeit.«

»Hatten Sie wenigstens einen Espresso?«

»Nicht nötig.«

»Wieso müssen Sie schon so früh zur Arbeit? Sonst fangen Sie immer erst später an.«

»Ich habe vor der Arbeit noch was zu erledigen.«

Mamma Carlotta konnte einsilbige Antworten nicht leiden, und Menschen, die nur auf die Fragen reagierten, die ihnen gestellt wurden, erst recht nicht. Aber da sie noch immer von Schuldgefühlen geplagt wurde, ließ sie sich nichts anmerken. »Werden Sie zum Mittagessen zurück sein?«

Larissa zögerte und schlug den Kragen ihrer Jacke hoch, an dessen unterem Rand der Name eines Designers prangte, von dem Wiebke kürzlich mit großer Hochachtung gesprochen hatte. Wie lange würde Larissa sich an ihrem alten Leben mit all den teuren Accessoires noch festhalten können?

»Rechnen Sie nicht mit mir. Vielleicht esse ich im Bistro.«

»Und heute Abend?«

»Kann sein, dass ich mich mit meinem Onkel treffe.«

Mamma Carlotta sah ihr nach, wie sie hoch aufgerichtet den Süder Wung entlangging, noch immer mit dem Selbstbewusstsein der Klasse, aus der sie herausgefallen war, aber schon mit dem tragischen Ausdruck jener, die ein Leben führen mussten, in dem sie gestrandet waren. Ob ihr Onkel ihr helfen konnte, sich endlich in diesem Leben zurechtzufinden? Auch dann, wenn die Designerjacken fadenscheinig geworden waren und Larissa ihren wahren Lebensstandard nicht mehr maskieren konnte? Paul Freier würde viel zu tun haben, wenn er seiner Nichte helfen wollte, ihr Schicksal anzunehmen.

Hoffentlich verriet Larissa ihm nicht, wie schwer sie von Carlotta Capella gekränkt worden war! Was sollte Paul Freier dann für einen Eindruck von ihr haben? Würde er ihr noch einmal einen dieser intensiven Blicke schenken, wenn er wüsste, dass sie Larissa nicht mochte? Diese Frage drängte sich ihr zum Glück erst auf, als sie zu Hause angekommen war, nach dem Schlüssel in ihrer Jackentasche suchen musste und darüber die Antwort vergessen konnte.

Erik warf einen Blick zurück, ehe er das Schlafzimmer so leise wie möglich verließ. Wiebke schlief noch tief und fest. Eine Welle der Zärtlichkeit überflutete ihn, während er ihr rundes Gesicht betrachtete, ihre roten Locken, von denen sich eine über ihr Gesicht gelegt hatte und nun im Rhythmus ihrer Atemzüge vibrierte. Er war gerührt gewesen, dass sie bis in die Nacht hinein auf ihn gewartet hatte, obwohl es ihm lieber gewesen wäre, wenn er in ein schlafendes Haus hätte zurückkehren können. Dann hätte er noch im Wohnzimmer einen Schluck Bier getrunken, über Madeleine Krevert und ihre Aussage nachgedacht, sich überlegt, was er über Viktor Krevert wusste, leise über die rücksichtslosen Fernsehleute geschimpft und Menno Koopmann, der nach ihnen am Tatort erschienen war, gleich mit in diesen Topf geworfen. Aber hinter dem Küchenfester war noch Licht gewesen, als er das Auto abstellte, und er hatte heimlich geseufzt, weil ihm vor den vielen Fragen graute, vor dem Essen, das seine Schwiegermutter ihm aufdrängen und den Gläsern, die sie für ihn füllen würde. Denn ihrer Meinung nach war ein emotionales Erlebnis nur mit gut gefülltem Magen zu verarbeiten.

Aber er hatte Glück gehabt. Wiebke war schon sehr müde gewesen, als er eintrat, und froh, dass sie endlich zu Bett gehen konnte, nachdem sie sich anscheinend vorgenommen hatte, auf ihn zu warten. Erik vermutete, dass seine Schwiegermutter sie auf Lucias Fürsorge hingewiesen hatte. Er unterdrückte ein Seufzen, während er ins Badezimmer ging. Als ob eine Frau mit der anderen zu vergleichen sei! Wenn Lucia auf ihn gewartet hatte, war er tatsächlich froh gewesen, ihr erzählen zu können, was er erlebt hatte, aber bei Wiebke war das anders. Sie hörte nicht zu, bis er sich alles von der Seele geredet hatte, sie mischte sich ein, kritisierte unter Umständen die Maßnahmen, die er ergriffen hatte, und riet ihm da, wo er keine Ratschläge haben wollte. Zwar gefiel es ihm durchaus, mit ihr zu diskutieren, aber nicht, wenn er müde war und Ruhe finden wollte. So war er froh gewesen, als sie kein großes Interesse an dem Todesfall gezeigt hatte und damit zufrieden gewesen war, dass er ihr am nächsten Tag alles erzählen wolle. Im Gegensatz zu seiner Schwiegermutter natürlich, die nur ungern die Rotweinflasche zurückgestellt hatte. Aber zum Glück konnte sie einsehen, dass ein Polizeibeamter, der nach nur wenigen Stunden Schlaf wieder im Kommissariat erscheinen musste, Schonung statt Rotwein brauchte.

Schnell zog er die Tür des Badezimmers ins Schloss, als er den Wecker im Zimmer seiner Tochter hörte. Seit Carolin ihr Ferienpraktikum im Friseursalon machte, stand sie früher auf als während der Schulzeit, obwohl sie bei ›Hairstylist Donald‹ erst gegen neun erwartet wurde. Aber die Maskerade, wie Erik es heimlich nannte, die angeblich notwendig war, um bei dem neuen In-Friseur einer Kundin aus dem Mantel zu helfen und ihr einen Umhang umzulegen, brauchte eben ihre Zeit. Er musste sich beeilen. Seine Tochter konnte unleidlich werden, wenn ihr der Zugang zum Bad verwehrt wurde.

Als er in die Küche trat, schlug ihm schon der Duft von frischen Brötchen und Espresso entgegen. Und natürlich Mamma Carlottas Stimme: »Buon giorno, Enrico!«

»Du bist schon auf?«, tat er erstaunt, obwohl sie immer vor ihm aufstand. »Du hättest ruhig noch liegen bleiben können. Es war sehr spät gestern Abend.«

»Nonsenso! Wenn ich auf Sylt bin, wirst du ein gutes Frühstück von mir bekommen. Das habe ich Lucia versprochen.«

Sie hantierte an der Espressomaschine herum, die zu prusten begann, schob geräuschvoll die Pfanne, in der schon das Olivenöl schwamm, auf die heiße Herdplatte und ließ die dünnen Speckscheiben hineingleiten, die bereits daneben lagen. Auch die Eier waren längst verquirlt und gewürzt. Erik kam nicht umhin, seiner Schwiegermutter dankbar zu sein. Besonders deswegen, weil er wusste, dass es ihr selbst den Magen umdrehte, wenn sie ihn am frühen Morgen schlemmen sah. So wichtig ihr eine gute Mahlzeit auch war, am Morgen begnügte sie sich mit einem kräftigen Espresso und einem kleinen Zwieback. An die merkwürdige Eigenheit der Deutschen, sich schon am Morgen den Magen vollzuschlagen, konnte sie sich nicht gewöhnen.

»War es nicht nett von Signorina Reimers, dass sie auf dich gewartet hat?«, fragte sie, während sie in einem Tempo am Herd hantierte, dass Erik wegsehen musste, weil er, trotz gegenteiliger Erfahrung, einen Unfall mit dem heißen Olivenöl befürchtete.

Er sah sie erst wieder an, als sie ihm den Espresso vorsetzte. »Du hast sie also überredet, wach zu bleiben, bis ich zurück bin?«

»Io?« Sie zeigte auf ihre Brust und riss die Augen so erstaunt auf, als wäre seine Frage total absurd.

Erik reagierte nicht darauf. Er wusste auch so, dass seine Schwiegermutter alles daransetzen würde, Wiebke einen Platz in dieser Familie zu sichern, die Kinder an sie zu gewöhnen und ihn selbst davon zu überzeugen, dass sie genau die Richtige für ihn war. Dabei war er längst selbst zu dieser Überzeugung gelangt. Aber Mamma Carlotta würde vermutlich erst Ruhe geben, wenn sie die Hochzeitsglocken läuten hörte und Carolin und Felix überredet worden waren, dem Brautpaar Blumen zu streuen. Er würde einiges auszuhalten haben, das wurde ihm an diesem Morgen klar. Andererseits hatte Mamma Carlottas Interesse an seinem Liebesleben den Vorteil, dass sie sich nicht für seinen Beruf interessierte. Denn wären sie nicht auf Wiebke zu sprechen gekommen, hätte sie ihn sicherlich längst nach dem Todesfall des vergangenen Abends gefragt.

Mamma Carlotta nahm die Pfanne vom Herd und kam damit zum Tisch. »Du hast mir noch gar nicht erzählt, was gestern Abend in Kampen passiert ist.«

Erik seufzte leise und lehnte sich so weit wie möglich zurück, um nur ja nicht mit der heißen Pfanne in Berührung zu kommen, mit der Mamma Carlotta so unvorsichtig wie immer hantierte. Da hatte er sich also zu früh gefreut!

»Ein Mord, Enrico? Oder ein Unglücksfall?«

»Das wird sich zeigen«, wich Erik aus und war froh, als er Sörens Fahrrad vor dem Haus hörte und kurz darauf dessen Schritte, die auf die Haustür zukamen. Er öffnete ihm schon, ehe er klingeln konnte.

»Moin, Signora!« Sören betrat vor Erik die Küche und strahlte, als er Mamma Carlottas ansichtig wurde, die wie jeden Morgen Wärme und Wohlgerüche erzeugte, Fett schmurgeln, Espresso dampfen und Brot knuspern ließ.

»Buon giorno, Sören! Nehmen Sie Platz, Rührei è pronto!«

Sören ließ sich erst nieder, als das Rührei auf seinem Teller und die heiße Pfanne wieder auf dem Herd war. »Wir haben nicht viel Zeit«, sagte er dann zu seinem Chef, ergriff die Gabel jedoch ohne Eile. »Die Leute von der Sicherheitsfirma wollen in einer Stunde Feierabend machen. Und die Staatsanwältin schickt den Transporter für das Bild mit dem ersten Zug nach Sylt. Hoffentlich denkt sie daran, die Akten über den Kunstraub mitzuschicken.«

Erik machte sich keine Sorgen. »Sie ist die Zuverlässigkeit in Person.« Dann setzte er ein sorgenvolles Gesicht auf. »Zwei Fälle auf einmal! Ein alter und ein neuer! Ich hoffe, es dauert ein bisschen, bis das Gemälde überprüft worden ist. Bis dahin haben wir den Mordfall vielleicht geklärt.«

Mamma Carlotta fuhr herum. »Es war tatsächlich ein Mord?«

Erik ärgerte sich über seinen Fehler und korrigierte: »Ein ungeklärter Todesfall.«

Mamma Carlotta setzte sich zu ihnen, legte die Unterarme auf den Tisch und beugte sich vor. Die Körperhaltung, in der sie sowohl zum Erzählen als auch zur Aufnahme von Neuigkeiten bereit war. »Es könnte auch ein Unglücksfall gewesen sein?«

Erik antwortete nicht, und Sören bewies, dass er kein Meister des Ablenkungsmanövers war. »RTL tritt den Fall womöglich schon im Frühstücksfernsehen breit. Und Koopmann wird sich ärgern, dass er den Fall heute Nacht nicht mehr ins Blatt bekommen hat.« Er klopfte auf seine Jacke, unter der es knisterte. »Im Inselblatt steht nichts davon.«

»RTL? Ist das nicht ein deutscher Fernsehsender?« Mamma Carlotta sprang auf und lief ins Wohnzimmer. Kurz darauf tönte die Stimme eines Moderators in die Küche.

Erik verdrehte die Augen, nahm seinen Espresso und folgte seiner Schwiegermutter. Sören entschied sich für das Rührei und kam gerade in dem Moment im Wohnzimmer an, als der Moderator einen Bericht über ein Unglück ankündigte, das sich in der Nacht in Kampen ereignet habe. »Der allseits beliebte Talkmaster Viktor Krevert wurde tot in seinem Haus aufgefunden. Krevert besaß die Villa erst seit wenigen Monaten, er hatte sie vom Ehepaar Freier übernommen, den ersten Fernsehköchen der Nation.«

Carlotta hielt es nicht auf ihrem Sitz. »Das Haus, in dem Larissa früher mit ihren Eltern Urlaub gemacht hat? Madonna!«

Auf dem Fernsehschirm erschien nun das Haus der Kreverts, eine Kamera fuhr auf die offene Tür zu, in der Erik auftauchte und mit ausgestreckten Armen verhinderte, dass Bilder vom Inneren des Hauses gemacht wurden.

»Enrico, du hättest die Jacke schließen sollen«, seufzte Mamma Carlotta. »Das sieht besser aus. Jedenfalls, wenn man einen Bauchansatz hat.«

Noch ehe Erik sich damit verteidigen konnte, dass es in einem solchen Fall nicht auf den korrekten Sitz der Kleidung ankam und dass sein angeblicher Bauchansatz überdies eine böswillige Verleumdung sei, ertönte eine Stimme von der Tür: »Sag nicht, du hast gestern vor der Leiche von Viktor Krevert gestanden!?«

Erik sah erschrocken auf, wollte etwas sagen und begriff dann schlagartig, dass alles, was er vorbringen würde, die Sache nur verschlimmern konnte. Zugeben, dass er nicht daran gedacht hatte, Wiebke von der Identität des Toten zu erzählen? Dass er sich nicht einmal gefragt hatte, ob dieser Fall für sie interessant sein könnte? Dass er derart mit seinen eigenen Gedanken befasst gewesen war, dass er Wiebkes Beruf und ihre ständige Suche nach Sensationen vergessen hatte? Wenn sich eine Tür zu einer noch so faulen Ausrede aufgetan hätte, er wäre durchgegangen, aber nicht einmal diese Möglichkeit eröffnete sich ihm. Er fand keine Ausflucht und auch keine Beschönigung. Er saß einfach da und fühlte sich schlecht.

Wiebke war barfuß und hatte sich in einen Bademantel gewickelt. Anscheinend hatte sie auf dem Weg ins Bad etwas mitbekommen und war dann nicht zu halten gewesen. »RTL weiß schon Bescheid? Und dieser widerliche Chefredakteur des Inselblattes auch?« Ihre Stimme war leise, aber schneidend, die Farbe ihrer Augen nicht zu erkennen, weil sie zu schmalen Schlitzen geworden waren.

Sören nickte, aber als er merkte, dass Erik auf Wiebkes Frage nicht reagierte, schüttelte er den Kopf, als könnte damit aus seinem Ja ein Nein werden.

»Und ich erfahre nichts davon? Ich hätte heute Nacht noch einen Artikel schreiben können. Dann hätte es heute Morgen schon jeder lesen können, bevor RTL es verbreitet.«

»Aber … du warst doch so müde!«

Wiebke schien um mindestens zehn Zentimeter größer zu werden. »Willst du damit sagen, du hast aus lauter Rücksichtnahme darauf verzichtet, mir diese Neuigkeit zu verraten? Damit ich ausreichend Schlaf bekomme?« Fragend zog sie die Augenbrauen hoch und schoss mit einem Blick auf Erik, dass der beinahe die Hände hochgenommen hätte.

Er stand auf und ging zu Wiebke, um sie aus dem Zimmer zu drängen und die Diskussion ohne Augen- und Ohrenzeugen fortzuführen. »Ich kann meiner Freundin keine Vorteile verschaffen«, sagte er, während er die Wohnzimmertür hinter sich ins Schloss zog. »Was meinst du, was mir die Staatsanwältin erzählt, wenn du eher informiert bist als Koopmann vom Inselblatt?«

Wiebke schüttelte seine Hände ab. »Ich wäre ja schon zufrieden, wenn ich gleichzeitig mit dem Inselblatt die Infos bekäme. Aber nein! Ich erfahre Stunden später, was los ist! Und das auch nur rein zufällig!«

Erik tat sein Bestes, Wiebke zu versöhnen, ihr zu erklären, was nicht zu erklären war, bis er am Ende eingestehen musste, dass es seine Gedankenlosigkeit gewesen war, die Wiebke um eine brandheiße Story gebracht hatte. Dieses Eingeständnis machte die Sache allerdings nicht besser. Wiebke fragte sich so laut, dass es durchs ganze Haus dröhnte, wie sie nur an einen Mann habe geraten können, der im entscheidenden Moment vergaß, was wichtig für sie war! Und Erik, der fand, dass er nun ungerecht beurteilt wurde, stellte klar, dass er niemals ein Dienstgeheimnis verletzen würde, nur weil seine Freundin Journalistin sei.

Von da an drehte sich das Gespräch im Kreis. Wiebke wiederholte, sie wolle mindestens genauso früh wie alle anderen Medien informiert sein, während Erik ihr entgegenhielt, dass er keine Lust habe, demnächst darauf zu achten, keine dienstlichen Unterlagen mit nach Hause zu bringen, damit sie sich nicht heimlich darüber hermachen konnte. Als am Ende sogar die Frage im Raum stand, ob Polizeibeamte und Reporterinnen überhaupt zusammenpassten oder sich besser aus dem Wege gehen sollten, riss Mamma Carlotta die Wohnzimmertür auf und bat darum, nun endlich Ruhe zu geben. »Das ist ja nicht auszuhalten!«

Erik lag durchaus noch einiges auf der Zunge, aber der Blick auf Sören, der förmlich ins Sofa geschrumpft war, hielt ihn zurück. Der Knall, mit dem die Badezimmertür wenige Sekunden später oben ins Schloss fiel, war nur noch für Carolin von Belang, die kurz darauf lautstark verlangte, Wiebke solle gefälligst mit dem Duschen warten, bis sie selbst gestylt beim Frühstück sitze.

Dass die Auseinandersetzung damit in die erste Etage verlegt worden war, gefiel Erik. Er gab seinem Assistenten einen Wink und sagte: »Lassen Sie uns aufbrechen.«

Sören, der unter anderen Umständen sein Rührei verteidigt hätte, sprang dankbar auf. In diesem Fall wollte er dem Frieden den Vorrang geben und folgte seinem Chef.

Das Geschirr stand in der Spülmaschine, der Einkaufszettel war geschrieben, Carolin mit abenteuerlicher Haarpracht zu ihrem Praktikum aufgebrochen, Wiebke verschwunden, ohne zu sagen, wohin sie ging, und Felix hatte sich seiner Schwester angeschlossen, um sich bei ›Hairstylist Donald‹ für einen Ferienjob zu bewerben und mit dem Starcoiffeur eine Aktualisierung seiner Frisur zu besprechen. Der Pferdeschwanz, den Felix bisher als absolut hip betrachtet hatte, schien zu Mamma Carlottas großer Freude plötzlich an Aktualität verloren zu haben.

Sie hatte sich entschlossen, nun doch das Fahrrad zu nehmen, obwohl der Wind eher stärker als schwächer geworden war. Aber es war einfach nicht genug Zeit, um zu Fuß fürs Mittagessen einzukaufen. Vor allem deshalb nicht, weil sie unbedingt einen Abstecher in Käptens Kajüte machen und Tove ins Gewissen reden musste. Dass er aus seiner Imbissstube ein anrüchiges Etablissement gemacht hatte, das bald nicht mehr nur dem Gewerbeaufsichtsamt, sondern wohl auch den Sittenwächtern ein Dorn im Auge sein würde, konnte nicht unkommentiert bleiben. Und wenn sie bei dieser Gelegenheit mehr über das scheußliche Gemälde erfuhr, das Erik beschlagnahmt hatte, umso besser.

Dass ihr Weg sie an dem Salon von ›Hairstylist Donald‹ vorbeiführte, war reiner Zufall, wenn auch einer, den sie begrüßte. Mamma Carlotta stieg vom Fahrrad, was sich ohne Weiteres damit erklären ließ, dass sie sich davon erholen musste, gegen den starken Wind anzustrampeln, und ihr das niemand als Neugier auslegen konnte. Zum Glück schien Carolin im hinteren Bereich des Salons beschäftigt, sodass sie ihre Nonna nicht sehen und später nicht von der krassen Peinlichkeit reden konnte, mit der sie das Verhalten ihrer Großmutter kritisierte, wenn sie sich über Gebühr für die Belange ihrer Enkelkinder interessierte. Seit Carolin auf ihren siebzehnten Geburtstag zusteuerte, wollte sie nur noch unter Ausschluss der Öffentlichkeit bemuttert und geherzt und ansonsten mit kühlem Desinteresse behandelt werden, weil alles andere angeblich uncool war. Sie war eben ganz die Tochter ihres Vaters, der es ebenfalls nicht leiden konnte, wenn sich seine Schwiegermutter allzu emotional gebärdete oder sogar erkennen ließ, dass sie in Sorge um ihn war.

Carlotta näherte sich einem Schaufenster, machte einen langen Hals und stellte fest, dass Felix mit seiner Bewerbung Erfolg gehabt hatte, denn er hantierte zwischen den Sesseln mit einem Besen herum. Zum Glück war er mit dieser ungewohnten Arbeit derart beschäftigt, dass er seine Nonna nicht zur Kenntnis nahm. So konnte Mamma Carlotta noch in aller Ruhe einen Blick auf die Kundinnen werfen, die sich im Salon verwöhnen ließen. Eine hatte den Kopf voller Silberpapier, Strähne für Strähne darin eingewickelt, eine andere erhielt vom Chef persönlich einen neuen Schnitt, eine dritte bekam von einem jungen Friseur die Haare gewaschen. Er hieß Jonas, das wusste Mamma Carlotta, und war der Sohn einer verstorbenen Freundin von Frau Kemmertöns. Die Nachbarin der Wolfs bemutterte ihn, seit er auf Sylt war, lud ihn zum Essen ein oder kümmerte sich um seine Wäsche, was immer mit dem tiefen Seufzer endete: »Wenn man ihm wenigstens nicht ansähe, dass er schwul ist!«

Aber tatsächlich machte Jonas nicht den geringsten Hehl daraus. Seine farbenfrohe, körperbetonte Kleidung, die ausgefallene Frisur seiner blond gefärbten Haare, die Gestik, sein Gang, all das war unmissverständlich. Jetzt verschwand er mit wiegenden Hüften und kehrte mit einem frischen Handtuch zurück, während er sich in einem Spiegel betrachtete und mit einer Geste seine Haare zurückstrich, die weiblicher nicht sein konnte. Als er mit einer affektierten Bewegung eine Haarsträhne seiner Kundin ergriff, sie durch die Finger gleiten und dann auf ihre Schultern zurückfallen ließ, erkannte Mamma Carlotta, wer vor ihm saß. Larissa Freier! Sie ließ sich tatsächlich vom neuen In-Friseur der Insel die Haare machen? In Mamma Carlottas Busen wogte die Empörung. Wiebke hatte bei Erik für Larissa geworben, weil sie arm wie eine Kirchenmaus war und sich auf Sylt nicht mal ein möbliertes Zimmer leisten konnte. Und nun gab sie das Geld, was sie sparte, indem sie kostenlos im Hause Wolf wohnte, bei einem teuren Friseur aus? Das war es also, was sie vor Dienstantritt noch zu erledigen hatte! Mamma Carlotta fühlte sich belogen, obwohl Larissa nicht die Unwahrheit gesagt hatte. Aber natürlich hatte sie aus guten Gründen ihre Pläne verschwiegen.

Mamma Carlotta wollte weitergehen, ehe sie von Carolin bemerkt wurde, da bog eine Frau um die Ecke, die die Westerlandstraße überqueren wollte. Der Friseur warf die Schere zur Seite, sagte etwas zu seiner Kundin und lief an Mamma Carlotta vorbei hinaus. »Frau Thomsen!«, rief er.

Die Frau, die gerade eine Lücke in der Fahrzeugschlange entdeckt hatte, drehte sich um und sah ihm erstaunt entgegen. »Herr Manfredini?«

»Gut, dass ich Sie sehe! Ich habe schon versucht, Sie telefonisch zu erreichen!« Der Friseur wies zur Tür seines Salons und bat die Frau, ihm zu folgen. »Ich schulde Ihnen 4,68 Euro! Gestern Abend habe ich gemerkt, dass ich Ihnen versehentlich fürs Färben einen falschen Preis berechnet habe.«

Frau Thomsen sah ihn verdutzt an. »Das ist mir gar nicht aufgefallen.«

»Jonas wird Ihnen das Geld geben! Ich drehe derweil die Markise herein. Der Wind ist heute ziemlich stark.«

Frau Thomsen betrat lächelnd den Salon. »Ich kenne keinen Geschäftsmann, der so ehrlich ist wie Sie«, warf sie über die Schulter zurück.

»Ehrlichkeit sollte selbstverständlich sein«, sagte der Friseur. Er warf Mamma Carlotta, während er die Kurbel betätigte, einen Blick zu und grüßte freundlich: »Guten Morgen!«

»Buon giorno!«, jubelte Mamma Carlotta zurück und bestätigte, wie heftig der Wind an diesem Morgen sei und dass der Hairstylist gut daran tue, auf seine Markise achtzugeben, die leicht ein Opfer einer heftigen Bö werden könnte.

»Sie sind Italienerin?«, fragte er prompt.

Weil die Kundin, die mit feuchten Haaren auf ihn wartete, schon ungeduldig durchs Fenster schaute, setzte Mamma Carlotta ihm in Windeseile auseinander, dass sie nicht auf Sylt lebe, sondern nur zu Besuch sei. »Sono la nonna di Carolina.«

»Carolins Großmutter?« Der Friseurmeister war entzückt. »Ich hoffe, ich darf Sie bald einmal in meinem Salon begrüßen. Selbstverständlich bekommen Sie einen Sonderpreis.«

Das hätte Mamma Carlotta gern mit vielen zeitraubenden Kommentaren, Zusicherungen und Dankesworten kommentiert, aber angesichts der Zeitnot beließ sie es bei einer schlichten Zusage. »Grazie tante, Signor Manfredini.«

Gern hätte sie ihn noch gefragt, ob er etwa mit der Familie Manfredini verwandt sei, die in Città di Castello im letzten Sommer ein Eiscafé eröffnet hatte, aber Donald Manfredini musste zurück zu seiner Kundin. Sie würde später mit ihm darüber reden.

Frau Thomsen kam zufrieden lächelnd aus dem Salon und verstaute ihr Portemonnaie in der Handtasche. »So was erlebt man nicht oft«, sagte sie zu Mamma Carlotta. »Herr Manfredini ist ja so was von korrekt! Der würde einem noch ein Fünfcentstück hinterhertragen, wenn er glaubte, dass es ihm nicht zusteht.«

Das Gemälde stand noch dort, wo Erik es am Abend vorher abgestellt hatte. Die Leute vom Sicherheitsservice, die es während der Nacht bewacht hatten, wirkten frischer als Erik, der immerhin fünf Stunden geschlafen hatte.

Polizeiobermeister Rudi Engdahl, der Frühschicht hatte und deshalb seit geraumer Weile im Dienst war, meldete: »Der Transporter, mit dem das Bild nach Flensburg gebracht werden soll, steht schon auf dem Autozug. Er muss gleich hier sein.«

Erik verabschiedete die Sicherheitsleute, dann suchte er in seiner Schreibtischschublade nach einer Tafel Trauben-Nuss-Schokolade.

Sören verstand. »Sie wollen die Staatsanwältin anrufen?«

»Wollen?« Erik lachte trocken. »Sie muss von dem Todesfall in Kampen erfahren.«

Wie erwartet saß Frau Dr. Speck schon an ihrem Arbeitsplatz, und ihre Stimme war so durchdringend und herrisch, als hätte sie an diesem frühen Morgen schon einige Mitarbeiter zur Schnecke gemacht. Sie war überrascht, als ihr klar wurde, dass Erik nicht wegen des Lindegard-Gemäldes anrief. »Ungeklärter Todesfall? Ein Unfall? Oder was?«

Prompt war sie alarmiert, als sie hörte, dass es sich bei dem Opfer um einen Prominenten handelte. »Das gibt wieder ein Riesentheater. Wir müssen die Presse in Schach halten.«

Erik gab zu, dass RTL bereits in der Nacht vor dem Haus der Kreverts erschienen war, und die Staatsanwältin stöhnte auf, als hätte er selbst den Sender versehentlich verständigt. Erst als sie hörte, dass auch Menno Koopmann, der zu ihrem Freundeskreis zählte, vor Ort gewesen war, wischte sie das unangemessene Medieninteresse aus der Telefonleitung.

»Kein Mord?«, fragte sie stattdessen.

»Nichts deutet darauf hin«, antwortete Erik.

»Ein Unfall? Könnte der Mann unglücklich gestürzt sein?«

»Dr. Hillmot glaubt nicht daran. Er sagt, der Aufprall sei heftig gewesen, so als wäre Krevert gestoßen worden oder gemeinsam mit seinem Angreifer gestürzt.«

»Ein gezielter Anschlag?« Frau Dr. Speck nahm sich selten die Zeit, ihre Fragen in ganze Sätze zu kleiden.

»Es sieht eher nach einem Einbrecher aus, der von Krevert überrascht wurde«, antwortete Erik zögernd. »Frau Krevert gibt an, dass im Haus und im Garten Licht gebrannt hat, als sie losfuhr. Als wir ankamen, war jedoch alles dunkel.«

»Was schließen Sie daraus?«

»Entweder hat der Einbrecher das Licht gelöscht, um sich ungestört auf die Suche nach Wertgegenständen zu machen, oder Viktor Krevert, als er merkte, dass jemand im Haus war.«

»Um sich in der Dunkelheit zu verstecken?« Die Staatsanwältin überlegte, ob dieses Verhalten logisch war. Erik konnte sich gut vorstellen, dass sie selbst niemals die Dunkelheit gesucht hätte, sondern stattdessen alle Lichter angeknipst und sich dem Angreifer entgegengestellt hätte.

»Allerdings hat Vetterich nirgendwo Einbruchsspuren entdeckt«, gab Erik zu bedenken.

»Krevert könnte den Täter hereingelassen haben.«

»Dann war es jemand, den er kannte.«

Die Staatsanwältin zögerte. »Vielleicht hat Frau Krevert eine Tür offen gelassen? Dann hatte der Einbrecher leichtes Spiel.«

Erik mochte daran nicht glauben. »Etwas ist merkwürdig. Madeleine Krevert sagt, sie hätte ihren Mann nicht erwartet. Er habe sein Kommen nicht angemeldet.«

»Muss er das? Es ist sein Haus und seine Ehefrau, die er besuchen wollte.«

»Dieses Verhalten entsprach nicht seiner Gewohnheit.«

»Sie meinen also, es steckt was anderes hinter seiner Reise nach Sylt?« Sie wartete Eriks Antwort nicht ab. »Finden Sie es heraus, Wolf.«

»Natürlich«, entgegnete Erik steif. »Dafür werde ich ja bezahlt.«

Die Staatsanwältin stimmte ihm zu, als freue sie sich darüber, dass er zu dieser Erkenntnis gekommen war. »Schaffen Sie das überhaupt? Diesen Fall und dann noch die Sache mit dem Kunstraub?« Sie wartete seine Antwort nicht ab. »Mal sehen, vielleicht werde ich eine SoKo bilden.« Dann kam sie auf das Lindegard-Gemälde zu sprechen. »Bevor ich die Akten übergeben habe, bin ich sie selbst kurz durchgegangen.«

Erik fragte sich, wann Frau Dr. Speck Feierabend machte und wann sie am Morgen wieder ihren Dienst antrat. Bevor er eine Antwort gefunden hatte, sprach sie schon weiter: »Von den drei Verdächtigen, denen damals nichts nachgewiesen werden konnte, sind zwei tatsächlich schon gestorben, einer eines natürlichen Todes, der andere ist bei einem Einbruch auf frischer Tat ertappt und erschossen worden. Wenn einer der beiden dieser Kunsträuber war, können wir die Akte endgültig schließen.«

Erik nickte, obwohl die Staatsanwältin es nicht sehen konnte. »Wissen Sie auch schon was über den Dritten?«

Frau Dr. Speck lachte, als wollte sie ihn fragen, ob er zu faul sei, sich selbst darum zu kümmern, dann jedoch gab sie bereitwillig Auskunft: »Dagobert Manfredini! Er sitzt seit Jahren in Haft. Kurz nach dem Diebstahl wurde er wegen Mordes verhaftet und verurteilt. Dem traue ich das am ehesten zu.«

»Manfredini«, wiederholte Erik nachdenklich. »Der Name kommt mir irgendwie bekannt vor.«

»Kein Wunder! Den haben Sie damals überprüft.«

Erik brummte etwas, was sich wie eine Bestätigung anhören sollte. In Wirklichkeit war seine Erinnerung allerdings frischer. Er hatte diesen Namen in den letzten Wochen oder Monaten gehört.

Tove hatte zu tun. Einige durchgefrorene Strandwanderer waren bei ihm eingekehrt und hatten nach ›Toten Tanten‹ verlangt. Mamma Carlotta schüttelte es, als sie Tove dabei zusah, wie er den Rum in die heiße Schokolade schüttete und das Ganze mit einem Sahnehäubchen krönte. Sie lehnte es rundheraus ab, sich ebenfalls an einer ›Toten Tante‹ aufzuwärmen. In dieser Entscheidung fühlte sie sich bestätigt, als Toves Gäste bereits nach wenigen Schlucken nicht nur ausgesprochen heiter, sondern auch unangenehm laut wurden und schließlich gemeinsam mit Andrea Berg sangen: »Du hast mich tausendmal belogen …«

Zum Glück fühlten sich alle nach der zweiten ›Toten Tante‹ nicht nur gewärmt, sondern auch derart gestärkt, dass sie erneut dem Wind trotzen konnten und grölend die Imbissstube verließen. »Ich bin mit dir so hoch geflogen …«

Mamma Carlotta ließ Tove nicht einmal die Zeit, die leer getrunkenen Becher wegzuräumen, sondern kam sofort zur Sache: »Was sind das für Plakate, die überall in Wenningstedt herumhängen? He? Frauenabende! Che vergogna! Welch eine Schande! Was soll das?«

Tove setzte ein zweideutiges Lächeln auf. »Haben Sie mir nicht immer geraten, mir etwas einfallen zu lassen, damit mein Laden besser läuft?«

»An so was habe ich dabei nicht gedacht. Das ist … uno scandalo. Unanständig!«

Aber Tove winkte lachend ab. »Mag sein, dass das in Ihrem Dorf so ist, Signora. Auf Sylt sieht man das nicht so eng.«

Damit wuchs Mamma Carlottas Empörung noch. »Wenn sich ein Mann für Geld auszieht? So was ist auch auf Sylt unanständig.«

Sie war erfreut, als Fietje Tiensch in die Imbissstube geschlurft kam, weil sie sich in ihm einen Gleichgesinnten erhoffte. »Was sagen Sie dazu, Signor Tiensch?«

Fietje erkundigte sich erst mal in aller Umständlichkeit, worum es überhaupt ging, dann bestellte er bei Tove ein Jever, ohne das er niemals seinen Dienst im Strandwärterhäuschen antrat, und erst, als er einen guten Schluck getrunken hatte, sah er sich in der Lage zu antworten: »Tove braucht Geld. Und so voll wie auf den Frauenabenden ist es sonst nie bei ihm. Gestern war ein ganzer Kegelklub da.« Fietje grinste breit. »Die Fenster sind dann zwar zugehängt, aber ich habe trotzdem gesehen, dass ganz schön was los war. Die Musik war bei dem ganzen Gekreische kaum zu hören.«

Toves Grinsen war noch breiter. »Das kannst du laut sagen. Er war sogar bereit, sich … na, sagen wir, tätscheln zu lassen. Da ging vielleicht die Post ab!« Tove stellte das Radio lauter und klapperte im Rhythmus der Musik mit der Grillzange. »Ich hätte schon eher auf die Idee mit der Musik kommen sollen. Das lockt die Gäste an.«

Mamma Carlotta rutschte auf dem Hocker hin und her, weil die Entrüstung ihr in sämtliche Glieder gefahren war. »Verschonen Sie mich mit Einzelheiten. Ich muss mir wirklich überlegen, ob ich dieses Ristorante noch einmal betrete. Kann sein, dass ich demnächst meinen Cappuccino und den vino rosso woanders trinke.«

Das wollte Tove nicht glauben, es aber andererseits auch nicht darauf ankommen lassen. Im Nu hatte Mamma Carlotta eine weitere Tasse vor sich stehen, und Andrea Berg beklagte sich bei ihrem Lover nur noch ganz leise. »Geht aufs Haus, Signora! Ich habe auch wieder den Rotwein aus Montepulciano da, den Sie so gerne mögen.«

Aber Mamma Carlotta wehrte ab. »No, grazie. Und glauben Sie nicht, dass ich mich mit einem Cappuccino bestechen lasse. Ich bleibe dabei, so ein Stripper …« Sie hielt inne, weil sich ihr eine interessante Frage aufdrängte. »Was ist das überhaupt für ein Mann? Wer tut so was?«

»Einer, der so wenig verdient, dass er sein Gehalt aufbessern muss«, gab Tove zurück. »Eine Schande ist das, was Friseure heutzutage bekommen. Davon kann ja kein Mensch existieren!«

»Ein Friseur?« Mamma Carlotta konnte es nicht fassen. »Etwa … Signor Manfredini?«

»Nein, der ist ja der Boss von dem Laden und verdient wahrscheinlich genug. Aber Jonas bekommt einen Hungerlohn.« Tove zeigte durchs Fenster zum Nachbarhaus, in dem es unzählige Ferienapartments gab. »Da wohnt er. Für das kleine Zimmer geht schon die Hälfte seines Lohns drauf. Da darf sich sein Chef nicht wundern, wenn er sich einen Nebenverdienst sucht.«

»Jonas?« Beinahe hätte Mamma Carlotta nun doch nach einem Rotwein verlangt, weil sie fast so erschüttert war, als wäre hier von einem ihrer Söhne die Rede. »Jonas ist der Sohn einer verstorbenen Freundin meiner Nachbarin.«

Fietje blickte auf und starrte sie an. »Wer ist das?« Einer so langen Kette von menschlichen Beziehungen konnte er erst nach dem zweiten Glas Jever folgen.

Aber Tove hatte sie auf Anhieb verstanden. »Kann wohl angehen, Signora! Wenn Jonas keine Kohle mehr hat, um sich bei mir eine Currywurst zu holen, geht er immer zu einer Frau, die er Tante Jale nennt.«

»Frau Kemmertöns«, stieß Mamma Carlotta hervor und teilte Tove und Fietje mit Grabesstimme mit, dass ihre Nachbarin unmöglich etwas davon wissen dürfe, dass es ausgerechnet Jonas war, der sich während der Frauenabende in Käptens Kajüte als Stripper hergab. »Das darf sie niemals zu hören bekommen!« Frau Kemmertöns würde das Kichern auf der Stelle vergehen, da war Mamma Carlotta sicher.

»Von mir erfährt sie nichts«, gab Tove zurück.

»Ist so was Unanständiges überhaupt erlaubt? Ich werde meinen Schwiegersohn fragen ...«

Weiter kam sie nicht, denn Tove wurde von einem Augenblick auf den nächsten wütend. Schrecklich wütend! Seine Brauen zogen sich zusammen, seine Stirn wölbte sich vor, er schnaubte gefährlich. »Kommen Sie mir bloß nicht mit Ihrem Schwiegersohn, Signora! Der Typ hat mir gestern die Suppe versalzen! Noch einmal macht der das nicht! Verstanden? Wenn Ihr blöder ... Ihr Schwiegersohn nicht das Bild entdeckt hätte ...«

»Finito!«, ging Mamma Carlotta dazwischen, die niemals zuließ, dass ein Mitglied ihrer Familie diffamiert wurde. »Ich lasse meinen Schwiegersohn nicht beleidigen. Er kann nichts dafür, dass Ihr Vater ein Halunke war. Und erzählen Sie mir nicht, dass Sie ein reicher Mann geworden wären, wenn er das Bild nicht gesehen hätte.« Sie stürzte den Cappuccino herunter und rutschte vom Barhocker. »Sie hätten es für fünf Euro weggegeben, wenn es jemand hätte haben wollen!«

Das wollte Tove gerade heftig bestreiten, aber da fiel ihm ein, dass Mamma Carlotta recht haben könnte. »Vielleicht wäre ich ja noch auf die Idee gekommen, es schätzen zu lassen«, brummte er, als Mamma Carlotta sich ihre Jacke anzog. »Und dann hätte ich durchaus ein reicher Mann werden können.«

Mamma Carlotta schloss so energisch den Reißverschluss ihrer Jacke, dass sie sich prompt ein wenig Haut ihres Kinns einklemmte, das vor dem Tod ihres Mannes noch ein Doppelkinn gewesen war. Der Schmerz machte sie nicht gerade friedfertiger. »Noch ein einziges schlechtes Wort über meinen Schwiegersohn, und Sie werden mich von einer anderen Seite kennenlernen! Capito?«

Tove war dermaßen beeindruckt, dass er nickte, obwohl er es eigentlich nicht wollte. Und auch Fietje saß so eingeschüchtert vor seinem Bier, als hätte die Strafpredigt ihm gegolten.

»Arrivederci, Signori!«, sagte Mamma Carlotta mit großer Würde und verließ ohne weitere Worte das Haus.

Ich weiß gar nicht, wo wir ansetzen sollen«, überlegte Erik und blätterte in einer der Akten, die der Fahrer des Transporters abgegeben hatte, bevor er das Lindegard-Gemälde verladen hatte, um es ins Flensburger Museum zu bringen.

»Wovon reden Sie?«, fragte Sören. »Von dem Kunstraub oder von Viktor Kreverts Tod?«

Erik schloss die Akte und schob sie zur Seite. »Sollen wir von einem Einbruch ausgehen? Oder von einer Beziehungstat?«

Sören brauchte zum Überlegen mal wieder Bewegung und Nervenkitzel. Er stellte seinen Stuhl auf die beiden Hinterbeine und begann zu kippeln, was Erik wiederum am Nachdenken hinderte, weil er ständig damit rechnen musste, dass sein Assistent rücklings ins Zimmer fiel. »Wir müssen uns über die Ehe der Kreverts informieren«, meinte er. »Vielleicht gab es zwischen den beiden etwas, was noch nicht an die Öffentlichkeit gedrungen ist. Ich habe schon die Archive durchforstet. Die Beziehung der beiden gilt als mustergültig. Aber wer weiß ...?«

Er wurde vom Klopfen an der Tür unterbrochen, kippte den Stuhl auf die Vorderbeine und stand auf, um zu öffnen. Auf der Schwelle stand ein junger Mann im dunklen Anzug, forsch, dynamisch, sonnenbankgebräunt, mit gegelten Haaren und flottem Auftreten. »Mein Name ist Thomas Pfaff. Spreche ich mit den Ermittlern im Fall Krevert?«

Erik winkte ihn herein und stellte sich vor. »Sie wollen eine Aussage machen?«

Er bot Thomas Pfaff einen Stuhl an und sah zu, wie dieser sich um die Bügelfalte seiner Anzughose kümmerte, während er sich setzte. Dann erst antwortete der junge Mann: »Das, was heute Morgen im Frühstücksfernsehen gesendet wurde, hat mir zu denken gegeben.«

Nun wurde Erik hellhörig. »Was soll das heißen?«

»Ich bin Privatdetektiv.« Thomas Pfaff zog seine Visitenkarte hervor und reichte sie Erik. »Ich denke, ich sollte Ihnen sagen, dass ich in Viktor Kreverts Auftrag tätig war.«

Erik betrachtete die Visitenkarte. Der Detektiv hatte ein Büro in List, in der Nähe des Hafens. »Womit hatte er Sie beauftragt?«

»Ich sollte seine Frau überprüfen. Herr Krevert hatte den Verdacht, dass sie ihn betrügt.«

Erik dachte nur kurz an die Berichte in der Yellow Press, wo man sich einig war, dass die Kreverts eine untadelige Ehe führten. »Und? Haben Sie was herausgefunden?«

Thomas Pfaff nickte. »Vor ein paar Tagen habe ich ihm alle

Beweise geschickt. Madeleine Krevert hat einen Freund. Hier auf Sylt. Deswegen hält sie sich in letzter Zeit so viel auf der Insel auf. Nicht nur, weil sie hier eine weitere Galerie eröffnen möchte, sondern vor allem, um möglichst viel mit ihrem Lover zusammen zu sein.«

Erik griff nach einem Stift. »Sie kennen den Namen?«

Thomas Pfaff lächelte. »Der In-Friseur von Wenningstedt. Als junger Kerl soll er sich auch für Männer interessiert haben. Manche meinen sogar, er wäre bisexuell. Aber das liegt womöglich nur daran, dass er einen schwulen Friseur beschäftigt, der sich in seinen Chef verguckt hat.«

Erik starrte ihn mit offenem Munde an. »Das haben Sie alles herausgefunden?«

Thomas Pfaff gab sich bescheiden. »Das ist mein Job. Wenn Ihnen also jemand etwas von der wunderbaren Ehe des Talkmasters erzählt – glauben Sie es nicht.«

Eriks Stift schwebte immer noch über dem Papier. »Wie heißt denn nun dieser Friseur?«

»Manfredini«, gab Thomas Pfaff zurück. »Donald Manfredini. Sein Salon nennt sich ›Hairstylist Donald‹.«

Mamma Carlotta schimpfte immer noch leise vor sich hin, als sie das Fahrrad auf dem Parkplatz von Feinkost Meyer abstellte. Wie konnte Tove sich für so etwas hergeben! Ein nackter Mann in seiner Imbissstube! »Scandaloso!« Und ausgerechnet der Sohn von Frau Kemmertöns' verstorbener Freundin! Was würde die Nachbarin sagen, wenn sie davon erfuhr? Noch hatte sie sich nicht einmal damit abgefunden, dass er schwul war, und nun auch noch das! Herr Kemmertöns, von dem Mamma Carlotta wusste, dass er Homosexualität für eine schlechte Charaktereigenschaft hielt, würde vermutlich nicht einmal mehr dulden, dass seine Unterhosen zusammen mit Jonas' Dessous in denselben Waschgang kamen, wenn er erfahren hatte, dass sie vor den Augen liebestoller Frauen abgelegt wurden.

Sie beeilte sich, in den Laden zu kommen, ihr Einkauf musste schleunigst vonstatten gehen. Marinierte Antipasti hatte sie zum Glück reichlich im Haus und Ciabattabrot auch, das nur noch aufgebacken werden musste. Der Primo Piatto würde auch flott gehen, denn Tagliolini waren schnell gekocht, und das Pesto für diese feinen Bandnudeln war längst fertig. Auch der Secondo Piatto würde flott zubereitet sein. Die Kichererbsen hatte sie am Vortag eingeweicht, damit sie schnell gar wurden, sie benötigte nur noch Costine an der Fleischtheke und dazu Selleriestangen, Möhren und Tomaten aus der Gemüseabteilung. Das Estragonsorbet stand zum Glück längst im Eisfach.

Ganz so zügig wie erhofft ging der Einkauf dann aber doch nicht, denn die Verkäuferin konnte mit dem Begriff Costine nichts anfangen. Mamma Carlotta beschrieb sie mit Händen und Füßen und vielen Worten, doch die Miene der Verkäuferin blieb rat- und regungslos. Dann kam Mamma Carlotta auf die Idee, sich alles vom Schwein vorführen zu lassen, was die Fleischtheke zu bieten hatte, und als sie schließlich entdeckte, was sie wollte, ging ein Lächeln über das Gesicht der friesischen Verkäuferin. »Ah, Sie meinen Spareribs.«

Das deutsche Wort dafür war ihr leider nicht geläufig, und so fand Mamma Carlotta, dass die Verkäuferin sich, wenn sie sich den englischen Begriff gemerkt hatte, genauso gut noch an den italienischen gewöhnen konnte, und sprach weiter von den Costine, als sie erzählte, dass sie die Kichererbsen zusammen mit dem Fleisch zu schmoren gedachte, auch das Suppengemüse mit in den Topf geben und das Ganze schließlich in Tomatensoße garen würde. »Eccellente!«

Die Verkäuferin reichte die Costine bereits über die Theke, da erfuhr sie noch schnell, dass der Metzger in Mamma Carlottas Dorf gern ein weiteres Costina ins Einwickelpapier schmuggelte und sich später, wenn die Hausfrau sich beschwerte, auf sein schlechtes Gehör berief. Da sagte plötzlich eine Stimme hinter ihr: »Signora! Wie schön, Sie hier zu treffen!«

Um ein Haar hätte sie die Costine auf der Theke liegen lassen, so groß war ihr Entzücken, als sie Paul Freier erkannte. Während sie mit Larissas Onkel den Laden verließ, dachte sie nicht einmal daran, ob Basilikum im Hause war, das kurz vor dem Servieren über die Costine di Maiale con Ceci gegeben werden musste.

Paul Freier steckte den Reiseführer, den er sich in der Schreibwarenabteilung ausgesucht hatte, in die Jackentasche, nahm ihr die Einkaufstasche ab, verstaute sie höchstpersönlich auf dem Gepäckträger des Fahrrades und schob es neben ihr her, während Mamma Carlotta nicht wusste, was sie mit ihren leeren Händen machen sollte, die sonst stets etwas zu tun hatten. Wie immer, wenn der Rest ihres Körpers untätig sein musste, bewegte sich ihr Mundwerk doppelt so eifrig. Während sie den Osterweg entlanggingen, bekam Paul Freier eine Menge aus ihrem Leben, aus dem ihrer Kinder, Enkel- und Schwiegerkinder zu hören, und erst als sie schon in den Süder Wung einbogen, erfuhr er, dass Frau Kemmertöns tatsächlich ein Apartment für ihn hatte, in das er sofort einziehen konnte, um fortan in der Nähe seiner bedauernswerten Nichte zu sein. Da er es aber erst besichtigen konnte, wenn Frau Kemmertöns von ihrer Arbeit bei der Kurverwaltung zurückgekehrt war, lud Carlotta ihn auf einen Espresso ein. »Vielleicht ist Larissa zu Hause und leistet uns Gesellschaft.«

Das war jedoch nicht der Fall. Auf dem Küchentisch standen ein benutzter Teller und eine Tasse, aus der grüner Tee getrunken worden war, was bewies, dass Larissa nach ihrem Friseurbesuch zum Frühstücken zurückgekommen war. Mamma Carlotta schluckte den Ärger darüber, dass sie noch immer nicht gelernt hatte, ihr schmutziges Geschirr selbst zu entsorgen, herunter, knallte den Teller und die Tasse in die Spülmaschine, sodass Paul Freier schmerzhaft das Gesicht verzog, und dachte dann erst daran, ihm die Jacke abzunehmen. Als er die Strickmütze vom Kopf gezogen hatte, waren seine Haare so glatt, als hätte der ausgiebige Gebrauch einer Bürste sie an den Kopf gelegt. Dann aber griff er sich in die Haare, brachte die Ordnung durcheinander, und prompt sah er wieder aus wie jemand, der sich nicht mit so spießigen Artikeln wie Kamm und Bürste abgab.

»Ich habe einen langen Spaziergang am Strand gemacht«, erzählte er. »Die Luft auf Sylt ist wie Champagner! Und der Duft des Meeres! Wie eine sanft gegrillte Seezunge, die von einem geduldigen Koch zubereitet wird.«

Mamma Carlotta musste lachen. »Mir scheint, Sie sind ein Genießer, Signor Freier.«

Er nickte. »Ich liebe gutes Essen, und ich liebe die Natur. In Neuseeland mache ich jeden Tag einen Strandspaziergang. Dort nennt man mich den Strandläufer.«

Sie tranken Espresso, Mamma Carlotta fand Cantuccini, die sie Paul Freier vorsetzte, dann machte sie sich an die Vorbereitungen fürs Mittagessen und ließ sich dabei bewundern. Etwas Neues für sie und etwas, was sie sehr genoss.

»Nichts macht eine Frau so begehrenswert wie die Begeisterung am Kochen.« Immer wieder stellte Paul Freier fest, wie wunderbar leicht ihr die Arbeit von der Hand ging und wie sehr es ihm gefiel, wenn eine Frau sich in ihrer Rolle wohlfühlte. »Wirklich emanzipiert ist eine Frau, die sich für die Rolle der Hausfrau entscheiden kann, ohne sich dafür rechtfertigen zu müssen.«

Mamma Carlotta, die nie das Bedürfnis verspürt hatte, sich zu emanzipieren, pflichtete ihm bei. Als er jedoch anfing, über ihre schönen dunklen Locken zu reden, über ihre strahlenden Augen und ihren verlockenden Mund, wurde es ihr zu viel. Nicht einmal ihr Dino hatte ihren Mund verlockend genannt. Wenn er von ihm gesprochen hatte, dann höchstens davon, dass er nie stillstand. Sosehr sie Schmeicheleien schätzte und sich gerne in Komplimenten sonnte, mit diesen Lobgesängen konnte sie nicht umgehen. Das war ja beinahe so, als flirtete Paul Freier mit ihr! Nein, das musste verhindert werden. Sie war eine Frau von

Mitte fünfzig, eine Witwe, eine Mutter und Großmutter! Mit ihr flirtete man nicht mehr!

Kurzerhand beendete sie Paul Freiers Loblied auf ihre heitere Ausstrahlung, indem sie auf Larissa zu sprechen kam. »Erzählen Sie mir von Ihrer Nichte! Von ihren Eltern! Von dem Haus in Kampen, zu dem sie so häufig fährt.« Sie konzentrierte sich aufs Hacken von Möhren, Sellerie und Knoblauch und sah Paul Freier nicht an, während sie fragte: »Finden Sie es richtig, dass sie sich ständig mit ihrer Vergangenheit beschäftigt? Sie reißt die Wunde immer wieder auf, wenn sie sich ansieht, wie komfortabel ihr Leben einmal war.« Sie dachte an Larissas Friseurbesuch und ergänzte: »Sie muss sich mit ihrem neuen Leben abfinden.«

Paul Freier war der gleichen Ansicht wie Mamma Carlotta. Auch er fand, dass es besser wäre, wenn Larissa einen großen Bogen um die Kampener Villa machen würde. »Vor allem deswegen, weil mit dem Anblick des Hauses eine persönliche Niederlage verbunden ist.«

»Niederlage? Wie meinen Sie das?«

»Mein Bruder stand bereits mit den Kreverts in Verhandlungen. Ein guter Preis war ausgehandelt worden, aber nur mündlich. Bevor es zur Vertragsunterzeichnung kam, geschah dann der schreckliche Unfall. Und als Larissa den Verkauf der Villa zu Ende führen wollte, waren die Kreverts plötzlich nicht mehr bereit, diesen Preis zu zahlen. Sie merkten, dass Larissa mit dem Rücken an der Wand stand und das Geld dringend brauchte.«

Mamma Carlotta gab das Gemüse zu den Costine und goss ein wenig Fleischbrühe an. »Sie haben den Preis gedrückt? Che vigliaccata! Was für eine Gemeinheit!«

Paul Freier nickte bedrückt. »Wäre ich doch erreichbar gewesen! Ich hätte Larissa beigestanden. Mich hätten die Kreverts nicht über den Tisch gezogen.«

»Weil Sie ein cleverer Geschäftsmann sind?«

»Weil ich die Kreverts gut kenne. Freunde betrügt man nicht.«

Mamma Carlotta stellte fest, dass Viktor Krevert dann wohl seine gerechte Strafe erhalten habe, und erfuhr bei dieser Gelegenheit, dass Paul Freier noch nichts vom Tod des Talkmasters mitbekommen hatte. Er war erschüttert, als er alles erfahren hatte, was Mamma Carlotta von Erik wusste, wollte aber nichts davon hören, dass das Schicksal hier am Werke gewesen war. »Vielleicht hat er noch andere Mitmenschen ausgenutzt. Man weiß ja nie.«

»Sie meinen, jemand hat sich gerächt?« Mamma Carlotta griff sich ans Herz. »In den Zeitschriften liest man doch nur Gutes von ihm. Er liebt seine Frau und ist ihr angeblich immer treu gewesen. Das soll ja selten sein bei so prominenten Menschen.«

»Papier ist geduldig«, entgegnete Paul Freier und wechselte das Thema. Nun sprach er davon, dass er niemals die Frau fürs Leben gefunden habe. Dabei wäre ihm nichts lieber gewesen, als bei den abenteuerlichen Reisen eine Partnerin an seiner Seite zu haben. »Die meisten sind nur auf Komfort aus und können sich eine Übernachtung im Urwald oder in der Wüste nicht vorstellen. Dabei schmeckt ein exklusives Menü am besten, wenn man zuvor lange auf gutes Essen verzichten musste.«

Mamma Carlotta konnte sich auch nicht vorstellen, im Urwald oder in der Wüste zu übernachten, erklärte aber, dass sie ihrem Dino in jedes noch so unwirtliche Land gefolgt wäre. »Weil es sich so gehört, wenn man sich das Jawort gegeben hat.«

Dieser Satz gefiel Paul Freier so gut, dass er Mamma Carlotta darum bat, sie duzen zu dürfen, weil er sicher war, dass sie verwandte Seelen seien. »Ich heiße Paul.«

Carlotta war nicht sicher, ob sie Larissas Onkel wirklich duzen wollte, mochte ihm die Bitte jedoch nicht abschlagen. Aber als er von einem Bruderschaftskuss sprach, wehrte sie erschrocken ab. »Das geht zu weit!«

Zum Glück fiel ihr Blick auf die Uhr, deren kleiner Zeiger soeben auf die Zwölf rückte, und sie konnte das Thema wechseln. »Signora Kemmertöns muss jeden Moment nach Hause kommen.«

Eine halbe Stunde später lief sie nervös durch die Küche, wischte mal über die Spüle, mal über die Arbeitsfläche, stellte saubere Teller in die Spülmaschine und schmutzige in den Schrank, ohne es zu merken. Was war nur mit ihr geschehen? Sie ging ins Wohnzimmer und starrte durch die Terrassentür in den Garten der Nachbarn. Frau Kemmertöns verließ gerade das Gartenhaus, gefolgt von Paul Freier, dessen freundliche Gesten den Eindruck erweckten, dass er an dem Apartment, das ihm gezeigt worden war, Gefallen gefunden hatte. Er würde also demnächst auf der anderen Seite des Gartenzauns wohnen. »Paolo«, sagte sie leise vor sich hin und lauschte auf den Klang des Namens. »Paolino.«

Was würden Erik und die Kinder dazu sagen, dass sie Larissas Onkel duzte? Und wie würde Larissa selbst dazu stehen? Plötzlich ärgerte sie sich darüber, auf seinen Vorschlag eingegangen zu sein. Sie war doch kein junges Mädchen mehr! In ihrem Alter duzte man sich nicht so schnell. Nicht einmal Wiebke hatte sie bisher das Du angeboten.

Nachdenklich ging sie in die Küche zurück, hob den Deckel vom Topf und überprüfte, ob sich das Fleisch der Costine bereits von den Knochen löste. Aber sie stellte fest, dass es noch nicht so weit war, legte den Deckel wieder auf und reduzierte die Hitze. Wo mochte Wiebke sein? Auf der Insel unterwegs, um nach Prominenten Ausschau zu halten? Und ihnen nachzuschleichen, um kompromittierende Fotos zu schießen? »Scandaloso, i giornalisti!« Es war ganz richtig, dass Erik darauf bestand, Wiebke aus seiner Ermittlungsarbeit herauszuhalten.

Aber diese Ansicht würde sie selbstverständlich niemals in Wiebkes Gegenwart äußern. Sie musste diplomatisch sein! Dass sie immer auf der Seite desjenigen stand, der zu ihrer Familie gehörte, durfte Wiebke nicht zu spüren bekommen.

Mit wem fangen wir an?«, fragte Erik. »Mit Madeleine Krevert oder Donald Manfredini?«

Sören sah auf die Uhr. »Es ist fast zwölf. Wenn wir bei dem Hairstylisten beginnen, sind wir in Wenningstedt und kommen rechtzeitig zum Mittagessen.«

Erik grinste. »Gut geplant! Also los!«

Sören sprang auf. »Reden wir mit ihm nur über den Todesfall Viktor Krevert? Oder auch über den Lindegard-Raub?«

Erik war noch nicht sicher. »Solange nicht klar ist, dass die beiden Fälle zusammenhängen, möchte ich mich zurückhalten. Wir sollten gründlich die Akten studieren, ehe wir mit dem Kunstraub weitermachen. Ich kann mich nicht erinnern, dass von einem Bruder die Rede war, als wir Dagobert Manfredini damals verhörten. Vielleicht ist es ja auch ein Zufall, dass wir auf das verschollene Lindegard-Gemälde gestoßen sind und gleichzeitig der Name Manfredini in einem ganz anderen Zusammenhang auftaucht. Es könnte auch sein, dass der Kerl, der jetzt wegen Mordes im Gefängnis sitzt, nichts mit dem Friseur zu tun hat.«

»Ne, Chef, das kann kein Zufall sein«, meinte Sören, während er seine Jacke überzog. »Der Name Manfredini ist selten. Und dann noch die Vornamen, Donald und Dagobert! Wahrscheinlich gibt's in der Familie Manfredini noch Drillinge, die Tick, Trick und Track heißen, oder einen Schwager mit Namen Franz Gans.«

»Und alle stammen aus Entenhausen?« Erik ging ins Revierzimmer, wo Rudi Engdahl seinen Wachdienst verrichtete. »Versuchen Sie, in der Zwischenzeit Erkundigungen nach einer Familie Manfredini einzuziehen«, beauftragte Erik ihn. »Dagobert Manfredini ist ein Schwerkrimineller, Donald Manfredini – aller Wahrscheinlichkeit nach sein Bruder – hat in Wenningstedt einen Friseursalon.«

Rudi Engdahl verdrehte die Augen. »Das weiß ich zur Genüge. Meine Tochter spart, damit sie sich endlich beim Starcoiffeur von Sylt einen Haarschnitt leisten kann.«

»Schauen Sie mal, was Sie über die beiden herausbekommen. Und über den Rest der Familie.«

»Über Donald Manfredini brauche ich nicht zu recherchieren«, gab Rudi Engdahl zurück. »Den kenne ich schon lange. Er wohnte mit seinen Eltern in unserer Nachbarschaft.« Er korrigierte sich: »Mit seinen Pflegeeltern. Donald Manfredini ist nicht bei seiner leiblichen Familie aufgewachsen.«

»Aha.« Erik wurde nachdenklich. »Und was ist das für eine Familie? Wie beurteilen Sie Donald Manfredini?«

Rudi Engdahls Meinung war klar und bündig. »Total nette Leute. Leider leben sie nicht mehr. Und Donald war immer ein vorbildlicher Sohn. Ehrlich, eifrig, kreuzbrav. Die Bakkers waren stolz auf ihn.«

»Gut. Dann recherchieren Sie bitte noch alles über die leibliche Familie.« Erik wandte sich an Enno Mierendorf, der gerade ein Telefongespräch mit einem Touristen beendete, der das Opfer eines Taschendiebes geworden war. Er legte ihm die Liste mit den Namen vor, die Madeleine Krevert ihm aufgeschrieben hatte. »Und Sie überprüfen bitte, ob die Frau unseres toten Talkmasters sich gestern Abend tatsächlich in Gegenwart dieser Damen aufgehalten hat. Die genauen Uhrzeiten, bitte!« Erik wartete, bis Mierendorf die Liste gründlich studiert hatte, dann ergänzte er: »Und in einer Viertelstunde kommen Sie bitte zu ›Hairstylist Donald‹ und bringen alles für eine daktyloskopische Untersuchung mit.«

Im Salon ›Hairstylist Donald‹ war es ruhig. Donald Manfredini hatte gerade eine Kundin verabschiedet, die sich vor dem Eingang ein Tuch über den Kopf legte, um die Haarpracht zu schonen, für die sie vermutlich viel Geld hingeblättert hatte. Auf den ersten Blick sah es so aus, als hätten zwei Kunden Platz genommen, aber als Erik den Salon betrat, stellte er fest, dass es sich um seine beiden Kinder handelte, die in den breiten schwarzen Ledersesseln vor den riesigen Spiegeln saßen. Jonas Eckert legte Carolin gerade einen Umhang um, während Felix sich unter seinem vergeblich unsichtbar zu machen versuchte.

Carolin fuhr herum. »Papa! Kontrollierst du mich etwa?«

Erik betrachtete sie verdattert. »Was sollte ich denn kontrollieren?«

»Ob ich mein Praktikum ernst nehme?«, kam es patzig zurück. »Donald hat erlaubt, dass Jonas mir die Haare macht. Es ist ja gerade nichts los.«

Prompt mischte Donald Manfredini sich ein. »Ihre Tochter ist eine hervorragende Praktikantin. Sie hat das Zeug zu einer guten Friseurin.« Er lachte exaltiert. »Ich habe schon Angst vor der Konkurrenz, wenn sie mal auf Sylt einen Laden aufmacht!«

Darauf wollte Erik nichts erwidern. Er zeigte stattdessen auf seinen Sohn. »Felix arbeitet nun auch hier?«

»Ich kann immer jemanden gebrauchen, der Haare zusammenfegt und sich um frische Handtücher kümmert«, erwiderte Donald Manfredini. »Vor allem, wenn er als Gegenleistung kein Geld, sondern nur ein neues Styling will.«

Nun bat Erik darum, mit dem Besitzer des Salons allein sprechen zu dürfen. »Ich bin beruflich hier.« Er zog seinen Dienstausweis hervor und stellte bei dieser Gelegenheit fest, dass Manfredini anscheinend nicht wusste, aus welcher Familie seine beiden neuen Mitarbeiter stammten. Er wurde blass und nervös, seine Hände fuhren sinnlos durch die Luft, mal zeigte er in die eine, dann in die andere Richtung, als hätte er plötzlich vergessen, wo sein Büro war.

Schließlich entschied er sich für eine Tür, die hinter der Theke lag, und ließ den beiden Polizeibeamten den Vortritt. Erik warf nur einen kurzen Blick zurück auf seine Kinder und schüttelte die Frage, mit welcher Frisur Felix beim Mittagessen erscheinen würde, gleich wieder ab. Es ging jetzt um Wichtigeres!

Der Raum war klein und dazu völlig überladen, die moderne

Eleganz, die der Salon ausstrahlte, fehlte hier völlig. Der Schreibtisch war übersät mit Papieren, die Regale waren vollgestopft mit Akten, Katalogen und Utensilien. Was dort nicht hineinpasste, hatte auf dem Fußboden Platz gefunden, sodass es schwer war, das Zimmer überhaupt zu betreten.

Donald Manfredini drängte sich an ihnen vorbei und murmelte Entschuldigungen, während er Rechnungsbelege vom Schreibtischstuhl klaubte und einen aufgeschlagenen Aktenordner von einem einfachen Holzstuhl nahm, der ihm als Beistelltisch diente. Als Erik und Sören Platz genommen hatten, nahm er eine kümmerliche Topfpflanze von einem Blumenhocker und ließ sich selbst darauf nieder. Erik betrachtete seine fahrigen Finger, die immer wieder über die Bügelfalte seiner schwarzen Hose fuhren. Dann sprang er auf, kontrollierte, ob er die Tür fest geschlossen hatte, setzte sich wieder und begann erneut, mit den Fingerspitzen die Bügelfalte auf- und abzufahren. »Was kann ich für Sie tun?«, stieß er hervor.

Er war ein gut aussehender Mann von Ende dreißig mit einem schmalen Gesicht, einer kleinen, geraden Nase und einem weichen, sympathischen Mund. Ein Mann, an dem eine verwöhnte Frau wie Madeleine Krevert Gefallen fand! Seine schwarzen Haare und die dunklen Augen ließen vermuten, was schon sein Nachname verriet: dass er südländischer Abstammung war. Eriks Erinnerung an Dagobert Manfredini, bei dessen Verhören er vor zehn Jahren dabei gewesen war, war nicht sehr ausgeprägt, dennoch glaubte er, eine Ähnlichkeit zwischen ihm und dem Friseur zu erkennen.

»Wir sind wegen Viktor Krevert hier«, begann er betont bedächtig, da er in Sorge war, dass Manfredinis Nervosität ihn anstecken könnte. »Sie wissen sicherlich, dass er gestern Abend tot aufgefunden wurde?«

»Was?« Donald Manfredini gab sich überrascht. »Ich kenne Viktor Krevert nicht einmal. Jedenfalls nicht persönlich. Nur vom Fernsehen! Da kennt ihn ja jeder.«

Erik zog die Augenbrauen hoch. »Sie wissen nichts von seinem Tod? Wollen Sie diese Behauptung vielleicht noch einmal überprüfen, Herr Manfredini? Selbst wenn Sie kein Freund des Frühstücksfernsehens sind, müssten Sie davon erfahren haben.«

Donald sah ihn fragend an, und Erik beschloss, ihn nicht ins offene Messer laufen zu lassen. »Sie können ruhig zugeben, dass Sie ein Verhältnis mit Frau Krevert haben. Wir wissen es bereits.«

Donald Manfredini sackte in sich zusammen, er blickte auf seine Fußspitzen, als schämte er sich in Grund und Boden. »Ja, Madeleine hat heute Morgen angerufen.« Dann sah er Erik erschrocken an. »Aber sie hat nicht gesagt, dass sie Ihnen etwas von uns verraten hat.«

»Wir haben es aus anderer Quelle«, entgegnete Erik. »Wie lange besteht dieses Verhältnis schon?«

»Seit einem halben Jahr. Sie kam in den Salon, als ich gerade eröffnet hatte. Ich habe mich gefreut, dass die Frau eines berühmten Talkmasters sich bei mir frisieren lassen wollte.«

»Und sie war zufrieden mit Ihrer Arbeit?«

»Sehr. Sie hat mich weiterempfohlen, und seitdem ...« Donald schwieg, als wäre es ihm peinlich, über seinen Erfolg zu reden.

Sören ergänzte an seiner Stelle: »Seitdem läuft der Laden.«

Donald nickte beschämt. »Aber nicht nur deswegen. Auch, weil ich gut in meinem Job bin.«

»Selbstverständlich, Herr Manfredini«, beruhigte ihn Sören.

Erik fand, dass nun genug Süßholz geraspelt worden war. Er fragte in einer Direktheit, die den armen Starcoiffeur fassungslos machte: »Wo waren Sie gestern Abend? Zwischen zweiundzwanzig und ein Uhr?«

»Wollen Sie damit etwa sagen ...?« Manfredini sprang auf, machte einen Schritt zur Tür und kontrollierte erneut, ob sie fest im Schloss war. »Sie verdächtigen mich?«

Erik ließ Sören nicht zu Wort kommen, obwohl dieser beschwichtigend eingreifen wollte. »Sie haben mit der Frau des Opfers ein Verhältnis! Madeleine Krevert ist eine vermögende Frau, ihre Galerie geht gut, und die zweite, die sie auf Sylt aufmachen will, wird vermutlich ähnlich erfolgreich sein. Sie hat natürlich auch viele reiche, erfolgreiche Freundinnen, die sich alle bei Ihnen die Haare machen lassen.«

»Was wollen Sie damit sagen?«, stieß Donald hervor.

»Dass Sie nicht zusehen wollen, wie Ihr Geschäft ruiniert wird«, gab Erik zurück. »Viktor Krevert hat von Ihnen verlangt, dass Sie seine Frau in Ruhe lassen. Und da Sie nicht auf Madeleine Kreverts Einfluss verzichten möchten, haben Sie zugeschlagen. Vielleicht wollen Sie Madeleine Krevert sogar heiraten? Musste ihr Mann deswegen sterben?«

Sören mischte sich ein: »Frau Krevert sagte, sie hätte nicht gewusst, dass ihr Mann die Absicht hatte, nach Sylt zu kommen. Wussten Sie davon? Hat er Sie vielleicht angerufen und um ein Gespräch gebeten?«

»Nein«, rief Donald aufgeregt.

»Aber vielleicht stimmt es ja gar nicht, was Frau Krevert sagt«, ging Erik dazwischen. »Könnte sein, dass Krevert seinen Besuch durchaus angemeldet hat. Sie wussten, dass er in der Villa ist, haben sich dort eingeschlichen ...«

»Nein!« Wieder kontrollierte Donald, ob die Tür fest im Schloss saß, und wischt sich die schweißnassen Hände an der schwarzen Hose ab. »Ich hatte keinen Grund, so etwas zu tun. Ich liebe Madeleine nicht, ich schlafe nur mit ihr. Wir haben Spaß miteinander. Aber heiraten? Das ist mir nie in den Sinn gekommen. Und ihr auch nicht.«

»Eine rein sexuelle Beziehung?«, erkundigte sich Erik.

Donald nickte stürmisch. »Ich bin nicht eifersüchtig auf Viktor Krevert. Ob er lebt oder nicht, das macht für mich keinen Unterschied.«

»Sah Madeleine Krevert das auch so?«

Donald hob die Schulter und ließ sie ausdrucksvoll wieder fallen. Er wollte etwas sagen, stockte dann aber. Seine Augen bekamen mit einem Mal einen nachdenklichen Ausdruck. »Madeleine hat jedes Mal gelacht, wenn sie in der Zeitung von ihrer ach so vorbildlichen Ehe las. Sie hat ihren Mann verachtet. Dass sie noch nicht von ihm geschieden ist, liegt nur daran, dass sie die finanziellen Nachteile nicht in Kauf nehmen wollte.«

»Wollen Sie damit sagen, Madeleine Krevert wollte ihren Mann loswerden?«

Donald wehrte entsetzt ab. »Ich dachte nur ... also, wenn Sie von einem Motiv sprechen ... ich habe jedenfalls keins.«

Erik unterbrach seine Beteuerungen. »Sie haben uns noch nicht gesagt, wo Sie den vergangenen Abend verbracht haben.«

»Zu Hause. Ich habe ferngesehen und bin früh schlafen gegangen.«

»Allein?«

»Madeleine war mit Freundinnen verabredet.«

»Sie haben also kein Alibi«, stellte Erik fest.

Donald sah aus, als wollte er in Tränen ausbrechen. »Woher wissen Sie das überhaupt? Das mit Madeleine und mir?«

Erik beugte sich vor und sah Donald eindringlich an, während er ihm antwortete. »Von einem Detektiv, der von Viktor Krevert beauftragt worden war. Sie waren also nicht diskret genug. Der Ehemann hat gemerkt, dass seine Frau fremdgeht. Wir gehen nun davon aus, dass Krevert nach Sylt gekommen war, um seine Frau in flagranti zu erwischen.«

»Oh, mein Gott!«, jammerte Donald. »Und Madeleine war sich so sicher, dass ihr Mann keine Ahnung hat.«

»Haben Sie sich immer bei ihr getroffen?«, fragte Sören.

»Dort war es am sichersten. In der Öffentlichkeit konnten wir uns nicht zusammen sehen lassen. Ich bin immer im Dunkeln gekommen und habe meinen Wagen an der Hauptstraße geparkt.«

»Das wäre eine böse Überraschung geworden«, meinte Erik

lakonisch, »wenn Sie sich auch gestern in Kampen getroffen hätten. Viktor Krevert saß im dunklen Wohnzimmer und hat auf Sie und seine Frau gewartet.« Er wurde nun sehr ernst. »Aber stattdessen ist sein Mörder erschienen.« Erik erhob sich und gab Sören mit den Augen ein Zeichen, damit er ebenfalls aufstand und seinem Chef den Weg frei machte. »Sie halten sich bitte zu unserer Verfügung, Herr Manfredini«, sagte Erik. »Verlassen Sie die Insel nicht. Und wenn, dann nur mit meiner Genehmigung. Und noch was: Polizeimeister Mierendorf muss jeden Augenblick kommen, um bei Ihnen Fingerabdrücke abzunehmen. Nur damit Sie Bescheid wissen.«

»Sie behandeln mich wie einen Verdächtigen?« Donalds Stimme wurde hell und schrill. »Muss ich mir das bieten lassen?«

»Ich fürchte, es wird Ihnen nichts anderes übrig bleiben«, gab Erik lakonisch zurück.

»Sie werden meine Fingerabdrücke überall im Haus finden«, jammerte Donald. »Ich war ja häufig dort. Macht das etwa einen Täter aus mir?«

»Wo denken Sie hin?«, entgegnete Erik freundlich. »Wir brauchen Ihre Fingerabdrücke natürlich auch, um sie von anderen zu separieren, die womöglich wirklich zum Täter führen.«

Das schien Donald Manfredini nur wenig zu beruhigen. Mit einem Gesicht, als drohe ihm die Verhaftung, öffnete er die Tür, ließ die beiden Beamten hinaus, schloss die Tür wieder und folgte ihnen. Nach ein paar Schritten machte er kehrt, um zu überprüfen, ob die Tür fest im Schloss saß. Dann erst lief er Erik und Sören hinterher.

Erik hatte sich vorgenommen, den Salon zu verlassen, ohne sich einen Eindruck davon zu verschaffen, wie es auf den Köpfen seiner Kinder aussah. Er war hier nicht als Vater, sondern als Polizeibeamter erschienen. Dass Jonas Eckert über Felix' Haare hastig ein Handtuch warf, gab ihm schwer zu denken, aber er blieb bei seinem Vorsatz und ging zügig zur Tür.

Er hatte die Klinke schon in der Hand, als er Donald Manfredini fragte: »Wie haben Sie diesen Salon eigentlich bezahlt? Ich nehme an, eine solche Ausstattung kostet eine Menge.«

Donalds Gesicht, auf dem sich soeben noch Erleichterung breitmachen wollte, verzog sich wieder in Angst und Jammer. »Muss ich das beantworten? Was hat das mit ... mit der Sache zu tun?«

»Gar nichts«, gab Erik zu. »Und Sie müssen meine Frage auch nicht beantworten. Auf Wiedersehen.«

Mamma Carlotta sah vom Fenster aus zu, wie Paul Freier seine Koffer aus einem Wagen lud. Auf den beiden vorderen Türen und auf der Heckklappe prangte der Name einer Verleihfirma. Er hatte sich also ein Auto gemietet. Anscheinend wollte er nicht nur als Strandläufer unterwegs sein, sondern die Insel von List bis Hörnum durchqueren.

Er verschwand aus ihrem Blickfeld, während er das Grundstück der Kemmertöns betrat, dann tauchte seine Gestalt hinter dem Gartenzaun wieder auf, als er zu dem Holzhaus lief, in dem er in der nächsten Zeit wohnen würde.

Die Haustür hatte Mamma Carlotta gar nicht gehört. Sie wurde erst auf Erik und Sören aufmerksam, als sie die Stimme ihres Schwiegersohns hörte. »Ich hoffe, sie ruft bald zurück. Sonst müssen wir zu der Adresse ihrer Freundin fahren, bei der sie übernachten wollte.«

Mamma Carlotta lief auf den Flur, wo sie Erik und Sören gerade noch in der Küche verschwinden sah. »Vengo! Ich komme!«, rief sie und eilte ihnen nach. »Il pranzo è pronto! Alles fertig! Wir können sofort mit den Antipasti beginnen.« Sie drängte sich an den beiden vorbei zum Herd. »Ich hoffe, die Kinder und Signorina Reimers kommen auch bald. Bei Larissa Freier weiß man ja nie ...« Sie schob Erik und Sören auf den Flur zurück, damit sie ihre Jacken an der Garderobe ablegten und nicht über einen Küchenstuhl hängten. »Übrigens ist ihr Onkel soeben bei den Kemmertöns eingezogen.«

Sören war der Erste, der Platz nahm, und betrachtete die Platte mit mariniertem Gemüse, die Mamma Carlotta auf den Tisch stellte, mit verzückten Blicken. Gerade als sie einen Korb mit Panini dazustellte, ging Eriks Handy. Hastig zog er es aus der Tasche und sagte zu Sören: »Das wird die Krevert sein.«

Er zog sich ins Wohnzimmer zurück, woraufhin Mamma Carlotta einfiel, dass der Schal, den Erik beim Eintreten neben die Spüle geworfen hatte, unbedingt an einen Garderobenhaken gehörte. »Greifen Sie zu, Sören!«, rief sie. »Ich bin gleich zurück.«

Sie hängte den Schal auf und machte zwei, drei leise Schritte auf die Wohnzimmertür zu. Erik hatte sie zwar geschlossen, aber seine Stimme war dennoch deutlich zu vernehmen. »Wir vermuten es nicht, wir wissen es, Frau Krevert. Ich habe nicht nur die Aussage des Privatdetektivs, Herr Manfredini hat bereits zugegeben, dass er mit Ihnen ein Verhältnis hat. Das erklärt auch, warum Ihr Mann unangemeldet in Kampen aufgetaucht ist. Er wollte Sie in flagranti erwischen.«

Mamma Carlotta beschloss, dass sie die Panini an diesem Tag nicht in dem alten Korb mit den ausgefransten Rändern lassen, sondern in der silbernen Schale anbieten wollte, die Lucia nur an Festtagen benutzt und deswegen im Wohnzimmer aufbewahrt hatte. Sie riss die Tür auf und eilte zum Schrank, ohne Erik zu beachten. Er sollte glauben, dass sie ihn gar nicht zur Kenntnis nahm und nicht auf das achtete, was er sagte. Eine Schranktür nach der anderen öffnete sie und murmelte jedes Mal: »Wo hat Lucia sie nur hingestellt? Die silberne Schale, die Marianna und Arsiero zur Hochzeit geschenkt haben?«

»Nein, wir gehen nicht mehr nur von einem Einbrecher aus, wir denken auch an eine Beziehungstat.«

Mamma Carlotta klirrte mit den Kerzenleuchtern, die sie zur Seite rückte, und mit Schüsseln, hinter denen sie die silberne Schale suchte.

»Kein Mord! Alles sieht nach Totschlag im Affekt aus. Ihr Mann muss überrascht worden sein.«

Mamma Carlotta entschloss sich, einen Hocker herbeizuholen, um auch in den oberen Fächern zu suchen. »Die Schale muss doch hier irgendwo sein …«

»Ihr Geliebter hat kein Alibi. Ihres lasse ich gerade überprüfen.«

Mamma Carlotta schloss geräuschvoll die Schranktüren. Die silberne Schale, die sie gesehen hatte, ließ sie dort, wo sie war. »Ist die etwa auch auf dem Flohmarkt gelandet?«, murmelte sie vor sich hin, während sie es in den unteren Fächern noch einmal versuchte.

»Das beweist gar nichts. Sie könnten jemanden beauftragt haben. Herr Manfredini hat uns verraten, dass Sie daran dachten, sich scheiden zu lassen.«

Mamma Carlotta fuhr zusammen. Beinahe wäre ihr der gläserne Leuchter, den sie gerade zur Seite schieben wollte, aus der Hand gerutscht. Manfredini? Ihre Enkelkinder arbeiteten bei einem Mann, der die Ehefrau eines Prominenten zum Ehebruch verführte? »Madonna!«, flüsterte sie.

»Das hat er uns erklärt«, sagte Erik nun. »Sie wollten die finanziellen Nachteile im Falle einer Scheidung nicht in Kauf nehmen.«

Er nahm sein Handy nun ein Stück vom Ohr weg, denn Madeleine Kreverts Stimme war so schrill, dass Mamma Carlotta sie hören konnte. »Das hat er sich nur ausgedacht? Ach so, Sie meinen, um die Schuld auf Sie zu schieben? Tja, mal sehen … wir werden es herausbekommen.«

Mamma Carlottas Neugier war fürs Erste befriedigt. Sie beschloss, auf die silberne Schale zu verzichten und die Panini in dem Brotkörbchen zu belassen. Während Erik sich seine Notizen machte, zog sie die Tür auf, die sie nur angelehnt hatte … und stand vor Wiebke, die am Treppengeländer lehnte. »Signorina! Ich habe Sie gar nicht kommen hören.«

Wiebke blickte auf die Wohnzimmertür. »Erik lässt mich also immer noch im Regen stehen.«

Mamma Carlotta drängte Wiebke in die Küche, wo Sören mit vollem Mund am Tisch saß. »Er wird Ihnen sicherlich erzählen, was er herausbekommen hat. Beim Essen!«

Aber Wiebke zögerte. »Madeleine Krevert hat einen Geliebten? Die glückliche Ehe des Talkmasters war nur Schein?«

Mamma Carlotta wusste nicht, ob sie nicken oder den Kopf schütteln sollte. Einerseits konnte sie verstehen, dass Wiebke mehr wissen wollte, andererseits war Erik ihr als Mitglied der Familie näher und damit auch sein Wunsch, den Stand seiner Ermittlungen zunächst mal für sich zu behalten. »Allora ...«, begann sie vorsichtig und war froh, dass es an der Tür klingelte. »I bambini!«, rief sie und drängte sich an Wiebke vorbei.

Freudig öffnete sie ... und erstarrte. Dass Wiebke Reimers hinter ihrem Rücken die Treppe hochstieg und verschwand, fiel ihr erst später auf. Erst nach den Tagliolini, als sie sich endlich sagen konnte, dass es das Wichtigste war, wenn die Kinder gesund waren ...

Die Costine auf seinem Teller drohten kalt zu werden, aber Erik parierte Mamma Carlottas strafenden Blick unbefangen. Und als er das Gespräch beendet hatte, sagte er: »Das war mein Diensthandy. Das kann ich nicht einfach läuten lassen. Erst recht nicht, wenn wir einen ungeklärten Todesfall haben.« Er wandte sich an Sören. »Vetterich sagt, er habe bis jetzt keine verwertbaren Spuren gefunden. Aber er will sich das Haus noch einmal ansehen, vielleicht heute noch.«

»Was ist mit dem Garten?«, fragte Sören, während er das Fleisch der Costine vorsichtig von den Knochen löste.

»Keine Spuren«, antwortete Erik. »Vetterich sagt, es deute nichts darauf hin, dass sich jemand am vergangenen Abend im Garten aufgehalten hat.«

Sören wurde nachdenklich. »Ein Einbrecher hätte sich von der Rückseite des Hauses genähert.«

Erik nickte. »Also doch eine Beziehungstat?«

»Auch jemand, der einem ans Leder will, spaziert nicht durch die Haustür.«

Das Handy klingelte erneut, Erik ignorierte das leise Schimpfen seiner Schwiegermutter. Da das Gespräch zum Glück sehr kurz war, verzichtete er sogar auf eine Entschuldigung.

»Enno Mierendorf«, sagte er zu Sören. »Madeleine Kreverts Alibi ist wasserdicht.« Er schien Fragen verhindern zu wollen, gab Sören mit einem Zwinkern zu verstehen, dass er ihm alles andere erzählen würde, wenn sie allein waren, und wechselte das Thema. »Warum kommt Wiebke nicht zum Essen?«, erkundigte er sich bei seiner Schwiegermutter. Er wusste schließlich, wie empfindlich sie reagierte, wenn jemand ihr Essen verschmähte, ohne sich ausdrücklich und mit einleuchtender Begründung abgemeldet zu haben.

Aber in diesem Fall schien sie Verständnis zu haben. Sie warf ihm einen Blick zu, der ihn daran erinnerte, dass er mit seiner Freundin gestritten hatte und diese womöglich deswegen keine Lust verspürte, mit ihm zusammen am Tisch zu sitzen. »Sie hat zu arbeiten«, antwortete Mamma Carlotta kurz.

»Schade«, meinte Felix. »Sie hätte sich mal wieder so richtig krass über unsere Frisuren und den Friseurberuf im Allgemeinen aufregen können. Aber wenn sie Lady Gaga mit so einem Styling erwischt hätte, wäre sie natürlich begeistert gewesen und hätte gar nicht mehr aufgehört zu fotografieren.«

Carolin versetzte ihm einen warnenden Stoß mit dem Ellbogen. Im Gegensatz zu ihrem Bruder war sie selbst erleichtert gewesen, als die allgemeine Bestürzung sich gelegt und ihr Vater aufgehört hatte, dem Hairstylisten mit Schadensersatzklagen zu drohen, da er seine unmündigen Kinder verunstaltet hatte, ohne vorher Rücksprache mit dem Erziehungsberechtigten zu nehmen.

Mit bockigen Mienen waren die beiden in die Küche gekommen, als wären die Vorwürfe, die sie völlig zu Recht erwarteten, bereits über sie hereingebrochen. Lediglich Felix hatte ein überlegenes Grinsen versucht, das seinem Vater wohl sagen sollte, dass alles, was auf seinem Kopf geschehen war, sowieso nicht rückgängig gemacht werden konnte. Seine dunklen Locken, die bis auf die Schultern gereicht hatten, waren auf der rechten Seite so geblieben, auf der linken jedoch abrasiert worden. Diese Projektionsfläche war dem Friseur groß genug gewesen, um dort einen Rennwagen hineinzufärben. Knallrot, weil es sich selbstverständlich um einen Ferrari handeln sollte, mit dem Felix über kurz oder lang große Erfolge als Rennfahrer feiern wollte. Mamma Carlotta, die früher mit dem Käppi sehr unzufrieden gewesen war, das Felix ständig trug, und dann über die Länge seiner Haare lamentiert hatte, mit denen er ihrer Meinung nach aussah wie ein Mädchen, wäre nun froh gewesen, wenn er seinen Kopf mit alldem erneut geschmückt hätte, sogar mit allem gleichzeitig.

Gegen Felix' Verwandlung war Carolins neuer Haarschnitt fast eine Bagatelle. Ihr Pony, der so aussah, als hätte ein hungriger Hamster daran geknabbert, hing ihr in die Augen, sodass sie ihr Gegenüber erst fixieren konnte, wenn sie mit einer entsprechenden Kopfbewegung für freie Sicht gesorgt hatte. Dieser Pony war wie ihr Haupthaar rabenschwarz gefärbt, nur die Seiten und die dünnen Spiralen, die von den Schläfen bis an ihre Schlüsselbeine reichten, erstrahlten in hellem Blond.

Erik wusste, dass jede Reaktion falsch sein würde, deshalb hatte er sich zur Wahrheit entschlossen, als er gefragt wurde, wie ihm der neue Look gefiel. »Ihr seht einfach fürchterlich aus. Potthässlich! Man kann euch gar nicht angucken.«

Carolins Keifen hatte er über sich ergehen lassen, und zu ihrer Vorhaltung, er sei intolerant und zudem total altmodisch, nichts gesagt. Er hatte sogar geschwiegen, als Felix behauptete, es ginge hier um Menschenrechte, die ihm niemand verwehren dürfe, nicht einmal sein eigener Vater. »Mein Kopf gehört mir!«

Erik hatte die Lippen zusammengepresst, denn er wusste, dass alles noch schlimmer würde, wenn er sich auf eine Diskussion einließ. Im Übrigen kümmerte sich seine Schwiegermutter schon ausgiebig darum, ihren Enkeln klarzumachen, wie unüberlegt sie gehandelt hatten, wie sehr man sich für sie schämen müsse, dass in ihrem Dorf in Umbrien jeder über sie lachen würde und ihre Schulnoten sich erheblich verschlechtern würden, weil kein vernünftiger Lehrer einem Schüler mit einem solchen Kopf eine gute Leistung zutraute. Und dass die beiden ihre Nonna sehr, sehr traurig gemacht hatten, war ja sowieso klar.

Das stieß sie zwischen Antipasti und Tagliolini immer wieder hervor, bis Sören zu besänftigen versuchte: »Das wächst ja wieder heraus. Eine Tätowierung ist viel schlimmer. Die bleibt, während die Haare nachwachsen.«

Endlich entspannte sich die Lage ein wenig. Erik atmete heimlich auf, als Mamma Carlotta einfiel, über etwas zu sprechen, was sie außerordentlich unterhaltsam fand. »Viktor Krevert hatte einen sehr guten Haarschnitt«, behauptete sie und schien stolz auf den flotten Übergang zum nächsten Thema zu sein. »Die Zeitschriften sind voll von Fotos. Auch seine Frau ist überall abgebildet. Die hat ebenfalls einen guten Friseur. Buono!«

»Sie geht auch zu Donald«, antwortete Carolin. »Ich habe sie da schon mal gesehen.«

»Eine schöne Frau«, schwärmte Mamma Carlotta und warf Erik einen Blick zu, der ihn wachsam machte. »Es gibt also doch gute Ehen unter Prominenten. Überall ist zu lesen, dass sich die Kreverts immer treu waren.« Nun sah sie ihn direkt an. »E vero, Enrico? Weißt du mittlerweile, wie Viktor Krevert zu Tode kam? Und wieso hast du das Alibi seiner Frau überprüfen lassen?«

»Dienstgeheimnis«, gab Erik zurück, dem plötzlich einfiel, dass seine Schwiegermutter ihn während seines Telefongesprächs mit Madeleine Krevert belauscht haben könnte. »Wehe, ich lese morgen in der Zeitung etwas davon.«

Mamma Carlotta blieb von dieser Drohung unbeeindruckt.

»Aber vielleicht war er auch gar nicht so nett, wie alle sagen.« Sie holte das Estragonsorbet aus dem Eisfach, stürzte es auf eine Platte und stellte diese auf den Tisch. »Paul Freier sagt, Viktor Krevert hat Larissa über den Tisch gezogen.« Sie sah sich unsicher um. »Sagt man das so in Germania?«

Die Kinder nickten, und Erik fragte: »Wer ist Paul Freier?«

Mamma Carlotta sah ihn ärgerlich an. »Ich habe dir doch von ihm erzählt. Larissas Onkel! Er war in Neuseeland, als sein Bruder mit seiner Frau tödlich verunglückte. Und nun ist er hier, um Larissa beizustehen.«

Erik dachte nach. »Und der hat gesagt …?«

»Sì!« Mamma Carlotta wartete nicht ab, bis er die Frage formuliert hatte. »Eigentlich war ein höherer Preis verabredet worden. Aber als die Kreverts gemerkt haben, dass Larissa das Geld dringend brauchte, haben sie ihn gedrückt. Sie hat nur so viel Geld bekommen, dass sie die Schulden ihrer Eltern bezahlen konnte. Ihr ist nichts geblieben.«

»Ach«, gab Erik gedehnt zurück. »Wo ist sie eigentlich?«

Gerade in diesem Augenblick ging die Haustür. Sie öffnete sich leise und wurde so sanft ins Schloss gedrückt, als wollte Larissa Freier nicht gehört und nicht behelligt werden.

Aber damit kam sie bei Mamma Carlotta nicht durch. Sie sprang vom Stuhl und riss die Tür auf. »Signorina! Wir haben gerade von Ihnen gesprochen. Kommen Sie rein!«

Larissa erschien auf der Schwelle und lächelte verlegen. »Ich habe wenig Zeit. Wollte nur schnell was holen. Dann muss ich zur Arbeit.«

»Sie fangen jetzt erst an?«, fragte Mamma Carlotta verwundert, und in Erik keimte der Verdacht, dass ihr Erstaunen gespielt war. Nun schlug sie sich vor die Stirn. »Certo! Sie mussten vorher zum Friseur!«

Carolin strahlte, als wäre sie selbst der Schöpfer der hellen Strähnen, die Larissas Haar zum Leuchten gebracht hatten. »Sieht geil aus, oder? Jonas hat's echt genauso drauf wie Donald.«

Felix spreizte den kleinen Finger ab und näselte: »Nun noch eine Feuchtigkeitspackung, und Sie sehen aus wie eine Göttin.«

Erik ignorierte das Mienenspiel seiner Kinder. »Sie wissen, dass Viktor Krevert tot ist?«

»Ich habe davon gehört«, entgegnete Larissa, ohne einen Schritt auf den Tisch zuzumachen und den Stuhl zur Kenntnis zu nehmen, den Mamma Carlotta ihr zurechtrückte.

»Stimmt es, dass die Kreverts den Preis des Hauses gedrückt haben, der vorher mündlich verabredet worden war?«

Larissa nickte, ihr Mund wurde zu einem schmalen Strich. »Der charmante Viktor Krevert! Immer gut gelaunt, immer freundlich. Und seine Frau! Attraktiv, von guter Herkunft und noch immer verliebt in ihren Mann.« Ihr Tonfall veränderte sich. »Von wegen! Wenn es ums Geld geht, sind die Kreverts genauso gierig wie alle anderen.«

Mamma Carlotta hatte gehofft, Wiebke würde auf einen Espresso herunterkommen, sobald Erik das Haus verlassen hatte, aber es blieb ruhig auf der Treppe. Dabei hätte sie so gerne versucht, zwischen den beiden zu vermitteln, in Wiebke Verständnis für Erik und seine berufliche Situation zu wecken und ihr auszumalen, wie schön eine Versöhnung werden konnte, die Erik sicherlich auch dazu bringen würde, mit seinen Dienstgeheimnissen ein wenig entkrampfter umzugehen. Aber Wiebke schien noch immer an dem kleinen Tisch zu sitzen, den sie sich im Schlafzimmer eingerichtet hatte. Eigentlich war das Zimmer, in dem Carlotta während ihres Aufenthaltes auf Sylt schlief, Wiebkes Arbeitszimmer geworden, aber sie hatte es bereitwillig geräumt, als die Schwiegermutter ihres Freundes erwartet wurde. Für Mamma Carlotta war das ein weiterer Beweis dafür gewesen, dass Wiebke Reimers in die Familie passte.

Sie lauschte die Treppe hinauf, weil es ihr plötzlich so vorkam, als könnte Wiebke unbemerkt das Haus verlassen haben, aber dann hörte sie den Drucker laufen und einmal auch ihre Stimme, als sie telefonierte. Carlotta Capella konnte es nur schwer ertragen, wenn Unfrieden herrschte, wenn sich zwei gestritten hatten und unversöhnlich waren oder sich gar jemand über sie selbst geärgert hatte. Immer war sie diejenige, die als Erste versuchte, zur Versöhnung zu finden. Das wusste die gesamte Familie, seit es ihr sogar gelungen war, ihren ältesten Cousin mit der Mutter seiner geschiedenen Frau zu versöhnen, als sie auf dem Sterbebett lag. Dass sie noch kräftig genug gewesen war, ihr Testament zu seinen Gunsten zu verändern, war wirklich nicht zu erwarten gewesen. Seitdem wurde Mamma Carlotta immer gerufen, wenn es etwas zu schlichten gab. Also musste es ihr auch hier gelingen, zwischen Erik und Wiebke sowie zwischen den Kindern und deren potenzieller Stiefmutter zu vermitteln.

Als es klingelte, dachte sie an Larissa, die häufig ihren Hausschlüssel vergaß. Aber vor der Tür stand Paul Freier, mit einem Lächeln auf den Lippen, in den Augen und auf dem ganzen Gesicht, das in Mamma Carlotta schlagartig eine Schwäche erzeugte, die sie sich nicht erklären konnte. »Carlotta! Darf ich dich kurz stören?«

»Certo!« Sie ließ ihn eintreten, bat ihn in die Küche, bot ihm einen Stuhl und die Reste des Estragonsorbets an und stand schon am Kaffeeautomaten, als Paul Freier ihre Frage, ob er einen Espresso wolle, noch gar nicht beantwortet hatte. »Gefällt dir das Holzhaus in Kemmertöns' Garten?«

»Sehr gut«, antwortete er. »Ich freue mich, dass ich in Larissas Nähe bin. Und in deiner ...«, setzte er bedeutungsvoll hinzu. Als er ihre Verlegenheit bemerkte, bewunderte er das Estragonsorbet, probierte und lobte es und griff sogar dankbar nach Carlottas Hand, als sie ihm einen Espresso hinstellte.

Sie entzog sie ihm schleunigst und suchte verzweifelt nach einem unverfänglichen Gesprächsthema. »Allora ... erzähl mir von den Kreverts. Du hast gesagt, du kanntest sie gut. Was sind das für Leute? War Viktor Krevert seiner Frau wirklich treu, wie alle sagen? Und sie ihm auch?«

Es war Paul anzusehen, dass er sich gerne über etwas anderes unterhalten hätte, aber ihm schien klar zu werden, dass er besser auf dieses Gespräch einging, wenn er noch öfter Mamma Carlottas Espresso trinken wollte. »Er hat mich mal in seine Talkshow eingeladen«, begann er zu erzählen. »Ich hatte damals eine Reise nach Grönland gemacht und ein Buch darüber geschrieben. Reiseliteratur interessierte Viktor Krevert sehr.«

Mamma Carlotta sah ihn staunend an. »Ein richtiges Buch? Auf dem Titel steht dein Name?«

Paul nickte lächelnd. »Wir haben uns gut verstanden, Viktor Krevert und ich. Nach der Sendung haben wir noch lange zusammengesessen, und später hat er mich zu sich nach Hause eingeladen. Auch mit seiner Frau kam ich gut aus. Als ich dann nach Neuseeland ging, haben wir uns gelegentlich geschrieben, aber der Kontakt lief dann aus.« Bekümmert sah er auf seine Hände. »Ich hätte den beiden nicht zugetraut, dass sie die Not meiner Nichte derart ausnutzen würden. Das hätten sie nicht gewagt, wenn ich hier gewesen wäre.«

»Und wie war ihre Ehe?«, fragte Carlotta, die viel mehr an Liebesgeschichten als an Geschäften interessiert war. »War sie wirklich so glücklich, wie überall zu lesen ist?«

Paul zögerte, ehe er antwortete: »So würde ich es nicht nennen. Aber ... dass Viktor seiner Frau treu war, davon bin ich fest überzeugt. Und das ist im TV-Geschäft beachtlich, wo alle, die ein bekanntes Gesicht haben, ständig in Versuchung geführt werden.«

Mamma Carlotta hing an seinen Lippen, während er berichtete, was er von Viktor Krevert selbst erfahren hatte. Der prominente Talkmaster war von Anfang an daran gewöhnt gewesen, nicht mit Fleiß und Leistung, sondern mit Charme und seinem guten Aussehen zu bekommen, was er wollte. »Die Frauen flogen auf ihn, auch als er noch nicht berühmt war. Aber ein Frauenvernascher war er nie.«

»Frauenver... come, scusa?«

»Einer, der sich mit vielen Frauen vergnügt«, erklärte Paul. »Nein, Viktor Krevert suchte keine Abenteuer, er wollte die Frau fürs Leben, mit der er eine gute Ehe führen konnte. Und die glaubte er in Madeleine gefunden zu haben. Er hat sie wirklich geliebt, und es hat ihm wehgetan, als ihm anfangs unterstellt wurde, er habe sie nur wegen ihres Geldes und wegen des Einflusses ihrer Familie geheiratet.« Paul Freier dachte kurz nach, dann schüttelte er den Kopf. »Aber irgendwann haben alle kapiert, dass Viktor und Madeleine zusammengehörten.«

Mamma Carlotta war prompt gerührt, aber nur kurz, dann fiel ihr ein, was sie von ihrem Schwiegersohn gehört hatte. »Ich glaube, Enrico hat den Verdacht, dass Madeleine Krevert ihren Mann betrogen hat. Ich habe da was mitbekommen …«

Paul verzog das Gesicht, als litte er unter Zahnschmerzen. »Den Verdacht hatte ich auch, als ich die beiden kennenlernte. Madeleine war nicht so glücklich mit Viktor wie er mit ihr.«

»Wie ist das möglich?«, rief Mamma Carlotta und vergaß vor lauter Staunen, Paul ihre Hand zu entziehen, nach der er schon wieder gegriffen hatte. »Jede Frau ist glücklich mit einem Mann, der ihr treu ist.«

Paul beugte sich vor und sah ihr tief in die Augen. So tief, dass in Mamma Carlottas Kopf ein seltsamer Schwindel begann. »Dir könnte ich treu sein«, flüsterte er. »Wir beide in einem Zelt unterm Sternenhimmel … du kochst am Lagerfeuer … wir beschützen uns gegenseitig vor wilden Tieren …«

»Finito!« Mamma Carlotta entzog ihm ihre Hand und versteckte sie unter dem Tisch. »Impossibile, Paolino.«

Erschrocken wollte sie sich korrigieren, aber Paul hatte den Kosenamen schon aufgefangen und hielt ihn fest. »Paolino? Wie schön! Ja, bitte nenn mich so!«

Mamma Carlotta brauchte Distanz. Sie erhob sich, beförderte ein paar Tassen von der rechten Seite der Spüle auf die linke und ein Schneidebrettchen unter einen Basilikumtopf. Dass sie erneut das Gespräch auf die Kreverts brachte, lag diesmal nicht daran, dass sie sich stets für fremde Schicksale erwärmte und nicht genug hören konnte von den Beziehungen anderer Menschen, ihren Verfehlungen und Irrwegen. Nein, diesmal ging es ihr darum, Paul Freier von seinen eigenen Gefühlen wegzulocken. »Allora … warum war Madeleine mit ihrem Mann nicht glücklich?«

»Ich glaube, er war ihr zu erfolgreich«, antwortete Paul. »Zwar wollte sie einerseits genau das, konnte es aber andererseits nicht ertragen, in Viktors Schatten zu stehen.«

Nun musste Mamma Carlotta sich wieder an Pauls Seite setzen, um seiner Erzählung so nah wie möglich zu sein.

»Madeleine kommt aus einer Familie, in der sich immer alles um Kunst drehte«, fuhr Paul fort. »Sie hat Kunstgeschichte studiert. Es war von Anfang an klar, dass sie einmal die Galerie ihres Vaters weiterführen würde.«

Carlotta schnalzte anerkennend mit der Zunge. Eine Frau, die sich beruflich verwirklichte, fand ihre Bewunderung, wenn sie auch andererseits der Meinung war, dass eine Familie eine Mutter brauchte, die voll und ganz für ihre Lieben da war.

»Madeleines Familie ist reich«, fuhr Paul fort. »Ihr Vater hat mit Kunst ein Vermögen gemacht. Er hatte eine gute Nase für junge Talente. Es ging ihm nicht nur ums Geld oder um die gute Kapitalanlage, sondern auch um die Kunst selbst. Er besaß Gemälde, die so kostbar waren, dass er sie nur verschlossen aufbewahren und nicht an die Wand hängen konnte.«

»Madonna«, flüsterte Mamma Carlotta. »Was für eine verrückte Welt. Impazzito!«

Paul stimmte ihr zu. »Dann lernte Madeleine Viktor Krevert kennen. Er passte eigentlich nicht in ihre Familie, aber sie machte sich sofort daran, aus Viktor das zu machen, was der Mann an ihrer Seite zu sein hatte: erfolgreich. Sie kannte einflussreiche Leute, TV-Produzenten und -Regisseure, und im Nu hatte Viktor Krevert seine eigene Talkshow. Madeleine hätte eigentlich zufrieden sein können.«

»Aber sie war es nicht?«, ahnte Mamma Carlotta.

»Zunächst wohl, aber das änderte sich im Laufe der Zeit. Am Anfang ihrer Beziehung war Madeleine die Starke gewesen, sie hatte das Geld, den bekannten Namen, den Einfluss ihrer Familie. So fühlte sie sich wohl. Nun aber wurde sie von Viktor überholt. Sein Gesicht war überall bekannt, er war ein beliebter Prominenter, wo sie hinkamen, schauten alle nur auf ihn. Er war ihr nach wie vor dankbar für alles, was sie für ihn getan hatte, aber ihr reichte das nicht mehr. Sie fühlte sich von ihm in den Schatten gedrängt. Ständig wurde er von jungen Frauen umlagert, musste Autogramme geben, wurde um Interviews gebeten, und sie war immer nur seine Ehefrau. Nicht mehr Madeleine Krevert, sondern die Frau von Viktor Krevert. Das reichte ihr auf Dauer nicht. Obwohl sie wollte, dass ihr Mann Karriere machte, fühlte sie sich von da an ungerecht behandelt. Und mich würde es nicht wundern, wenn dein Schwiegersohn recht hat, Carlotta. Könnte sein, dass sie sich mit irgendwelchen Affären schadlos hielt. Vermutlich mit Männern, die so sind, wie Viktor mal war, von ihr abhängig, von ihrem Glanz geblendet. Männer, die zu ihr aufsehen.«

»Dio mio!«, stöhnte Mamma Carlotta. »Was gibt es doch für merkwürdige Ehen. In meinem Dorf ist eine Frau froh, wenn ihr Mann genug Geld nach Hause bringt und keine anderen Frauen anguckt. Und ein Mann ist damit zufrieden, dass die Frau gut kochen kann und den Haushalt und die Kinder im Griff hat. Basta!«

Das Gesicht des Polizeiobermeisters glänzte vor Stolz. »Es war ganz leicht«, berichtete er. »Die Familie Manfredini ist überall bekannt. In allen polizeilichen Datenbanken!«

Erik lotste Engdahl in sein Büro und bat Enno Mierendorf, für Kaffee zu sorgen. »Dann mal los«, sagte er aufmunternd.

Rudi Engdahl warf einen Blick auf seine Aufzeichnungen. »Die Familie Manfredini stammt aus Venedig. Das heißt ... das

Oberhaupt der Familie kommt von dort, musste irgendwann fliehen und landete in Deutschland.«

»Fliehen?«, fragte Erik. »Vor der Polizei?«

Rudi Engdahl nickte. »Das war ein ganz schwerer Junge. Mitglied einer Mafiafamilie, für die er gestohlen, betrogen und sogar gemordet hat. In Deutschland fand er dann die Frau, die zu ihm passte.« Engdahl lachte. »Das Töchterchen einer bekannten Gaunerfamilie. Der Vater betrieb einen schwunghaften Handel mit gefälschten Pässen, die Mutter war Trickdiebin, der Bruder Autodieb. Und die spätere Signora Manfredini ging auf den Strich und erleichterte ihre Freier ganz nebenbei noch um ihre Barschaft.«

»Sympathische Menschen«, meinte Erik trocken.

Sören lachte. »Und Comicliebhaber?«

Rudi Engdahl nickte grinsend. »Die Abenteuer der Familie Duck hatten es ihnen wohl angetan. Ich nehme an, mehr war intellektuell nicht drin.«

Nun lachten sie alle drei, und Rudi Engdahl las von seinem Blatt ab, wie die Kinder der Manfredinis getauft worden waren: »Dagobert, Daisy und Donald. Donald Manfredini ist der jüngste Spross der Familie und als Einziger nie straffällig geworden. Er übt einen bürgerlichen Beruf aus, und das mit einigem Erfolg.« Engdahl sah Sören und Erik an, als hätte er ihnen ein Rätsel aufgegeben und wartete darauf, dass sie es lösten.

Sören tat ihm den Gefallen. »Friseur!«

»Da haben wir's«, sagte Erik. »Hairstylist Donald Manfredini ist der Bruder des Mannes, der damals im Verdacht stand, die Lindegard-Gemälde gestohlen zu haben.«

Das Telefon unterbrach ihn, die Staatsanwältin war am anderen Ende der Leitung. Wie immer nannte sie ihren Namen nicht, sondern begann sofort zu sprechen: »Ich habe mir die Sache überlegt, Wolf! Ich werde eine SoKo bilden, die sich den Kunstraub noch einmal vornimmt. Sie sind mit dem Tod von Viktor Krevert ausgelastet. Die Öffentlichkeit erwartet, dass der

Fall schnell geklärt wird. Sie müssen zügig zu einem Ergebnis kommen, sonst sind wir am Ende die Idioten der Nation!« Frau Dr. Speck stöhnte auf. »Prominente Opfer sind immer ein Problem.«

»Die SoKo halte ich für keine gute Idee«, unterbrach Erik sie. »Es hat sich nämlich soeben herausgestellt, dass der Todesfall und der Kunstraub zusammenhängen.«

Die Staatsanwältin war derart verblüfft, dass sie sich Eriks Erklärungen anhörte, ohne ihm ins Wort zu fallen oder ihn zur Eile zu drängen.

»Halten Sie das etwa für einen Zufall?«, schloss Erik. »Erst taucht das Lindegard-Gemälde, das vermutlich Dagobert Manfredini gestohlen hat, auf dem Flohmarkt auf, dann wird Viktor Krevert tot aufgefunden, und es stellt sich heraus, dass Donald Manfredini, der Bruder des mutmaßlichen Diebes, ein Verhältnis mit Kreverts Frau hat.«

Frau Dr. Speck zögerte. »Und wenn es doch ein Zufall ist? Einen direkten Zusammenhang erkenne ich auf den ersten Blick nicht.«

Erik stimmte ihr zu. »Das Dumme ist, dass wir Dagobert Manfredini den Kunstdiebstahl heute genauso wenig nachweisen können wie damals.«

»Darauf kommt es vorerst nicht an«, entgegnete die Staatsanwältin. »Ermitteln Sie so, als wäre er überführt. Er sitzt in Flensburg ein. Ich gehe zu ihm und rede mit ihm.«

»Das mache ich besser selbst«, warf Erik ein.

»Meinetwegen. Vielleicht hat die Haft ihn geläutert, und er gibt jetzt alles zu. Er hat ja nichts mehr zu verlieren. Er sitzt wegen Mordes, also auf jeden Fall länger, als er für den Kunstraub bekommen würde.« Sie lachte gekünstelt, was Erik immer alarmierte, denn die Scherze der Staatsanwältin, die auf solch ein Lachen folgten, erheiterten ihn selten. »Vielleicht können Sie mir, nachdem Sie mit Manfredini gesprochen haben, sogar sagen, wo sich das dritte Bild befindet! Wenn ›Strandläufer‹

ebenfalls auftaucht, hätten wir den Sylt-Zyklus wieder beisammen. Na, das wäre ein gefundenes Fressen für die Presse! Wir wären Helden!« Ihre Stimme klang noch energischer als sonst, ihr Tatendrang schien ihr selbst Freude zu machen. »Nehmen Sie sich den Jungen vor.«

Erik tat so, als hielte auch er es für möglich, dass er einen schnellen Erfolg erringen könnte, und stimmte ihr in allen Punkten zu, froh, die Einrichtung der SoKo abgewendet zu haben. »Das fehlte noch«, brummte er, als er das Telefon zurücklegte, »dass wildfremde Kollegen unser Kommissariat bevölkern.« Er sah Engdahl auffordernd an. »Was gibt es außerdem über die Familie Manfredini zu sagen? Leben die Eltern noch?«

Rudi Engdahl schüttelte den Kopf. »Beide im Knast gestorben. Die Mutter an irgendeiner Infektion, der Vater an den Folgen einer Gefängnisschlägerei. Er ist nach einem Knock-out mit dem Schädel irgendwo aufgeschlagen.«

»Genau wie Viktor Krevert«, sagte Erik nachdenklich.

»Daisy Manfredini sitzt irgendwo in Süddeutschland ein. Sie soll versucht haben, ihren Lebensgefährten zu vergiften, weil er sich von ihr trennen wollte. Das besonders Tragische an dem Fall war, dass das Kind dieses Mannes von dem vergifteten Kuchen naschte und starb, woraufhin sein Vater gerettet werden konnte, ehe das Gift wirkte.«

»Und der Älteste sitzt wegen Mordes«, ergänzte Sören.

»Nur Donald Manfredini ist ein unbeschriebenes Blatt«, fuhr Engdahl fort. »Er wurde im Knast geboren und ist gleich nach der Geburt zu den Bakkers gekommen, wo es ihm gut ging. Aber er hat immer Kontakt zu seiner leiblichen Familie gehalten, die Pflegeeltern haben ihn darin sogar unterstützt. Gleichzeitig haben sie ihm beigebracht, was Recht und was Unrecht ist. Für Donald stand schon früh fest, dass er auf keinen Fall so werden wollte wie seine Eltern und Geschwister. Es heißt, dass er geradezu verkrampft darum bemüht sei, ein korrekter Bürger zu sein. Er will unbedingt beweisen, dass jemand, der aus einer

Gangsterfamilie stammt, trotzdem ein anständiges Leben führen kann.«

Erik hatte Zweifel. »Hat er das wirklich geschafft?«

Rudi Engdahl nickte eifrig. »Es liegt nichts gegen ihn vor. Er hat ein sauberes polizeiliches Führungszeugnis. Und ich weiß, dass er immer als besonders brav und ehrlich galt.«

»Versuchen Sie mal herauszufinden, mit welchem Geld er seinen Friseursalon bezahlt hat. Wenn da alles mit rechten Dingen zugegangen ist, muss er einen Kredit aufgenommen haben.«

Rudi Engdahl machte sich Notizen. »Das kriege ich raus.«

»Sonst irgendwelche Besonderheiten?«

»Nur, dass er als bisexuell gilt. Früher war er auch mal mit Männern zusammen, heute allerdings unterhält er nur noch Beziehungen zu Frauen. Seine Pflegeeltern haben seine Homosexualität akzeptiert, aber er selbst war ja immer darum bemüht, so normal wie möglich zu sein. Normal war für ihn eben hetero. Das war ihm immer das Wichtigste: so normal wie alle anderen sein. Nicht so wie Dagobert und Daisy.« Engdahl warf wieder einen Blick auf seine Notizen. »Und vor ein paar Jahren hat er mal eine Psychotherapie gemacht, um von seinen Zwangshandlungen wegzukommen. Er leidet unter Kontrollzwang, heißt es in einem Gutachten.«

Erik erinnerte sich, wie Donald Manfredini immer wieder kontrolliert hatte, ob die Tür fest im Schloss saß. »Geheilt ist er anscheinend nicht. Wir werden ihn uns noch einmal vornehmen, und diesmal verraten wir ihm, was wir wissen. Vielleicht kann er uns etwas über den Diebstahl der Lindegard-Gemälde sagen.« Er sah Sören auffordernd an, weil er eine Bestätigung erwartete, aber sein Assistent schien nicht bei der Sache zu sein. »Woran denken Sie?«

Sören schreckte auf. »An Larissa Freier«, gab er zu. »Könnte es sein, dass sie sich an Viktor Krevert rächen wollte?«

Erik musste zugeben, dass dieser Gedanke auch schon in

ihm geweckt worden war, dass er ihn jedoch niedergedrückt hatte. »Sie meinen, sie wusste, dass Krevert allein in dem Haus war …«

»Vielleicht hat sie einen Schlüssel behalten«, warf Sören ein, »und die Kreverts haben das Schloss nicht ausgewechselt.«

»… und dann geht sie hin und stellt ihn zur Rede?«

»Daraufhin kommt es zu einer Auseinandersetzung, die handgreiflich wird, und …« Sören brach ab, weil er sich anscheinend genauso wenig wie Erik vorstellen konnte, dass Larissa Freier einen Mann angriff, heftig mit ihm rang und dann mit ihm gemeinsam zu Boden ging, und das mit solcher Wucht, dass Viktor Krevert den Sturz nicht überlebte.

Sie schwiegen beide. Erik sah aus dem Fenster in den unruhigen Himmel, über den die Wolken hinwegjagten und aus dem gerade eine Möwe purzelte, als hätte sie dort oben einen Stoß erhalten. »Aber warum erst jetzt?«, fragte er schließlich.

»Weil sich erst jetzt eine Gelegenheit bot«, antwortete Sören schnell, als hätte er sich diese Frage längst gestellt.

»Und woher wusste sie, dass Viktor Krevert auf Sylt war?«

»Vielleicht hat sie ihn zufällig gesehen. Sie arbeitet im Bahnhofsbistro. Sie sieht die Leute aus dem Zug steigen. Krevert ist sicherlich auch von anderen Reisenden erkannt worden. Es würde mich nicht wundern, wenn er um Autogramme gebeten wurde. Darauf könnte Larissa aufmerksam geworden sein.«

»Sie weiß natürlich auch, wo die Lichtschalter sind, damit es im Haus und im Garten dunkel ist …« Erik schüttelte sich, als wollte er diesen Verdacht schnell wieder loswerden. »Vorsicht, Sören! Kein Wort darüber! Auch nicht zu der Staatsanwältin! Wenn Wiebke erfährt, dass ich Larissa verdächtige …«

»… dann dürfte sie die längste Zeit Ihre Freundin gewesen sein«, ergänzte Sören. »Aber da sie zurzeit sowieso nicht gut auf Sie zu sprechen ist, kommt es vielleicht über kurz oder lang nicht mehr darauf an?«

Erik zuckte zusammen und sah seinen Assistenten erschrocken an. »Wie meinen Sie das?«, fragte er, obwohl er genau wusste, was Sören sagen wollte.

»Sorry«, murmelte Sören. »Geht mich ja auch nichts an.«

Erik antwortete nicht. Was war das für ein Gefühl tief in ihm? Angst, Wiebke zu verlieren? Angst, schon wieder eine Frau gehen lassen zu müssen, mit der er glücklich gewesen war? Oder war es die Angst vor einem neuen Leben mit einer Frau, die nicht so war wie Lucia, die seine Kinder nicht so lieben konnte, wie Lucia sie geliebt hatte, die von ihnen nicht so geliebt werden konnte, wie ihre Mutter geliebt worden war?

Obwohl sie am Abend zuvor keinen Tropfen Alkohol getrunken hatte, fühlte Mamma Carlotta sich, als hätte sie einen schweren Kater. Sie war unausgeschlafen, ihr Kopf schmerzte, hinter den Augen lag ein unangenehmer Druck, der auch nach dem dritten Espresso nicht verschwinden wollte. Aber wie sollte man sich auch wohlfühlen, wenn das Familienleben auseinanderbrach? Noch nie vorher hatte es dieses beleidigte Schweigen gegeben, dieses Aneinandervorbeischauen und die gereizten Antworten, die nur aus hingeworfenen Silben bestanden. Die ganze Familie war in den Sog geraten, der von Erik und Wiebke ausging. Ihr Zerwürfnis hatte auch alle anderen entzweit. Die Kinder flüchteten bald zu ihren Freunden, um ihre neuen Frisuren bewundern zu lassen, Larissa hatte sich zunächst zu einem Glas Rotwein überreden lassen, war dann aber bald in ihr Zimmer gegangen und hatte sich nicht wieder blicken lassen. Und Mamma Carlotta war es schnell unerträglich geworden, dem verstockten Schweigen zwischen Erik und Wiebke zuzusehen, die mit grimmigen Mienen in den Fernseher starrten. Erik hatte sich mit seiner Pfeife beschäftigt, sich viel Zeit für die Zeremonie des Anzündens gelassen, sie zur Seite gelegt, als Wiebke die Nase rümpfte, und dann aufs neue angezündet, als wollte er sich wenigstens in diesem Fall durchsetzen.

Eine Weile hatte Mamma Carlotta es mit gemurmelten Selbstgesprächen versucht, in der Hoffnung, irgendwann würde jemand einfallen, aber sie hatte vergeblich gewartet. Schließlich war sie in die Küche gegangen und hatte sich in der Nähe des Fensters zu schaffen gemacht, wo sie Paul Freier sehen würde, wenn er nach Hause kam. Kurz nach Einbruch der Dunkelheit war er in seinen Leihwagen gestiegen und drei Stunden später noch immer nicht zurück. Auch Larissa hatte keine Ahnung gehabt, wohin ihr Onkel gefahren sein könnte, der doch eigentlich nach Sylt gekommen war, um ihr bei der Bewältigung ihrer Trauer zu helfen. Als Carlotta schlafen ging, war der Parkplatz vor dem Haus der Kemmertöns noch immer leer gewesen. Am Morgen jedoch hatte der Wagen wieder dagestanden. Wo mochte er den Abend verbracht haben? Etwa in einer der Bars auf Sylt, wo es schöne Frauen gab, für die ein Weltenbummler interessant war? Carlotta hatte bis zum Morgen gebraucht, um sich den Stachel der Eifersucht aus der Seele zu ziehen.

Übernächtigt war sie ins Bad gegangen, hatte sogar kurz an der Schlafzimmertür von Erik und Wiebke gelauscht. Dahinter war alles ruhig gewesen, immer noch. Auch in der Nacht waren von dort keine Gespräche gekommen, keine Diskussionen, kein Streit, erst recht nichts, was auf eine Versöhnung schließen ließ. Es fiel ihr schwer, sich vorzustellen, dass Erik und Wiebke sich ohne ein Wort schlafen gelegt und sich die Rücken zugekehrt hatten. Sie selbst hatte immer jeden Streit mit ihrem Dino noch vor dem Einschlafen beendet und notfalls einfach weggeredet, bis Dino erschöpft eingeschlummert war und morgens zu hören bekam, dass sie sich am Abend versöhnt hatten. Sie war immer davon überzeugt gewesen, dass sie sich wie eine kluge Ehefrau verhielt.

Dann hatte sich die Wohnzimmertür geöffnet, und Erik, verschlafen, zerzaust, in zerdrückter Kleidung, war herausgetreten und hatte sie verlegen angesehen. »Moin.«

»Enrico! Du hast auf der Couch geschlafen?« Mamma Carlotta konnte es nicht fassen.

»Wiebke hat mich ausgesperrt«, gab Erik zurück. »Gibt's im Wäschekeller frische Klamotten?«

Er hatte ihre Antwort nicht abgewartet, sondern war die Kellertreppe hinabgestiegen, während Mamma Carlotta mit dem Aufruhr in ihrem Inneren zu tun hatte. Der Espressoautomat hatte eine Menge auszuhalten, eine Tasse musste für Wiebkes Ungerechtigkeit büßen, ebenfalls die Panini, die beinahe verbrannt wären. So war es immer, wenn in Carlotta Capella Gefühle rumorten, wenn sich Fragen in ihrem Kopf drehten und dort Erkenntnisse und Einsichten aneinanderschlugen. Die Gegenstände, mit denen sie dann hantierte, befanden sich stets in akuter Gefahr. Erst recht, wenn sich keine Gelegenheit finden wollte, die Sachlage ausgiebig zu erörtern, zu drehen und zu wenden.

Aber Erik war nicht bereit, über seine Nacht auf der Couch zu sprechen, und unterbrach schon ihren ersten Satz, der zu der Frage führen sollte, ob er sich das gefallen lassen wolle.

Das alles war schon unbefriedigend genug. Doch kaum hatte Mamma Carlotta ihren Ärger über die abgesprungene Ecke an der Espressotasse herausgeschimpft, da war schon das nächste Unheil hereingebrochen. Während sie selbst das Inselblatt neben ihren Teller legte, das Viktor Kreverts Tod als Aufmacher auf den Titel gesetzt hatte, griff Erik nach der Flensburger Tageszeitung. Und im nächsten Augenblick war er rot angelaufen und fuhr seine Schwiegermutter an: »Wer hat dich ausgefragt? Konntest du wieder deinen Mund nicht halten?«

»Io?« Mamma Carlotta hatte sich selbst mit dem rechten Zeigefinger aufgespießt. »Was soll ich getan haben?«

»Hat dich jemand angesprochen? Am Strand? Beim Einkaufen?«

»No! Warum fragst du?«

»Hast du jemandem davon erzählt, dass Madeleine Krevert einen Geliebten hat?«

»No!« Sie riss Erik die Zeitung aus der Hand, und da stand es in dicken Lettern: ›Viktor Krevert, der gehörnte Ehemann!‹ Die Zeilen darunter, die sich mit den Fakten seines Ablebens befassten, überflog sie nur. Am Ende aber war zu lesen, dass Madeleine Krevert einen Geliebten auf Sylt hatte.

»Ich habe niemandem etwas verraten«, beharrte Mamma Carlotta, der im selben Moment klar wurde, wer die Redaktion mit diesem Artikel beliefert hatte.

Erik sah sie aus zusammengekniffenen Augen an. »Du redest doch mit Hinz und Kunz. Beim Bäcker, an der Fleischtheke …«

»No!«, rief Mamma Carlotta erneut. »Von Madeleine Krevert habe ich kein Wort gesagt. Zu niemandem!«

Ihr reines Gewissen schien ihr aus dem Gesicht zu leuchten und Erik unsicher zu machen. »Woher soll die Zeitung es sonst haben?«, knurrte er. Aber in seinen Augen erschien mit einem Mal eine Vermutung, die er sich jedoch mit dem Handrücken wegwischte. Ohne ein Wort faltete er das Zeitungsblatt auseinander, und Mamma Carlotta war sicher, dass er nicht lesen, sondern nur in Ruhe gelassen werden wollte.

Es war also alles in allem ein schlimmer Tagesanbruch gewesen. Erik hatte Sören kaum die Zeit gelassen, sein Rührei zu essen, dann war der Arme schon hochgescheucht worden, weil es so viel zu tun gab. Mehr verriet Erik nicht. Und er schwieg so ausdrucksvoll, als wollte er zeigen, dass er in seinen privaten vier Wänden nie mehr auch nur ein einziges Wort über seinen Beruf verlieren wollte.

Carlotta war darüber so beleidigt, dass sie ebenfalls schwieg. Wenn er glaubte, er könne ihr nicht vertrauen, würde sie ihm nicht den Gefallen tun zu fragen.

Ihr Schwiegersohn hatte lediglich einen knappen Gruß bekommen, als er das Haus verließ, nur der unschuldige Sören war mit vielen guten Wünschen verabschiedet worden. Danach hatte sie einen doppelten Espresso benötigt, um den deprimierenden Anblick ihrer Enkelkinder zu ertragen. Mit Wiebke konnte sie sich an diesem trübsinnigen Morgen nicht auch noch auseinandersetzen. Und mit Larissa erst recht nicht!

Mamma Carlotta stöhnte auf. Sie musste raus, an die frische Luft! In ihrem Dorf lief sie in solchen Fällen in die Weinberge oder zu ihrer Freundin Marina, hier würden ihr der Strand und der Blick aufs Meer helfen.

In den frühen Morgenstunden hatte sich der Wind erhoben, der am Abend mit den Syltern schlafen gegangen war. Ein junger, kecker Wind mit unberechenbaren Böen, mittlerweile nicht mehr so kalt, sondern mit dem Duft des nahenden Frühlings, aber es war trotzdem besser, wenn sie das Fahrrad im Schuppen stehen ließ und zu Fuß ging.

Bereits nach den ersten Schritten fühlte sie sich besser. Sie warf dem Friseursalon, an dem sie vorbeikam, nur einen verächtlichen Blick zu, übersah Donald Manfredinis freundliche Geste und bog in den Hochkamp ein, ohne ihren Schritt zu verlangsamen. Auch an Käptens Kajüte ging sie vorbei, ohne haltzumachen. Am Ende der Straße bog sie nach links ab und ging am Dünenhof zum Kronprinzen, dem großen, hässlichen Apartmenthaus, vorbei. Dahinter führte eine breite hölzerne Treppe, die von Fietje Tiensch bewacht wurde, zum Strand hinab. Er saß in seinem Strandwärterhäuschen und hatte die Luke aufgeklappt, durch die Strandbesucher ihre Gästekarten zu reichen hatten.

»Signora!« Fietje freute sich, sie zu sehen, und fand es selbstverständlich, dass sie ohne Gästekarte und auch, ohne die Tagesgebühr zu entrichten, an den Strand kam. »Dann mal zu«, sagte er, als er hörte, dass Mamma Carlotta aufgrund diverser familiärer Probleme den Blick aufs Meer genießen wollte.

Mamma Carlotta betrat das hölzerne Gerüst und ging bis zur ersten Stufe. Dort blieb sie stehen, lehnte sich ans Geländer und ließ den Blick fliegen, nach links, wo die Hochhäuser von Westerland zu erkennen waren, nach rechts, wo sie die Treppe erblickte, die früher zum alten Gosch-Restaurant hinaufgeführt hatte, das nun nicht mehr existierte. Das neue dagegen war vom höchsten Punkt der Treppe aus nicht zu sehen. Aber das Kliffkieker und das Meeresblick leuchteten schneeweiß in der Sonne.

Die Weite, all das Große, scheinbar Unendliche raubte ihr mal wieder den Atem. Zwar kannte sie auch den Blick über die Weinberge, über sanfte, grüne oder braune Hügelketten, die sich mit Tälern in der gleichen Farbe verbanden, und auch sie gaben den Augen und allen anderen Sinnen die Chance, sich vom Alltag und den täglichen Sorgen zu lösen. Aber diese freie Sicht auf den Horizont und auf das Meer, das nie von Menschenhand geformt und verändert worden war, gab etwas, was nirgendwo anders zu finden war, und weckte Gefühle, die in ihrer Heimat nie entstanden waren. Demut vor der Kraft dieser Natur und gleichzeitig das Glück, zu ihr zu gehören.

Die Schreie der Möwen hatten an diesem Tag ein seltsames Echo, sie schwebten noch über dem Meer, wenn die Vögel schon längst Richtung Festland gerast waren, mit ausgebreiteten Schwingen und weit vorgerecktem Kopf, als wären sie dem Wind und der Richtung, die er vorgab, hilflos ausgeliefert. Die Schreie hatten einen metallischen Klang, als wäre der Himmel über dem Strand eine riesige Glocke, die jedes Geräusch zurückwarf. Die Menschen, die an der Wasserkante entlangliefen, wirkten winzig vor den riesigen Wellen, ihre Stimmen wurden in Fetzen heraufgetragen.

Mamma Carlotta wollte sich nicht durch Beobachtungen ablenken lassen und starrte in den verhangenen Himmel, um besser nachdenken zu können. Sollte sie Erik die Wahrheit sagen und Wiebke verraten? Oder war es klüger, seinen Verdacht zu ertragen? Vielleicht würde er selbst darauf kommen, dass es Wiebke gewesen sein musste, die der Zeitung zugetragen hatte, wie es um die Ehe der Kreverts gestanden hatte. Andererseits mochte sie sich nicht vorstellen, was das für die Liebe zwischen Erik und Wiebke bedeuten würde. Das endgültige Aus? Die Kinder würden ihren Vater vermutlich darin bestärken, sich von Wiebke zu trennen, damit sie sich mit keiner Stiefmutter auseinandersetzen mussten. Aber Erik brauchte wieder eine Frau! Das hatte sie in den Augenblicken, in denen er mit Wiebke glücklich gewesen war, erkannt. Und eigentlich war Wiebke Reimers eine nette Person. Hätte Erik sie in der Nacht, in der Viktor Krevert zu Tode gekommen war, ins Vertrauen gezogen, wäre alles in Ordnung zwischen den beiden. Dass er es nicht getan hatte, dass er seinen eigenen Beruf wichtiger genommen hatte als Wiebkes, war nicht recht gewesen. Aber war es etwa gutzuheißen, Erik in seinem eigenen Haus aus dem Schlafzimmer auszusperren? Nein, dieses Recht billigte Mamma Carlotta niemandem zu. Ein schwer arbeitender Hauptkommissar, der ein Verbrechen aufzuklären hatte, durfte nicht gezwungen werden, auf einer unbequemen Couch zu nächtigen. Was er Wiebke angetan hatte, war ihm also heimgezahlt worden. Es stand unentschieden!

Die paar Minuten am Meer hatten Mamma Carlotta tatsächlich geholfen und ihr gezeigt, dass sie sich auf die bequeme neutrale Stellung zurückziehen durfte. Sie brauchte weder Eriks noch Wiebkes Partei zu ergreifen. Beide waren gleich schuldig und unschuldig.

Sie begann die Treppe zum Strand hinabzusteigen, um der auslaufenden Brandung näher zu kommen und dem Spiel der Wellen zuzusehen. Aber schon auf der Plattform, wo es eine Bank gab und die Möglichkeit, sich die Füße zu waschen, blieb sie stehen, aufgestört von Bewegungen am Fuß der Dünen, die nicht zu dem friedlichen Bild passten, das sie gerade noch genossen hatte. Eine Frau hastete durch den Sand, als wäre sie auf der Flucht. Und im nächsten Augenblick erkannte Mamma Carlotta, dass sie tatsächlich vor einigen Männern davonlief. Diese hatten sich allerdings viele Gerätschaften aufgebuckelt und waren entsprechend schwerfällig und unbeweglich. Kameras und Stative erkannte Mamma Carlotta, auf die anderen Gegenstände konnte sie sich keinen Reim machen. Aber dass sie schwer und unhandlich waren, war ohne Weiteres zu erkennen. Die Männer kamen nur schwer voran, während die Frau ihren Vorsprung ausbauen konnte. Auf die Rufe reagierte sie nicht, drehte sich nicht um, hatte nur die Treppe im Auge, die aufs Kliff hinaufführte. Dorthin wollte sie sich anscheinend retten.

Fasziniert starrte Mamma Carlotta ihr entgegen, noch immer ohne zu begreifen, was geschah. Wurde die Frau bedroht? Warum rief sie dann nicht um Hilfe? Mittlerweile waren mehrere Strandwanderer auf sie aufmerksam geworden, blieben stehen und sahen dem merkwürdigen Geschehen zu.

Mamma Carlotta sah ihren gehetzten Blick, das Keuchen der Frau war bis oben zu hören, als sie versuchte, jede zweite Stufe zu übersteigen, um schneller voranzukommen. Beinahe wäre ihr das zum Verhängnis geworden. Sie stolperte, fiel vornüber auf die Hände, aber hetzte schon weiter, ehe sie sich ganz aufgerichtet hatte.

Dies war der Augenblick, in dem Mamma Carlotta beschloss, ihr zu helfen, wenn sie auch die Situation noch nicht durchschaut hatte. »Schnell!«, rief sie. »Ich weiß, wo Sie sich verstecken können.«

Ob ihr Ruf die Frau erreicht hatte, ließ sich nicht sagen. Eine Reaktion zeigte sie jedenfalls nicht. Aber als Mamma Carlotta ihr vorauslief, folgte sie ihr, ohne zu zögern.

Fietje Tiensch sah verdutzt auf, als die Tür seines Strandwärterhäuschens aufgerissen wurde und die Flyer, die er gerade auf seinem Schreibtisch sortierte, aufwirbelten.

»Auf den Boden!«, kommandierte Carlotta und fuhr den erschrockenen Fietje an, er solle sich bloß nichts anmerken lassen.

Schon waren polternde Schritte zu hören, zwei Männer kamen aufs Strandwärterhäuschen zugelaufen, der dritte war abgeschlagen. Er keuchte erst mühsam heran, als die beiden anderen schon einen langen Blick ins Strandwärterhaus geworfen hatten und sich dann suchend umsahen.

Mamma Carlotta trat heraus und wies auf den Weg, der an der Rückseite der Nordseeklinik entlang nach Westerland führte. »Da lang!«

Sie blickte den Männern nach, bis sie nicht mehr zu sehen waren, dann ging sie ins Strandwärterhäuschen zurück und betrachtete die Frau, die hinter Fietjes Stuhl auf der Erde kauerte. Eine sehr attraktive Frau mit aufwendigem Make-up und zwei funkelnden Ringen an den Fingern. Sie trug einen hellen Pelzmantel, den sie sorgfältig abklopfte, als sie sich erhob, und eine Wollmütze mit einem nerzbesetzten Rand.

»Was nun?«, fragte sie. »Wie komme ich hier ungesehen weg? Wenn die Kerle zurückkommen …«

»Un momento«, ging Mamma Carlotta resolut dazwischen. »Sie erzählen jetzt erst mal, warum Sie weggelaufen sind. Wie heißen Sie? Wer sind Sie?«

»Madeleine Krevert«, antwortete die Frau. »Diese Typen wollen mich fertigmachen.«

Erik legte Sören wortlos die Zeitung auf den Schoß, kaum dass sie vom Autozug heruntergefahren waren. »Sehen Sie sich das an!«

Sören las die Überschrift und überflog den Artikel, dann ließ er das Blatt kopfschüttelnd sinken. »Woher haben die das?«

»Erst hatte ich meine Schwiegermutter in Verdacht«, antwortete Erik. »Sie wissen ja … sie redet mit der ganzen Insel, und wenn sie jemand ausfragen will, hat er leichtes Spiel. Aber sie sagt, sie hätte mit niemandem darüber geredet.«

Sören sah ihn von der Seite an. »Sie glauben ihr nicht?«

Erik gab keine Antwort. »Ich habe gestern Mittag mit Madeleine Krevert telefoniert. Im Wohnzimmer! Meine Schwiegermutter ist reingekommen und hat irgendwas gesucht.«

»Wiebke Reimers war auch im Haus«, sagte Sören und blickte starr geradeaus.

Erik fuhr mit einer Geschwindigkeit von höchstens siebzig

Stundenkilometern Richtung Flensburg, wurde von wütenden Autofahrern überholt, schien es aber nicht zu bemerken. Bei schweren Gedanken schaffte er es nicht, das Gaspedal herunterzudrücken. Gemütlich zuckelten sie über die Autobahn, und Sören machte ungeduldige Gesten, um seinen Chef zum Gasgeben zu ermutigen. Aber es dauerte noch eine Weile, bis Erik endlich den Motor seines alten Ford aufheulen ließ. »Sie hat mich also belauscht und ihr Wissen sofort zu Geld gemacht.«

»Es ging ihr sicherlich nicht ums Geld«, beschwichtigte Sören. »Vergessen Sie nicht, was Sie ihr verschwiegen haben. Sie hätte als eine der Ersten die Meldung von Viktor Kreverts Tod verbreiten können.«

Erik lag eine barsche Entgegnung auf der Zunge, aber in diesem Moment klingelte sein Handy. Er hob den rechten Arm, Sören verstand und fingerte das Handy aus seiner Jackentasche.

Menno Koopmann, der Chefredakteur des Inselblattes, war am anderen Ende. Erik konnte ihn mühelos verstehen, so laut brüllte er Sören ins Ohr: »Wieso weiß ich nichts davon? Warum erfährt das Inselblatt nicht, dass die Ehe der Kreverts längst im Eimer ist? Ich habe mit der Staatsanwältin telefoniert. Sie sagt, sie hat diese Information nicht freigegeben. Wieso wissen …?«

»Sie stammt nicht von uns«, unterbrach Sören ihn.

»Von wem dann?«

»Vielleicht aus dem Freundeskreis der Kreverts? Fremdgänger bilden sich zwar immer ein, dass sie diskret vorgehen, aber meistens wissen alle Bescheid.«

Menno Koopmann schimpfte noch eine Weile, äußerte jeden Verdacht, der ihm in den Sinn kam, und erwähnte den Namen der Staatsanwältin und das gute Verhältnis zu ihr so oft, bis es Sören zu viel wurde. Er warf einen Abschiedsgruß mitten in den Wortschwall des Chefredakteurs und drückte den roten Knopf des Handys. »Erst die Staatsanwältin und dann noch Koopmann. Das ist ja nicht auszuhalten.«

Frau Dr. Speck hatte angerufen, als sie gerade auf den Parkplatz des Polizeireviers gefahren waren. »Erstens«, hatte sie begonnen, ohne einen guten Morgen zu wünschen, »das Lindegard-Gemälde ist echt, die Fachleute des Museums haben keinen Zweifel. Zweitens, wie kommt der Artikel in die Flensburger Tageszeitung?«

»Das wissen wir nicht«, hatte Erik geantwortet.

»Drittens, Sie fahren jetzt sofort in den Knast. Ich habe dort Bescheid gesagt, dass Sie kommen. Und ich hoffe, Sie können Dagobert Manfredini ein Geständnis entlocken.«

Erik hätte beinahe gelacht. »Wir konnten ihm damals nichts beweisen, heute können wir es noch weniger. Und das weiß er. Wir haben das Geld nicht bei ihm gefunden, das er für den Raub kassiert haben muss. Nichts! Keinen Cent! Warum sollte er jetzt ein Geständnis ablegen?«

»Was ist mit seinem kleinen Bruder? Könnte er die Kohle bei Donald geparkt haben?«

Erik war ausgestiegen und hatte den Wagen abgeschlossen. »Ich lasse gerade überprüfen, wie er seinen Friseursalon bezahlt hat.« Er sah Sören nach, der bereits ausgestiegen war und sich auf den Weg zum Hintereingang des Polizeigebäudes machte. »Vielleicht finden wir da einen Anhaltspunkt.«

Er war Sören gefolgt, während die Staatsanwältin laut darüber nachdachte, ob es doch ein Zufall war, dass das Gemälde auf dem Flohmarkt aufgetaucht und fast gleichzeitig der Name Manfredini in einem anderen Zusammenhang gefallen war. Ihre Stimme hatte plötzlich nicht mehr so dynamisch geklungen wie sonst. »Könnte doch sein.«

Erik, der wieder das Gespenst einer SoKo vor sich auftauchen sah, hatte sie nicht bestätigen wollen. »Ich kann das nicht glauben«, hatte er so kategorisch gesagt, dass die Staatsanwältin nicht widersprach. »Vielleicht hängt die Krevert da mit drin. Sie ist schließlich Galeristin. Und sie stammt aus einer Familie von Kunstverrückten.«

»Sie meinen, Madeleine Krevert ist das Verhältnis mit Manfredini nur eingegangen, um an die Lindegard-Gemälde zu kommen?«

Erik war verblüfft gewesen. Diese Idee war ihm noch gar nicht gekommen. »Vielleicht sogar mit Viktor Krevert zusammen«, hörte er sich zu seiner eigenen Überraschung sagen und war über diesen Einfall ebenso erstaunt wie die Staatsanwältin. »Das würde bedeuten, dass die Ehe der Kreverts doch so gut war, wie überall behauptet wird.«

»Donnerwetter, Wolf!« Die Stimme der Staatsanwältin hatte noch nie so anerkennend geklungen. »Das wäre ja …« Ihr fehlten die Worte, was Erik bisher noch nie vergönnt gewesen war.

Rudi Engdahl hatte ihm nach dem Gespräch mit Frau Dr. Speck keine Zeit zum Durchatmen gelassen. »Donald Manfredini hat keinen Kredit aufgenommen, um seinen Friseursalon zu bezahlen. Er hat überhaupt keine Schulden und ist bekannt dafür, alle Rechnungen pünktlich zu bezahlen. Seine Lieferanten halten große Stücke auf ihn.«

Erik hatte sich sehr lange seinen Schnauzer glatt gestrichen, ehe er zu Sören sagte: »Ich glaube, ich muss jetzt erst mal mit Madeleine Krevert reden. Noch bevor wir nach Flensburg fahren.« Ehe Sören antworten konnte, hatte er schon nach dem Telefon gegriffen und suchte ihre Nummer aus der Anrufliste. Doch der Ruf war rausgegangen, ohne dass Madeleine Krevert das Gespräch annahm.

Erik hatte gestöhnt. »Dann also doch erst der Besuch bei Dagobert Manfredini. Wann geht der nächste Autozug?«

Sören hatte nach dem Fahrplan gekramt, aber bevor er ihn fand, hatte sich die Tür geöffnet, und Donald Manfredini war eingetreten. »Moin!« Er hatte unbefangen von einem zum anderen gelächelt und dann eine Geldbörse auf die Theke gelegt, hinter der Enno Mierendorf saß. »Die habe ich gefunden«, hatte er erklärt. »Auf dem Friedhof! Ich wollte das Grab meiner Pflegeeltern besuchen, und da sah ich sie. Mitten auf dem Hauptweg.«

Mierendorf war aufgestanden und hatte nach der Börse gegriffen. »Ist Geld drin?«

Donald hatte genickt. »Sehr viel sogar. Ich habe reingesehen, weil ich dachte, ich finde den Namen des Besitzers. Dann hätte ich sie gleich persönlich zurückgebracht.«

Enno Mierendorf hatte einen Laut von sich gegeben, der Erik neugierig machte. Er trat näher und merkte, dass Sören ihm folgte. Der Polizeimeister blätterte eine Summe auf den Tisch, die allen den Atem nahm. »Fünftausenddreihundert Euro und ein paar Zerquetschte.« Mierendorf sah Donald Manfredini an, als hätte er einen Heiligen vor sich. »Donnerwetter! Da wird sich der Besitzer aber freuen.«

»Das will ich hoffen«, antwortete Donald, lächelte freundlich und wandte sich zum Gehen.

»Moment!«, hielt Enno Mierendorf ihn auf. »Ich muss noch Ihre Personalien notieren. Wegen des Finderlohns.«

Aber davon wollte Donald Manfredini nichts hören. »Es ist selbstverständlich, etwas abzugeben, was man gefunden hat. Dafür will ich nicht belohnt werden.« Er öffnete die Tür. »Schönen Tag noch!« Damit war er verschwunden.

Rudi Engdahl hatte Erik und Sören nachdrücklich angesehen. »Hab ich's nicht gesagt? So ist er. So war er schon immer!«

Nachdenklich wiederholte Erik, als sie das Ortseingangsschild von Flensburg passierten: »Ehrlich war Donald Manfredini also schon immer. Und jetzt besuchen wir seinen Bruder im Knast, der wegen Mordes dort sitzt. Verrückte Welt!«

Tove Griess stutzte, als Mamma Carlotta seine Imbissstube mit einer Person betrat, die er kannte. Jedenfalls kannte er die blaue Wolljacke und die Strickmütze mit dem dicken Bommel, die Fietje immer so tief ins Gesicht zog, dass er darunter beinahe unsichtbar wurde. Das hatte auch diese Person versucht und Käptens Kajüte überdies so gebeugt wie Fietje betreten, um ihr Gesicht nicht sehen zu lassen.

Jetzt richtete sie sich auf, riss die Mütze vom Kopf und öffnete die Jacke. »Bloß raus aus diesen muffigen Klamotten!«

»Wie kommen Sie an Fietjes Sachen?«, brüllte Tove.

Mamma Carlotta übernahm es, ihm zu erklären, dass Madeleine Krevert vor zudringlichen Reportern gerettet werden musste, die ihr so dreist nachgestellt hatten, dass die arme Frau sich allein nicht vor ihnen hatte schützen können. »In ihrem Pelzmantel hätte sie es nicht bis hierher geschafft.«

Dass diese Frau eine Ehebrecherin war, die Hilfe eigentlich nicht verdiente, ließ sie genauso unerwähnt wie ihre eigene Motivation, Madeleine Krevert zu helfen, obwohl die an ihrer Lage selbst schuld war. Aber sosehr Mamma Carlotta eheliche Untreue missbilligte, so war sie doch an jeder Geschichte, die sich um Amore drehte, interessiert, erst recht an jeder verbotenen Liebesgeschichte. Wenn ein betrogener Ehepartner zu bedauern war, vergaß sie ihre Prinzipien schon mal zugunsten ihrer Sensationslust. Und wenn es sich um Personen handelte, die so prominent waren, dass ihre Gesichter im Fernsehen zu sehen und ihre Namen in der Zeitung zu lesen waren, konnte ihrer Meinung nach nicht einmal von Indiskretion die Rede sein. Aber das musste ja niemand wissen.

Madeleine Krevert befreite sich von Fietjes Kleidung, richtete mit ein paar Handgriffen ihre Frisur und sagte: »Diese Paparazzi sind die Pest!«

Tove war grundsätzlich immer geneigt, sich der Verunglimpfung einer Berufsgruppe, die mehr verdiente als er, anzuschließen. Aber da die Frau, die vor seiner Theke stand, so aussah, als gäbe sie das, was Tove mit Käptens Kajüte monatlich verdiente, an einem einzigen Vormittag aus, war er misstrauisch. »Wieso laufen Ihnen die Reporter hinterher?«

Madeleine wollte sich kraftlos an die Theke lehnen und damit klarmachen, dass sie für lange Erklärungen zu erschöpft sei. Aber sie fuhr entsetzt zurück. »Wann ist hier eigentlich das letzte Mal Staub gewischt worden?« Angewidert betrachtete sie die Maserung von Toves Theke, an deren äußeren Rändern sich Staub angesammelt hatte, der mittlerweile vom Frittierfett so verklebt war, dass er sich nur noch mit einer Wurzelbürste würde entfernen lassen. »Igitt!«

Tove starrte sie an, als müsste er das Wort ›Staubwischen‹ ins Friesische übersetzt bekommen. »Nun machen Sie mal nicht so ein Theater. Sie schreien ja, als hätten Sie einen Monsterwels in einem meiner Fischbrötchen entdeckt.«

Mamma Carlotta, die gelegentlich selbst die hygienischen Verhältnisse in Käptens Kajüte beanstandete, fand Madeleine Kreverts Ausbruch dennoch genauso übertrieben wie Tove selbst. Sie reagierte nicht darauf und gab dem Wirt stattdessen einen kurzen Überblick über Madeleine Kreverts Situation, erwähnte ihren berühmten Mann, seinen tragischen Tod und den Zeitungsartikel, der an diesem Morgen in einer Flensburger Tageszeitung erschienen und in den folgenden Stunden von sämtlichen Medien übernommen worden war.

»Wenn ich diesen Schmierfink erwische!«, schimpfte Madeleine Krevert. »Der kann was erleben!«

Mamma Carlotta erschrak und bestellte zwei Cappuccinos, um nicht auf diese Bemerkung eingehen zu müssen.

»Ich möchte wissen, woher der seine Informationen hat! Wenn ich rausbekomme, dass es bei der Polizei eine undichte Stelle gibt, dann kann sich der leitende Ermittler seine Pensionsansprüche in die Haare schmieren!«

Mamma Carlotta wurde ganz kurzatmig vor Angst, während Tove mit einem breiten Grinsen zustimmte, das bei ihm immer wie ein Zähnefletschen aussah. Er hätte wohl auch gerne in Madeleine Kreverts Horn getutet und einiges zu den Pensionsansprüchen von Polizeibeamten gesagt, die ihn um ein teures Gemälde gebracht hatten, bezähmte sich aber, als er Mamma Carlottas Miene sah. Zu den wenigen Dingen, die er fürchtete, gehörten ihre Moralpredigten. Und da er wusste, dass er zurzeit schlechte Karten hatte, weil er seiner Wut auf ihren Schwiegersohn allzu deutlich Ausdruck verliehen hatte und zudem mit seinem neuen Geschäftsmodell in Ungnade gefallen war, hielt er sich zurück. Stattdessen kam ihm ein anderer Grund ungehalten zu sein in den Sinn. »Wo ist Fietje Tiensch? Was haben Sie mit ihm gemacht?«

Die Antwort zeichnete sich auf seinem Gesicht ab, noch ehe Mamma Carlotta etwas erwidern konnte. Toves Blick, der durchs Fenster fiel, wurde starr, seine Augen weiteten sich, sein Kinn sackte herab. »Wie sieht der denn aus?«

Mamma Carlotta wusste, wie Fietje Tiensch aussah. Sie wusste auch, wie traurig der teure Pelz an seinem Körper hing, wie seltsam sich die Designermütze auf seinem Kopf machte und wie wenig der Nerzbesatz zu seinem struppigen Bart passte. Deshalb warf sie nur einen flüchtigen Blick über die Schulter, war jedoch alarmiert, als sie Fietjes Verfolger entdeckte. Zwei Männer mit Kameras waren hinter ihm her, der dritte, der sich die Stative aufgeladen hatte, war erneut weit abgeschlagen. Fietje raffte den viel zu weiten Pelzmantel, der um seine Beine schlotterte, und lief, was das Zeug hielt. So schnell hatte Mamma Carlotta den Strandwärter noch nie in Bewegung gesehen.

Aber während Tove und Madeleine Krevert nur mit offenem Mund nach draußen starrten, wurde ihr sofort klar, was auf sie zukommen würde. »Schnell! In die Küche!« Sie griff nach Madeleines Arm und drängte sie zur Tür. »Die haben Ihren Mantel erkannt. Die Verkleidung hat funktioniert!«

Nun begriff auch Madeleine Krevert, in welcher Gefahr sie sich befand. Im Nu war sie in der Küche verschwunden und zog die Tür hinter sich zu. Keine Minute zu früh! Schon wurde die Eingangstür von Käptens Kajüte aufgerissen, und Fietje fiel schwer atmend in den Raum. »Die sind hinter mir her.«

Mit ein paar Sätzen flüchtete er sich an seinen Stammplatz am kurzen Ende der Theke, zog sich die Mütze vom Kopf und öffnete den Mantel. Im selben Augenblick stürmten die beiden Reporter herein.

Tove war inzwischen eine Idee gekommen, wie er sich die beiden vom Hals halten konnte. »Wie gehen Sie mit meiner Eingangstür um? Wer sich hier nicht anständig benimmt, fliegt gleich wieder raus.«

Der Erste warf Fietje nur einen kurzen Blick zu, dann sah er sich gründlich um. »Wir suchen eine Frau von Anfang vierzig.« Nun zeigte er auf das, was Fietje auf den nächsten Barhocker geworfen hatte. »Die Frau, der dieser Pelzmantel gehört.«

»Ich weiß nicht, wovon Sie schnacken«, gab Fietje zurück, während Mamma Carlotta gelassen in ihrem Cappuccino rührte.

»Guck mal in der Toilette nach«, raunte der Fotograf seinem Kollegen zu.

»Nix da!«, rief Tove. »Hier ist keine öffentliche Bedürfnisanstalt. Die Toilette ist nur für Gäste des Hauses da.«

Aber der Reporter kümmerte sich nicht darum. Ehe Tove es verhindern konnte, folgte er dem Schild ›OO‹, kam aber schnell wieder zurück. »Da ist sie nicht.«

»Was ist nun?«, fragte Tove. »Frühstück? Mit Rührei oder ohne? Mit Krabben oder lieber mit Lachs?«

»Wir haben schon gefrühstückt.«

»Sie dachten an einen Frühschoppen? Geht in Ordnung! Wein oder Bier? Ein Köm oder lieber ein Aufgesetzter?«

»Weder noch«, knurrte der Reporter.

»Dann darf ich Sie bitten zu gehen«, sagte Tove mit einer Würde, die Mamma Carlotta ihm nicht zugetraut hatte. »Hier ist kein Wartesaal, sondern ein Restaurationsbetrieb.«

Nun kam dem Fotografen eine Idee. »Der hat einen Pelzmantel geklaut. Ich rufe die Polizei. Es sei denn ...« Er machte zwei Schritte auf Fietje zu und fuhrt fort: »... Sie sagen mir, wo die Frau geblieben ist, der Sie den Pelz abgenommen haben.«

Mamma Carlotta legte den Löffel so schwungvoll auf die Untertasse, dass es klirrte. Sie schob sich vom Barhocker und baute sich vor den beiden auf. »Das ist mein Pelzmantel. Ich habe ihn Signor Tiensch geliehen, weil er fror.«

Der Fotograf lachte. »Das glauben Sie doch selber nicht.«

»Beweisen Sie mir das Gegenteil«, forderte Mamma Carlotta und stemmte herausfordernd die Hände in die Taille.

»Der passt Ihnen ja gar nicht«, behauptete der Reporter. »Ziehen Sie ihn doch mal an!«

Eine Frau, die vor dem Tod ihres Mannes Kleidergröße 48 getragen hatte, nun locker mit 44 auskam und manchmal sogar mit Größe 42 liebäugelte, ließ keine Kritik an ihrer Figur zu. »Wie komme ich dazu? Mein Pelzmantel geht Sie gar nichts an. Niente!«

»Genau!«, rief Tove Griess, kam um die Theke herum und wischte sich seine Finger an der Grillschürze ab, die bereits mit Ketchup besudelt war und auch einem Metzger hätte gehören können. Als er mit der Grillzange in der einen und einem Fischmesser in der anderen Hand auf die beiden zuging, sah er aus wie jemand, der vor nichts zurückschreckte.

Der Dritte, der gerade ankam und eigentlich die Stative abstellen wollte, um zu verschnaufen, machte auf dem Absatz kehrt. Seine beiden Kollegen näherten sich scheinbar unbeeindruckt, aber doch merklich der Tür.

»Raus hier!«, stieß Tove hervor und drohte mit dem Fischmesser. »Als ich noch zur See fuhr, habe ich Typen wie euch den Fischen zum Fraß vorgeworfen.« Er fuchtelte mit der Grillzange vor den Augen der beiden herum, bis sie endlich einen Fluchtreflex erkennen ließen. »Als Schiffbrüchiger vor Gibraltar habe ich mich schwimmend an Land gerettet. Mit Bürschchen wie euch werde ich allemal fertig.«

Nun reichte es den beiden. Sie folgten ihrem Kumpanen auf dem Fuße. Die Drohungen, die sie ausstießen, brachten Tove nur zum Lachen. »Die Polizei wollt ihr holen? Was meint ihr, wie Hauptkommissar Wolf lacht, wenn ihr dem erzählt, dass seiner Schwiegermutter der Pelzmantel gestohlen wurde!« Er lachte bellend und kehrte hinter die Theke zurück. »Denen habe ich es aber gezeigt.«

Mamma Carlotta war so beeindruckt, wie er erhofft hatte, und bat ihn mit schwacher Stimme, das Fischmesser endlich zur Seite zu legen. Madeleine Krevert allerdings, die vorsichtig einen Spalt der Küchentür öffnete und hindurchspähte, beeindruckten weder das Messer noch die besudelte Schürze. »Sind sie weg?«, fragte sie und gab sich die Antwort gleich selber. »Supi! Das haben Sie großartig gemacht!« Einem Mann wie Tove Griess verzieh sie kurzfristig sogar seine Unsauberkeit.

Fietje streckte Madeleine ihren Mantel hin. »Ihr Handy hat die ganze Zeit geläutet. Ich bin natürlich nicht rangegangen.«

Madeleine betrachtete ihren Mantel erst lange, als wäre sie nicht sicher, ob er durch Fietjes Gebrauch nun in die Altkleidersammlung gehörte, dann griff sie danach, klopfte ihn ab, holte das Handy aus der Tasche und warf einen Blick aufs Display. »Aha«, sagte sie nur und zog sich erneut in die Küche zurück. Sie konnte ja nicht wissen, dass die Küchentür so verzogen war, dass sie nicht mehr fest im Schloss saß, und Käptens Kajüte außerdem derart hellhörig war, dass Tove Griess jedes Mal seinen alten Radiorekorder anstellte, wenn ein Gast die Toilette aufsuchen wollte.

In diesem Fall stellte er das Radio ab, das gerade Howard Carpendale bei der Suche nach dem schönen Mädchen auf Seite eins unterstützt hatte. Fietje starrte in sein Jever, Carlotta in ihren Cappuccino und Tove auf seine Brötchen, die er für eventuelle Frühstücksgäste gekauft hatte.

»Du wagst es tatsächlich, mich anzurufen?«, hörten sie Madeleine Krevert fragen. Und nach einer kurzen Pause: »Warum ich miese Laune habe? Das fragst du allen Ernstes?«

Mamma Carlotta rührte in ihrem Cappuccino herum, achtete aber darauf, dass der Löffel nur leicht an die Tasse schlug, Fietje stellte sein Glas geräuschlos ab, und Tove schob sacht die Brötchen nach links und dann wieder nach rechts.

»Wir? Uns treffen? Bist du von allen guten Geistern verlassen? Ich weiß, was du dem Hauptkommissar erzählt hast.«

Nun waren nur Madeleines Schritte zu hören, die nervös auf und ab ging, das leise Zischen der Kaffeemaschine und der Wind, der ums Haus strich. Mamma Carlotta blickte auf, Fietje und Tove blickten zurück.

»Ich hätte mich scheiden lassen wollen, sollst du ausgesagt haben. Ich hätte meinen Mann verachtet, hat mir der Hauptkommissar vorgehalten! Ich wäre nur wegen des Geldes bei ihm geblieben!« Ihre Stimme hatte sich während dieser hervorgestoßenen Sätze gesteigert, jetzt flüsterte sie, war aber trotzdem noch gut zu verstehen: »Eine Unverschämtheit, den Bullen so was auf die Nase zu binden. Hast du Angst, dass du selbst in Verdacht kommst?« Sie ließ ihren Gesprächspartner nur kurz zu Wort kommen. »Wir sind geschiedene Leute! Wag es nicht, mich noch mal anzurufen.« Ihre Stimme näherte sich der Tür, Carlotta trank ihre Tasse leer, Fietje winkte nach einem neuen Jever, und Tove griff nach dem Zapfhahn.

»Ich verlange, dass du die Sache richtigstellst. Ist das klar? Sonst erzähle ich den Bullen eine andere Version. Und die wird dir nicht gefallen, da kannst du Gift drauf nehmen.«

Tove stellte das Radio wieder an und ließ Marianne Rosenberg davon träumen, dass irgendein Typ immer noch zu ihr gehöre. Fietje brummte, wann denn nun endlich sein nächstes Jever käme, und Mamma Carlotta fragte ihn, wie er sich in dem edlen Pelzmantel eigentlich gefühlt habe. Auf eine Antwort bestand sie nicht, und Fietje wusste, dass er keine geben musste.

Ein Schrei übertönte Marianne Rosenberg, so schrill, dass Tove sofort nach seinem Fischmesser griff und Mamma Carlotta so erschrocken vom Hocker sprang, dass er umfiel. Schon stand Tove in der Küchentür, hinter ihm Mamma Carlotta, die auf einen Blick erkannte, dass Madeleine Krevert weder mit einer Kamera noch mit einer Pistole bedroht wurde. Sie war lediglich auf etwas aufmerksam geworden, das sich an der Wand von Toves Küche Richtung Decke bewegte.

»Eine Spinne!« Madeleine Krevert fuhr herum. »Ist ja widerlich. Eine Spinne in der Küche!«

Tove senkte das Fischmesser und machte kehrt. »Dann sagen Sie der Spinne, sie soll sich vom Acker machen«, brummte er und kehrte hinter seine Theke zurück. »Vielleicht hört sie ja auf Sie.« Mamma Carlotta vernahm noch sein leises »Zimtzicke!«.

Sie ging zur Tür, die in den Hof hinter der Küche führte, öffnete sie und machte Madeleine Krevert weis, dass die Spinne dieses Angebot annehmen und sich unverzüglich entfernen würde. Während Madeleine Krevert noch immer nach Luft rang, schloss Mamma Carlotta die Tür schon wieder und behauptete: »Basta! Die ist weg!«

»Gott sei Dank!« Madeleine Krevert stöhnte, als wäre sie den Händen eines Meuchelmörders entrissen worden. Dann ging sie in den Gastraum zurück, von einem Augenblick auf den anderen ruhig und sogar gleichgültig. Sie scrollte mit dem Daumen durchs Menü ihres Handys. »Da habe ich ihn«, murmelte sie. »Na, der kann was erleben.«

Erik verstand nicht mehr, dass er geglaubt hatte, eine Ähnlichkeit zwischen den beiden Brüdern Manfredini zu erkennen. Zwar hatten ihre Gesichter die gleiche Form, auch die Farbe ihrer Augen und Haare sowie ihre Größe stimmten überein, aber ansonsten war das Erscheinungsbild von Dagobert Manfredini völlig anders als das seines Bruders. Die Erziehung war es, die aus ihnen zwei unterschiedliche Menschen gemacht hatte. Das Umfeld, in dem Dagobert aufgewachsen war, stand in seinem Blick, seinem Grinsen, seiner Körperhaltung und der Verächtlichkeit, die er unbedingt ausdrücken wollte. Wenn er intelligent war, dann hatte die fehlende Bildung diesen Eindruck zunichte gemacht, der unschuldige kleine Junge, der er einmal gewesen sein mochte, war zu einem heimtückischen Mann geworden, der in seinem Leben nichts Gutes erfahren hatte und schon lange nicht mehr an etwas Gutes glaubte. Einer, der das Gute auch gar nicht mehr zulassen oder haben wollte. Wo aus Donalds Augen die Ehrlichkeit leuchtete, wo er Liebenswürdigkeit und Offenheit ausstrahlte, gab es bei seinem großen Bruder nur Hass und Angriffslust.

Er ließ sich auf einen Stuhl fallen, sah auf seine Handfesseln, die ihm nicht abgenommen worden waren, und schien den Eindruck erwecken zu wollen, dass er den beiden Polizeibeamten dennoch überlegen war. »Kleiner Betriebsausflug nach Flensburg?«, fragte er grinsend. »Und da ist Ihnen nichts Besseres eingefallen als der Knast?«

Erik ging darauf nicht ein. Er blieb ernst und versuchte Dagobert Manfredini deutlich zu machen, dass er sich nicht provozieren lassen würde. »Es geht um den Raub der Lindegard-Gemälde«, begann er.

Manfredini lachte hässlich. »Immer noch? Sie haben ja ein tolles Arbeitstempo. Aber als Beamter kann man sich so was wohl erlauben?«

»Das zweite Gemälde ist aufgetaucht«, sagte Erik. »›Krebsgang‹!«

»Was Sie nicht sagen!« Manfredinis Grinsen wurde noch breiter, er schlug mit den Handfesseln auf die Tischkante, als wollte er applaudieren.«

»Bei dem Hehler, der damals die Bilder verkaufen sollte. Ich nehme an, Ihnen ist bekannt, dass Haie Griess kurz nach dem Kunstraub in den Knast kam?« Erik lehnte sich zurück und verschränkte die Arme vor der Brust. »Tja, er war wohl nicht mehr dazu gekommen, das Bild an den Mann zu bringen. Und kurz nach seiner Entlassung ...«

»... hat er den Löffel abgegeben«, fuhr Manfredini fort. »So kann's gehen.«

Erik gab sich sicherer, als er war. »Dass das Bild aufgetaucht ist, beweist, dass nur jemand der Kunstdieb sein kann, der in den letzten Jahren keine Gelegenheit hatte, sich das Bild aus dem Keller von Haie Griess zu holen. Zum Beispiel einer, der wegen Mordes verhaftet wurde.«

Aber Dagobert fiel auf den Bluff nicht rein. »Oder jemand, der abnippelt, bevor er einen Kaufinteressenten findet. Meinen Sie, ich weiß nicht, wen Sie noch verdächtigt haben? Und glauben Sie wirklich, ich erfahre hier im Knast nicht, wenn einer meiner alten Kumpels ins Gras beißt?« Er sah jetzt derart überheblich aus, dass Erik sich zusammenreißen musste, um nicht zu zeigen, wie wütend er wurde.

Sören nahm ihm das Gespräch ab, weil er wohl merkte, dass seinem Chef die Nerven durchzugehen drohten. »Sie sollten sich nicht allzu sehr in Sicherheit wiegen, Herr Manfredini.«

»Nicht?«, tat Dagobert unschuldig. »Wovor sollte ich mich denn fürchten? Oder wollen Sie mir weismachen, Sie hätten neue Beweise gegen mich?«

»Indizien, aus denen sehr schnell Beweise werden können«, behauptete Sören.

Und Erik fuhr fort: »Sie sind damals nur davongekommen, weil wir kein Geld bei Ihnen gefunden haben. Hätten Sie dreihunderttausend in der Ecke liegen gehabt ...«

»... hätten Sie auch nur Indizien und keine Beweise gehabt«, hielt Manfredini dagegen.

»Diese Indizien hätten gereicht, um Sie zu verurteilen«, behauptete Erik wider besseres Wissen.

»So, so. Und was hat sich nun geändert?«

»Wir wissen, wo das Geld geblieben ist, das Sie für ›Salzwiesen‹ kassiert haben. Bei Ihrem Bruder! Der konnte sich damit einen schicken Friseursalon einrichten.«

Nun ging eine Veränderung in Dagobert Manfredini vor sich. Die Überheblichkeit fiel von ihm ab, das hämische Grinsen sackte aus seinen Mundwinkeln. Er sprang auf, und Erik hatte Mühe, seinen Schreck zu verbergen, als Manfredini plötzlich auf ihn herabblickte.

»Lassen Sie meinen Bruder aus dem Spiel!«

Der Beamte, der neben der Tür gesessen hatte, erhob sich und ging zu dem Häftling. »Setzen«, befahl er. »Sofort!« Als Manfredini nicht gehorchte, griff er nach seiner Schulter und drückte ihn auf den Stuhl.

»Mein Bruder ist ein ehrlicher Mensch«, sagte Dagobert Manfredini leise und so akzentuiert, als spräche er etwas aus, was bisher noch nie gesagt worden war. »Donald hat es geschafft! Der hat einen tollen Laden, er hat mir Fotos gezeigt. Der hat sogar seinen Meister gemacht. So eine Karriere hat's bei den Manfredinis noch nie gegeben. Ich lasse nicht zu, dass Sie meinem Bruder was anhängen.«

Der Ernst, mit dem Dagobert gesprochen hatte, beeindruckte Erik wider Willen. »Er besucht Sie regelmäßig, obwohl Sie nicht zusammen aufgewachsen sind«, stellte er fest.

»Gott sei Dank sind wir das nicht! Sonst wäre Donald nicht da, wo er ist, sondern hier, wo ich bin.«

»Sie bestreiten also, Ihrem Bruder das Geld gegeben zu haben, das Sie für ›Salzwiesen‹ kassiert haben?«

»Und ob ich das bestreite! Sie können meinem Bruder gar nichts.«

»Und wenn er es zugibt?«

»Das wird er nicht! Mein Bruder würde niemals Geld aus krummen Geschäften annehmen. Ja, so einer ist das! Der hätte auch Beamter werden können.« Eben noch hatte er das Wort ›Beamter‹ ausgesprochen wie eine Beleidigung, jetzt schwang Hochachtung in seiner Stimme. »Ich bin stolz auf Donald. Ob Sie das glauben oder nicht. Meinetwegen brauchen Sie das nicht mal zu verstehen.«

»Sie wären auch gerne so geworden?«, fragte Erik.

Nun sprang Dagobert Manfredini wieder auf. »Wollen Sie dem Gefängnispsychologen Konkurrenz machen, oder was?«

Auch diesmal ging der Justizvollzugsbeamte dazwischen und sorgte dafür, dass Dagobert Manfredini sich wieder setzte.

»Sie können mich mal«, sagte Manfredini verächtlich. »Wenn

Sie denken, dass ich meinen Bruder reinreiße, dann sind Sie schiefgewickelt. Und nachweisen können Sie dem gar nichts. Weil es da nämlich nichts nachzuweisen gibt. Nicht bei meinem Bruder! Bei dem nicht!«

Erik lehnte sich zurück und betrachtete die Landschaft, durch die sie fuhren, als sähe er sie zum ersten Mal. Als das Watt in Sicht kam, drehte er die Rückenlehne seines Sitzes tiefer, um es sich noch bequemer zu machen. Beim Anblick des Watts überkam ihn immer eine wunderbare Ruhe, egal was er erlebt hatte und ganz gleichgültig, was er auf sich zukommen sah.

Immer wieder lächelte er, wenn er sich vorstellte, was für ein buntes Leben sich unter diesem grauen Schlick abspielte, das auf den ersten Blick trostlos und öde aussah. Aber wer sich einmal mit dem Watt beschäftigt hatte, wusste von dem Leben darin. Von Schiffsbohrwürmern und Beerentang, von Krabben, die sich häuteten, und von Krebsen, die sich Seepocken nannten. Erik kannte sie alle.

Er konnte sich nur mit Mühe von dem friedlichen Bild lösen. »Gut, dass wir nicht auf den Autozug warten mussten. Wir sind früh genug zurück und können sofort zu Donald durchstarten.«

»Wieso haben wir ihn eigentlich nicht gleich ins Verhör genommen, als er mit der Geldbörse im Revier erschien?«, fragte Sören.

»Ich wollte vorher mit seinem Bruder reden.«

»Und außerdem waren wir beiden so beeindruckt von seiner Ehrlichkeit, dass wir nicht daran gedacht haben.«

Über diese Aussage wollte Erik nachdenken, kam aber nicht dazu, weil sein Handy klingelte. Als er abnahm, hörte er eine aufgeregte Frauenstimme. »Gut, dass ich Sie erreiche.«

»Mit wem spreche ich?«

»Madeleine Krevert«, kam es wie ein Pistolenschuss durch die Leitung. »Wie ist es möglich, dass heute ein Artikel erscheint, in dem ich der Untreue bezichtigt werde?«

Wenn Erik mit einer Frage derart überfallen wurde, rettete er sich oft in steife Arroganz. »Das entzieht sich meiner Kenntnis.«

»Niemand weiß davon.« Nun flüsterte Madeleine Krevert, anscheinend war sie nicht allein. »Nur Sie!«

»Und der Privatdetektiv, den Ihr Mann beauftragt hat«, erinnerte Erik.

»Aber der unterliegt doch der Schweigepflicht! Oder nicht?«

Erik bestätigte es. »Lediglich der Polizei hat er davon berichtet, weil er in einem ungeklärten Todesfall dazu verpflichtet ist.«

»Also waren Sie das, der die Presse verständigt hat?«

»Natürlich nicht«, gab Erik zurück, obwohl ihn dabei ein ungutes Gefühl beschlich.

»Wer soll sonst dahintergekommen sein?«

Der Zug fuhr durch den Bahnhof von Klanxbüll, der menschenleer war. »Haben Sie schon mal daran gedacht, dass Ihr Verhältnis zu Donald Manfredini nicht so geheim geblieben ist, wie Sie glauben? Irgendwie muss ja auch Ihr Mann davon erfahren haben, sonst hätte er Sie nicht beschatten lassen.«

»Sie meinen …« Madeleine Krevert legte endlich ihre Selbstsicherheit ab.

»Man kennt das doch – es wird darüber geredet, nur die Betroffenen erfahren nichts davon. Vielleicht hat einer Ihrer Bekannten Sie mal mit Donald Manfredini gesehen und gegenüber Ihrem Mann eine Bemerkung gemacht. Sie haben geglaubt, Sie hätten ein gut gehütetes Geheimnis, aber in Wirklichkeit ist hinter Ihrem Rücken längst darüber getuschelt worden.«

Der Zug fuhr über einen Weg, der mit einer Schranke gesichert war. Mehrere Autos warteten davor, aus einem Fenster winkten Kinder heraus, und Sören winkte zurück.

»Also gut«, kam es nun durch den Hörer. »Das wird sich wohl nicht feststellen lassen.«

Im Hintergrund wurde es plötzlich laut. Erik vernahm dröhnende Stimmen und lautes Gelächter.

»Ach, du lieber Himmel«, sagte Madeleine Krevert. »So was hat mir gerade noch gefehlt. Moment mal ...«

Erik hörte ein Rascheln im Hörer, grölende Stimmen, die durcheinanderriefen, dann klappte eine Tür. Der Lärm war zwar immer noch da, aber gedämpfter.

Nun hörte er wieder Madeleine Kreverts Stimme. »Zwanzig fröhliche Zechkumpanen! Wenn mich einer von denen erkennt ...«

»Wo sind Sie?«

»Auf der Flucht«, kam es lakonisch zurück. »In der Küche einer Imbissstube bin ich gelandet. Lieber Himmel, man muss aufpassen, dass man hier nirgendwo festklebt. Aber wenigstens sieht und hört mich keiner.«

Erik wurde nervös. »Wenn Sie mir jetzt sagen würden, was ich für Sie tun kann?«

»Ich bin gerade von Presseleuten belästigt worden. Der Wirt dieser Kaschemme hat die Kerle achtkantig rausgeworfen, aber ich rechne damit, dass sie hinter der nächsten Ecke noch auf mich lauern. Ich kann mich nicht auf die Straße trauen. Diese Schmierfinken nehmen ja keine Rücksicht auf eine Frau, die gerade ihren Mann verloren hat.« Sie kämpfte mit ihrer Stimme, räusperte sich und hatte sich dann gefangen. »Es ist schrecklich, dass ich keine Gelegenheit zum Trauern habe. Man lässt mich nicht in Ruhe. Sie müssen mich abholen und zu meiner Freundin nach Westerland bringen.«

Erik ärgerte sich über die Forderung, die Madeleine Krevert genauso gut in eine Bitte hätte kleiden können. »Für so was haben wir keine Zeit«, antwortete er. »Rufen Sie sich ein Taxi.«

»Ich beantrage Polizeischutz«, rief sie empört. »Ich fühle mich bedroht.«

Erik stöhnte auf. Die Staatsanwältin hatte recht, als sie sagte, Ermittlungen in Promikreisen seien besonders schwierig. Aber da Frau Dr. Speck keine Beschwerden über das Polizeirevier Westerland hören sollte, sagte er: »Wo sind Sie?«

»In Wenningstedt. Am Hochkamp.«

»Aha, Käptens Kajüte also. Sie haben Glück, wir wollen uns sowieso gerade auf den Weg zu Donald Manfredini machen. Käptens Kajüte liegt ja um die Ecke.«

»Was wollen Sie bei Donald?«

Erik setzte sich auf, das Watt lag nun hinter ihnen, die Bebauung von Sylt hatte begonnen. »Sie wissen doch selbst, wie wichtig die Verschwiegenheit der Polizei ist«, antwortete er mit einem schelmischen Lächeln im Gesicht. Damit hatte er Madeleine Krevert zu seiner Freude den Wind aus den Segeln genommen. »Wir kommen so bald wie möglich.«

Mamma Carlotta hatte erwogen, nach Hause zu gehen und sich ums Mittagessen zu kümmern, statt sich an der Theke von Käptens Kajüte anzuhören, wie viel Bier ein gestandener Mann vertragen konnte, bei welchen Frauen er eine Chance hatte und dass sein Chef ohne ihn keinen einzigen Tag klarkäme. Die Männer, die in die Imbissstube geschneit waren, überboten sich gegenseitig mit Prahlereien, mit Witzen, die Mamma Carlotta nicht verstand, und Zoten, die sie nicht verstehen wollte. Tove Griess zapfte, was das Zeug hielt, und goss Schnäpse ein, die zwar nicht bestellt worden waren, aber trotzdem reißenden Absatz fanden, sobald sie auf der Theke standen.

Dennoch blieb Toves Laune so schlecht, wie sie immer war. Wenn er viel Arbeit hatte, schimpfte er über den Stress, der kaum auszuhalten war, wenn er nichts zu tun hatte, darüber, dass kein Geld in die Kasse kam. Jetzt fiel ihm außerdem noch ein, dass sich jemand in seiner Küche aufhielt, der dort nichts zu suchen hatte. Eine Frau, die Besseres gewöhnt war und die möglicherweise etwas fand, was dem Wirt ein weiteres Mal das Gewerbeaufsichtsamt auf den Hals schickte. Er machte Mamma Carlotta, die ihren Cappuccino nah zu Fietje gerückt hatte, um sich so weit wie möglich von den alkoholisierten Großmäulern zu entfernen, mit dringlichen Kopfbewegungen auf sich aufmerksam. Als sie ihn endlich ansah, wies er zur Küchentür, damit sie merkte, dass sie sich um die Frau kümmern sollte, die sich mit ihrem Handy dorthin zurückgezogen hatte und keine Anstalten machte, sich wieder in der Gaststube blicken zu lassen. Sie war sogar unverfroren genug, sich in seiner Küche eine Zigarette anzustecken und bildete sich wohl ein, niemand merke etwas von den Rauchschwaden, die bis zur Theke drangen. Vielleicht war es ihr aber auch gleichgültig.

Mamma Carlotta verstand und ging zu Madeleine Krevert in die Küche. Sie stand am Fenster, mit dem Handy am Ohr und der Zigarette in der Hand, und sah in den Hof hinaus, der sie nicht fröhlicher stimmen konnte als die Küche von Käptens Kajüte. Tove hatte leider die Angewohnheit, alles, was ihm in der Imbissstube im Wege stand, hinters Haus zu befördern, wo es normalerweise niemand sah. So gab es dort nicht nur leere Getränkekisten, sondern auch ausgedientes Mobiliar, Berge von leeren Ketchup- und Mayonnaiseeimern, vertrocknete Grünpflanzen und Sonnenschirme, die die Sonne verblichen und der Wind ausgefranst hatten. Dazwischen standen Müllbehälter, die so voll waren, dass die Deckel sich nicht mehr schließen ließen, und jede Menge Plastiksäcke, in die hungrige Nager bereits einige Löcher gefressen hatten.

Zum Glück merkte Mamma Carlotta schnell, dass Madeleine Krevert keinen Blick für das Gerümpel hatte, sondern auf das Telefongespräch konzentriert war. »Bist du sicher, dass du dich nicht verplappert hast?«, fragte sie gerade. »Wenn du es nicht warst, wer dann? Ich muss unbedingt verhindern, dass noch mehr an die große Glocke kommt.« Nun merkte sie, dass sie nicht mehr allein war, und drehte sich zu Mamma Carlotta um. »Ich rufe später noch mal an. Wenn ich vor diesen Paparazzi in Sicherheit bin.«

»Ich wollte nachsehen, ob alles in Ordnung ist«, rechtfertigte sich Mamma Carlotta, die sich plötzlich wie ein Eindringling vorkam.

»Nichts ist in Ordnung«, gab Madeleine Krevert zurück. »Aber hier bin ich wenigstens sicher. Wenn nur einer von diesen saufenden Kerlen heute eine Zeitung gelesen hat, werde ich vielleicht erkannt. Und dann Prost Mahlzeit! Ich bleibe in dieser schrecklichen Küche, bis ich abgeholt werde.«

Sie betrachtete einen Stuhl neben dem Fenster, hob das Sitzkissen hoch, ließ es mit spitzen Fingern auf die Erde fallen und setzte sich. Mamma Carlotta tat es ihr gleich, ging aber das Risiko ein, mit dem Sitzkissen in Berührung zu kommen. Als es nebenan ruhig wurde, hatten die beiden Frauen sich mit der schmierigen Umgebung abgefunden und machten keine Anstalten, ihren Platz am Küchentisch wieder mit einem an der Theke einzutauschen. Mamma Carlotta hatte geschafft, was ihr meistens gelang: Sie hatte eine Frau zum Reden gebracht. Noch dazu eine, die etwas zu erzählen hatte, was sie, die ihr Leben in einem kleinen umbrischen Bergdorf verbracht hatte, ins Staunen versetzte.

Erik warf seinen Kindern nur einen kurzen Blick zu, als er den Friseursalon betrat. Carolin trug gerade eine Tasse Kaffee zu einer Kundin, die unter einer Trockenhaube saß, während Felix Handtücher zusammenlegte. Donald Manfredini hatte einer Dame in mittleren Jahren eine Gummihaube aufgesetzt, durch deren Löcher er dünne Haarsträhnen zog und mit einer hellen Paste bestrich. Erik erinnerte sich daran, dass Lucia sich einmal in den Kopf gesetzt hatte, helle Strähnen in ihre dunklen Haare zu färben, und ihm von dieser Technik erzählt hatte.

Donald verzichtete darauf, nach dem Grund des Besuchs zu fragen, sondern wies zu der Tür, die in sein Büro führte. »Ich komme gleich nach.«

Kurz darauf erschien Jonas Eckert im Büro, der mit einer außergewöhnlichen Frisur seinem Beruf alle Ehre machte. Die Haare waren hellblond gefärbt, an den Seiten sehr kurz geschnitten, aber das Haupthaar trug er lang und hatte es mit viel Gel zu etwas geformt, was Erik an die Rouladen erinnerte, die seine Mutter früher häufig zubereitete. Der junge Friseur war sehr schlank, was er mit einer hautengen Hose noch betonte, sein Shirt war genauso knapp, nur bei dem Schal, den er trug, war nicht an Stoff gespart worden. »Soll ich Ihnen einen Kaffee bringen?«

Erik und Sören schüttelten unisono die Köpfe, Jonas Eckert entfernte sich und ließ die Tür geöffnet, sodass Erik freie Sicht auf Donald Manfredini hatte. Er war nervös, seine Finger waren fahrig, als er eine Trockenhaube heranholte und seiner Kundin überstülpte. Als er an der Haube die Zeit einstellte, konnte Erik sehen, dass seine Hände sogar zitterten.

Manfredini wandte sich ab, um zu ihnen ins Büro zu kommen, machte dann aber noch einmal kehrt, um die Zeiteinstellung zu überprüfen. Jonas Eckert ging zu ihm und strich ihm beruhigend über den Arm. Erik hörte, wie er sagte: »Geh nur. Ich kümmere mich um Frau Weber.«

Erik und Sören waren stehen geblieben und reagierten nicht auf Donald Manfredinis Geste, die sie aufforderte, Platz zu nehmen. »Es dauert nicht lange«, erklärte Erik.

»Ich habe Ihnen doch gesagt, dass ich mit Viktor Kreverts Tod nichts zu tun habe«, sagte Donald.

»Es geht um etwas anderes«, sagte Erik langsam. »Um Ihren Bruder Dagobert.«

Donalds Mund öffnete sich, Staunen und auch Sorge füllten sein ganzes Gesicht aus. Mühsam brachte er heraus: »Was ist mit ihm?«

Erik stellte eine Gegenfrage: »Wie haben Sie diesen Salon finanziert?«

Donald schloss die Tür, ehe er antwortete: »Das geht niemanden etwas an.«

Erik fragte weiter, ohne auf seine Antwort zu reagieren: »Sie haben keinen Geschäftskredit aufgenommen.«

»Woher wissen Sie das?« Donald kontrollierte, ob die Tür fest im Schloss saß und drehte sich wieder zu Erik um.

»Ihr Bruder stand im Verdacht, an einem Kunstraub beteiligt gewesen zu sein. Sie wissen davon?«

Donald nickte. »Natürlich.«

»Der Verdacht besteht nach wie vor«, erklärte Erik. »Sogar mehr denn je.«

»Sie wissen vielleicht, dass wir auf dem Flohmarkt ein Gemälde sichergestellt haben«, mischte sich Sören ein. »Das zweite Bild von Lindegards Sylt-Zyklus. Nun fehlt noch das dritte.«

»Was habe ich damit zu tun?«, stieß Donald hervor.

Erik beruhigte ihn: »Wir glauben nicht, dass Sie an dem Diebstahl beteiligt waren.«

Weiter kam er nicht, denn Donald unterbrach ihn. »Ich habe mir nie etwas zuschulden kommen lassen. Nur weil ich aus einer Familie von Kriminellen stamme, bin ich nicht notgedrungen auch kriminell. Ich bin bei anständigen Leuten aufgewachsen. Ich habe gelernt, was richtig und was falsch ist. Ich bin ein rechtschaffener Bürger.«

»Das wissen wir«, beschwichtigte Erik. »Aber Sie haben Kontakt zu Ihrer Herkunftsfamilie gehalten.«

»Ist das vielleicht verboten?«

»Im Gegenteil. Ich finde es schön, dass Sie ein gutes Verhältnis zu Ihren Geschwistern haben.« Erik beobachtete Donald genau, während er hinzusetzte: »Das ist doch so, oder?«

Trotzig antwortete Donald: »Daisy sitzt in Süddeutschland ein, sie kann ich natürlich nicht oft besuchen. Aber zu Dagobert fahre ich regelmäßig. Er ist kein schlechter Mensch. Wäre er bei ehrlichen Leuten aufgewachsen, wäre etwas aus ihm geworden.«

Erik nickte. »Er ist sehr stolz auf Sie. Wissen Sie das?«

Donald kontrollierte ein weiteres Mal, ob die Tür fest im Schloss war, dann nickte auch er.

»Hat Ihr Bruder Ihnen den Überfall auf den Transporter gestanden, der die drei Gemälde nach Westerland bringen sollte?«, fragte Sören.

Erschrocken wehrte Donald ab. »Über das, was er getan hat, sprechen wir nie. Es ist schrecklich genug, dass er im Gefängnis sitzt. Natürlich weiß ich, warum er verurteilt wurde, aber Einzelheiten will ich nicht hören. Auch über den Menschen, den er umgebracht hat, reden wir nie. Dagobert weiß, dass ich Gewalt ablehne.«

»Er hat Ihnen nicht gesagt, dass er der Kunsträuber ist?«

»Nie!«, antwortete Donald im Brustton der Überzeugung.

Nun riskierte Erik die Frage, wegen der er gekommen war: »Hat Ihr Bruder Ihnen das Geld für diesen Friseursalon gegeben? Eines der gestohlenen Bild hatte er verkauft, der neue Besitzer hatte nur leider nicht viel Freude daran. Wir gehen aber davon aus, dass er auch ›Strandläufer‹ verkauft hat. Es ist nach wie vor verschwunden. Ich weiß nicht, wie viel er dafür bekommen hat, aber wenn er clever war, könnte es für die Einrichtung eines Friseursalons gereicht haben.«

»Das Geld für meinen Salon habe ich von meinem Vater bekommen.«

»Von Ihrem leiblichen Vater oder Ihrem Pflegevater?«, fragte Erik.

»Meine Pflegeeltern hatten nicht viel Geld. Sie konnten mich nicht unterstützen.«

»Also von Ihrem leiblichen Vater!«

»Der nicht mehr lebt«, ergänzte Sören.

»Woher hatte er so viel Geld?«, hakte Erik nach.

Donald richtete seinen Oberkörper auf und versuchte, auf Erik herabzublicken. »Sie unterstellen, dass das Geld aus irgendwelchen krummen Geschäften stammt?«

»Davon bin ich überzeugt«, entgegnete Erik und lächelte.

»Ich weiß nichts davon. Mein Vater hat gesagt, es stamme aus einer Erbschaft, und ich habe ihm geglaubt.«

»Weil Sie es glauben wollten«, antwortete Erik. »Das kann ich verstehen. Vorausgesetzt, es stimmt, was Sie sagen …«

»Ich könnte auch verstehen, wenn Sie das Geld von Ihrem

Bruder angenommen hätten«, ergänzte Sören. »Ich kann sogar verstehen, dass Sie das nicht zugeben wollen. Nicht nur, weil Dagobert dann noch ein weiteres Verfahren am Hals hätte, sondern vor allem, weil Sie das Geld zurückgeben müssten. Es gehört der Stadt Westerland, sie hat den Sylt-Zyklus von Boy Lindegard geerbt.«

»Sie bluffen«, stieß Donald hervor. »Das sind alles Behauptungen. Beweise haben Sie keine. Wie auch?«

»Daran arbeiten wir.« Eriks Lächeln vertiefte sich, weil er merkte, wie sehr es Donald verunsicherte. »Und natürlich auch an der Aufklärung von Viktor Kreverts Tod. Wir haben nämlich den Verdacht, dass die beiden Fälle zusammenhängen.«

Donald schrumpfte vor Eriks Augen förmlich zusammen. »Ich weiß nichts davon«, beteuerte er. »Ich bin kein Krimineller. Ich nicht!«

Als Tove zum dritten Mal durch die Tür schaute, weil er nicht glauben konnte, dass es zwei Menschen so lange in seiner Küche aushielten, wusste Mamma Carlotta alles über Madeleine Kreverts Kindheit, die sie in feudaler Umgebung verbracht und in der sich alles um Kunst gedreht hatte. Sie war zwischen den Bildern großer Maler aufgewachsen, hatte einige Künstler sogar persönlich kennengelernt und von ihrem Vater mehr erfahren, als es im Kunstunterricht und während des Studiums der Kunstgeschichte zu lernen gab. Sie kannte Menschen, die sich einen echten Picasso leisten konnten, und sogar Künstler, die sich mit dem Fälschen von Gemälden ihr tägliches Brot verdienten. Mamma Carlotta hing an ihren Lippen, als Madeleine von einem Einbruch in die Villa ihres Vaters erzählte, bei dem fünf wertvolle Gemälde gestohlen wurden. »Die waren eine halbe Million wert.«

Mamma Carlotta schlug die Hand vor den Mund. »Vero?«

»Aber wir haben die Bilder alle wiederbekommen. Die Diebe haben sich bei meinem Vater gemeldet und ein Angebot gemacht. Er hat zusammen mit der Versicherung mit den Kunsträubern verhandelt und alle fünf Gemälde zurückerhalten. Gegen Zahlung eines nicht unerheblichen Betrages.«

Mamma Carlotta starrte sie entgeistert an. Wo gab es denn so was? Diebe stahlen etwas und verkauften es dem rechtmäßigen Eigentümer dann zurück? »Die Versicherung unterstützt das?«

Madeleine Krevert zuckte die Achseln. »Damit sind alle am besten weggekommen. Mein Vater hatte die Bilder zurück, und die Diebe hatten nichts zu befürchten.«

Dass Tove Griess zu ihnen getreten war, bemerkten die beiden erst jetzt. Und als Mamma Carlotta sah, wie wütend er sie betrachtete, wurde ihr schlagartig klar, dass er den letzten Teil der Erzählung mitbekommen hatte. Er war schon wieder drauf und dran, ihren Schwiegersohn dafür verantwortlich zu machen, dass er kein reicher Mann war. Wenn er vorher verflucht hatte, dass er das Bild aus dem Nachlass seines Vaters nicht auf dem Schwarzmarkt zu Geld gemacht hatte, so hatte er jetzt begriffen, dass es sogar noch eine andere Möglichkeit gegeben hätte.

Wütend schnauzte er Mamma Carlotta an: »Ihr Schwiegersohn ist gerade gekommen!« Der Ton, in dem er Madeleine Krevert ansprach, war kein bisschen freundlicher: »Er sagt, er will Sie abholen.«

Madeleine Krevert sah verwirrt zwischen Tove und Mamma Carlotta hin und her. »Schwiegersohn? Heißt das, Sie sind die Schwiegermutter von Kriminalhauptkommissar Wolf?«

Mamma Carlotta setzte gerade zu einer ausführlichen Erläuterung der Verwandtschaftsverhältnisse an, wollte von ihrer Tochter Lucia reden, von deren Heirat, der glücklichen Ehe und dem schrecklichen Ende auf der Straße zwischen Niebüll und der Verladestelle des Sylt-Shuttles … da fiel ihr ein, was Eriks Besuch in Käptens Kajüte bedeutete.

Tove Griess war es schon vorher klar geworden. »Meinetwegen können Sie durch die Hintertür verschwinden. Aber ich glaube, Ihr Schwiegersohn hat schon Ihre Jacke erkannt, die direkt neben dem Pelzmantel liegt.«

Im nächsten Augenblick hörte Mamma Carlotta Eriks Stimme: »Was machst du denn hier?«

In den Sekundenbruchteilen, die ihr zur Verfügung standen, dankte sie dem Schutzheiligen ihres Dorfes dafür, dass die Natur sie mit einer Reaktionsschnelle ausgestattet hatte, die ihr schon oft äußerst gelegen gekommen war. »Ich war zufällig am Strand, Enrico, als Signora Krevert von den Paparazzi belästigt wurde. Und mir fiel ein, dass es am Hochkamp diese Imbissstube gibt. Ich habe der Signora geholfen, hierhin zu flüchten. Wo hätte sie sich sonst verstecken sollen? Mir ist auf die Schnelle nichts Besseres eingefallen.«

Da Madeleine Krevert sie mit eifrigem Kopfnicken bestätigte und der Wirt etwas brummte, was sich ebenfalls wie Zustimmung anhörte, ließ Erik es dabei bewenden. Erleichtert folgte Mamma Carlotta ihm an Madeleine Kreverts Seite in den Gastraum. Und diese versicherte Erik ausdrücklich, dass sie seiner Schwiegermutter außerordentlich dankbar sei. »Wer weiß, welche Fotos morgen in der Zeitung zu sehen wären, wenn mir niemand geholfen hätte.« Sogar Tove Griess erntete Anerkennung, was ihm so selten geschah, dass er tatsächlich so etwas wie ein Lächeln produzierte. »Der Wirt war unglaublich mutig. Wie er mit diesen Schmierfinken umgegangen ist – alle Achtung!« Als sie Fietje ihren Pelzmantel abnahm, der immer noch auf dem Hocker neben ihm lag, bekam auch der ein großes Lob: »Toll, diese Hilfsbereitschaft! Der Strandwärter hat für mich sein Leben aufs Spiel gesetzt.«

Dass sie damit gewaltig übertrieb, wusste jeder, aber Fietje schien die Aufwertung seiner Person dennoch zu genießen. Er trank sein Bierglas in einem Zuge leer und zeigte seine Freude, indem er zur Feier des Tages eine Grillwurst bestellte.

Madeleine Krevert legte sich ihren Pelzmantel über den Arm. »Gehen wir?«

Aber Erik hielt sie mit einer Frage auf. »Sie sind doch Galeristin ... Sie kennen sicherlich Boy Lindegard?«

Madeleine Krevert lachte spöttisch. »Natürlich.«

»Auch seinen Sylt-Zyklus?«

»Der ist gestohlen worden. Soviel ich weiß, ist nur ›Salzwiesen‹ wieder aufgetaucht.«

»Sonntag haben wir ein weiteres Gemälde entdeckt. ›Krebsgang‹!« Erik zog Madeleine Krevert von der Theke weg, wo Tove Griess so leichtsinnig mit dem Frittierfett hantierte, als wollte er sich gleich für die Beschlagnahme des Bildes rächen.

Madeleine starrte ihn entgeistert an. »Was sagen Sie da?«

»Sie haben nichts davon mitbekommen?«, fragte Erik und beobachtete Madeleine Krevert aufmerksam.

»Nein! Wie denn?«

»Das Inselblatt hat darüber berichtet. Aber das lesen Sie wohl nicht?«

»Dieses Käseblatt?«

»Für die überregionalen Zeitungen war das Thema vielleicht nicht brisant genug.«

Erik warf Tove einen Blick zu, dann schien er zu der Überzeugung zu kommen, dass es besser war, dieses Gespräch nicht in der Gegenwart des Wirtes fortzuführen. Er half Madeleine Krevert in ihren Pelzmantel, Sören hielt ihr die Tür auf, und Mamma Carlotta sah keinen Grund, ihren Aufenthalt in Käptens Kajüte zu verlängern. Sie schnappte sich ihre Jacke und folgte den dreien.

Erik bemerkte es erst, als er seinen Wagen aufschloss. »Es macht dir doch nichts aus, zu Fuß zu gehen? Ist ja nicht weit bis in den Süder Wung.«

Mamma Carlotta machte es eine Menge aus, von dem, was Erik mit Madeleine Krevert zu besprechen hatte, ausgeschlossen zu werden. Aber sie sah ein, dass es keinen Grund gab, darauf zu bestehen, mit dem Auto nach Hause gefahren zu werden. Also nickte sie nur und machte sich auf den Heimweg.

Was hatte Madeleine Krevert mit dem Bild aus Toves Flohmarktangebot zu schaffen? Darüber dachte sie nach, bis sie im Süder Wung angekommen war. Als sie die Tür aufschloss, glaubte sie zu wissen, dass Erik lediglich etwas über Boy Lindegard und sein Werk erfahren wollte. Madeleine Krevert war eine Kunstexpertin, eine bessere fand er vermutlich auf ganz Sylt nicht.

Sören war aus dem Fond geklettert, nachdem Madeleine Krevert ausgestiegen war, und hatte sich auf dem Beifahrersitz niedergelassen. »Was haben wir?«, fragte er und hielt den linken Daumen hoch. »Einen Toten, von dem wir nicht wissen, wie und warum er zu Tode kam. Mord, Totschlag, Notwehr ... alles möglich.« Nun war sein Zeigefinger dran. »Ein Gemälde, das zehn Jahre verschollen war und im Nachlass eines Hehlers wieder auftaucht.« Dann hielt er Erik drei Finger vors Gesicht. »Die angeblich gute Ehe des Opfers, die aber gar keine war, woraus sich ein Motiv ergibt. Entweder wollte die Ehefrau ihren Mann loswerden oder der Liebhaber den Nebenbuhler.« Nun hielt er den kleinen Finger fest, damit er nicht mit dem Ringfinger in die Höhe schnellte. »Und ausgerechnet dieser Liebhaber ist der Bruder des Mannes, der im Verdacht steht, die Lindegard-Gemälde gestohlen zu haben. Zufall? Oder hat Madeleine Krevert gar etwas mit Donald Manfredini angefangen, um an die Lindegard-Gemälde zu kommen? Sie könnte davon überzeugt gewesen sein, dass Donald von den gestohlenen Bildern wusste und dass er sogar wusste, wo sie versteckt waren. Jedenfalls die beiden, die bisher als verschollen galten.«

»Wo ›Krebsgang‹ versteckt war, wusste Donald aber anscheinend nicht«, gab Erik zu bedenken. »Warum soll er dann wissen, wo ›Strandläufer‹ geblieben ist? Und hat Madeleine Krevert diesen Plan mit dem Wissen ihres Ehemannes verfolgt oder ohne?«

»Wenn es mit seinem Wissen geschah, dann ändert sich die

Motivlage. Madeleine Krevert wollte ihren Mann unter diesen Umständen wohl kaum loswerden. Aber Donald Manfredini konnte immer noch den Wunsch gehabt haben, sie ganz für sich allein zu haben.«

»Sie und ihr Vermögen«, ergänzte Erik.

»Oder hat Donald herausgefunden, dass er nur benutzt worden war? Puh!« Sören ließ sich zurücksinken und schloss die Augen. »So ein Mist, dass Vetterich keine Spuren gefunden hat.«

»Was, wenn Viktor Krevert doch das zufällige Opfer eines Einbrechers geworden ist?«, nahm Erik die Überlegungen wieder auf.

»Und es ist reiner Zufall, dass seine Frau mit einem Mann eine Affäre hat, der Manfredini heißt?« Sören schien diese Möglichkeit nicht zu überzeugen.

»Lassen Sie uns später im Bahnhofsbistro einen Kaffee trinken«, entgegnete Erik. »Vielleicht können wir mit Larissa reden.«

Sie waren mit Wiebke zusammen im Süder Wung angekommen. Sie kletterte gerade aus ihrem Kastenwagen, während Erik und Sören ausstiegen, und die Zeit, bis Erik vor ihr stand, hatte ausgereicht für seinen Entschluss, sich mit ihr zu versöhnen. Er begrüßte sie mit einer Umarmung und ignorierte, dass sie sich dabei steif machte, legte ihr liebevoll den Arm um die Schultern, als sie das Haus betraten, und half ihr zuvorkommend aus der Jacke. Aber auf seine Frage, wie sie den Vormittag verbracht habe, erntete er dennoch einen bösen Blick: »Du möchtest sichergehen, dass ich dir nicht mehr in deinem Fall rumpfusche?«

Beinahe hätte er ihren Mantel fallen lassen. »Du gibst also zu, dass du den Artikel geschrieben hast?«

Aber Wiebke gab gar nichts zu. »Solange ich von dir nichts erfahre, erfährst du von mir auch nichts.«

Erik gab sich Mühe zu vergessen, dass er sich von Wiebke

hintergangen fühlte, und erzählte ihr während der Vorspeise, dass sie in dem Todesfall noch auf der Stelle traten, damit sie seinen guten Willen erkannte. »Es gibt keine verwertbaren Spuren, keine Indizien und niemanden, der ein Motiv hat. Höchstens Madeleine Krevert und ihr Liebhaber, aber das kommt mir zu offensichtlich vor.«

Doch Wiebke sah ihm an, dass er ihr lediglich ein paar Brocken hinwarf, aber etwas Wesentliches verschwieg. Als dann die Kinder erschienen, war die Chance zur Versöhnung vollkommen dahin. Prompt entspann sich eine neue Diskussion über den Beruf der Sensationsreporterin. »Hast du schon gehört, dass Peter Maffay auf der Insel sein soll? Vielleicht wohnt er in einem Haus mit einem Apfelbaum davor. Da kannst du raufklettern, um ihn beim Nasebohren zu fotografieren.«

Wiebke konterte mit Beleidigungen über den Friseurberuf, denen Carolin prompt entgegenhielt: »Du solltest dir auch mal von Donald die Haare schneiden lassen. Was machst du eigentlich, wenn sie nachgewachsen sind? Einfach mit der Nagelschere abschnippeln? So sieht's jedenfalls aus.«

Wenn es um ihre Locken ging, reagierte Wiebke empfindlich. Und so hatte sie es nicht mehr lange am Tisch ausgehalten. Mamma Carlotta hatte zwar ihr Bestes getan, die Kinder zu mäßigen, ihren Schwiegersohn mit Blicken aufzufordern, sich auf die Seite seiner Freundin zu schlagen, aber gleichzeitig hatten seine Kinder verlangt, dass er sich auf ihre Seite stellte, und Erik war der hilflose Satz entfahren: »Seid ihr eigentlich verrückt, euch über solche Nebensächlichkeiten zu streiten?«

Dass er damit nicht für den Friedensnobelpreis nominiert werden würde, war ihm schnell klar geworden. Er hatte es sich nicht nur mit einer Seite verdorben, sondern mit beiden. Als Wiebke die Antipasti stehen ließ und aus dem Haus rauschte, wusste er, dass er alles falsch gemacht hatte, wusste aber genauso wenig, wie er es hätte richtig machen können. Vielleicht wäre seine Chance gewesen, auf das Gepolter an der Haustür zu reagieren und nachzusehen, ob seiner Freundin die Flucht unbeschadet gelungen war? Aber da hatte er schon resigniert. Er erschrak sich ja schon lange nicht mehr, wenn es dort, wo Wiebke war, schepperte und rumpelte. Eher wäre er über einen geräuschlosen Abgang erstaunt gewesen, denn Wiebke gelang es auch, wenn sie die Ruhe selbst war, selten, an einem Widerstand vorbeizugehen, ohne darüber zu stolpern oder ihn umzuwerfen. Wenn sie erregt war, wurde sie zu einer Gefahr nicht nur für sich selbst, sondern auch für die Allgemeinheit. In diesem Fall war sie vermutlich mal wieder über die Schwelle gestolpert oder hatte ihren langen Schal in der Tür eingeklemmt, das aber erst bemerkt, als sie abrupt gestoppt worden war. Das laute Schimpfen vor der Tür ließ darauf schließen, dass sämtliche Katastrophen auf einmal eingetreten waren.

Die Kinder strahlten nun wie zwei Sieger, deren Gegner kapituliert hatte. Und Erik beschloss, in der folgenden Nacht nicht auf dem Sofa zu schlafen, sondern in seinem eigenen Bett. Seine Schwiegermutter hatte sein Bettzeug längst wieder dorthin getragen, und er würde sich nicht noch einmal vertreiben lassen. Wenn Wiebke nicht an seiner Seite schlafen wollte, dann musste sie eben sehen … was sie dann sehen würde, mochte er sich allerdings noch nicht vorstellen.

Der Rest des Mittagessens war schweigend verlaufen, und Erik bedauerte seine Schwiegermutter, die sich mal wieder viel Mühe mit dem Essen gegeben hatte, ohne dass es entsprechend gewürdigt wurde. Nur Sören tat sein Bestes, der Köchin Anerkennung zu zollen, indem er nach jedem Bissen die Augen verdrehte und sich von allem eine zweite Portion aufladen ließ.

Erik und Sören überquerten die Straße und steuerten den hinteren Eingang des Bahnhofsbistros an. Erik durchquerte die Bahnhofshalle ungern, er machte es so wie die meisten Reisenden und sämtliche Sylter und ging zwischen den Gleisen und dem Bahnhofsgebäude hindurch, um vom Bahnsteig aus das Bistro zu betreten.

Larissa sah er sofort. Sie hatte nicht viel zu tun, lehnte an der Theke und beobachtete die Gäste, die allesamt etwas zu trinken oder zu essen vor sich stehen hatten. Als sie Erik und Sören erkannte, lächelte sie erstaunt und auch, wie Erik fand, wachsam. Was erwartete sie?

»Kommen Sie meinetwegen?«, fragte sie prompt, als die beiden Platz genommen hatten.

Erik tat erstaunt. »Wir kommen, um Kaffee zu trinken.« Er nickte zum Polizeirevier hinüber. »Unser Kaffeeautomat funktioniert zurzeit nicht.«

Larissa nahm die Bestellung auf, und schon wenige Augenblicke später erschienen zwei dampfende Kaffeebecher vor ihnen. »Eine Frage habe ich«, hielt Erik sie zurück. »Kennen Sie die Kreverts näher? Wissen Sie etwas über die Ehe der beiden?«

Larissa zuckte die Achseln. »Was man heute in der Zeitung gelesen hat, war unter den Gästen das Thema Nummer eins. Alle Welt dachte, die beiden sind ein Herz und eine Seele.«

»Sie wussten es also auch nicht besser?«

Larissa schüttelte den Kopf. »Ich habe mich nicht darum gekümmert. Wir haben den Kaufvertrag gemacht, und das war's.«

»Vorher haben Sie verhandelt«, erinnerte Erik, »weil die Kreverts plötzlich nicht mehr den Betrag bezahlen wollten, den Ihre Eltern mit ihnen vereinbart hatten.«

Larissa bestätigte es bitter. »Den beiden habe ich es zu verdanken, dass ich mich hier wie der letzte Dreck behandeln lassen und mich über jeden Cent Trinkgeld freuen darf.«

»Haben die beiden jemals die Gemälde von Boy Lindegard erwähnt?«, warf Sören ein.

»Ich kenne mich mit Kunst nicht aus. Warum fragen Sie?«

»Weil Madeleine Krevert Galeristin ist«, antwortete Sören.

Erik zeigte auf einen Stuhl, damit Larissa sich zu ihnen setzte, aber sie schüttelte den Kopf. »Das wird hier nicht gern gesehen.«

Erik nickte verständnisvoll, dann schoss er seine Frage, auf die er keine ehrliche Antwort erwartete, so jäh ab, dass er hoffen durfte, durch diesen Überraschungsangriff ins Schwarze der Wahrheit zu treffen. »Haben Sie die Kreverts gehasst?«

»Natürlich«, gab Larissa zurück. »Wenn sie sich an die Verabredungen gehalten hätten, besäße ich ein Sparbuch mit fünfzigtausend Euro. Aber nun bin ich ganz ohne finanzielles Polster. Madeleine Krevert dagegen konnte sich von dem Geld, das sie gespart hat, einen Pelzmantel kaufen. Warum sollte ich die beiden nicht hassen?«

»Kein Wunder. Die beiden haben Sie um eine Menge Geld gebracht. Das könnten Sie jetzt gut gebrauchen.«

»Sie sagen es.« Larissa rettete sich wieder ins Kühle, Unnahbare, was sie sehr gut beherrschte. »Wenn ich nicht bei Ihnen wohnen dürfte ...« Sie unterbrach sich, da sie Dankbarkeit nicht halb so gut beherrschte.

Eine Familie betrat das Bistro und verlangte nach einer Bedienung, kaum dass sie sich ihrer Jacken, Mützen, Schals und Handschuhe entledigt hatte.

»Ich muss weitermachen«, sagte Larissa.

Ehe sie sich abwandte, frage Erik noch schnell: »Können wir heute Abend noch mal in Ruhe über die Kreverts reden? Vielleicht können Sie mir helfen.«

»Ich weiß nicht, wann ich hier rauskomme. Und später will ich noch etwas mit meinem Onkel unternehmen.«

»Dazwischen vielleicht?« Erik lächelte aufmunternd.

»Also gut!« Larissa wandte sich den neu eingetroffenen Gästen zu und nahm deren Bestellung auf.

Als sie zur Theke ging, sagte Sören: »Ich verstehe sie nicht. Sie jammert, weil sie hier für einen Hungerlohn schuften muss, und tut nichts, um woanders besser zu leben.«

»Sie sagt, sie will auf Sylt sein, weil sie hier immer besonders glücklich gewesen ist.«

Sören zog die Stirn hoch. »Glauben Sie ihr das, Chef?«

Erik dachte nach und stellte fest, dass er andere Gründe für wahrscheinlicher hielt. »Wir nehmen sie heute Abend in die Zange«, beschloss er.

Mamma Carlotta war allein im Haus, ein Zustand, der für sie unerträglich war. In Italien war sie nie allein. Irgendein Mitglied ihrer großen Familie war immer anwesend, und wenn es nur ein Baby oder ein Kleinkind war, das die Eltern in Carlottas Obhut gegeben hatten. Und wenn sie dieses auf den Arm oder an die Hand nahm und zu ihrer Nachbarin ging, war schon für Unterhaltung gesorgt.

Auf Sylt jedoch war das nicht so einfach. Die Häuser waren verschlossen, es gab keine Bänke davor, auf denen jemand darauf wartete, dass ein anderer sich zu ihm setzte.

Sie zog sich eine Strickjacke über und beschloss, in den Garten zu gehen, um dort nach dem Rechten zu sehen. Vielleicht konnte sie einen Blick über den Zaun werfen. Und wenn Paul Freier dann gerade aus dem Holzhaus trat, würde sie ihn auf einen Espresso einladen, und der Nachmittag wäre gerettet.

Während sie von der Terrasse ein paar Schritte auf die Rasenfläche machte, fragte sie sich, warum Wiebke eigentlich noch auf Sylt war, wenn sie doch keine Anstalten machte, Erik die Hände zur Versöhnung zu reichen. Hoffte Wiebke nach wie vor darauf, dass ihr die Beziehung zu Erik zu einer Story verhelfen konnte, die man ihr aus den Händen reißen würde? Einerseits hoffte Mamma Carlotta es, damit Wiebke endlich zufrieden war und auf Erik zugehen konnte, andererseits befürchtete sie, dass es dann mit der noch jungen Liebe ein für alle Mal vorbei sein könnte. Wenn Wiebke eine brandheiße Story verkaufte, die sonst keiner im Blatt hatte, dann konnte das nur bedeuten, dass sie sich Informationen erschlichen hatte, die nicht für sie bestimmt gewesen waren. Mamma Carlotta seufzte. Wenn sie nur wüsste, wie sie sich verhalten sollte! Wiebke unterstützen oder Erik und seine Arbeit in Schutz nehmen?

Sie war dankbar, als sie aus ihren trüben Gedanken gerissen wurde. »Moin, Signora!«

Frau Kemmertöns erschien auf der anderen Seite des Gartenzauns. »Gut, dass ich Sie sehe. Ich wäre sonst gleich zu Ihnen hinübergekommen.«

Mamma Carlotta konnte es nicht fassen. Frau Kemmertöns hätte beinahe einen spontanen Besuch bei ihr gemacht? So etwas war noch nie vorgekommen. Bis jetzt war Carlotta der Meinung gewesen, die Sylter besuchten sich nur, wenn sie eingeladen waren oder etwas miteinander zu besprechen hatten, was keinen Aufschub duldete.

Beseelt forderte sie Frau Kemmertöns auf, bei ihrem Vorhaben zu bleiben, es seien Cantuccini im Haus und vermutlich noch einige Biscotti, doch Frau Kemmertöns wehrte ab. Anscheinend war es ihr tatsächlich nicht um ein Plauderstündchen gegangen, sondern um etwas, was erledigt werden musste. »Ich möchte Sie zu meiner Geburtstagsfeier einladen.«

Sofort vergaß Mamma Carlotta die kurze Enttäuschung und bedankte sich jubelnd. Aber noch ehe sie sich nach dem Tag, der Zeit und den Wünschen des Geburtstagskindes erkundigen und anbieten konnte, einen Kuchen beizusteuern, bewegte sich hinter Frau Kemmertöns' Rücken etwas, was sie vom weiteren Jubeln abhielt. Ein junger Mann, sehr schlank, in sehr enger Hose und sehr knapper Jacke, mit blond gefärbten Haaren, die an den Seiten rasiert, auf dem Kopf jedoch lang waren. Er hatte sie zu einer Rolle geformt, wie die Mailänder Großtante der jungen Postbotin in Carlottas Dorf sie auf ihrem Kopf feststeckte. Was Signora Calasso mit Haarnadeln erledigte, hatte Jonas Eckert mit viel Haarwachs und Gel geschafft.

Er winkte Mamma Carlotta zu. »Moin!« Mit wiegenden Hüften ging er zu dem Holzhaus, in dem Paul Freier wohnte, und öffnete eine schmale Tür direkt neben dem Eingang. Mamma Carlotta wusste, dass dort Werkzeug und Putzmittel aufbewahrt wurden, seit sie Frau Kemmertöns einmal geholfen hatte, das

Haus für die nächsten Feriengäste herzurichten, als diese unter akutem Hexenschuss litt.

Diesmal hatte es den Ehemann erwischt. »Seine Bandscheiben«, stöhnte Frau Kemmertöns. »Zum Glück ist Jonas so lieb, mir zu helfen. Er hat sich extra freigenommen. Die Garderobe ist von der Wand gefallen, als Herr Freier seine Jacke aufhängte. Jonas bringt sie wieder an.« Frau Kemmertöns schüttelte ihre Hände vor Mamma Carlottas Augen, als wären es zwei linke. »Ich kann mit einem Bohrer nicht umgehen. Das ist mir zu gefährlich.«

Mamma Carlotta pflichtete ihr bei, dass der Umgang mit allen Geräten, bei denen Verletzungsgefahr bestand, auf jeden Fall Männersache sei. Währenddessen ließ sie Jonas nicht aus den Augen, der mit Gerätschaften aus der Werkzeugkammer trat, die in Frau Kemmertöns' kräftigen Händen mehr Zutrauen in Mamma Carlotta erzeugt hätten. Jonas schien es nicht besser zu gehen. Zweifelnd wog er die Bohrmaschine in seinen manikürten Händen. Dann nahm er seinen Mut zusammen und verschwand im Holzhaus. Kurz darauf war die Bohrmaschine zu hören, so laut, dass Frau Kemmertöns das Gesicht verzog und tiefe Sorge in ihre Augen stieg.

»Ist Herr Freier nicht zu Hause?«, fragte Mamma Carlotta.

»Er geht am Strand spazieren«, erklärte Frau Kemmertöns. »Mit diesem Lärm soll er nicht belästigt werden.«

»Sì, sì, der Strandläufer«, entgegnete Mamma Carlotta lächelnd und versuchte erneut, Frau Kemmertöns zu überreden, die Seite des Gartenzauns zu wechseln und im Hause Wolf einen Espresso zu trinken. »Ich habe auch einen guten Grappa da.«

Mit dieser Aussicht war die Nachbarin endlich zu überzeugen. Der Form halber wurde Jonas zwar um sein Einverständnis gebeten, sich ohne weiblichen Zuspruch dem Heimwerken zu widmen, aber ihm schien zum Glück nicht daran gelegen zu sein, alle paar Minuten zur Vorsicht ermahnt und gefragt zu werden, wann er endlich fertig sei. »Geh nur, Tante Jale. Ich räume danach noch auf.« Er zeigte in den Raum, in dem sich Putzeimer über Reinigungsmitteln stapelten, Besenstiele übereinanderfielen und Reinigungsgeräte nicht vom Werkzeug zu unterscheiden waren. »Hier muss mal gründlich Ordnung gemacht werden.«

Frau Kemmertöns war noch des Lobes voll, als sie schon mit Mamma Carlotta beim Espresso in der Küche saß. »Jonas ist ein ganz Pingeliger. Bei dem muss immer alles seine Ordnung haben. Sie sollten mal das kleine Apartment sehen, das er am Hochkamp bewohnt. Immer alles tipptopp aufgeräumt.« Sie wischte sich eine Träne aus den Augen. »Meine arme Freundin! Sie hat ihren Jungen so geliebt!«

Gemeinsam beklagten sie das Los der Kinder, die früh zu Waisen wurden, und das der Mütter, die ihre Kinder nicht aufwachsen sehen durften, dann beschloss Mamma Carlotta, der Trauer mit Alkohol zu Leibe zu rücken und die Grappaflasche aus dem Vorrat zu holen. Tatsächlich ging es Frau Kemmertöns schon nach dem ersten Glas viel besser, aber für die Tatsache, dass Jonas schwul war, brauchte sie unbedingt ein zweites Gläschen. »Mir wär's ja egal, aber mein Mann ...« Herr Kemmertöns ließ gelegentlich durchblicken, dass Jonas ein normales Leben mit Frau und Kindern führen könne, wenn er sich ein wenig zusammenreißen würde, und konnte nicht verstehen, dass seine Ermahnungen rein gar nichts fruchten wollten. »Jonas hat schon mehrere Einladungen zum Essen ausgeschlagen, weil er diese Ratschläge nicht mehr hören kann. Seit er uns gestanden hat, dass er in seinen Chef verliebt ist, hat mein Mann noch weniger Verständnis für den armen Jungen.«

Darauf brauchte Mamma Carlotta einen Grappa außer der Reihe. Was würde Herr Kemmertöns erst sagen, wenn er wüsste, womit Jonas sein schmales Gehalt aufbesserte? Dieser Gedanke war so entsetzlich, dass sie lieber auf Frau Kemmertöns' Geburtstag zurückkam und das Angebot wiederholte, die Gastgeberin mit einem Mandelkuchen zu unterstützen. »Ich kann auch noch einen Ricottastrudel backen. Non c'è problema!«

Aber Frau Kemmertöns wehrte ab. »Die Party soll am Abend stattfinden. Meine Kegelschwestern haben sich eine Überraschung für mich ausgedacht.«

»Dann eben Radicchiosalat mit Pilzen oder Insalata caprese?«

Aber auch hier schüttelte Frau Kemmertöns den Kopf. »Ich hatte an Kartoffelsalat gedacht. Können Sie den auch?«

Heiliger Wattwurm! *An dieser Stelle hatte ich sie wirklich nicht erwartet. Drei fette Exemplare! Weit weg vom Strand! Noch weiter weg von den Sandbänken! Groß, sehr groß sogar, schwarz wie die Nacht und glänzend wie drei Speckschwarten. Wie mögen sie dahin gekommen sein? Aber das ist mir egal. Auch der Rest ist mir so was von möwenscheißegal. Allerdings … Vorsicht ist der Flügel des Übermuts. Irgendwas stimmt hier nicht. Dieses chaotische Bild mit den vielen Strichen und Farben! Da kommen einem ja die Krabben aus den Abfallbehältern von Gosch wieder hoch. Etwa schon wieder diese gemalten Exemplare? Gut gemalt, zugegeben. Bin beinahe drauf reingefallen. Man sollte es diesen Menschen, die so was in die Sonne halten, mal so richtig zeigen und mit dem Schnabel … aber lassen wir das. Die Sache sieht gefährlicher aus, als ich dachte. Richtig gefährlich sogar. Was läuft denn da unten? Da hat jemand ein schlechtes Gewissen, das stinkt bis zum Himmel. Ich sollte diese Miesmuscheln im Auge behalten. Wo Menschen an etwas anderes denken als an das, was sie essen wollen, ist meist gute Beute zu machen.*

Insalata di patate! Stellt euch das vor!« Mamma Carlotta gebärdete sich, als wäre sie von einem Chinesen gebeten worden, gebratenen Hund zu servieren.

Erik fand, dass seine Schwiegermutter mal wieder gewaltig übertrieb, und setzte an, die friesische Küche zu verteidigen. »Du hast in Umbrien auch schon mal Kartoffelsalat gemacht.«

»Sì, aber mit Olivenöl und Balsamico e un po' basilico. Aber niemals mit dieser schrecklichen Mayonnaise!« Sie spuckte das Wort aus, als wollte sie es nicht länger im Mund behalten. »So was wird in dieser Küche nicht hergestellt. Non mai!«

Erik hatte Lucias Stimme noch im Ohr. Auch sie hatte sich geweigert, Mayonnaise unter kalte Kartoffeln zu rühren und sie dann mit einem warmen Fischfilet zu servieren. Derart ungestüm war ihre Ablehnung gewesen, dass er ihr nicht einmal gestanden hatte, wenn er sich bei Gosch ein Fischfilet mit Kartoffelsalat bestellt und mit größtem Behagen verspeist hatte.

Er schob die Espressotasse weg und erhob sich. »Ich werde mal Wiebke fragen, ob sie weiß, wo Larissa bleibt.«

Die ersten Stufen nahm er noch dynamisch, die letzten überwand er schleppend. Trotzdem hoffte er, dass Wiebke ihm nicht ansah, wie unsicher er sich fühlte, als er die Schlafzimmertür öffnete. Sie saß an dem provisorischen Arbeitsplatz vor dem Fenster und wandte ihm den Rücken zu. Auf dem kleinen Tisch stand ihr Laptop, auf der Fensterbank der Drucker, der gerade eine Seite ausspuckte. Als sie sich zu ihm umdrehte, kam er sich wie ein Störenfried vor und musste sich daran erinnern, dass er hier sein eigenes Schlafzimmer betrat, was schließlich sein gutes Recht war.

»Weißt du, ob Larissa heute länger arbeiten muss?«, fragte er so unbefangen wie möglich. »Ihr telefoniert doch manchmal.«

»Heute nicht«, gab Wiebke zurück, drehte sich wieder um und ordnete ihre Papiere.

Er trat hinter sie und legte vorsichtig die Hände auf ihre Schultern. »Du arbeitest?«

»Es geht nicht um deinen Fall, wenn du das meinst.«

»Nein, das meinte ich nicht.«

»Was willst du von Larissa?«

Erik setzte sich auf die Bettkante. »Ich möchte mit ihr über die Kreverts sprechen. Wir haben verabredet, dass sie sich heute

Abend ein bisschen Zeit nimmt.« Er sah auf die Uhr. »Nun ist es fast zehn.«

»Hast du es schon auf ihrem Handy probiert?«

»Sie geht nicht ran.«

»Und im Bahnhofsbistro?«

»Ich war nicht sicher, ob ihr das recht ist.«

Wiebke schnappte sich ihr Handy, und eine Minute später wusste Erik, dass Larissa Freier schon vor Stunden ihren Arbeitsplatz verlassen hatte.

Nun wurde Erik unruhig. »Es wird ihr doch nichts zugestoßen sein?«

Prompt verlor auch Wiebke die zur Schau getragene Gleichgültigkeit, mit der sie sich von Erik hatte distanzieren wollen. Sie folgte ihm in seiner Sorge, und im selben Moment waren sie sich wieder nähergekommen.

»Vielleicht sollte man ihren Onkel fragen«, meinte Erik, ohne den Blick aus Wiebkes Augen zu nehmen.

Sie nickte, ebenfalls, ohne den Blick abzuwenden. »Ich glaube, sie wollte heute etwas mit ihm unternehmen.«

»Und hat vergessen, dass sie mit mir verabredet ist?«

»Könnte sein. Sähe ihr sogar ähnlich.«

Die kurze Stille, die zwischen ihnen entstand, tat beiden gut. Sie trennte nicht, erzeugte in Erik nicht den Drang zu gehen und in Wiebke nicht den Wunsch, allein zu sein. Sie verband sie. Wenn zwei gemeinsam Stille ertrugen, dann gab es etwas, dem die Stille nichts anhaben konnte, das wusste Erik. Er griff nach Wiebkes Hand und flüsterte: »Es tut mir leid.«

Wiebke setzte sich zu ihm auf die Bettkante. »Mir auch.«

»Ich werde dich nicht mehr von meinen Ermittlungen ausschließen.«

»Und ich werde nie wieder hinter deinem Rücken etwas an die Presse weitergeben.«

Sie küssten sich lange. Als sie sich voneinander lösten, sagte Wiebke: »Ich komme mit dir zu Larissas Onkel.«

Gemeinsam erhoben sie sich, die Hände noch immer ineinander verschränkt. »Wenn er nicht zu Hause ist, können wir wohl davon ausgehen, dass Larissa die Verabredung mit mir vergessen hat. Dann sind die beiden unterwegs.«

»Ist es denn wichtig, dieses Gespräch über die Kreverts?«

Erik zuckte die Schultern. »Nein, es ist nur ... ich kann nicht glauben, dass ein Einbrecher Viktor Krevert auf dem Gewissen hat. Wir haben keine Einbruchsspuren gefunden, nichts ist gestohlen worden, aber ...«

»Hinweise auf eine Beziehungstat hast du auch nicht?«

Erik drückte ihre Hand. »Stimmt.«

»Ich glaube nicht, dass Larissa dir weiterhelfen kann.«

Das glaubte Erik auch nicht mehr. »Aber jetzt möchte ich wissen, ob mit ihr alles in Ordnung ist.«

Er sah zu, wie Wiebke ihr Textprogramm schloss und den Laptop herunterfuhr, wie sie mit flinken Bewegungen ihren Arbeitsplatz aufräumte, sich dabei einen Fingernagel abbrach und auf der Suche nach der Nagelfeile ihre Kamera vom Nachttisch warf. Diese gehörte zu den wenigen Dingen, mit denen sie immer achtsam umging, die ihr noch nie ins Waschbecken gefallen waren und die sie bisher kein einziges Mal in einem Biergarten vergessen hatte. Erschrocken und zornig untersuchte sie das Objektiv, testete den Zoom und betätigte den Auslöser, bis sie davon überzeugt war, dass die Kamera keinen Schaden genommen hatte.

In diesem Augenblick klingelte es an der Haustür. Erik lief zur Treppe. »Um diese Zeit? Hoffentlich kein Kollege! Hoffentlich kein Verkehrsunfall!«

Wiebke war schon hinter ihm. »Du meinst, Larissa könnte mit dem Fahrrad verunglückt sein?«

Vor der Tür stand ein Mann, den Erik nicht kannte, der aber von seiner Schwiegermutter herzlich begrüßt und hereingebeten wurde. Dass sie ihn Paolino nannte, dass er ihren Vornamen aussprach, als wäre er aus Marzipan und würde auf seiner

Zunge zergehen, dass er ihre Hand küsste ... das alles bemerkte Erik nur am Rande.

Wiebke rief hinter ihm: »Da ist ja Larissas Onkel!«

Erik lief die Treppe hinab, stellte sich vor und fragte nach einer knappen Begrüßung: »Ist Larissa bei Ihnen?«

Paul Freier sah ihn mit großen Augen an, schwieg, als müsste er sich erst überlegen, ob er diesem Mann, den er bisher nur vom Hörensagen kannte, überhaupt eine Antwort schuldig war. Dann sagte er mit großer Besorgnis in der Stimme: »Ich hatte gehofft, sie hier anzutreffen.«

Der nächste Morgen begann so, wie es der Stimmung im Hause Wolf entsprach: trübe, grau und verhangen. Müde schlich Mamma Carlotta die Treppe hinab und setzte die Espressomaschine in Gang. Im Haus war noch alles ruhig. Sie ging ins Wohnzimmer, während der Espresso in die Tasse lief, und sah zum Holzhaus hinüber. Auch bei Paolo rührte sich nichts. Kein Wunder! Sie hatten beieinandergesessen, bis sie vor Müdigkeit beinahe von den Stühlen gefallen waren. Keiner hatte der Erste sein wollen, der kapitulierte, niemand hatte zu Bett gehen wollen, solange Larissas Schicksal ungeklärt war. Aber irgendwann hatte die Natur ihr Recht gefordert. Wiebke war als Erste die Treppe hinaufgestiegen und hatte Erik gebeten, bald nachzukommen. »Wer weiß, was morgen für ein Tag ist! Dann wirst du deine Kräfte brauchen.«

Mamma Carlotta hatte ihr beigepflichtet. Aber die Freude darüber, dass Wiebke wieder an Eriks Seite schlafen wollte, hatte sie nicht auskosten können. Wie sollte man sich über irgendetwas freuen, wenn jemand anderem möglicherweise etwas Entsetzliches geschehen war? Larissa Freier war verschwunden! Sie hatte gegen sechs Uhr Feierabend gemacht, ein Kollege hatte beobachtet, dass sie aufs Fahrrad gestiegen und losgefahren war ... danach verlor sich ihre Spur. Sie war nicht mehr gesehen worden. Erik hatte sich in der Nordsee-Klinik erkundigt, hatte die

Kollegen von der Verkehrssicherheit befragt, aber Larissa war nicht in einen Verkehrsunfall verwickelt worden. Für den Morgen hatten sie einen Suchtrupp organisiert, der vor allem das Nordwäldchen zwischen Westerland und Wenningstedt durchforsten sollte. Wenn Larissa einem Gewaltverbrechen zum Opfer gefallen sein sollte, dann vermutlich dort. Der Fahrradweg, der sich stadtauswärts von Westerland auf der rechten Seite befand, wechselte kurz vor dem Wäldchen auf die linke Seite und führte direkt an den dichten Baumreihen entlang.

Mamma Carlotta stand mit der Espressotasse in der Hand im Wohnzimmer und starrte in das trübe Grau vor dem Fenster, das nichts mit dem Frühling zu tun hatte. Nebelverhangen begann dieser Morgen, als wollte er die Nacht nicht loslassen.

Sie hörte Eriks Stimme. Anscheinend hatte er schon vor dem Aufstehen mit dem Telefonieren begonnen. Kurz darauf erschien er in der Küche, Wiebke folgte ihm auf dem Fuß.

Auch Sören hatte, als er in der Nacht von seinem Chef angerufen und mal wieder aus dem Tiefschlaf geschreckt worden war, zugesagt, sehr früh zum Dienst zu erscheinen. Das bedeutete in diesem Fall, dass er sich schon kurz nach Tagesanbruch zum Frühstücken einfand. Paul hatte das Angebot erhalten, seine Angst um Larissa nicht allein ertragen zu müssen, und erschien ebenfalls zum Frühstück, um dabei zu sein, wenn sich herausstellen sollte, was mit seiner Nichte geschehen war. Eine große Frühstücksrunde, wie Mamma Carlotta es eigentlich liebte, in der es jedoch stiller zuging als auf einem Leichenschmaus. Es wurde nur das Nötigste gesprochen, und niemand griff lustvoll zu, wenn die Hausfrau etwas auf den Tisch stellte, was verführerisch duftete. Man begnügte sich mit dem Zerkrümeln eines Brötchens und einem Espresso, der die Lebensgeister wecken sollte. Die Kinder verzichteten sogar ganz aufs Frühstücken und beschlossen, sich auf dem Weg zum Friseursalon ein Sandwich zu kaufen. Die angsterfüllte Stimmung trieb sie aus dem Haus.

Erik hatte gerade telefonisch eine Anfrage bei der Bereitschaftspolizei gestellt, die im Laufe des Tages, falls Larissa dann nicht wieder aufgetaucht war, nach ihr suchen sollte, da ging sein Telefon erneut. Vetterich, der Leiter der KTU, war am anderen Ende. Das Gespräch dauerte nicht lange, Telefonate mit Vetterich waren immer kurz und bündig.

»Fingerabdrücke von Donald Manfredini befinden sich überall im Haus«, sagte Erik zu Sören. »Wie zu erwarten. Ansonsten die Abdrücke der Kreverts, ihrer Putzfrau … und unzählige andere, die nicht zuzuordnen sind.«

»Also Fehlanzeige«, meinte Sören und starrte das Rührei auf seinem Teller an, das Mamma Carlotta zubereitet hatte, obwohl alle es dankend zurückgewiesen hatten.

»Vetterich will noch einmal alles durchsuchen«, sagte Erik. »Er ist schon auf dem Weg nach Kampen. Vielleicht hat er was übersehen. Wenn er auch heute nichts findet, können wird die Siegel entfernen.« Er wandte sich an Paul. »Kann es sein, dass Larissa doch noch irgendwo einen Besuch gemacht hat? Vielleicht hat sie sich dann entschlossen, dort zu übernachten, um in der Dunkelheit nicht aufs Fahrrad zu müssen.«

Aber Paul schüttelte den Kopf. »Dann hätte sie mir Bescheid gesagt. Und Ihnen auch. Ich habe sie mehrmals angerufen. Warum ist sie nicht ans Handy gegangen?«

Mamma Carlotta sah ihm die Sorge um seine Nichte an. Diesmal war sein Haar nicht künstlich verstrubbelt, wie es ihm gut stand, an diesem Morgen hatte es wirklich noch keinen Kamm gesehen. Paul sah um Jahre älter aus, blass und mit kleinen Augen, die niemanden ansehen mochten, als hätte er Angst, seine Sorgen zu verraten. Und als hätte er Angst, im Blick des anderen etwas zu sehen, was ihm die Hoffnung nahm. Als er merkte, dass Wiebke nach Eriks Hand griff, tastete er nach Carlottas Hand und hielt sie fest, obwohl sie versuchte, sie ihm zu entziehen. Ängstlich blickte sie Erik an, der jedoch gleichgültig darüber hinwegsah. Wiebke allerdings starrte Pauls Hand an, die Carlottas verdeckte, dann sah sie den beiden ins Gesicht, sagte aber nichts dazu. Dennoch war Mamma Carlotta froh, als Sören erkennen ließ, dass er gern einen weiteren Espresso hätte, und sie aufstehen konnte.

»Noch jemand un caffè? Heiße Milch? Frischen Toast?«

Es tat ihr gut, etwas zu sagen, wenn sie auch kaum eine Entgegnung erhielt, nur Kopfschütteln und Schulterzucken.

Lediglich Paul bedachte sie mit einer Antwort: »Setz dich, Carlotta, ruh dich aus. Du hast in der vergangenen Nacht genauso wenig geschlafen wie wir alle.«

Mamma Carlotta konnte sich nicht erinnern, dass sie jemals gebeten worden war, sich auszuruhen. Seine Fürsorge irritierte und rührte sie zugleich und ließ sie die folgende Stille ertragen. Fünf Menschen, die schweigend am Tisch saßen! Ein eigentlich unerträglicher Zustand! Aber mit Paolinos Hand in ihrer war er tatsächlich auszuhalten. Zwar hätte sie jetzt gern über Larissa geredet, hätte mit ausufernder Phantasie über sämtliche Möglichkeiten gesprochen, was ihr zugestoßen sein konnte, und dabei vor allem jene zur Sprache gebracht, die ausschlossen, dass etwas Schreckliches geschehen war. Aber nun stellte sie zum ersten Mal in ihrem Leben fest, dass auch Schweigen guttun konnte. Vorausgesetzt, es gelang ihr, nicht mehr daran zu denken, wie wenig ihr Larissas Klagen und Jammern gefallen hatte, wie oft sie heimlich die Augen verdreht hatte, wenn Larissa sich darüber beschwerte, dass sie ihr Geld selbst verdienen musste, anstatt einfach die Hand aufzumachen und zuzusehen, wie sie sich füllte. Und dass sie Larissa sogar schwer gekränkt hatte, als die Arme mitanhören musste, was Carlotta von ihr hielt, das musste sie auch vergessen.

Eriks Handy riss sie aus ihren Gedanken. Wieder war Kommissar Vetterich am anderen Ende, und Mamma Carlotta sah, wie Eriks Kinnlade herabsackte. »Sind die Siegel beschädigt?«, fragte er und schüttelte den Kopf auf alles, was Vetterich ihm zur Antwort gab.

Er wandte sich an Sören, als er das Gespräch beendet hatte. »Vetterich sagt, es ist in der Zwischenzeit jemand in der Villa gewesen.«

»In Kreverts Haus?«, vergewisserte sich Sören. »Das ist doch versiegelt.«

»Und die Siegel sind unbeschädigt. Trotzdem ist Vetterich sicher, dass jemand nach ihm und seinen Leuten im Haus war.«

»Das ist unmöglich!«, rief Sören, der sich mit einem solchen Eifer in diese neue Tatsache warf, als wäre er froh, endlich etwas anderes tun zu können, als zu warten.

»Lassen Sie uns nach Kampen fahren«, schlug Erik vor, stand auf und sah Paul entschuldigend an. »Ich melde mich, sobald ich etwas von Larissa weiß. Versprochen!«

»Und bei mir meldest du dich«, erinnerte Wiebke anzüglich, »wenn bei den Kreverts etwas passiert ist, was die Öffentlichkeit interessiert. Du meldest dich sogar, noch bevor das Inselblatt oder RTL etwas erfährt.«

»Natürlich«, gab Erik zurück und wandte sich derart brüsk ab, dass Carlotta schon wieder von der Angst um die junge Liebe gepackt wurde. Erik hatte nicht einmal zur Kenntnis genommen, dass Wiebke ihm die Lippen hinhielt, weil sie einen Abschiedskuss erwartete. Alle anderen jedoch hatten es bemerkt! Auch Sören, der so aussah, als hätte er seinem Chef diese Aufgabe abgenommen, wenn dadurch die Stimmung aufgehellt worden wäre.

Kommissar Vetterich hatte sie schweigend ins Haus gelassen und zeigte ihnen ebenso wortlos die Indizien, auf die er aufmerksam geworden war: Ein schmaler Läufer, der auf dem Treppenabsatz in der ersten Etage lag, war an die Wand geschoben worden, als hätte ihm jemand einen Tritt versetzt, weil er im Wege gewesen war, oder wäre auf ihm ausgerutscht und hatte keine Zeit gehabt, ihn wieder ordentlich auszubreiten.

»Der hat gestern noch parallel zur Fußleiste gelegen, da bin ich ganz sicher.«

Er winkte Erik und Sören zur Treppe und stieg dann vor ihnen ins Erdgeschoss hinab. Zwischen der unteren Stufe und der kleinen Sitzecke vor der großen Wohnzimmertür gab es einen Zeitungsständer. Er war umgefallen, mehrere Zeitschriften waren herausgerutscht und hatten sich fächerförmig auf dem Boden ausgebreitet. »Der hat gestern noch neben dem Sessel gestanden.«

Vorsichtig wagte Erik einen Einwand: »Könnte es sein, dass einer Ihrer Leute … bevor er rausgegangen ist …«

Aber Vetterich ließ ihn gar nicht erst ausreden. »Ich gehe immer als Letzter. Ich weiß genau, wie das Haus aussah, bevor ich es versiegelt habe.«

Erik verstummte. Wenn Vetterich das sagte, dann musste es so sein. Der altgediente Spurenfahnder galt als ausgesprochen gewissenhaft, seine Aussagen wurden selten in Zweifel gezogen.

»Jemand muss sehr schnell die Treppe hinabgelaufen sein«, fuhr Vetterich fort. »Oben ist er auf dem Läufer ausgerutscht, am Fuß der Treppe hatte er es so eilig, dass er die letzte Stufe vermutlich übersprungen hat. Dadurch hat er den Zeitungsständer umgeworfen.« Er zeigte zur Kellertür, die offen stand. »Er muss diese Richtung eingeschlagen haben. Er wollte so schnell wie möglich in den Keller und dann nichts wie weg.«

Erik wagte kaum, einen Einwand zu erheben: »Wie konnte er durch den Keller verschwinden, wenn das Haus komplett versiegelt ist?«

»Das untersuchen wir gerade«, gab Vetterich zurück. »Irgendwo muss es einen Durchschlupf geben, der auf den ersten Blick nicht zu erkennen ist.«

In diesem Augenblick hörten sie eine Stimme: »Ich hab's!«

Vetterich lief die Kellertreppe hinab, Erik und Sören folgten. Ein junger Spurenfahnder trat ihnen entgegen. »Dahinten, im Heizungskeller.«

Vetterich schob ihn vor sich her in den kleinen Raum, der zum größten Teil vom Heizungskessel ausgefüllt wurde. Mit einem triumphierenden Lächeln zeigte der junge Mann auf ein Lüftungsgitter, das den Raum mit einem Kellerschacht verband. Von dort ging es direkt in den Garten. »Es war nicht verschraubt«, erklärte er. »Die Schrauben habe ich nicht gefunden. Sieht so aus, als säße das Gitter schon lange unverschraubt in der Fassung. Eine Freude für jeden Einbrecher.«

Erik ließ sich zeigen, wie leicht das Gitter herauszunehmen und wieder einzusetzen war, und vergewisserte sich, dass ein schlanker, sportlicher Mensch leicht hindurchklettern konnte. Er selbst hätte sich so was zwar niemals zugetraut, aber da er wusste, dass sein Assistent gut trainiert war, forderte er ihn auf: »Klettern Sie mal durch, Sören.«

Es war eine Sache von wenigen Augenblicken, und Sören stand im Garten. Genauso schnell kletterte er zurück und betrachtete kopfschüttelnd den Durchschlupf. »Als Einbrecher würde ich nicht danach suchen«, meinte er. »Trotzdem ist das grober Leichtsinn! Ob die Krevert davon weiß?«

»Sie meinen, dieses Lüftungsgitter ist schon aufgeschraubt worden, als das Haus noch den Freiers gehörte?« Erik konnte den Blick nicht von dem Lüftungsschacht nehmen. »Derjenige, der Viktor Krevert auf dem Gewissen hat, könnte also durch dieses Loch gestiegen sein.«

»Schon möglich«, bestätigte Sören und ergänzte: »Dann hätte er aber wissen müssen, dass dieses Gitter nicht verschraubt ist. Von außen ist das nicht zu erkennen.«

»Vielleicht hat er es zufällig entdeckt. An dem Abend, an dem Viktor Krevert ums Leben kam, oder schon vorher, als er den Einbruch plante und einen Weg suchte, ins Haus zu kommen.«

Sören ging zur Kellertreppe und stieg ins Erdgeschoss. In der Tür, die in die Diele führte, blieb er stehen und zeigte zur Wohnzimmertür. »Wenn der Einbrecher hier rausgekommen ist, hat er Viktor Krevert auf dem Sofa sitzen sehen.«

»Und Krevert muss den Kerl auch sofort bemerkt haben.« Erik verpasste Sören einen kleinen Stoß, damit er ein paar Schritte in die Diele trat und er ihm folgen konnte. »Jedenfalls dann, wenn er wirklich dort gesessen hat.«

»Und nicht gerade auf eine Zeitung oder ein Buch konzentriert war«, ergänzte Sören.

»Dann hätte der Einbrecher auf dem Absatz kehrtmachen und unbemerkt abhauen können.« Erik wurde nervös. »Bleiben wir erst mal bei der vergangenen Nacht. Wer ist hier eingestiegen? Und vor allem: warum?«

Vetterich war den beiden mittlerweile gefolgt. »Es ist nichts durchwühlt worden«, sagte er. »Da ist jemand gekommen, der etwas ganz Bestimmtes suchte. Er hat es sich genommen und ist wieder gegangen.«

»Jemand, der es dann sehr eilig hatte«, betonte Erik, stieg erneut die Treppe in den ersten Stock hoch und betrachtete noch einmal den verrutschten Läufer. »Er war also in der ersten Etage«, murmelte er vor sich hin. »Warum?«

Sören und Vetterich kamen ebenfalls die Treppe hinauf. »In den Zimmern hat sich nichts verändert«, sagte Vetterich.

»Wenn er genau wusste, was er haben wollte, und nicht suchen musste …« Erik vollendete den Satz nicht, sondern öffnete eine Tür nach der anderen. Er blickte in zwei Schlafzimmer, ein Arbeitszimmer und einen Schlafraum, der ein Gästezimmer sein musste, weil es in ihm keine persönlichen Gegenstände gab. Am Ende des Gangs befand sich noch eine Tür, schmaler als alle anderen, die in einen Raum führte, in dem Waschmaschine und Trockner standen, eine Truhe für Schmutzwäsche, ein Bügelbrett und mehrere übereinandergestapelte Wäschekörbe. Die rechte Wand wurde von einem Regal eingenommen, in dem Waschmittel und andere Utensilien standen. Außerdem gab es links, direkt neben der Tür, einen alten, weiß gestrichenen Schrank, der jede Menge Handtücher, Bett- und Tischwäsche enthielt. Erik wollte die Tür gerade wieder schließen, als sein Blick in einen Spalt fiel, der zwischen der Wand und der Rückseite des Schrankes entstanden war, weil der Schrank nicht direkt an der Wand stand, sondern aufgrund der Fußleiste einen Zentimeter davor. Durch diesen Spalt sah er eine Tür auf der anderen Seite des Schrankes, die ihm vorher entgangen war. Er machte erneut einen Schritt in den Raum hinein und blickte um den Schrank herum. »Wo führt diese Tür hin?«

»Auf einen Speicher«, antwortete Vetterich. »Da oben hängt eine Wäscheleine. Vielleicht hatten die Freiers zunächst keinen Trockner.«

»Und sonst?«

»Trödel, ausrangierte Teile, altes Spielzeug. Wie das so ist auf einem Speicher.«

Erik hätte nicht sagen können, warum er die Tür öffnete und die Treppe, die direkt dahinter auf den Speicher führte, hinaufstieg. Als er sie so weit erklommen hatte, dass sein Blick über den Fußboden des Speichers wandern konnte, wusste er, dass hier etwas nicht so war, wie es sein sollte. Der Geruch! Hier herrschte nicht der dumpfe Geruch des Staubes vor, die scharfe Beimischung von Mäuseexkrementen, brüchigen Textilien voller Stockflecken und die Ausdünstung von altem Holz, die alles erträglicher machte. Nein, hier gab es etwas Aufdringliches, etwas Frisches, einen Geruch, der erst vor Kurzem entstanden war. Er machte ein paar Schritte über den staubigen Boden und hörte nicht auf Sörens ungeduldige Rufe, die ihn zurückholen wollten. Er schob eine große Decke zur Seite, die auf einer Leine hing, und stellte fest, dass sie den Eingang zu einer Zwergenbehausung dargestellt hatte. Dahinter entdeckte er eine Puppenküche, mehrere Puppenmöbel, Puppenwagen, einen Schrank mit Puppenkleidern. Alles war ineinandergeschoben worden, weil das Kind, das einmal damit gespielt hatte, vermutlich erwachsen geworden war. Nun war der Platz für etwas anderes gebraucht worden. Ein ausgedienter Kopierer war in die Ecke geschoben worden, ein altes Waschbecken, daneben ein großer

Karton mit Wascharmaturen, die nie benutzt worden waren. Und dann machte Erik einen weiteren Schritt, der ihn Überwindung kostete, weil er sich vor dem fürchtete, was er in dem Teil des Speichers finden würde, wo das Licht, das durch das kleine Dachfenster fiel, nicht mehr hinreichte. Er musste seine Augen sehr anstrengen, um das Dunkle, das zu seinen Füßen auf dem dunklen Boden lag, zu erkennen. Aber er ahnte es schon, ehe er es sehen konnte: Er stand vor einer Leiche.

Das Warten war nicht mehr auszuhalten. Wiebke fasste von einem Moment auf den anderen den Beschluss, nach Kampen zu fahren, um zu sehen, ob Menno Koopmann auch diesmal die Nase vorn hatte oder RTL schon mitbekommen hatte, dass sich im Hause des toten Talkmasters wieder etwas tat. »Ich hätte gleich mitfahren sollen. Am Ende bin ich wieder die Dumme.«

Mamma Carlotta gefiel nicht, was sie sagte. Misstraute sie Erik etwa? Er hatte ihr versprochen, sie zu verständigen, wenn er etwas fand, was für Presseleute interessant war. Das musste sie ihm glauben! Was war das für eine Liebe, wenn einer dem anderen nicht vertraute!

Paul wartete, bis die Tür hinter Wiebke ins Schloss gefallen war, dann griff er erneut nach Mamma Carlottas Hand und beugte sich nun sogar zu ihr, um ihr einen Kuss auf die Schläfe zu hauchen. »Ich bin dir sehr dankbar, dass ich nicht allein auf Larissa warten muss.«

Auch Mamma Carlotta war froh, dass sie Gesellschaft hatte. Aber ihr wäre natürlich etwas eingefallen. Wenn Paul nicht hier gewesen wäre, hätte sie eben einen Besuch bei Tove Griess und Fietje Tiensch gemacht und sich dort ihre Sorgen von der Seele geredet.

Paul rückte noch näher heran, damit er einen Arm um sie legen konnte, und hielt sie zurück, als sie aufspringen und den Frühstückstisch abräumen wollte. »Gönn dir ein wenig Ruhe, Carlotta. Du bist immer für andere da, denk mal an dich.«

Sie starrte ihn an, als hätte er Japanisch mit ihr gesprochen. Nur an sich selbst denken? Was war denn das für eine verrückte Idee? Kein Mensch konnte nur an sich selbst denken, jedenfalls keine Frau, die eine Familie hatte. »Das will ich gar nicht«, stieß sie hervor. »Nur an mich selbst denken, das ist ja … noioso. Langweilig.«

Während sie ihm auseinandersetzte, wie ihr Leben aussah, seit sie mit sechzehn geheiratet hatte, seit die Familie immer größer geworden war, seit ihre Kinder zwar erwachsen, mit ihren Enkelkindern jedoch neue Aufgaben auf sie zugekommen waren, vergrößerte sie den Abstand zwischen ihnen und kehrte in ihre Welt zurück, aus der Paul sie herausgelockt hatte. Dann aber stellte sie fest, dass alles, was sie von ihrer Familie erzählte, keine Distanz schuf, sondern eher das Gegenteil bewirkte. Denn Paul hörte ihr so aufmerksam und augenscheinlich gerne zu, dass sie sich wieder zu ihm neigte und ihm, an seine Schulter gelehnt, von Lucia erzählte, von der Trauer, als sie ihre Tochter in den hohen Norden gehen lassen musste, und ihrer Verzweiflung, als Lucia hier zu Grabe getragen wurde. Als Paul darum bat, mit ihr zusammen das Grab ihrer Tochter besuchen zu dürfen, war sie dermaßen gerührt, dass sogar Larissa für wenige Augenblicke in Vergessenheit geriet. Als Mamma Carlotta das klar wurde, wechselte sie erschrocken das Thema. »Genug von mir geredet! Erzähl mir von Larissa!«

Paul hatte Mühe, ihr zu folgen, als sie auf der Stelle wissen wollte, wie Larissa als Kind gewesen war, was sie ihren Eltern bedeutet hatte und warum sie ein Einzelkind geblieben war. Erst nachdem sie alles erfahren hatte, was Paul wusste, konnte sie vergessen, dass sie minutenlang nur von sich und ihrer Familie gesprochen und Pauls Zärtlichkeit genossen hatte, während Larissas Schicksal nach wie vor im Ungewissen lag. »Madonna! Wo mag sie sein? Hoffentlich ist ihr nichts zugestoßen.«

Paul schlug ihr vor, mit ihm in sein Holzhaus zu gehen, wo er ihr Familienfotos zeigen wollte, die er aus Neuseeland mitgebracht hatte, um sie mit seiner Nichte anzusehen. »Es sind auch Bilder von Larissa als kleinem Mädchen dabei, von ihren Eltern, von dem Haus, in dem sie früher lebten, Urlaubsfotos aus Kampen … Ich habe viele alte Fotos eingescannt und gespeichert, damit ich die Menschen, die mir etwas bedeuten, immer bei mir habe. Ich könnte dir auch Fotos von meinen Reisen zeigen?«

Mamma Carlottas Interesse richtete sich mehr auf die Familienfotos als auf Pauls Reiseerinnerungen, weil sie grundsätzlich mehr an Familiengeschichten als an Abenteuern interessiert war, aber das ließ sie ihn nicht wissen. Sie war froh, dass sich etwas auftat, was sie von der Angst um Larissa ablenkte, die Sorge um sie andererseits jedoch nicht in Vergessenheit geraten ließ.

Dann aber, als sie neben Paul das Holzhaus betrat, als er die Tür schloss und das Alleinsein in seinen Wänden viel bedeutungsvoller erschien als das Alleinsein in der Küche, in der sie sich zu Hause fühlte, wurde ihr unwohl. Wie ein junges Mädchen, das sich etwas getraut hatte, was ihm erst jetzt gefährlich erschien. Wie als Sechzehnjährige, als sie mit Dino das erste Mal allein war, obwohl ihre Mutter sie vor den Folgen gewarnt hatte, die dann auch prompt eingetreten waren. Die Tatsache, dass sie nicht mehr ungewollt schwanger werden konnte, änderte nichts.

»Setz dich, Carlotta!« Paul bestand darauf, dass sie es sich auf dem Sofa gemütlich machte, während er selbst sich um die Zubereitung des Tees kümmerte. »Lehn dich zurück! Lass dich einmal bedienen, lass es dir gut gehen.«

Wenn Mamma Carlotta etwas nicht leiden konnte, dann war es die Aufforderung, es sich gut gehen zu lassen. Es ging ihr nicht gut, wenn sie jemandem bei einer Arbeit zusehen musste, die sie selbst viel besser und vor allem schneller erledigt hätte. So etwas strengte sie wesentlich mehr an, als selbst die paar Handgriffe zu erledigen, die man ihr unbedingt ersparen wollte. So war es ihr früher schon ergangen, wenn die Kinder sie am

Muttertag ehren wollten. Zum Glück hatten sie später eingesehen, dass sie ihrer Mutter eine größere Freude bereiteten, wenn sie sämtliche Freunde einluden und Mamma Carlotta baten, für alle Pizza zu backen.

Das Holzhaus war gemütlich eingerichtet. Die Sitzmöbel waren mit bunten Stoffen bespannt, die Möbel bestanden aus hellem Holz. Ein blauer Teppich lag auf dem Fußboden, alle Lampen waren mit blauen Stoffschirmen versehen. Neben der Tür, die ins Schlafzimmer führte, gab es ein paar Küchenmöbel, einen Herd und einen Kühlschrank. Ein kleines Badezimmer lag direkt hinter dem Schlafraum.

Als Paul eine Teetasse vor sie hinstellte, war Mamma Carlotta so nervös wie sonst nur, wenn überraschender Besuch kam und sie gerade festgestellt hatte, dass die letzte Milch, die sie im Vorrat hatte, sauer geworden war. Ängstlich beobachtete sie, wie er seine Kamera hervorholte. Wollte er sie etwa fotografieren?

So bang sah sie ihm entgegen, dass er erschrak. »Was ist los, Carlotta?« Dann winkte er schon ab, ehe sie antworten konnte. »Du denkst an Larissa. Aber wir machen uns verrückt, wenn wir keinen anderen Gedanken zulassen. Wir können nicht helfen, wir können nur warten.«

In diesem Augenblick hatte Mamma Carlotta erkannt, dass er seine Kamera geholt hatte, weil die Fotos, die er ihr zeigen wollte, in deren Speicher waren. Wie hatte sie nur glauben können, dass er ihr ein dickes Fotoalbum vorlegen wollte? Wer eine Flugreise von Neuseeland nach Deutschland unternahm, hatte kein Fotoalbum im Gepäck.

Erleichtert ließ sie sich erklären, wie sie von einem Bild zum anderen wechseln konnte, dann begann sie zu blättern. Larissa als Neugeborenes, als kleines Mädchen, strahlend in einem Sandkasten, stolz mit einer Schultüte im Arm, Larissa als Teenager in einem Tanzkleid, als frisch gebackene Abiturientin, als Schönheitskönigin am Strand von Kampen, in korrekter Businesskleidung an einem Schreibtisch.

»Sie sollte die Nachfolgerin ihres Vaters werden«, sagte Paul und rückte so nah an Mamma Carlotta heran, dass er mit ihr gemeinsam die Bilder auf dem Display der Kamera betrachten konnte. »Mein Bruder war enttäuscht, weil ihr Interesse nicht besonders groß war. Ihr Studium absolvierte sie halbherzig, in der Firma ließ sie sich nur selten blicken.« Er schüttelte bekümmert den Kopf. »Wenn mein Bruder den Konkurs hätte vermeiden können, unter Larissa wären der Verlag und die Buchhandlungen auf jeden Fall pleitegegangen. Ihr Interesse galt ausschließlich dem Dolce Vita. Dass man arbeiten muss, um so viel Geld zu verdienen, wie sie ganz selbstverständlich ausgab, konnte sie nicht einsehen.«

»Bis sie es einsehen musste«, erwiderte Mamma Carlotta.

»Mein Pralinchen«, flüsterte Paul, als Larissas lachendes Gesicht im Display erschien. »Ich habe zwar oft gedacht, sie sollte endlich lernen, dass das Leben kein Zuckerschlecken ist, aber dass sie es auf so brutale Weise erfahren musste …«

Er schüttelte den Kopf und bat Mamma Carlotta, zum nächsten Bild zu blättern, weil er das Foto von Larissa aus einer glücklichen Zeit nicht mehr ertragen konnte. Das nächste Bild, das Larissa und ihre Eltern in der Tür der Kampener Villa zeigten, war für ihn jedoch genauso schwer. »Ich verstehe sie nicht«, sagte er. »Ich an ihrer Stelle hätte Sylt für den Rest meines Lebens gemieden. Aber sie …«

»Sie will ausgerechnet hier sein, wo sie so glücklich gewesen ist«, vollendete Mamma Carlotta den Satz. »Ich verstehe auch nicht, warum sie sich immer wieder vor Augen führt, was sie verloren hat.«

Paul starrte auf den Boden. »Was mag ihr zugestoßen sein?«

Mamma Carlotta wollte ihn mit einer optimistischen Antwort trösten, da fiel ihr ein, dass sie in Pauls Holzhaus für Erik nicht erreichbar sein würde. »Madonna! Wir hätten nicht hierherkommen sollen! Was ist, wenn Enrico versucht, uns anzurufen?«

Er sah sie verständnislos an. »Hast du kein Handy?«

Sie legte die Kamera so vorsichtig wie möglich zur Seite, aber da sie, wenn sie aufgeregt war, nicht gleichzeitig zu sanften Bewegungen fähig war, landete der teure Fotoapparat ziemlich unsanft neben der Teetasse. »Ich hasse i telefonini!«

Paul zog sein eigenes Handy aus der Tasche. Nachdenklich betrachtete er es, dann schüttelte er den Kopf. »Nein, meine Handynummer habe ich deinem Schwiegersohn nicht gegeben.«

»Dann müssen wir sofort wieder zurück«, rief Mamma Carlotta und sprang auf.

Das hätte sie nicht tun sollen. Jedenfalls nicht, bevor sie ihren Arm aus der Schlinge nahm, mit der Paul sich die Kamera um den Hals zu hängen pflegte, wenn er auf Reisen war. Die Teetasse, an der Mamma Carlotta nur genippt hatte, wurde von der Kamera umgestoßen und ergoss ihren Inhalt auf die Tischdecke und von dort auf den Boden. Zum Glück auf den Holzfußboden, aber das Rinnsal sickerte auf den blauen Teppich zu und war auf dem besten Wege, für hässliche dunkle Teppichkanten zu sorgen.

»Ich weiß, wo die Putzlappen sind!«, rief Mamma Carlotta und war schon aus dem Haus, ehe Paul etwas sagen konnte. Ungestüm riss sie die Tür auf, die in die Putzkammer führte und in der sie, da Jonas dort für Ordnung gesorgt hatte, auf Anhieb einen sauberen Putzlappen fand. Als sie ihn an sich riss, war es mit der Ordnung jedoch vorbei. Ein Eimer fiel um, riss einen Stapel Mülltüten mit, denen wiederum mehrere Flaschen mit Reinigungsmitteln folgten – und Mamma Carlotta stand da wie vom Donner gerührt. Was sie urplötzlich vor sich sah, verschlug ihr die Sprache.

Da ist jemand für Sie, Herr Hauptkommissar«, meldete ein junger Spurenfahnder, den Erik noch nie gesehen hatte. »Eine Dame, die Sie sprechen möchte.«

Erik runzelte die Stirn. »Jemand, der eine Aussage machen will?«

Der Spurenfahnder zuckte mit den Schultern. »Nö, ist wohl eher privat.«

Erik stieg vom Speicher hinunter, wo Dr. Hillmot noch mit der ersten Leichenschau beschäftigt war. Ein privater Besuch? Um diese Zeit und an diesem Ort? Dafür hatte er nur eine einzige Erklärung. Und er bekam seinen Verdacht bestätigt, als er die Treppe hinunterkam und Wiebke in der Diele stehen sah. »Was willst du denn hier?«

Möglich, dass seine Stimme schroff geklungen hatte, möglich auch, dass sein Lächeln nicht besonders freundlich gewesen war. Möglich sogar, dass er überhaupt nicht gelächelt hatte! Aber war das vielleicht ein Grund, derart missmutig zu reagieren, noch ehe er erklärt hatte, warum er alles andere als froh gestimmt war? »Hast du schon wieder vergessen, mich zu verständigen? Du hattest es mir versprochen«, zischte Wiebke.

Er zog sie zur Küchentür. »Niemand ist bisher verständigt worden. Dr. Hillmot ist gerade erst gekommen.«

Ihre Augen wurden groß, die Angst, die darin entstand, nahm ihnen die Farbe des Bernsteins und machte sie dunkel wie Asphalt. »Der Gerichtsmediziner? Heißt das … ihr habt eine weitere Leiche gefunden?«

Erik nickte nur. Schluchzend sank Wiebke an seine Brust. »Larissa?«

Er antwortete nicht, nickte nicht einmal. Er zog Wiebke nur so fest wie möglich zu sich heran und legte seine Wange auf ihre Haare, als sie zu weinen begann, ungestüm und verzweifelt. Erst als der Fluss ihrer Tränen gleichmäßig wurde, als das Schluchzen verebbte, als aus dem jähen Entsetzen Trauer geworden war, löste sie sich von ihm. »Warum?«

Erik zog ein Taschentuch aus seiner Jacke und wischte ihr die Tränen ab. »Ich weiß es nicht.«

»Auch erschlagen?«

Erik nickte. »Oben auf dem Speicher.« Er führte Wiebke in die Küche, damit sie sich setzte und sich beruhigte.

Sie schüttelte verzweifelt den Kopf. »Du hast gesagt, das Haus war versiegelt.«

»Sie kannte einen Weg, hereinzukommen, ohne die Siegel zu beschädigen.«

»Und der Mörder? Der kannte den Weg auch?«

»Sieht so aus.«

»Er hat sie beobachtet und ist ihr gefolgt?«

Erik gab ihr ein Glas Wasser, dann setzte er sich wieder zu ihr. »Kannst du dir vorstellen, was sie hier wollte?«

Wiebke zögerte. »Noch mal das schöne Ambiente genießen? Vielleicht ist sie öfter hier eingedrungen und hat sich in dem Haus aufgehalten, als gehörte alles noch ihr?«

Erik wurde nachdenklich. An diese Möglichkeit hatte er nicht gedacht. »Aber warum ist sie dann auf den Speicher gestiegen?«

Darauf wusste Wiebke keine Antwort. »Ich glaube, ich habe sie gar nicht richtig gekannt«, flüsterte sie.

»Was weißt du von ihr?«, fragte Erik. »Gibt es irgendetwas, womit du mir helfen könntest?«

Wiebke schüttelte den Kopf. »Wir hatten in den letzten Jahren nur lockeren Kontakt. Als ich mein Examen in der Tasche und einen Job gefunden hatte, lebten wir in unterschiedlichen Welten. Larissa war immer noch die Studentin, die vom Geld ihrer Eltern lebte, ich dagegen musste von morgens bis abends arbeiten. Sie ging in eine Vorlesung, wenn sie Lust hatte, und ließ es bleiben, wenn sie keine Lust hatte. Ich dagegen hatte einen anstrengenden Arbeitstag und habe mich manchmal geärgert, wenn sie nicht verstand, dass ich müde war. Als Volontärin habe ich alles getan, um eine Festanstellung zu bekommen, und als ich sie hatte, habe ich mich mächtig angestrengt, um sie zu behalten. Ich hatte keine Zeit mehr, stundenlang mit Larissa zu telefonieren. Und ihre Themen waren auch nicht mehr meine.«

»Das wurde vermutlich nicht besser, als die Zeitung, bei der du fest angestellt warst, vom Markt genommen wurde.«

»Als freie Journalistin bin ich ständig auf der Jagd nach Aufträgen. Als der Unfall von Larissas Eltern geschah, wurde der Kontakt wieder enger. Sie brauchte jemanden, bei dem sie sich ausweinen konnte. Sie hatte ja keine Angehörigen mehr.«

Wiebke ließ den Kopf hängen, Erik betrachtete sie und bewunderte ihre roten Locken, ihre unzähligen Sommersprossen, ihre dichten Augenbrauen. Als sie aufblickte, vergaß er Larissa für einen Moment, weil er erneut verzaubert war von Wiebkes bernsteinfarbenen Augen.

»Du kannst dir nicht vorstellen, wer sie umgebracht haben könnte?«, fragte er, nachdem er sich von Wiebkes Anblick losgerissen hatte.

»Vielleicht war sie ein zufälliges Opfer?«

»Das würde ich glauben können, wenn sie auf der Straße oder im Garten umgebracht worden wäre. Ihr Tod muss etwas damit zu tun haben, dass sie in dieses Haus eingedrungen ist. Was wollte sie hier?«

Wiebke antwortete nicht, sondern stellte eine Gegenfrage: »Wann wird es eine Pressekonferenz geben?«

Erik spürte, wie der altbekannte Widerwille in ihm aufstieg. »Ich sehe keinen Grund für eine Pressekonferenz.«

»Larissas Tod ist von öffentlichem Interesse. Viele erinnern sich an ihre Eltern. Und dass sie in dem Haus umgebracht wurde, das ihnen mal gehörte, ist eine Sensation. Erst recht, weil Viktor Krevert auch hier gestorben ist.«

Erik wusste, dass er einen Fehler machte, aber er stellte die Frage dennoch: »Du willst aus dem Tod deiner Freundin einen gut verkäuflichen Artikel machen?«

Wiebke stand abrupt auf. »Du kannst nichts dagegen haben, dass ich etwas früher mit dem Schreiben anfange.« Schon stand sie in der Küchentür, als gäbe es keinen Augenblick zu verlieren.

Als Kommissar Vetterich in die Küche kam, war Erik erleichtert, dass Wiebke schon in ihrem Kastenwagen saß und den Motor startete. »Ich muss Ihnen was zeigen, Herr Wolf«, sagte Vetterich. »Mir ist da was Merkwürdiges aufgefallen.«

Madonna! Das ist ja orribile! Wie kommt dieses Gekritzel in die Putzkammer?«

Sie lehnte das Bild an die Hauswand, betrachtete es kopfschüttelnd und vergaß, dass im Haus ein Teerinnsal in Richtung des blauen Teppichs sickerte. »Das soll vermutlich zum Sperrmüll gestellt werden«, sagte sie zu Paul, der aus dem Haus kam, um ihr mitzuteilen, dass er die Gefahr bereits mithilfe mehrerer Papiertaschentücher gebannt hatte. »Ich werde Frau Kemmertöns fragen. Enrico will alles, was auf dem Flohmarkt nicht verkauft worden ist, heute Abend an die Straße stellen, damit es morgen abgeholt wird.« Sie hielt Paul das Bild hin. »Sieh dir das Gekrakel an, Paolino! Vermutlich hat Frau Kemmertöns es von ihrer Tante geerbt. So wie die grellen Teppiche und die hässlichen bunten Sofakissen!«

Paul reagierte anders als erwartet. Brüsk nahm er ihr das Bild ab. »So schlecht ist es nun auch wieder nicht. Natürlich muss ich noch üben, aber sonst …«

»Du?« Mamma Carlotta starrte ihn mit offenem Munde an. Sie, die sonst so fix dachte und kombinierte, dass Erik ihr oft nur mit Mühe folgen konnte, hatte nun Schwierigkeiten, Pauls Reaktion zu verstehen. Natürlich vor allem deswegen, weil sie nicht glauben mochte, dass sie sich schon wieder einer Unhöflichkeit schuldig gemacht hatte, die ähnlich unverzeihlich war wie die, mit der sie Larissa so schwer gekränkt hatte. »Willst du damit sagen, dass du …« Sie brachte es nicht fertig, den Satz zu vollenden. Madonna! Italienern war Höflichkeit heilig. Jeder Italiener würde den Versuch eines anderen, einen künstlerischen Beitrag zu leisten, mit Bewunderung bedenken, einen unbeholfenen Dichter für seine verschnörkelte Sprache mit Lob überschütten, einem talentlosen Sänger für seinen Versuch, das hohe C zu erreichen, Beifall spenden und einen stümperhaften Maler, der es nicht fertigbrachte, eine Blumenvase auf die Leinwand zu bringen, und deshalb auf abstrakte Malerei auswich, mit Mutmaßungen über den Sinn seiner Pinselei ehren. Aber was tat sie?

»Du hast recht, ich muss noch viel üben«, sagte Paul und machte Anstalten, das Bild in den Spalt zwischen der Hauswand und einem Wäscheständer zurückzuschieben.

»No, no!« Mamma Carlotta hinderte ihn mit einer heftigen Bewegung. »Allora ... ein bisschen üben wäre nicht schlecht, aber diese Farben ... wie das Meer, wenn ein Sturm aufzieht! Und diese hellen Striche kreuz und quer! Vermutlich der Sylter Strand? Man muss das Bild nur genauer betrachten, dann ist es gar nicht so ... übel.«

»Schon gut«, gab Paul zurück und machte einen zweiten Versuch, das Bild zurückzuschieben. »Ich habe an dich gedacht, während ich es malte. Das Bild soll einen Tisch darstellen, den du gedeckt hast.«

Mamma Carlotta konnte sich über ihre Gefühle nicht klar werden. Paul hatte an sie gedacht, während er malte? Wie romantisch! Aber hatte es auf einem Tisch, den sie gedeckt hatte, jemals ein solches Durcheinander gegeben? »Und diese drei schwarzen Steine am unteren Rand?«

»Das sind Miesmuscheln«, brummte Paul und sorgte dafür, dass Mamma Carlotta ihn nicht noch einmal daran hinderte, das Bild zurückzuschieben.

»Enrico mag keine Miesmuscheln. Deswegen kommen sie mir nie auf den Tisch.«

Paul schüttelte den Kopf, als ärgerte er sich darüber, dass er davon nichts gewusst hatte. »Ich habe versucht, Boy Lindegard zu kopieren.«

»Ah, dieser Maler, von dem Enrico manchmal redet! Ein Sylter, wusstest du das?« Sie war froh, das Gespräch von der Peinlichkeit wegzuführen, die sie noch immer aufwühlte.

Während sie zusah, wie Paul erst die Putzkammer und dann die Tür zu seinem Apartment abschloss, gab sie im Eiltempo alles wieder, was sie Erik über Boy Lindegard hatte sagen hören, und machte den Versuch, das Gespräch auf Alessandro Zamporini zu bringen, den Anstreicher in ihrem Dorf, der sich für einen Künstler hielt. Gelegentlich schaffte er es, seine Auftraggeber zu überreden, sich ein Kruzifix auf die Schlafzimmerwand oder eine Girlande von roten Rosen um den Badezimmerspiegel herum malen zu lassen. Aber sie merkte schnell, dass Paul ihr nicht zuhörte. Zu sehr war er mit der Bewältigung der Niederlage beschäftigt, die er als Künstler erlitten hatte. Seine Haltung war nicht mehr aufrecht, und er blickte zu Boden, während er den Schlüssel in die Hosentasche steckte. Mamma Carlotta hatte keinen Zweifel: Dass sie seine Kunst, wenn sie auch noch so dilettantisch war, nicht gewürdigt hatte, war eine schwere Kränkung für ihn gewesen. Was war nur los mit ihr? Erst Larissa und nun Paolino! So etwas passierte ihr doch sonst nicht! Hatte sie nicht immer das Gekratze des Nachbarjungen auf seiner Geige gelobt, damit er nicht die Lust am Üben verlor? Und sie war auch stets bereit gewesen, bei dem Adoptivkind der Fantozzis nach guten Eigenschaften zu suchen, obwohl der Junge verlogen war, die Nachbarn bestahl und die Katze quälte. Sogar wenn darüber getuschelt wurde, dass die Tochter des Milchhändlers hässlich wie die Nacht war, hatte sie jedes Mal darauf hingewiesen, dass das Mädchen eine hübsche Taille und ein goldenes Herz besaß. Und nun das! Sie war unhöflich gewesen, grob und gemütsarm. Wie konnte sie das nur wiedergutmachen?

»Lass uns gehen!« Paul machte ein paar Schritte auf die Hecke zu, die am Ende der beiden Grundstücke den Garten der Kemmertöns von dem der Wolfs trennte. Auf der übrigen Grenze war ein Zaun errichtet worden, der schwer zu überwinden war, jedenfalls für jemanden, der die fünfzig bereits überschritten hatte. Die Hecke jedoch war so mager und durchlässig, dass man sich leicht hindurchdrängen konnte. »Du hast gesagt, ich könnte den Weg durch den Garten nehmen.« Nun blieb er stehen, drehte sich um und griff in seine Hosentasche. Als er einen Schlüssel hervorzog, lächelte er sogar, was Mamma Carlottas Herz mit Dankbarkeit erfüllte. »Du hast mir den Kellerschlüssel gegeben, damit ich zu Larissa gehen kann, ohne an der Haustür klingeln zu müssen. Nun kann ich ihn ausprobieren.«

Mamma Carlotta seufzte heimlich auf. Damit war die Beleidigung hoffentlich wettgemacht. Im Nu zeigte sie Paul, an welcher Stelle die Hecke am besten zu durchdringen war, dann lief sie ihm voran über den Rasen und die paar Stufen zur Kellertür hinab. Mit einer einladenden Geste forderte sie ihn auf, den Kellerschlüssel zu benutzen. Den schrecklichen Gedanken, der ihr durch den Kopf fuhr, schob sie schleunigst beiseite, aber Paul war es dann, der ihn aussprach: »Hoffentlich kann ich ihn jemals wieder benutzen, um Larissa zu besuchen.« Seine Stimme brach, Carlotta hörte, wie er die Tränen herunterschluckte.

Sehen Sie sich das an.« Kommissar Vetterich zeigte eine Erregung, die Erik bei ihm noch nie gesehen hatte. Normalerweise brachte den altgedienten Spurenfahnder nichts aus der Ruhe, diesmal aber bebten seine Hände, als er auf die Stelle wies, die ihm aufgefallen war.

Erik drängte sich an Dr. Hillmot vorbei, der immer noch neben Larissa kniete und die Ergebnisse seiner Leichenschau in ein Diktiergerät sprach. Erst als Erik sicher war, dass der Abstand zu der Leiche groß genug war, betrachtete er die Stelle, die Vetterich aufgefallen war.

»Da hat etwas an der Wand gelehnt«, sagte der Chef der KTU. »Sehr lange. So eine dicke Staubschicht entsteht in vielen Jahren. Anscheinend war lange niemand auf diesem Speicher.«

»Was hier gelagert wird, stammt also noch von den Freiers?«

Vetterich nickte. »Sieht ganz so aus.« Er zeigte auf den Boden, eine Handbreit von der Wand entfernt, wo ein Streifen von ungefähr einem Meter Länge und drei Zentimetern Breite ohne Staub war. Der hölzerne Fußboden stach glänzend hervor. An der Wand gab es einen quadratischen Abdruck, der allerdings nicht ganz so deutlich zu sehen war. Dennoch war ohne Weiteres zu erkennen, dass an dieser Wand etwas gelehnt hatte, was in etwa die Größe eines Quadratmeters besessen hatte. Die obere Kante hatte eine staubfreie Linie hinterlassen, auch wo die beiden oberen Ecken an der Wand gelehnt hatten, war eindeutig zu erkennen.

»Sieht aus, als hätte dort ein Bild an der Wand gelehnt«, sagte Vetterich. »Was meinen Sie?«

Erik nickte. »Ja, vielleicht ein Bild. Oder ...« Ihm fiel keine andere Möglichkeit ein.

Auch Kommissar Vetterich dachte eine Weile vergeblich nach. »Ein Rahmen vielleicht«, meinte er dann, schüttelte aber gleich darauf den Kopf. »Nein, das Quadrat war geschlossen. Dahinter haftet eindeutig weniger Staub an der Wand.«

»Vielleicht ein Rahmen, der in eine Decke eingeschlagen wurde«, mutmaßte Erik.

»Ja, das könnte sein.« Vetterich kratzte sich am Kopf und beschloss dann: »Nein, die Konturen sind scharf. Ich tippe auf ein Bild.«

Erik machte einen Schritt zurück, betrachtete den Abdruck, dann kam er zu dem gleichen Schluss. Als er sich abwandte, spürte er etwas im Rücken, was nach seiner Wolljacke gegriffen hatte und sie nur widerwillig freigab. Er fuhr mit den Fingern über seinen Rücken, vermutete, dass er dort etwas finden würde, aber am Stoff seiner Jacke haftete nichts. Daraufhin drehte er sich um und betrachtete das große Puppenhaus, dem er zu nahe gekommen war. Und nun sah er, was er gespürt hatte: Am Giebel des Hauses hatte einmal etwas gehaftet. Eine rechteckige Klebeschicht war zurückgeblieben und hatte für einen winzigen Moment seine Bewegung verzögert, als seine Wolljacke sie berührte.

Er fuhr mit dem Zeigefinger über die Stelle. »Hier hat was geklebt.«

Vetterich näherte sich aufmerksam und folgte Eriks Zeigefinger mit seinem eigenen. »Da hat sich was gelöst. Ist noch nicht lange her.«

»Ein Schild?«

»Ja! Etwa acht Zentimeter lang und zwei Zentimeter hoch.«

Erik betrachtete die Stelle ausgiebig, dann sagte er: »Vielleicht finden Sie hier irgendwo ein Schild, das sich dort gelöst haben könnte. Ist aber vermutlich ohne Bedeutung.«

»Das glaube ich auch.«

Mit diesen Worten zog Vetterich sich zurück und ließ Erik mit seinen Gedanken allein. Dr. Hillmot stöhnte leise, als er sich aufrichtete, und ein wenig lauter, als er mit Mühe auf die Beine kam. »Sie haben ja noch gar nicht gefragt, wann die Frau gestorben ist«, sagte er und sah Erik abwartend an. »Und wie sie zu Tode gekommen ist, wollen Sie heute auch nicht wissen?«

»Doch, natürlich«, murmelte Erik, fragte aber nicht weiter nach, als Dr. Hillmot, statt zu antworten, zu seiner Tasche ging, um dort sein Diktiergerät zu verstauen. Erik lauschte in sich hinein, in das Haus hinein, auf die Geräusche, die von außen hereindrangen. Der Wind pfiff durchs Reetdach, eine Bö jaulte auf, die Schreie der Möwen waren in einem Augenblick ganz nah, im nächsten weit entfernt.

»Ein Bild«, flüsterte Erik.

Dr. Hillmot drehte sich um. »Ich tippe auf ein schweres Stück Holz als Tatwaffe. Kerzenständer, Stuhlbein und so weiter. Hammer … auch möglich. Also stumpfe Gewalt.«

Erik riss sich zusammen. »Wann?«

»Gestern Abend. So gegen … acht.«

»Lässt sich schon etwas zum Tathergang sagen?«

Plötzlich stand Sören neben ihm, der sich bis dahin mit den Mitarbeitern der Kriminaltechnischen Untersuchungsstelle unterhalten hatte und daher schon bestens informiert war. »Durch den Staub, der hier überall liegt, kann man von den Spuren einiges ablesen.«

»Spuren von Opfer und Täter?«, vergewisserte sich Erik.

Sören nickte unfroh. »Der Täter war auf alles vorbereitet. Er trug Plastiküberzieher. Wir haben keine einzige verwertbare Schuhspur von ihm. Nur vom Opfer.« Er zeigte zum Treppenaufgang, wo das Geländer mit der Wand einen spitzen Winkel bildete. »Dort scheint Larissa Freier gekauert zu haben.«

»Vielleicht hat sie gehört, dass ihr jemand gefolgt ist, und hat sich versteckt. Kann auch sein, dass sie gar nicht vorhatte, auf den Speicher zu gehen. Sie könnte sich hierhin geflüchtet haben, als ihr klar wurde, dass sie nicht allein im Haus war.«

»Aber der Verfolger hat sie gefunden. Und die beiden haben sich anscheinend gegenübergestanden«, fuhr Sören fort.

»Es kam zu einer tätlichen Auseinandersetzung«, vermutete Erik, während er die verwischten Spuren im Staub betrachtete. »Der Täter hat das Opfer angegriffen.«

Dr. Hillmot wiegte den Kopf. »Kann auch umgekehrt gewesen sein. Vielleicht hat sich der Täter gewehrt, der eigentlich zum Opfer hätte werden sollen. Durchaus denkbar.«

»Also wieder eine Tat im Affekt?«

»Davon würde ich nicht ausgehen«, meinte Sören. »Wenn der Täter Schuhe mit Überziehern trug, hat er seine Tat geplant.«

»Aber was hat er geplant?«, fragte Erik. »Einen Mord? Oder nur einen Einbruch?«

»Dafür brauchte er seine Schuhe nicht zu schützen. Auf den Teppichen hätte er keine Spuren hinterlassen.«

»Aber hier oben in diesem Staub«, antwortete Erik nachdenklich, »sind alle Spuren deutlich zu erkennen ...«

Sören wurde plötzlich sehr aufgeregt. »Sie meinen, er hatte von vornherein die Absicht, auf den Speicher zu steigen? Er suchte hier etwas? Irgendwas, was auch Larissa haben wollte?«

Das ging für Erik alles viel zu schnell. Er antwortete nicht, sondern drehte sich zu Larissas Leiche um und betrachtete sie eingehend. »Was ist die Todesursache?«

»Verbluten nach massiver Gewalteinwirkung auf den Kopf«, antwortete Dr. Hillmot. »Ein paar Parierverletzungen gibt es an den Streckseiten der Unterarme, auch Verletzungen an der Oberfläche der Hand. Sie hat versucht, den Angriff abzuwehren.«

»Vergeblich«, seufzte Erik. Dann sah er Sören an. »Wir müssen Larissas Onkel vom Tod seiner Nichte berichten.«

»Okay.« Sören verzog das Gesicht. Eine Todesnachricht zu überbringen fiel jedem Polizeibeamten schwer. »Ich fahre, und Sie rufen auf dem Nachhauseweg die Staatsanwältin an. Mal sehen, was die dazu sagt, dass wir schon wieder eine Leiche in Viktor Kreverts Villa gefunden haben.«

Dass sie nicht allein waren, merkte Mamma Carlotta erst, als sie an der geöffneten Tür des Wäschekellers vorbeigingen. Dort hingen einige Wäschestücke zum Trocknen auf der Leine, ein paar Blusen von Larissa und eine ihrer Jeans.

Mamma Carlotta blieb stehen wie vom Donner gerührt, griff erschrocken nach Pauls Hand und lauschte. Erst als sie glaubte, dass sie ein Schluchzen gehört hatte, machte sie einen Schritt in den Raum hinein. »Signorina! Was ist passiert?«

Wiebke stand da, das Gesicht in eine von Larissas Blusen vergraben, und weinte. Erschrocken fuhr sie zusammen, starrte Mamma Carlotta an und dann Paul Freier, der ihr gefolgt war. »Wieso kommt ihr durch den Keller?«

Mamma Carlotta beantwortete die Frage nicht, sondern wiederholte: »Was ist passiert?«

Paul Freier machte einen Schritt vor und stand nun neben Mamma Carlotta. »Larissa?«, fragte er mit bebender Stimme.

Wiebke machte den völlig untauglichen Versuch, durch sinnlose Aktivität um die Beantwortung der Fragen herumzukommen. Sie riss ihre eigenen Blusen von der Leine, machte einen

Schritt aufs Bügelbrett zu, als wollte sie das Bügeleisen anstellen, merkte dann aber, dass alle Bemühungen, von dem Entsetzlichen, was geschehen war, abzulenken, fehlschlagen mussten. Mit hilfloser Wut warf sie die Blusen aufs Bügelbrett. »Erik kommt gleich.«

Nun griff Paul nach ihren Armen, als wollte er sie schütteln. »Was ist mit Larissa?«, schrie er.

Eine halbe Stunde später hatte Wiebke alles erzählt, was sie wusste. Paul saß am Küchentisch und stützte den Kopf auf, Wiebke hockte neben ihm und strich ihm unbeholfen über die Hand, Mamma Carlotta lief zwischen Fenster und Herd hin und her, als könnte sie das Entsetzen unter den Füßen zertreten. »Santa Maria nel cielo!«

Schließlich erhob Wiebke sich schwerfällig. »Ich geh hoch«, murmelte sie und verschwand.

Mamma Carlotta starrte die Tür an. Setzte Wiebke sich jetzt etwa an ihren Computer, um einen Artikel über Larissas Tod zu schreiben? Brachte sie es fertig, das Schicksal ihrer Freundin so zu behandeln wie jeden x-beliebigen anderen Todesfall? Sie schüttelte den Kopf. »No«, flüsterte sie. So etwas würde auch eine Journalistin nicht tun, die ständig auf der Suche nach Sensationen war.

Paul blickte sie fragend an. Seine Augen waren ohne Tränen, aber so voller Trauer, dass Mamma Carlotta das Herz wehtat. »No«, sagte sie noch einmal. »Das darf alles nicht wahr sein. Es ist wie ein böser Traum.«

Paul stand auf. »Ich möchte in Larissas Zimmer gehen. Dort kann ich Abschied von meinem Pralinchen nehmen. Noch einmal ihren Duft einatmen. Etwas zur Hand nehmen, was sie berührt hat. Und mir ein Erinnerungsstück aussuchen. Etwas, was von heute an immer bei mir sein wird.«

Mamma Carlotta war voller Verständnis. Menschen, die tapfer mit einem Schicksalsschlag umgingen und versuchten, sich ins Unvermeidliche zu fügen, waren ihr von jeher suspekt gewesen. Für sie mussten Trauer und Verzweiflung einen Ausdruck erhalten, der film- und bühnenreif war. Je theatralischer, desto besser! Ihr konnte niemand weismachen, dass die Tiefe der Trauer nicht an ihrem Ausdruck zu messen war. Ein verzweifelter Onkel, der ein letztes Mal den Duft der ermordeten Nichte einatmen und die Erinnerung an sie mit sich nehmen wollte, indem er betrachtete, was sie betrachtet hatte, und berührte, was in ihren Händen gewesen war, das war so recht nach ihrem Geschmack. So ging ein gefühlvoller Mensch mit seinem Kummer um! Nach wie vor zweifelte sie daran, dass jemand, der in der Trauer erstarrte und reglos hinnahm, was das Schicksal ihm aufbürdete, genauso tief fühlte wie einer, der sich vor Verzweiflung die Haare ausriss.

Als sie vor Paul die Treppe hochstieg, hörte sie das Klappern von Wiebkes Laptoptastatur. Sie tat es also wirklich! Sie schrieb einen Artikel über den neuen Mordfall von Sylt. Sie wollte die Erste sein, darauf kam es ihr auch in dieser schrecklichen Minute an. Ob Erik das wusste? Mamma Carlotta musste dafür sorgen, dass es nicht erneut zu einer Auseinandersetzung kam. Sie spürte, dass sie die letzte sein könnte, dass danach keine Versöhnung mehr möglich war.

Tatsächlich war Larissa noch Teil ihres Zimmers. Es roch nach ihr, nach dem Parfüm, das sie aus der guten Zeit ihres Lebens herübergerettet hatte, nach ihrem ungemachten Bett, nach der Servierschürze, die über einem Stuhl hing und die Gerüche des Bahnhofsbistros verströmte. Mit Larissas Augen betrachteten Mamma Carlotta und Paul Freier dieses Zimmer, mit ihnen sahen sie durchs Fenster in den Garten, mit ihren Fingern tastete Paul über die Fensterbank. Mit dem Gefühl, das in Larissa gewesen sein mochte, hob Mamma Carlotta die Geldbörse an, die auf dem kleinen Tisch neben der Tür lag und erschreckend leicht war.

Die Schranktüren standen weit offen. Mamma Carlotta warf einen Blick in die Fächer, die vollgestopft waren mit T-Shirts und

Pullovern, mit Wäsche und Strümpfen. Alles Relikte aus ihrer Zeit als Tochter reicher Eltern, alles von guter Qualität, repräsentativ, bis die Mode darüber hinweggegangen sein würde. Auf der Kleiderstange hingen nur wenige Bügel, jeder trug mehrere Hosen, Röcke und Blusen. Es gab auch ein paar Kostüme, zwei Hosenanzüge, mehrere Jacken aus Leder und Leinen. Die Kollektion einer verwöhnten Frau!

Paul stand am Fenster, drehte dem Garten den Rücken zu und starrte ins Zimmer. »Hier musste sie also leben.«

Mamma Carlotta begann prompt, das Zimmer zu verteidigen. »Ist es hier etwa nicht sauber und gemütlich? Frag mal Larissas Kollegen im Bistro. Glaubst du, die haben es besser?«

Paul winkte ab. »So habe ich das nicht gemeint.«

Ja, Carlotta verstand. Was er gemeint hatte, war, dass Larissa die letzte Zeit ihres Lebens in einem Zimmer verbracht hatte, das ihr nicht gehörte, in dem man sie wohnen ließ, weil man Mitleid mit ihr hatte, in das hineinpasste, was in ihrem früheren Zimmer nur ein kleiner Teil ihres Besitztums gewesen war.

Sie beobachtete, wie Paul zum Nachttisch ging, nach einem dünnen Buch griff und es durchblätterte. Er steckte es in die Innentasche seiner Jacke. »Das nehme ich zur Erinnerung mit.«

Dann wollte er das Zimmer verlassen, als hätte er es plötzlich eilig. Aber als er an Carlotta vorbeiging, streifte er sie, und plötzlich war es vorbei mit seiner aufrechten Haltung. Er griff nach ihr, zog sie an sich, drängte sich an ihre Brust und wühlte sein Gesicht in ihre Haare. Sie hörte ihn nicht weinen, aber sie fühlte, wie seine Schultern zuckten und das Schluchzen ihn schüttelte.

Die Staatsanwältin verstand ihn nicht. »Warum eine Pressekonferenz? Seien Sie doch froh, wenn die Presse von der Sache noch keinen Wind bekommen hat.«

Erik warf einen Blick zu Sören, der sich ans Steuer gesetzt hatte, damit sein Chef in Ruhe telefonieren konnte. »Stimmt, aber ... ich hoffe auf die Hilfe der Öffentlichkeit. Wir brauchen

Zeugenaussagen, jemanden, der Larissa Freier gesehen hat, jemanden, der sich erklären kann, warum sie in das Haus eingestiegen ist …«

»Meinetwegen. Wenn Sie es unbedingt so wollen …«, gab die Staatsanwältin zurück. »Ich gebe eine Pressemitteilung heraus. Das muss reichen.«

Erik beendete das Gespräch zufrieden. Aber mit seiner Erleichterung war es vorbei, als Sören sagte: »Ist es wegen Frau Reimers? Sie sitzt vermutlich schon an dem Artikel über den Tod ihrer Freundin. Und damit sie nicht die Einzige ist, die die Sensation zu vermelden hat … und damit Sie nicht in den Ruf kommen, Ihrer Freundin mehr zu verraten als zum Beispiel Menno Koopmann … und damit Sie nicht wieder Krach mit ihr bekommen …«

»Schluss jetzt, Sören!«, ging Erik dazwischen.

»Ist doch wahr«, maulte Sören trotzdem. »In Ordnung finde ich das nicht.«

»Warum sollen wir nicht die Presse verständigen? Tun wir damit jemandem weh?«

Nun wurde Sören wütend. »Dienst ist Dienst, und Schnaps ist Schnaps! Private Erwägungen haben in unseren Ermittlungen nichts zu suchen.«

Erik zog es vor, darauf nicht zu antworten. Er wusste ja, dass Sören recht hatte, und er wusste auch, dass er seinen Vorwürfen nichts entgegenzusetzen hatte. Deshalb tat er so, als betrachtete er fasziniert die Dünenlandschaft, und trieb es sogar so weit, sich vorzubeugen, damit er dem Flug einer Möwe folgen konnte, die zwischen den Dünen schwebte und mit ein paar Flügelschlägen Kurs auf die Norddörfer Halle nahm.

Dann entschloss er sich, einfach das Thema zu wechseln. »Was meinen Sie? Dieses Bild, das auf dem Speicher aufbewahrt wurde … könnte das von Boy Lindegard stammen? Vielleicht das dritte Bild des Sylt-Zyklus?«

Sören war noch nicht versöhnt, das merkte Erik an seiner trotzigen Reaktion. »Das kann irgendein alter Schinken gewesen sein, den keiner haben wollte.«

»Aber wenn Larissa Freier dafür sterben musste ...?«

»Das wissen wir nicht, Chef! Wir wissen nicht einmal genau, ob der Abdruck wirklich von einem Bild stammt. Außerdem haben wir keine Ahnung, ob die Freiers das Bild bei ihrem Auszug mitgenommen haben oder ob die Kreverts es nach ihrem Einzug entsorgt haben.«

Erik nahm sein Handy hervor und warf einen Blick aufs Display. »Dass Madeleine Krevert nicht zurückruft ...«, murmelte er.

»Wir sollten zu ihr fahren«, schlug Sören vor. »Vielleicht treffen wir sie in der Wohnung ihrer Freundin an.«

Erik stimmte ihm zu. »Aber zuerst muss Paul Freier vom Tod seiner Nichte erfahren.«

»Wahrscheinlich weiß er längst Bescheid«, vermutete Sören, bog aber bereitwillig rechts ab, um nach Wenningstedt hineinzufahren. »Wollte Ihre Freundin nicht gleich zum Süder Wung zurück, um mit dem Artikel zu beginnen?«

Erik verzog das Gesicht. Ja, wenn Wiebke dort auf Paul Freier gestoßen war, der sich womöglich immer noch in der Obhut seiner Schwiegermutter aufhielt, dann wusste er längst, was geschehen war. »Vermutlich hat Wiebke sich ins Haus geschlichen, um ihm nicht zu begegnen.«

Aber schon als er die Haustür aufschloss, wusste er, dass die Todesnachricht vor ihm angekommen war. Im Haus herrschte eine Stille, die so schwer war, dass sie alles zu Boden drückte. Sie war zwar nicht ohne Geräusche, aber das Klappern der Espressotassen klang gedämpft, die Stimmen waren nur ein Murmeln, und als sich bei ihrem Eintreten ins Haus die Küchentür öffnete, geschah das so behutsam, dass Erik spätestens in diesem Augenblick sicher war, dass in seinem Haus bereits um Larissa Freier getrauert wurde.

»Ciao, Enrico!« Die Worte seiner Schwiegermutter klangen so gemessen, wie er sie sich oft vergeblich wünschte.

Zögernd trat Erik ein. Paul Freier saß am Tisch, den Blick auf seine gefalteten Hände gerichtet. Er nickte nur, als Erik leise grüßte, und sah nicht auf, als er sich neben ihn setzte.

»Un caffè, Enrico? Auch für Sie, Sören?«

Seine Schwiegermutter versuchte mal wieder, die Schwermut mit Essen und Trinken zu bewältigen. Noch ehe die beiden sich entschlossen hatten, das Angebot anzunehmen, dröhnte schon das Mahlwerk der Espressomaschine durch die Küche.

»Habt ihr heute Mittag Zeit zum Essen? Ich werde gleich anfangen mit dem Kochen.«

Erik antwortete mit einer abwehrenden Handbewegung. »Ich glaube nicht, dass wir Zeit haben werden.«

Sören richtete sein Augenmerk auf Paul Freier. »Können Sie sich vorstellen, was Ihre Nichte in dem Haus wollte?«

Paul Freier hatte darüber anscheinend schon nachgedacht. Er schüttelte sofort den Kopf. »Keine Ahnung.«

»Kann es sein, dass sie sich öfter dort eingeschlichen hat, um so zu tun, als wäre alles noch so wie früher? Noch einmal den Luxus genießen, das schöne Ambiente, den Komfort?«

Nun stieg ein Staunen in Paul Freiers Augen. »Sie meinen, sie hat sich in dem Haus bewegt, als wohnte sie noch dort?«

»Wir haben sie auf dem Speicher gefunden. Was mag sie dort gewollt haben?«

Paul Freier zuckte mit den Achseln, antwortete aber nicht.

In diesem Moment klingelte es. Mamma Carlotta ging zur Tür, um zu öffnen. Erik hörte die Stimme der Nachbarin, vernahm deren abwehrenden Worte, als seine Schwiegermutter sie hineinbat, und fragte sich, ob Frau Kemmertöns nun auf der Türschwelle erfahren würde, dass Larissa Freier ermordet worden war.

Er wandte sich an Paul Freier. »Wissen Sie etwas von einem Bild, das Ihr Bruder auf dem Speicher aufbewahrte?«

»Er ist lange nicht betreten worden«, ergänzte Sören. »Wir halten es für möglich, dass die neuen Besitzer noch gar nicht dort oben waren.«

»Warum fragen Sie nach einem Bild?«, erkundigte sich Freier mit verwundertem Blick.

»An einer Wand hat etwas gelehnt. Sehr lange. Es ist in den letzten Tagen entfernt worden, das konnte sie Spurensicherung feststellen. Der Abdruck lässt vermuten, dass es sich um ein Bild handelte. Wir fragen uns, ob Larissa deswegen sterben musste. Und Viktor Krevert vielleicht auch.«

»Ich weiß nichts von einem Bild.«

»Larissa hat nie darüber gesprochen, dass es in dem Haus ihrer Eltern ein Bild gab, das sie zurückhaben wollte?«

Paul Freier schüttelte den Kopf. »Wenn es auf dem Speicher ein Bild gäbe, das sie haben wollte, dann hätte sie es an sich genommen, als ihr das Haus noch gehörte.«

Da hatte er natürlich recht. Diesen Gedanken hatte auch Erik längst gefasst.

»Außerdem«, ergänzte Paul, »hingen alle Bilder, die schön und teuer waren, an den Wänden.«

Mamma Carlotta kämpfte die freudige Erregung mit aller Macht nieder, aber es gelang ihr nicht ganz. Wenn sie sich auch vorhielt, dass kein Mensch sich über etwas freuen durfte, wenn kurz vorher eine junge Frau auf schreckliche Weise ums Leben gekommen war, waren die Aussichten auf eine Geburtstagsparty und einen Friseurbesuch einfach zu aufregend. Die Einladung, die Frau Kemmertöns ihr überreicht hatte, enthielt nur ein Datum und eine Uhrzeit. Alles andere war nicht einmal der Nachbarin bekannt, die von ihren Kegelschwestern überrascht werden sollte, die für alles Weitere sorgen würden. Ein weiterer Grund für freudige Erregung! Hinzu kam sogar noch, dass Frau Kemmertöns' Wunsch nach Kartoffelsalat damit hinfällig geworden war. »Splendido!«

Wie immer, wenn Mamma Carlotta etwas erlebte, was nicht alltäglich war, ob es sich nun um etwas Tragisches oder etwas Erfreuliches handelte, musste sie darüber reden. Und wenn es keine Arbeit gab, die sie davon abhielt, erst recht. Den Kindern hatte sie in deren Mittagspause ein paar Antipasti und die Suppe vom Vortag aufgetischt und mit ihnen gemeinsam Larissa Freiers Schicksal beklagt, aber das war nicht vollkommen befriedigend gewesen. Mit Carolin und Felix konnte sie nicht über die Einzelheiten von Larissas Ermordung sprechen, die beiden waren ja völlig durcheinander gewesen. Also hatte das Gespräch mit ihnen im Wesentlichen aus Trost und Zuspruch bestanden, und natürlich hatte sie den Kindern alles Schreckliche erspart, was sie sich selbst unbedingt von der Seele reden musste. Dafür war auch Paul nicht der Richtige gewesen, der sich immer, wenn die Umstände von Larissas Tod zur Sprache kamen, schaudernd abwandte und die Ohren verschloss, weil er nicht ertragen konnte, was zu ihrem Tod geführt hatte. Und mit Wiebke war überhaupt nicht zu reden gewesen. »Ich kann nicht. Es macht mich fertig.«

Mamma Carlotta hatte sich seufzend gefügt. Mittlerweile wusste sie, dass es unter den Menschen, die im kalten Norden lebten, viele gab, die ihren Kummer in sich verschlossen und auf die tröstende Wirkung der Worte verzichteten. Auch Erik gehörte zu denen, die schweigend litten. Nach Lucias Tod hatte sie ihn beinahe täglich angerufen, um ihm die Möglichkeit zu geben, sich seine Verzweiflung von der Seele zu reden, aber jedes Mal hatte sie nur bedrücktes Schweigen geerntet. Es hatte lange gedauert, bis sie einsehen konnte, dass es ihm keine Erleichterung verschaffte, sein Herz auszuschütten.

Und dann, mitten in diese lähmende Trauer hinein, der Gutschein von ›Hairstylist Donald‹! Wie sollte man sich über so eine reizende Geste nicht freuen! Strahlend hatte Carolin ihn ihrer Nonna überreicht, noch ehe sie erfuhr, was mit Larissa passiert war. »Herzliche Grüße von meinem Chef! Er hat gesagt, wenn du zu ihm kommst, gibt er dir Rabatt. Hier der Gutschein über zwanzig Prozent!«

Mamma Carlotta war derart begeistert, dass sie über die

Freude gleich mehrere Dinge auf einmal vergaß. Erstens, dass der Friseur ein unmoralischer Mensch war, der mit einer verheirateten Frau ein Verhältnis gehabt hatte und aus diesem Grunde eigentlich gemieden werden sollte. Zweitens, dass ein Nachlass von zwanzig Prozent vermutlich immer noch einen Preis ergab, den Altea Fantolato, die Friseurin in ihrem Dorf, verlangte, wenn die komplette Familie Liorni mit den sieben Kindern zum Haareschneiden kam. Drittens, dass in dem Salon ein Friseur arbeitete, der sich vor lüsternen Frauen auszog, und viertens, dass es im Hause Wolf einen Todesfall zu beklagen gab.

Natürlich waren Felix und Carolin derart erschüttert über diese Tatsache, dass ihnen prompt der Appetit verging und sie nur widerstrebend ein paar Löffel heiße Suppe und ein paar Antipasti zu sich nahmen. »Ich fand sie zwar doof«, sagte Felix, »aber trotzdem ...«

Mamma Carlotta fuhr zur Strafe durch die rechte Seite seiner Frisur, wo die Haare lang genug waren, um in Unordnung gebracht zu werden. »Über Tote nichts Schlechtes, Felice.«

Felix brachte sein Haupthaar wieder in Ordnung, während Carolin an den dünnen, hellblond gefärbten Spiralen kaute, die ihr praktischerweise exakt bis in die Mundwinkel wuchsen. Sie war eben ihrem Vater sehr ähnlich und schwieg so wie er, egal ob sie erschüttert oder erfreut war.

Nur als Wiebke die Küche betreten hatte, war wieder Leben in sie gekommen. Die heimliche Sorge Mamma Carlottas, dass Wiebke den Tod ihrer Freundin journalistisch verarbeitete, hatte Carolin ohne Weiteres in Worte gekleidet. »Haust du schon in die Tasten? Super, dass du mehr über das Mordopfer weißt als deine Kollegen. Das lässt sich prima vermarkten!«

Mamma Carlotta hätte normalerweise eingegriffen und Carolin an die Höflichkeit erinnert, die sie von ihrer Enkelin erwartete, wollte aber andererseits Wiebke die Möglichkeit geben, den Verdacht von sich zu weisen und Carolin zu versichern, nie und nimmer aus dem Tod ihrer Freundin Kapital zu schlagen. Doch

Wiebke hatte ausweichend reagiert und sich lediglich jede Einmischung in ihre Arbeit verbeten. Das war Carolin Beweis genug gewesen. Und Mamma Carlotta, wie sie sich selbst heimlich eingestand, ebenfalls!

Es war ihr nicht gelungen, den Streit zu verhindern, der daraufhin entbrannte. Wiebke verteidigte ihren Berufsstand, Carolin kritisierte ihn, und Felix tat sein Bestes, die Sachlichkeit, um die Carolin sich bemühte, mit Übertreibungen zunichtezumachen.

Irgendwann war Mamma Carlotta dazwischengegangen, indem sie mit lauter Stimme an Larissas Tod erinnerte, woraufhin zum Glück alle sowohl Stimme als auch Kopf gesenkt hatten. Aber erst als Wiebke fluchtartig das Haus verließ, war wieder die Stimmung eingezogen, die dem Trauerfall angemessen war.

Dennoch war die Aufarbeitung des Schicksalsschlages insgesamt äußerst unbefriedigend gewesen. Mamma Carlotta brauchte jemanden, der nicht so betroffen war wie Paul Freier, jemanden, der nicht geschont werden musste wie die Kinder. Sie brauchte ein Gegenüber, bei dem jede schaurige Einzelheit beim Namen genannt werden durfte. Also brauchte sie einen Cappuccino – oder angesichts der Tragik vielleicht sogar einen Rotwein aus Montepulciano – in Käptens Kajüte, wo sie alles loswerden konnte, ohne unterbrochen, korrigiert oder gar zur Sachlichkeit ermahnt zu werden.

Was sie aber zuallererst brauchte, war ein Besuch am Meer, wo sie ihre Gedanken ordnen und sich über ihre Gefühle klar werden konnte. Also bog sie nicht in den Hochkamp ein, wo Käptens Kajüte lag, sondern fuhr mit ihrem Rad die Westerlandstraße ein Stück weiter, bis sie zur Einmündung der Seestraße kam. Sie liebte diese Straße mit der breiten Fahrbahn und den flachen Häusern, die auf großen Grundstücken standen. In ihrem Dorf waren die Gassen eng und die Häuser hoch, hier jedoch war man verschwenderisch mit dem Raum umgegangen, den Sylt bot. Auf der Seestraße fuhr man geradewegs in den Himmel hinein, zunächst ohne das Meer zu sehen, das sich erst zu erkennen geben würde, wenn sie der Kliffkante nahe genug gekommen war.

Am Parkplatz, der dem Dünenhof zum Kronprinzen gehörte, stellte sie das Fahrrad ab. Fietjes Strandwärterhäuschen war verwaist, anscheinend war er noch nicht aus der Mittagspause zurückgekehrt, die er immer in Käptens Kajüte verbrachte. Wenn die Hochsaison vorbei war, wurden seine Pausen immer länger. Mamma Carlotta hatte sogar schon einmal Frau Kemmertöns sagen hören, dass der Strandübergang an der Seestraße unter denen als Geheimtipp galt, die ohne Gästekarte an den Strand wollten. Sie hoffte inständig, dass der Kurverwaltung das nicht auch irgendwann zu Ohren kam.

Sie stieg die Holztreppe zum Strand hinab und blieb stehen, kaum dass sie ihre Füße in den Sand gesetzt hatte. Sie schloss die Augen, legte den Kopf in den Nacken und ließ den Wind über ihr Gesicht huschen und in ihren Haaren spielen. Tief atmete sie die würzige Luft ein und lauschte auf das Heranrollen der Brandung. Mittlerweile konnte sie gar nicht mehr verstehen, dass das Meer ihr einmal Angst gemacht hatte. Und es fiel ihr schwer, sich einzugestehen, dass sie sich in der Weite des Strandes noch immer verloren fühlte. Daran hatte sich nichts geändert! Sie war diese Art des Alleinseins eben nicht gewöhnt! Wenn sie in ihrem Dorf allein war, dann dauerte es nur wenige Augenblicke, bis am Ende der Gasse jemand erschien oder zwischen den Rebstöcken der Kopf eines Weinbauers auftauchte. Am Strand von Sylt jedoch konnte man stundenlang allein sein. Eine entsetzliche Vorstellung für eine Italienerin, die schon nach einer Viertelstunde des Alleinseins das Radio andrehte, damit sie sich einbilden konnte, in Gesellschaft zu sein.

Sie ging auf die Brandung zu und freute sich über die Sonnenstrahlen, die gerade durch eine Wolkenlücke blitzen und die Schaumkronen in strahlendes Weiß verwandelten. Auch die

Wolkenberge waren schneeweiß, der Himmel, vor dem sie sich auftürmten, von einem blassen Blau.

Als sie an der Wasserkante angekommen war, blickte Mamma Carlotta nach rechts und links, zu dem neu errichten Gosch-Gebäude Richtung Norden und den hässlichen Hochhäusern von Westerland im Süden. Ein paar Touristen liefen an der Wasserkante entlang, Paare, einzelne Personen und auch eine Gruppe von Jugendlichen, die sich gegenseitig in die auslaufenden Wellen rempelten. Eine Gestalt, die sich in Richtung Westerland bewegte, kam ihr bekannt vor. Sie strengte sich an, kniff die Augen zusammen und studierte die Art, wie der Mann sich bewegte. Große, kräftige Schritte, den Kopf gesenkt, den Oberkörper leicht vorgebeugt. Mit jedem Schritt bewegten sich seine Schultern, als hätten sie einen schweren Rucksack zu tragen.

»Paolino«, flüsterte sie und wunderte sich darüber, wie gut es ihr tat, diesen Namen auszusprechen.

Der Strandläufer! Er hatte es also nicht lange in seinem Holzhaus ausgehalten. Er versuchte, seine Trauer um Larissa mit dem Meer, dem Strand, der Luft zu teilen und sie Schritt für Schritt zu verarbeiten. Ob er Sylt bald verlassen würde? Welchen Grund gab es jetzt noch für ihn, auf der Insel zu bleiben, auf der seine Nichte so unglücklich gewesen war und schließlich sogar einen gewaltsamen Tod gefunden hatte?

Mamma Carlotta wollte den Gedanken nicht zulassen, dass sie der Grund sein könnte, der Paul Freier auf der Insel hielt. Gesagt hatte er, dass er auf jeden Fall bis zu Larissas Beerdigung in Deutschland bleiben und am liebsten nicht eher nach Neuseeland zurückkehren würde, bis ihr Mörder gefunden worden war. Aber dann ...?

Tove war nicht allein, als sie Käptens Kajüte betrat. Außer seinem Stammgast, dem Strandwärter Fietje Tiensch, saß ein junger Mann an der Theke, den Mamma Carlotta erkannte, als er sich zu ihr umdrehte. Jonas Eckert, Friseur, Stripper und Schützling von Frau Kemmertöns! Was er ungeniert in die Höhe hielt, verblüffte Mamma Carlotta derart, dass sie vor der Theke stehen blieb, statt sich wie gewohnt auf einen der Hocker zu schwingen, die davorstanden. Sie hatte lange geübt, bis sie mit einer eleganten Drehung der Hüfte auf die Sitzfläche gelangt und ohne langes Rutschen und Schieben zum Sitzen gekommen war. Seit ihrem dritten Besuch in Käptens Kajüte schaffte sie das sehr gut, aber jetzt war sie in Sorge, dass die Empörung ihr so viel Schwung gab, dass sie auf der anderen Seite des Hockers wieder hinunterrutschen würde.

Das winzige Textilteil in grellem Pink, das Jonas Eckert von Tove und Fietje bestaunen ließ, nannte er Stringtanga. Ein Wort, das Mamma Carlotta noch nie gehört hatte und für einen friesischen Ausdruck hielt. »Schön, dass ich es einer Dame zeigen kann«, sagte er und hielt es ihr vor die Nase. Erschrocken wich Mamma Carlotta zurück und stieß dabei an einen Barhocker, der polternd zu Boden fiel.

»Schließlich soll der Tanga nicht den Männern, sondern den Frauen gefallen«, ergänzte Jonas Eckert, bevor er hinzusprang und den Barhocker wieder auf seine vier Beine stellte.

»Mich würdest du damit eher in die Flucht schlagen«, knurrte Tove. »Wenn ich nicht am Zapfhahn bleiben müsste ...«

»Mich auch«, warf Fietje ein. »Und anziehen würde ich so was nie im Leben. Jawoll!«

Jonas lachte verächtlich. »Ich wage mir nicht vorzustellen, wie Sie darin aussehen würden, Herr Tiensch.«

»Nun mal keine Frechheiten«, brummte Fietje zurück. »Was wissen Sie von meinem Körper? Ich bin eben schanierlich. Mit so einer Büx muss man sich ja schämen. Die Signora hat recht.«

»Die hat doch noch gar nix gesagt«, gab Tove zurück und betrachtete Mamma Carlotta eingehend. »Echt komisch übrigens. Sie sind doch sonst so eine Quetelbüx.«

»Quetelbüx? Schanierlich?« Carlotta verstand kein Wort.

Tove wurde ungeduldig. »Quasselstrippe! Peinlich! Capito?«

Mamma Carlotta warf dem Strandwärter einen Blick zu,

wagte ebenfalls nicht, ihn sich in einem Stringtanga vorzustellen, weigerte sich aber genauso, sich dieses winzige Teil an einem vermutlich schönen Körper wie dem von Jonas Eckert vorzustellen.

»Was sagen Sie dazu?«, fragte Jonas nun und sah Mamma Carlotta interessiert an. »Ist das nicht ein scharfes Teil? Macht das die Frauen an?«

»Das darfst du die Signora nicht fragen«, knurrte Tove. »Die steht nicht auf Männerstrip. Die ist sogar strikt dagegen.«

Mamma Carlotta war es nicht gewöhnt, sich das Wort abschneiden zu lassen. Erst recht war sie es nicht gewöhnt, dass man über ihren Kopf hinweg redete und sie nicht dazu kam, etwas beizusteuern. »So was ist unmoralisch«, sagte sie nun mit großer Würde. Sie hatte sich so weit wieder beruhigt, dass sie sich in der Lage sah, einen Barhocker zu erklimmen.

Jonas lachte ungläubig. »Ist das Ihr Ernst?«

Er ließ sie noch einmal das pinkfarbene Dreieck sehen, das den Teil seines Körpers verdecken sollte, für den Mamma Carlotta keinen Namen hatte, und dehnte das schwarze Band, von dem sie sich nicht ausmalen mochte, wo es an der Rückseite seines Körpers zu sitzen kommen würde.

»Dafür muss man natürlich ein knackiges Popöchen haben«, rief er lachend.

Mamma Carlotta fand sich damit ab, dass es stillos war, in dieser anrüchigen Atmosphäre von Larissas Tod zu reden. So beließ sie es dabei, über ihren Onkel zu berichten, der extra aus Neuseeland gekommen war, um seiner Nichte beizustehen, die ihre Eltern und ihr komplettes Vermögen verloren hatte. Allerdings ... wenn man sie nun nach Larissa fragen und sie gezwungen sein würde zu antworten, dann konnte sie gewissermaßen nichts dafür, dass auch ihr Tod zur Sprache kam.

Doch das Interesse an Larissa Freier hielt sich in Grenzen, sogar bei Jonas Eckert, der sie immerhin persönlich kennen musste, weil sie Kundin in Donalds Friseursalon gewesen war.

Obwohl Mamma Carlotta einige wohldosierte Kunstpausen einlegte, fragte niemand nach Larissas Wohlergehen und ob sie bei guter Gesundheit sei.

Da der pinkfarbene Stringtanga, der so gar nicht zu Larissa und erst recht nicht zu ihrem Ende passte, noch immer auf der Theke lag, blieb Mamma Carlotta bei Paul Freier und redete so lange von ihm, bis Tove murrte: »Man könnte meinen, Sie sind in den Kerl verknallt.«

Mamma Carlotta erschrak. »Madonna! Ich bin Witwe! Wie können Sie so was sagen?«

»Wieso?«, fragte Tove mürrisch zurück. »Eine Witwe kann sich doch den Nächsten angeln. Ich glaube, da hat nicht mal der Pfarrer was gegen.«

Darüber wollte Mamma Carlotta nicht diskutieren, erst recht nicht im Angesicht eines pinkfarbenen Stringtangas. Und da sie eine Meisterin im Themenwechsel war, blieb sie zwar bei Paul Freier, damit niemand merkte, was Toves Bemerkung in ihr angerichtet hatte, ging jedoch zu einem Thema über, das vollkommen unverfänglich war. »Er malt übrigens. Madonna! Was für eine hässliche Pinselei! Nur Striche hin und her und ein paar Kleckse mittendrin.« Sie wandte sich an Jonas. »Haben Sie das schreckliche Bild gesehen? Es steht in der Putzkammer des Holzhauses. Es muss Ihnen aufgefallen sein, als Sie dort aufgeräumt haben.«

Aber Jonas behauptete, dass ihm kein Kunstwerk dort begegnet sei, nahm endlich den Stringtanga von der Theke und steckte ihn in seine Jackentasche. »Beim nächsten Frauenabend werde ich also den tragen«, beschloss er.

»Vermutlich nicht lange«, antwortete Tove augenzwinkernd und warf der Schwiegermutter des Kriminalhauptkommissars einen herausfordernden Blick zu. »Man wird dir das Ding vom Leibe reißen, Jonas.«

Mamma Carlotta starrte den Kaffeeautomaten an, als gäbe es dort etwas, was tausendmal interessanter war als Toves Worte.

»Sie brauchen das Ihrem Schwiegersohn gar nicht zu erzählen, Signora. Wir schließen dann die Tür ab und sind eine geschlossene Gesellschaft. Dann darf man so was. Ich habe mich erkundigt.«

Aber Mamma Carlotta stellte sich schwerhörig und verweigerte hochmütig die Antwort.

Erst als Jonas Eckert sich zum Gehen entschloss, sagte sie: »Ich habe übrigens einen Gutschein! Zwanzig Prozent! Vielleicht komme ich gleich im Salon vorbei.«

»Um einen Termin zu vereinbaren?«

Mamma Carlotta starrte Jonas an. Termin? Wieso brauchte sie einen Termin, wenn sie sich frisieren lassen wollte? Zu Altea Fantolato ging sie am Vormittag, wenn ihr am frühen Morgen aufgefallen war, dass sie einen Haarschnitt benötigte, und plauderte mit der Friseurin und der Kundin, die sie gerade frisierte, so lange, bis sie dran war. Und wenn Signora Fantolato viel zu tun hatte, kam Mamma Carlotta entweder am nächsten Tag wieder oder ging durch die Hintertür in die Küche zu Alteas alter Mutter, die sich immer über einen Besuch freute. Bei ›Hairstylist Donald‹ brauchte man für so was einen Termin?

»In den nächsten Tagen sieht es schlecht aus«, erklärte Jonas, der schon an der Tür stand. »Der Terminkalender ist randvoll. Aber wenn Sie wollen, schau ich nach, ob es irgendwo noch eine Lücke gibt.«

Carlotta, die es liebte, wenn sie aufgrund von guten Beziehungen eine Sonderbehandlung erfuhr, vergaß Jonas' skandalösen Nebenberuf und lächelte geschmeichelt. »Das wäre sehr nett.«

»Ich rufe an«, versprach Jonas. »Sind Sie noch eine halbe Stunde hier?«

Mamma Carlotta versicherte es, denn nun würde sie mit Tove und Fietje allein sein und konnte in aller Ruhe über Larissas Ermordung sprechen, ohne sich Gedanken darüber machen zu müssen, ob es Einzelheiten gab, die vertraulich behandelt werden sollten. Damit würde sie eine halbe Stunde zu tun haben. Wenn nicht länger!

»Danach muss ich unbedingt joggen«, seufzte Jonas und fuhr sich mit einer affektierten Bewegung durch die Haare. »Mein Body muss in Form bleiben.«

Tove, der sich noch nie Gedanken über die Schönheit seines Körpers gemacht hatte, schüttelte den Kopf. »Jonas hat einen Spitznamen«, erklärte er Mamma Carlotta. »Man nennt ihn auch ... wie diesen Vogel, den man im Watt häufig sieht.«

Mamma Carlotta hatte sich während ihres letzten Aufenthaltes auf Sylt einen Diavortrag über das Leben im Watt angesehen und einiges behalten. »Rotschenkel?«

Tove lachte, Fietje schmunzelte in sein Jever, und Jonas öffnete pikiert die Tür. »Sie sollten sich wirklich mal meine Beine ansehen, Signora!«

»Strandläufer«, korrigierte Tove. »In seiner Freizeit rennt er den Strand rauf und runter.«

»Solltest du ebenfalls tun! Dann kriegst du auch so einen Knackpo wie ich!« Jonas zog die Tür von Käptens Kajüte hinter sich ins Schloss und war verschwunden.

»Strandläufer?«, wiederholte Mamma Carlotta versonnen. »Ich kenne noch jemanden, der so genannt wird.« Dann aber schüttelte sie den Gedanken an Paul Freier ab, legte die Unterarme gemütlich auf die Theke und beugte sich vor. »Stellen Sie sich vor, es gab schon wieder einen Mord auf Sylt ...«

Madeleine Krevert war in die Höhe gefahren, als hätte man ihr gesagt, sie habe versehentlich auf dem elektrischen Stuhl Platz genommen. »Schon wieder ein Mord in unserem Haus?«

Erik korrigierte sie sanft und erklärte ihr, dass sie bei dem Tod ihres Mannes nach wie vor von Totschlag ausgingen. Aber sie war an seinen Ausführungen nicht interessiert. Mit zitternden Händen zündete sie sich eine Zigarette an. Erik beneidete sie. Wenn er jetzt seine Pfeife hätte hervorziehen und gemächlich stopfen können, wäre ihm wesentlich wohler gewesen. Aber das kam natürlich nicht infrage.

Madeleine Krevert schien sich in diesem Haus wohlzufühlen. Sie hatte es den beiden Polizeibeamten gleich nach deren Ankunft erklärt: »Hier bin ich sicher, ich werde von der Presse in Ruhe gelassen. Der Mann meiner Freundin ist der Chef einer Sicherheitsfirma. Er weiß, wie man sich unliebsame Gäste vom Hals schafft.« Dann fügte sie hinzu: »Unser Haus in Kampen wird verkauft. Ich will da nicht wieder hin. Meine Freundin sagt, ich kann hier bis auf Weiteres wohnen.«

Das Haus, dessen frühere Besitzer Erik gut kannte, lag in der Bötticherstraße, in allerbester Lage. Zentral, in der Nähe des Strandes, sogar der nächste Strandübergang am Ende der Margarethenstraße war nicht weit. Es war von alteingesessenen Syltern verlassen worden, die ihr ganzes Leben auf der Insel verbracht hatten. Wie viele Sylter hatten sie in den Sechzigerjahren ihr Haus zu einer Frühstückspension umgebaut, die zunächst eine Goldgrube gewesen war. Die beiden hatten das Haus ausgebaut, den Garten neu gestaltet und mit Spielgeräten ausgestattet. Aber dann waren sie, ebenso wie viele andere, das Opfer einer schleichenden Entwicklung geworden. Pensionen wurden immer weniger nachgefragt, Ferienwohnungen nahmen ihren Platz ein. Als der Mann starb, zog die Frau aufs Festland zu ihren Kindern, das Haus wurde verkauft. Nun lebte eine Familie dort, die es zu einem attraktiven Wohnsitz vergrößert hatte. Erik schluckte den Ärger darüber herunter, dass immer mehr Sylter ihre Heimat verlassen mussten und immer mehr Menschen vom Festland seine Insel besetzten.

»Haben Sie mir nicht erzählt, Sie hätten unser Haus versiegelt?« Madeleine Krevert blitzte ihn wütend an, bevor sie den Rauch zur Decke blies.

Erik erklärte ihr, dass Larissa Freier auf einem Weg ins Haus gekommen war, von dem niemand etwas gewusst hatte.

Das machte Madeleine noch wütender. »In unserem Haus

kann man ein- und ausgehen, wie man will?« Sie sah ihn an, als wäre es die Schuld der Polizei, dass das Lüftungsgitter im Heizungskeller nicht verschraubt gewesen war.

Erik ging auf ihre Worte nicht ein, sondern fragte: »Sind Sie jemals auf dem Speicher Ihres Hauses gewesen?« Er lehnte sich zurück und betrachtete Madeleine Krevert genau, während Sören in dem cremefarbenen Sofa hin und her rutschte, als könnte er die Antwort nicht erwarten.

Madeleine Krevert verzog das Gesicht. »Ich habe eine Spinnenphobie. Und an Staub brauche ich bloß zu denken, schon bekomme ich einen Asthmaanfall.«

»Und Ihr Mann?«

Sie zuckte die Schultern. »Warum fragen Sie?«

»Auf dem Speicher haben wir Larissa Freier gefunden. Tot.«

Madeleine Krevert bemerkte nicht, dass die Asche ihrer Zigarette auf den kostbaren Teppich fiel. Sören machte eine Geste, als wollte er sie darauf aufmerksam machen, unterließ es dann aber.

»Was wollte sie dort?«, stieß Madeleine Krevert schließlich hervor. »Ich nehme doch an, der Speicher war leer.«

Erik schüttelte den Kopf. »Nein, dort stand noch alles Mögliche herum.«

»Was? Larissa Freier hat uns ihr altes Gerümpel hinterlassen? Unerhört!«

Erik beugte sich vor und sah Madeleine Krevert eindringlich an. »Wir haben einen Verdacht. Es könnte um ein Gemälde gegangen sein. Auf dem Speicher Ihres Hauses wurde anscheinend ein Bild aufbewahrt, das nun verschwunden ist. Sie als Galeristin …«

Sie sprang auf und ging zu einer Topfpflanze, um dort die Asche ihrer Zigarette abzustreifen, als gäbe es keinen Aschenbecher auf dem Tisch. »Was war das für ein Bild?«, fragte sie, sichtbar um Ruhe bemüht, aber mit vor Aufregung vibrierender Stimme.

»Das wüssten wir gerne von Ihnen«, antwortete Sören.

»Ich weiß nichts von einem Bild.« Madeleine Krevert setzte sich wieder, die Geschäftstüchtigkeit stand wie ein grelles Licht in ihren Augen. »Ein kostbares Bild?«

Erik antwortete nicht, sondern fragte zurück: »Sie sind ganz sicher, dass Sie nie auf dem Speicher waren? Und dass Sie dort kein Bild gefunden haben?«

Diese Frage missfiel Madeleine Krevert derart, dass sie sie nur mit einem verächtlichen Schnauben beantwortete.

»Wenn Larissa Freier deswegen sterben musste«, versuchte Erik sie zu locken, »dann ist anzunehmen, dass es sich um ein kostbares Bild handelte.«

Wieder hielt es Madeleine nicht auf ihrem Sitz. Sie lief aufgeregt hin und her. »Dann musste auch mein Mann deswegen sterben? Jemand wollte ein Bild vom Speicher stehlen? Derjenige glaubte, dass niemand im Haus ist, wurde von Viktor überrascht und …« Sie blieb stehen und drehte den beiden Beamten den Rücken zu, als stünden die Gedanken in ihrem Gesicht und als wollte sie sie nicht erkennen lassen.

»Die Spuren auf dem Speicher waren sehr frisch«, sagte Erik und zwang Madeleine Krevert damit, sich wieder umzudrehen. »Wenn derjenige, der Ihren Mann auf dem Gewissen hat, auf den Speicher wollte, muss er von seinem Plan Abstand genommen haben.«

Sören ergänzte: »Vielleicht hatte er nicht mehr die Nerven, nachdem Ihr Mann gestorben war.«

»Und vergangene Nacht ist er zurückgekommen?«

»Möglich.« Erik schlug sein Notizbuch zu und steckte es ein. »Aber natürlich kann auch alles ganz anders gewesen sein.«

Madeleine Krevert flüsterte, als wäre das, was sie sagen wollte, zu wichtig für laute Worte: »Als Sie mich gestern Morgen aus dieser Spelunke geholt haben, sprachen Sie über den Sylt-Zyklus von Boy Lindegard.«

Erik nickte schweigend. Er wollte ihr die Frage, die sie auf den Lippen hatte, nicht leichter machen.

»Der Mann meiner Freundin hat mir erzählt, dass eins der drei Gemälde, ›Krebsgang‹, von seiner Sicherheitsfirma nach Flensburg gebracht worden ist.«

Wieder nickte Erik, und Sören machte es genauso.

»Haben Sie etwa den Verdacht, auf dem Speicher meines Hauses stand ›Strandläufer‹, ohne dass ich es wusste?«

Erik hob die Schultern. »Könnte sein.«

Madeleine Krevert begann derart unvermittelt zu schreien, dass Erik und Sören zusammenfuhren. »Wieso bin ich nie auf diesen dämlichen Speicher gestiegen? Verdammt noch mal! Wenn dieses Bild da oben gestanden hat … und ich wusste es nicht …!« Sie betrachtete verzweifelt ihre Hände, ehe sie weitersprach: »Aber ich habe nun mal diese Spinnenphobie! Und ich hasse Staub! Auf jedem Speicher gibt es von beidem reichlich! Deswegen bin ich da nicht hochgegangen. Außerdem habe ich natürlich angenommen, dass er leer geräumt worden ist.«

Nach einer Weile, als sie sich beruhigt hatte, fragte Erik: »Wenn es wirklich das dritte Bild des Sylt-Zyklus war … wie könnte es da hingekommen sein?«

»Woher soll ich das wissen?«

Madeleine Krevert zündete sich eine weitere Zigarette an.

Der Name Donald Manfredini stand im Raum, der Name seines Bruders gesellte sich dazu, aber beide wurden nicht ausgesprochen. Schließlich fragte sie: »Wieso hat die kleine Freier das Bild nicht aus dem Haus geholt, als sie auszog? Sie hat ja auch alle anderen persönlichen Gegenstände an sich genommen.«

»Vielleicht wusste nicht sie, sondern jemand anders von dem Bild auf dem Speicher.«

»Jemand anders?«

Erik nickte. »Derjenige, der Ihren Mann und Larissa Freier auf dem Gewissen hat.«

Madeleine besaß die Unhöflichkeit, den Zigarettenrauch in Eriks Richtung zu pusten. »Warum sagen Sie es nicht in aller Deutlichkeit? Sie vermuten, dass Donald Manfredini dahintersteckt. Und dass ich mit ihm gemeinsame Sache gemacht habe.«

»Haben Sie?«, fragte Erik lächelnd.

»Nein!«, brüllte Madeleine Krevert. »Wenn ich ›Strandläufer‹ besessen hätte, hätte er nicht auf einem Dachboden gestanden.«

»Warum nicht?« Nun war es Sören, der ein Lächeln aufsetzte, das Überlegenheit signalisierte. »So ein Bild lässt sich nicht in einer Galerie ausstellen. Es zu verkaufen ist auch nicht so leicht. Wer hat schon Interesse am Erwerb eines Gemäldes, das man weder weiterverkaufen noch an die Wand hängen kann, weil es sich um Diebesgut handelt?«

Madeleine Krevert drückte so energisch ihre Zigarette aus, dass der Aschenbecher auf der gläsernen Tischplatte knirschte. »Dass es sich um ›Strandläufer‹ handelte, ist reine Vermutung. Stimmt's?«

Erik nickte, wenn auch ungern.

»Dann sollten Sie sich zuerst darum kümmern, dass ein Beweis erbracht wird.« Madeleine Krevert lehnte sich zurück und sah so zufrieden aus, als hätte sie einen Sieg errungen.

Mamma Carlotta liebte es, durch eine Vorzugsbehandlung an Bedeutung zu gewinnen. Dass Jonas Eckert tatsächlich in Käptens Kajüte angerufen hatte, entzückte sie und ließ sie für einen Moment sogar vergessen, dass ein Stripper eigentlich unmöglich ein zuverlässiger Mensch sein konnte. Zwar hatte er ihr den Anruf versprochen, als er die Imbissstube verließ, aber eine Italienerin glaubte nie daran, dass ein solches Versprechen gehalten wurde. Normalerweise gab man es aus Höflichkeit, verschaffte sich damit einen guten Abgang … und vergaß es wieder. So war es in Italien, aber Norddeutsche waren anscheinend anders. Auch Erik fand es ja immer wichtig, eine Zusage einzuhalten, und wenn es noch so unbequem für ihn war.

Jonas hatte eine Lücke im Terminkalender des Salons gefunden, die zwar in die Zeit der Vorbereitungen für das Abendessen fiel, aber Mamma Carlotta sagte sich, dass die Familie Verständnis haben musste, wenn sie erst später essen würden. Zwanzig Prozent waren ein Argument, dem sich niemand verschließen konnte. Und da es sich nicht lohnte, zwischen ihrer Einkehr in Käptens Kajüte und dem Friseurbesuch nach Hause zurückzukehren, machte sie das Maß ihrer Unterlassungen voll und blieb an Toves Theke sitzen, um noch etwas länger in aller Ausführlichkeit über Larissa, ihre früheres Leben und ihren schweren Schicksalsschlag zu reden.

Als sie sich auf den Weg zum Friseursalon machte, versank die Sonne gerade im Meer. Zum Glück! Denn um das denkwürdige Ereignis, ihren Besuch bei einem In-Friseur, mit der angemessenen Feierlichkeit zu begehen, hatte sie sich zuvor einen Rotwein aus Montepulciano genehmigt. Eigentlich gehörte es zu ihren Grundsätzen, dass für den Genuss von Alkohol die Sonne untergegangen sein musste, aber während sie den Hochkamp entlangradelte, stellte sie zufrieden fest, dass sie diese goldene Regel durchaus beherzigt hatte, wenn man nicht pingelig war und nicht auf ein paar Minuten sah. Die Sonne war so gut wie untergegangen, das reichte!

Aus der Westerlandstraße bog ein großer Mercedes, ein Offroader, in den Hochkamp ein und parkte vor einem Haus, in dem es einige Ferienapartments gab. Auf die Frau, die ausstieg, wurde Mamma Carlotta aufmerksam, weil diese alles tat, damit man nicht auf sie aufmerksam wurde. Sie legte sich ein Tuch über den Kopf, das sie bis zu den Brauen zog, und beugte sich vor, damit man ihr Gesicht nicht sehen konnte. So huschte sie einen Teil der Straße zurück und steuerte das Haus an, in dem der Salon von Hairstylist Donald lag.

Mamma Carlotta war prompt alarmiert. Warum parkte Madeleine Krevert nicht auf einem der Parkplätze, die Donald Manfredini seinen Kundinnen zur Verfügung stellte? Und was wollte sie überhaupt bei ihm? Da war etwas faul!

In dieser Auffassung wurde sie bestätigt, als sie beobachtete, dass Madeleine Krevert nicht auf den Eingang des Salons zuging, sondern um das Haus herum. Und das auch erst, nachdem sie sich ein weiteres Mal wachsam umgeblickt hatte. Mamma Carlotta hatte sich prompt mit dem Abschließen ihres Fahrrades beschäftigt und sich dabei so tief über das Rad gebeugt, dass Madeleine Krevert sich unbeobachtet fühlen musste. Im Nu war sie hinter dem Gebäude verschwunden, und Mamma Carlotta stellte mit einem Blick auf die Uhr fest, dass sie noch zehn Minuten Zeit hatte, bis sie im Salon erwartet wurde. Genug, um Madeleine Krevert hinterherzuschleichen und herauszufinden, was sie vorhatte. Den Gedanken an Erik schob sie schnell beiseite. Sie wusste, er würde sie wieder neugierig nennen. Aber sie wollte ihm natürlich nur bei seiner Arbeit helfen! Wenn sie jetzt herausfand, dass Madeleine Krevert etwas auf dem Kerbholz hatte, dann würde Erik ihr sehr dankbar sein. Diesen Satz sprach sie sich in Gedanken mehrmals vor, bis sie ihn selbst glauben konnte.

Vorsichtig schlich sie bis zur Hausecke, wo ein Regenrohr von der Traufe bis zur Erde verlief. Zwischen der Hauswand und diesem Rohr gab es einen Spalt, der ausreichte, um Madeleine Krevert zu sehen, ohne von ihr bemerkt zu werden. Diese zog gerade ein Handy aus ihrer Manteltasche, wählte eine Nummer und sagte: »Komm raus! Ich bin hinter dem Haus.«

Sie steckte das Handy zurück, sah sich um und machte ein paar nervöse Schritte hin und her, während sie in die andere Manteltasche griff und nach Zigaretten und Feuerzeug suchte.

Als sie den ersten Rauch in die Luft gepafft hatte, klappte eine Tür. Anscheinend besaß der Salon einen Hinterausgang, durch den nun Donald Manfredini heraustrat.

»Was willst du?«, fragte er. »Ich denke, du möchtest nichts mehr mit mir zu tun haben?«

»Stimmt«, gab Madeleine Krevert zurück, und ihre Stimme klang so hart, als wollte sie Donald verletzen. »Aber über eine

Sache müssen wir noch reden. Wenn du Glück hast, hörst du danach nie wieder was von mir. Aber wenn du Pech hast …«

Die beiden entfernten sich vom Haus, gingen tiefer in das Grundstück hinein, wo es ein paar Garagen gab, einen Abstellraum für Fahrräder und Gartengeräte und dazwischen einen großen Apfelbaum, vor dem eine Bank stand. Dort ließen sie sich nieder, was für Mamma Carlotta bedeutete, dass sie sich zurückziehen musste, um außer Sichtweite zu kommen. Dummerweise geriet sie damit auch außer Hörweite. Sie wich einen Schritt zurück, presste den Rücken fest an die Hauswand und musste sich ganz auf die Kraft ihres linken Ohres verlassen, um etwas von dem mitzubekommen, was auf der Gartenbank geredet wurde.

Die beiden stritten sich! Das wurde ihr klar, noch bevor sie ein Wort verstanden hatte. Und dann drangen immer mehr Gesprächsfetzen herüber, je erregter die beiden wurden und je weniger sie auf ihre Umgebung achteten.

»Du musst was von dem Bild gewusst haben!«, hörte Mamma Carlotta Madeleine Krevert sagen. »Gib's zu!«

Donald schien das zu bestreiten, denn Madeleine setzte nach: »Dein Bruder könnte dich eingeweiht haben.«

Nun war auch Donald nicht mehr darauf bedacht, sich unauffällig zu verhalten. »Was unterstellst du mir? Ich bin nicht so wie mein Bruder. Ich habe mir noch nie was zuschulden kommen lassen.«

Die beschwichtigenden Worte Madeleine Kreverts waren so leise, dass sie nicht zu verstehen waren. Mamma Carlotta konnte sehen, wie sie ein falsches Lächeln aufsetzte und Donald eine Hand auf den Arm legte, der ihr jedoch mit einer heftigen Bewegung entzogen wurde. Wenn Mamma Carlotta die Worte, die sie aufschnappte, richtig interpretierte, bot Madeleine nun an, nichts zu verraten. Voraussetzung sei allerdings …

»Was machst du hier, Nonna?«

Mamma Carlotta fuhr erschrocken herum und stand Carolin

gegenüber, die sie durch die langen blonden Haarsträhnen, die vor ihrem Gesicht baumelten, anschielte. Unter dem Arm trug sie einen Wäschekorb mit Handtüchern. Sie pustete sich die Haarsträhnen aus dem Gesicht, damit sie freien Blick auf ihre Großmutter hatte. Dann wiederholte sie: »Was machst du hier?«

»Ich habe einen Termin«, stotterte Mamma Carlotta.

»Das weiß ich von Jonas«, entgegnete Carolin. »Suchst du hier etwa den Eingang?«

»Madonna!« Mamma Carlotta drängte Carolin ein paar Meter zurück, damit sie reden und sich bewegen konnte, ohne von Madeleine und Donald bemerkt zu werden. »Ich sah eine Dame, die diesen Weg ging. Und da dachte ich …«

»Du bist also mal wieder neugierig«, stellte Carolin nach einem Blick in den Garten fest. »Du willst wissen, ob mein Chef noch immer ein Verhältnis mit Madeleine Krevert hat.«

Mamma Carlotta schämte sich in Grund und Boden. Vom eigenen Enkelkind bei unrechtem Tun ertappt zu werden war entsetzlich. Dio mio! Wie sollten die Kinder zu Diskretion, Toleranz und Ehrlichkeit erzogen werden, wenn ihre Nonna ihnen ein so schlechtes Beispiel war? Dass Carolin den wahren Grund ihrer Neugier nicht erkannte, machte die Sache nur wenig besser.

Aber wie immer, wenn sich keine Notlüge finden ließ und auch nicht die kleinste faule Ausrede in Sicht war, rettete sie sich, indem sie die Aufmerksamkeit auf etwas anderes lenkte. Das hatte schon bei ihrem Dino, Gott hab ihn selig, gut funktioniert. »Warum läufst du mit dem Wäschekorb ums Haus herum, Carolina? Es gibt doch einen Hinterausgang!«

»Der führt durchs Büro«, gab Carolin zurück. »Und das ist für Praktikanten tabu.« Sie sah ihre Nonna an wie eine Lehrerin, die sich das Strafmaß für einen besonders frechen Schüler überlegte, und war erst zufrieden, als Mamma Carlotta unter ihrem scharfen Blick zusammenschrumpfte. »Sonne und Wind sind gut für die Handtücher, sagt Donald. Deswegen hänge ich sie im Garten auf. Und du benutzt bitte den vorderen Eingang.«

Carolin wandte sich um und ging davon, während Mamma Carlotta Mühe hatte, wieder zu ihrer normalen Größe heranzuwachsen. Sie war sicher, dass Donald Manfredini das Auftauchen seiner Praktikantin hinter dem Haus nicht recht sein würde. Andererseits konnte sie unmöglich zugeben, was sie belauscht hatte. Carolin durfte nichts von den Vorwürfen erfahren, die Madeleine ihrem früheren Geliebten gemacht hatte. Jedenfalls nicht aus dem Mund ihrer Nonna. Sollte sie dagegen zufällig beim Wäscheaufhängen etwas Verdächtiges hören, so war das nicht die Schuld ihrer Großmutter …

»No!« Mamma Carlotta fand, dass es sie nichts anging, was nun hinter dem Haus geschah, und dass sie es erst recht nicht verhindern konnte. Wenn Carolin in diesem Augenblick zur Mitwisserin wurde, sollte sie es sein, die ihrem Vater verriet, was zwischen Madeleine und Donald gesprochen worden war, und nicht ihre Nonna, die bei Erik in ständigem Verdacht stand, neugierig und geschwätzig zu sein.

Erik blieb vor seinem geparkten Auto stehen, machte aber keine Anstalten, es aufzuschließen. Er wandte sich dem Meer zu und sagte: »Lassen Sie uns zum Strand gehen, Sören. Es hilft immer, sich den Wind um die Nase wehen zu lassen.«

Sören zögerte. »Wir wollten uns Larissas Zimmer vornehmen.«

»Das läuft uns nicht weg.«

Sören ging ihm nach und fiel, als er Erik erreicht hatte, in den Rhythmus seiner Schritte. Schweigend gingen sie zum Strandübergang Margarethenstraße, der leicht geschwungen zur Strandpromenade führte, sodass man erst auf den letzten Metern das Meer sah. Hier, jenseits des Miramar, war es stiller. Auf dem Teil der Promenade, die an der Konzertmuschel vorbeiführte, war noch viel los, trotz der Vorsaison und trotz des kühlen Wetters, aber sobald man gen Süden lief, wurde es ruhiger.

Erik sah seinen Assistenten fragend an, der sofort verstand und den Kopf schüttelte. »Besser, wir bleiben auf der Promenade, sonst haben wir am Ende die Schuhe voller Sand.«

Erik nickte, wenn er auch einen sehnsüchtigen Blick zur Wasserkante warf. Er liebte es, am Ufersaum entlangzulaufen, den ausrollenden Wellen auszuweichen und den Blick aufs Meer zu richten, damit er glauben konnte, ganz allein mit seiner Insel zu sein. Aber Sören hatte recht. In ihren glatten Straßenschuhen waren sie auf der Promenade besser aufgehoben, die an dieser Stelle noch gepflastert war. Ein weißer Holzzaun begrenzte sie, davor waren Bänke aufgestellt, auf denen einige frühe Osterurlauber saßen und das Gesicht der Sonne hinhielten, die einen kurzen Moment durch die dichte Wolkendecke spitzte.

»Ich glaube ihr nicht«, sagte Erik, nachdem sie eine Weile schweigend nebeneinander hergelaufen waren. »Das ist eine ganz Ausgebuffte.«

Sören war der gleichen Meinung. »Madeleine Krevert weiß, dass wir nur Vermutungen haben, keine Beweise, nicht mal richtige Indizien.«

»Vielleicht verrennen wir uns ja wirklich in eine verrückte Idee«, überlegte Erik. »Hätten wir nicht ›Krebsgang‹ an Tove Griess' Flohmarktstand entdeckt, würden wir jetzt nicht an ›Strandläufer‹ denken.«

»Aber der mutmaßliche Kunsträuber heißt Manfredini«, gab Sören zurück, »und ist der Bruder von Madeleine Kreverts Liebhaber.«

»Außerdem stimmen die Maße.« Erik blieb stehen und sah aufs Meer hinaus, das trotz der trüben Wetterlage von schöner, intensiver Farbe war. Ein Blau, das sich vom Grau zwar das Leuchten nehmen ließ, es aber mit einem dunklen Grün dennoch in eine Farbe verwandelte, die es so schön nur im Meer gab.

Erik hatte im Flensburger Museum angerufen und dort erfahren, dass die drei Bilder des Sylt-Zyklus alle von gleicher Größe waren. Er hatte sich die Maße notiert und diese an Vetterich weitergereicht, der sie mit den Spuren verglich, die er gesichert hatte. Kurz darauf hatte es festgestanden: Das Bild, das auf dem Speicher des Hauses aufbewahrt worden war, in dem Viktor Krevert und Larissa Freier den Tod gefunden hatten, war so groß gewesen wie ›Salzwiesen‹, ›Krebsgang‹ und ›Strandläufer‹.

»Immerhin ein Indiz«, meinte Sören, der aufs Weitergehen drängte, weil er beim Blick aufs Meer anscheinend nicht das Gleiche empfand wie Erik. »Aber ein Beweis?«

Prompt entstand wieder eine nachdenkliche Stille zwischen ihnen, die so lange anhielt, bis Sören feststellte: »Sie wollen ja unbedingt, dass die Presse über Larissa Freiers Tod informiert wird.« Er gab sich Mühe, auf einen anzüglichen Tonfall zu verzichten, aber es gelang ihm nicht. »Soll die Öffentlichkeit auch erfahren, dass der Sylt-Zyklus von Boy Lindegard eine Rolle spielt?«

Erik wehrte ab. »Das habe ich mit der Staatsanwältin besprochen. Diese Information werden wir vorerst zurückhalten.«

Sie waren nun auf der Höhe des Strandrestaurants Seeblick angekommen, wo aus dem gepflasterten Weg ein Holzsteg wurde, der mit Sand überweht war.

»Warum eigentlich?«, fragte Sören.

»Sie haben es doch selbst gesagt: Es gibt nur Vermutungen, keine Beweise, nicht mal Indizien.«

»Dann sollten Sie dafür sorgen, Chef, dass der Sylt-Zyklus auch in Ihrem Hause nicht erwähnt wird.«

Erik warf Sören einen fragenden Blick zu. Der aber sah auf seine Füße, als erwarte er einen Rüffel, weil er sich in die Privatangelegenheiten seines Chefs einmischte, und hob freudig überrascht den Kopf, als Erik zustimmte: »Sie haben recht. Wiebke darf nur das zu Ohren kommen, was auch Menno Koopmann und alle anderen Zeitungen erfahren.«

Er hörte selbst, dass seine Stimme voller Enttäuschung war, obwohl er sich Mühe gegeben hatte, sachlich und emotionslos über Wiebke zu sprechen. Und als hätte er sich nun verraten und als wäre alles Leugnen sowieso zwecklos, fuhr er fort:

»Ganz ehrlich, es wäre mir lieber, sie würde nach Hamburg gehen, bis der Fall gelöst ist.«

»Dass sie es nicht tut«, entgegnete Sören, »zeigt, dass sie weiterhin an dem Fall Interesse hat. Nicht nur, weil Larissa Freier ihre Freundin war. Ich glaube, sie hofft nach wie vor, schneller an Informationen zu kommen als alle anderen. Wer einmal etwas geliefert hat, was die Konkurrenz erst einen Tag später veröffentlichen kann, gilt als Spitzenreporter.«

Erik blieb erneut stehen, sah diesmal in die Wolken statt aufs Meer und sagte leise: »Es ist nicht leicht, eine neue Beziehung anzufangen, wenn man eine Weile allein gelebt hat. Meine Erinnerungen an Lucia sind noch so frisch. Vielleicht war es zu früh, mich auf eine andere Frau einzulassen.«

Er wandte sich um und ging den Weg zurück, ohne Sören um sein Einverständnis zu bitten.

Sein Assistent folgte gehorsam. »Fetzen sich die Kinder immer noch mit ihr?«

Erik seufzte. »Die Einzige, die keine Probleme mit Wiebke hat, ist meine Schwiegermutter.«

Wieder einmal wunderte er sich über Mamma Carlottas Fähigkeit, unvoreingenommen auf einen Menschen zuzugehen. Dass Wiebke ein Herz erobert hatte, das früher einmal ganz und gar ihrer Tochter gehört hatte, spielte dabei für sie keine Rolle.

»Also los!«, sagte er. »Sehen wir uns Larissas Zimmer an! Vielleicht kocht uns meine Schwiegermutter einen guten Espresso, dann geht die Arbeit leichter von der Hand. Könnte auch sein, dass sie ein paar Biscotti aus dem Vorrat holt oder uns von der Vorspeise naschen lässt. Sie müsste mitten in den Vorbereitungen für das Abendessen stecken.«

Aber sie merkten schnell, dass niemand zu Hause war. Denn als Erik den Wagen abstellte, stand ein Mann vor der Haustür, der vergeblich darauf wartete, eingelassen zu werden.

Erik stieg aus dem Wagen und ging auf Paul Freier zu. »Niemand zu Hause?«

Paul Freier schüttelte den Kopf. »Schade. In der Gegenwart Ihrer Schwiegermutter vergisst man seinen Kummer am schnellsten. Sie hat so eine wunderbare Art ...« Er sprach den Satz nicht zu Ende und wandte sich ab. »Bitte grüßen Sie Carlotta von mir.« Mit hängendem Kopf ging er davon.

Sören sah ihm nach, während Erik die Tür aufschloss. »Ich glaube, der ist verknallt in Ihre Schwiegermutter.«

Erik sah ihn verblüfft an. »Das ist nicht Ihr Ernst.«

»Sie duzen sich! Noch nicht gemerkt? Sie nennt ihn Paolino.«

Ja, das war Erik aufgefallen. Aber dass seine Schwiegermutter sich verliebt haben könnte, hielt er für ausgeschlossen. Genauso wenig konnte er glauben, dass sich ein Mann wie Paul Freier ausgerechnet in Mamma Carlotta verguckte. »Unsinn, Sören! Das bilden Sie sich ein.«

Ein melodisches Klingeln begleitete ihr Eintreten in den Salon. Jonas Eckert kam auf sie zu und begrüßte sie herzlich. »Signora! Wie schön, dass es noch geklappt hat!«

Das bestätigte Mamma Carlotta mit vielen freundlichen Worten, dann ließ sie sich von Jonas in einen der ausladenden Sessel bugsieren, die vor schmalen, schwarz gerahmten Spiegeln standen, und sah sich um. »Dio mio!« Sie war überwältigt.

So elegant war es in ihrem Dorf nicht einmal im Büro des Avvocato, der seine Besucher gern mit der pompösen Ausstattung seiner Räumlichkeiten einschüchterte. Und nicht einmal im Büro des Polizeipräsidenten von Città di Castello herrschte eine solch elegante Atmosphäre. Dort versuchte man mit wuchtigem Mobiliar und kunstvoller Beleuchtung zu beeindrucken, und Mamma Carlotta war tatsächlich ganz schön eingeschüchtert gewesen, als sie von ihrer Familie als Bittstellerin geschickt worden war, weil einer der Ihren zum wiederholten Mal am Steuer eines Fahrzeugs unangenehm aufgefallen war. Aber trotzdem war es ihr gelungen, den aussichtslos erscheinenden

Fall ihres jüngsten Schwiegersohns zum Guten zu wenden, indem sie dem Polizeipräsidenten selbst eingelegte Antipasti mitbrachte und dann so lange auf ihn einredete, bis er sich nicht mehr zu helfen wusste und sie zum Essen einlud. Seitdem wurde sie immer wieder zu ihm geschickt, wenn es Probleme mit einem Führerschein oder einer Gaststättenkonzession gab, und von Mal zu Mal hatte das Inventar weniger Eindruck auf sie gemacht.

Davon erzählte sie Jonas im Schnellverfahren, während er Felix mit der Aufgabe betraute, der neuen Kundin einen Umhang umzulegen. Felix tat es mit großem Engagement, und seine Nonna beteuerte ihrem strahlenden Enkel, dass er der geborene Dienstleister und sie außerordentlich stolz auf ihn sei. »Splendido, Felice!«

Dann wurde Felix beauftragt, für eine Tasse Kaffee zu sorgen, und Mamma Carlotta konnte sich in Ruhe weiter umsehen, während ihr Enkel am Kaffeeautomat hantierte. Die Peinlichkeit, von Carolin beim Lauschen erwischt worden zu sein, geriet daraufhin schnell in Vergessenheit. Was würde Signora Fantolato sagen, wenn Carlotta ihr erzählte, wie es in deutschen Friseursalons zuging? Na, die würde staunen! Bei Altea saß man auf einem Stuhl, den sie aus dem Salon ihres vor gut zwanzig Jahren verstorbenen Vaters übernommen hatte. Die Plastikumhänge, die sie ihren Kundinnen umlegte und unter denen jeder schon nach wenigen Minuten der Schweiß ausbrach, hatten allesamt Brandlöcher. Denn bei ›Parrucchiera Altea‹ durfte geraucht werden, was der Friseurin zu einem guten Teil ihrer Kundschaft verhalf, die sich bei ihr besonders wohlfühlte. Mit der Friseurmeisterin vergilbten sie gemeinsam die Wände, an denen Kinderzeichnungen hingen, die Altea von ihren Patenkindern geschenkt bekommen hatte.

Bei ›Hairstylist Donald‹ dagegen war jedes Accessoire genau auf die Gesamtwirkung abgestimmt, der schwarz-weiße Stil setzte sich bis zu den Bildern fort, die die Wände zierten. Sie waren zwar unterschiedlichster Art – Fotografien wechselten sich mit Tuschezeichnungen und abstrakten Gemälden ab –, aber sie hatten alle eines gemeinsam: Sie waren schwarz-weiß. Kein bunter Tupfer störte die konsequente Gestaltung des Salons.

»Molto elegante«, murmelte Mamma Carlotta und beobachtete Donald Manfredini scharf, der in diesem Augenblick durch das Büro den Salon betrat und sich umsah. Er kontrollierte die Einstellung an der Trockenhaube einer Kundin, ging zur nächsten und kehrte noch einmal zur ersten zurück, um seine Kontrolle zu wiederholen. Ein Mann, der auf Sorgfalt achtete? Der seine Arbeit perfekt machen wollte? Mamma Carlotta schüttelte unmerkbar den Kopf, ärgerlich über ihre positiven Gedanken. Nein, Donald Manfredini war ein Mann, der mit der Frau eines Fernsehstars ein Verhältnis hatte! Scandaloso! Aber das musste sie jetzt unbedingt vergessen.

Also winkte sie ihm zu und freute sich, dass er sie erkannte. »Ah, die Nonna von Carolin und Felix! Die Schwiegermutter des Hauptkommissars!«

»Tutto giusto! Alles richtig!« Mamma Carlotta strahlte und verwickelte Donald in das Gespräch, das sie sich vorher zurechtgelegt hatte. »Sind Sie italienischer Abstammung?«

»Meine Familie väterlicherseits stammt aus Venedig«, erklärte Donald, während Jonas anfing, Mamma Carlottas Haare zu bürsten, und sie dabei immer wieder kritisch im Spiegel ansah, als überlegte er sich bereits, mit welchen Kunstgriffen er ihrer Frisur zu Leibe rücken wollte.

Mamma Carlotta wollte die Unterhaltung prompt in Italienisch fortsetzen, aber Donald winkte ab. »Ich spreche nur Deutsch. Ich bin nie in Italien gewesen.«

Mamma Carlotta konnte es nicht fassen, bedauerte es lang und breit, schlug ihm vor, ein paar Tage Entspannung in Umbrien zu suchen, und bot an, ihm ein Zimmer in einer Pension zu besorgen, die als die beste ihres Dorfes galt. Sie übersah dabei Jonas' geschäftsmäßige Miene und achtete auch nicht auf sein fachmännisches Gemurmel. Während Felix den Kaffee servierte, fragte sie trotzdem noch schnell, ob Donald mit der Familie Manfredini verwandt sei, die in Città di Castello ein Eiscafé betrieb, aber das Gespräch erwies sich bald als unergiebig. Donald schüttelte auf ihre Fragen nur den Kopf und widmete sich dann entschlossen der Sitznachbarin, mit der er ausführlich beratschlagte, ob ihre Haare im Nacken einen halben Zentimeter gekürzt werden sollten, ob sie bei dem Mittelscheitel bleiben wolle und ob es ihr gefiele, wenn die Seitenhaare ihre Ohrläppchen freilegten.

Mamma Carlotta saugte jede Einzelheit in sich auf, merkte sich auch Jonas' wohlklingende Worte, der von Booster und Kolorationen sprach, und nahm sich vor, Altea Fantolato mit all diesen Fachbegriffen zu konfrontieren. Altea schnitt bei jeder Kundin entweder einen halben oder drei Zentimeter ab, je nachdem ob sie beim Eintreten »Ein bisschen kürzer« oder »Da muss ordentlich was runter« gesagt hatte. Von einem Undercut oder dem Schnitt mit einer heißen Schere, wie Donald ihn seiner Kundin empfahl, war bei Altea garantiert noch nie die Rede gewesen. Aber als Mamma Carlotta dann das elektrische Gerät sah, mit dem Donald hantierte, beschloss sie, davon lieber nichts zu erzählen. Altea würde womöglich ihre Schere in den Kamin halten und ihrer nächsten Kundin die Kopfhaut verbrennen.

Aber Carlottas Gedanken blieben nicht lange bei Altea, was hier auf Sylt geschah, war um ein Vielfaches interessanter. Konnte es wirklich sein, dass Donald Manfredini etwas mit dem Tod von Viktor Krevert zu tun hatte? Wer eine Frau zu ehelicher Untreue verführte, war zweifellos ein Mensch mit leichtfertiger Moralvorstellung, aber Mamma Carlotta war doch bereit, zwischen Ehebruch und Mord zu differenzieren. Was hatte Madeleine Krevert ihrem Geliebten vorgeworfen?

»Okay!«, sagte Jonas in diesem Moment. »Dann wollen wir mal!«

Zu ihrem Schrecken fiel Mamma Carlotta auf, dass Jonas ihr

mit Vorschlägen gekommen war, zu denen sie möglicherweise gedankenverloren genickt hatte, ohne es recht zu merken. Ihre Aufmerksamkeit war bei Donald und seinem Streit mit Madeleine Krevert gewesen.

Carolin, die mit dem Wäscheaufhängen fertig war, trat hinzu und fragte ängstlich: »Bist du sicher, Nonna?«

Mamma Carlotta hatte keine Ahnung, wovon die Rede war, mochte aber nicht zugeben, dass sie sich statt mit Jonas' Fragen und Anregungen mit Donald und Madeleine Krevert befasst hatte und mit der Terminologie, mit der Jonas sie überschüttet hatte, nichts anfangen konnte. Sie nickte tapfer. »Naturalmente, Carolina! Signor Eckert wird schon alles richtig machen. Und er hat gesagt …« Daran konnte sie sich genau erinnern: »… man müsse auch mal etwas wagen.«

Dass sie sich einem Mann anvertraute, den sie vorher noch obszön genannt hatte, fiel ihr erst wieder ein, als er ihren Stuhl entriegelte, sie zu einem Waschbecken rollte und sie bat, den Kopf zurückzulegen und die Massage zu genießen, die dem Haarewaschen bei ›Hairstylist Donald‹ grundsätzlich vorausging. Ihre Freude über diesen unerwarteten Service, von dem sie Altea Fantolato natürlich auch berichten würde, war so groß, dass ihr kein Argument in den Sinn kam, mit dem sich von Sittenlosigkeit auf die Fähigkeit im Friseurberuf schließen ließ. Sie schwieg also, legte den Kopf zurück und schloss die Augen.

Als sie wieder an ihren Platz zurückgerollt worden war, trug ihr Kopf einen riesigen Turban aus einem flauschigen schwarzen Frottiertuch, mit dem Mamma Carlotta sich sehr fremd vorkam.

»Conditioner?«, fragte Jonas und holte schon ein Fläschchen hervor, noch ehe Mamma Carlotta genickt hatte. Und da Donald Manfredini ihr einen freundlichen Blick zuwarf, als gefiele ihm ihre Entscheidung, fragte sie nicht nach der Bedeutung des Wortes und ließ geschehen, was Jonas Eckert für richtig hielt.

Carolin war es, die sie mit bedeutungsschwerer Miene aufklärte: »Das ist eine Haarspülung, Nonna. Das Shampoo öffnet die Schuppenschicht des Haares, der Conditioner verschließt sie nach der Haarwäsche wieder. Das ist wichtig, weil das Haar sonst Feuchtigkeit verliert und austrocknet. Dann sähe es stumpf aus.«

Jonas warf ihr einen anerkennenden Blick zu. »Und das wollen wir ja nicht, oder?«, fragte er und lachte albern.

Selbstverständlich wollte Mamma Carlotta auf keinen Fall stumpfes Haar, wenn sie sich auch fragte, warum sie seit jeher gesundes, glänzendes Haar hatte, obwohl sie nie im Leben einen Conditioner benutzt hatte. Aber da solche Gedanken in diesem Moment nur lästig waren, hielt sie sich nicht lange mit ihnen auf. »Buono, Carolina!«, rief sie stattdessen, und ihr Lächeln hätte nicht stolzer sein können, wenn ihrer Enkelin soeben der Doktorhut aufgesetzt worden wäre. »Was du alles weißt!«

Mamma Carlotta liebte es, stolz auf ihre Kinder, Schwieger- und Kindeskinder zu sein und diesen Stolz mit allen zu teilen. Das änderte sich auch nicht, wenn die Lobgepriesenen die Augen verdrehten und nichts davon hören wollten, dass ihre Leistungen außergewöhnlich, ihr Verhalten vorbildlich und ihre Attraktivität ohne Beispiel waren. Prompt stöhnte auch Carolin genervt auf, als ihre schulischen Leistungen ins rechte Licht gerückt wurden. »Sie hat eine so schnelle Auffassungsgabe! Das sagt auch ihr Lehrer.«

Carolins Blick wurde schneidend, als Mamma Carlotta eine Kostprobe von ihrer außergewöhnlichen Intelligenz geben wollte, drehte sie sich um und ging wortlos davon.

»Wie war das noch mit dem Tachismus, Carolina? So heißt das doch, wenn ein Maler nicht malt, was er sieht, sondern das, was er gerade fühlt?«

Aber Carolin waren die Worte ihrer Großmutter nichts als peinlich und sie weigerte sich strikt, etwas dazu zu sagen.

Mamma Carlotta zeigte auf eins der Bilder, die im Friseursalon an der Wand hingen. »Das ist vermutlich auch Tachismus.

Meine Enkelin hat mir schon so vieles beigebracht. Unsereins hatte ja keine Chance auf Schulbildung. Aber was Carolina alles schon gelernt hat! Manchmal mache ich mir Sorgen, dass so viel Wissen gesundheitsschädlich sein könnte!«

Nun war sogar Felix verschwunden, der sonst nicht so empfindlich auf Lobhudelei reagierte. Und als Mamma Carlotta merkte, dass auch Jonas Eckert und Donald Manfredini an ihren Ausführungen nicht das Interesse bekundeten, das sie eigentlich erwartet hatte, wechselte sie die Stilrichtung.

»Mir gefällt dieser Tachismus ja nicht besonders gut. Ich finde es schöner, wenn ein Maler eine hübsche Landschaft malt, einen Blumengarten oder das Meer. Nein, nein, von dieser abstrakten Malerei halte ich gar nichts.«

Jonas rührte in ihrem Rücken in einem Schälchen etwas an, was sie normalerweise sehr interessiert hätte. Aber da sie sich weiter mit ihren Kenntnissen über Malerei brüsten wollte, bekam sie nicht einmal mit, dass er sich Gummihandschuhe überzog und eine Schürze umband.

»Bei unseren Nachbarn ist jemand eingezogen … ein Mann, der in Neuseeland lebt … Sie wissen ja, der Onkel von Larissa Freier. Er sagt, er sei Hobbymaler! Madonna! Was der auf seine Leinwand kleckst! Vermutlich nennt er das auch Tachismus.« Sie lachte und freute sich, dass Jonas mitlachte und sogar Donald amüsiert den Mund verzog. »Schade, dass Sie das schreckliche Bild nicht gesehen haben, als Sie die Putzkammer aufräumten, Signor Eckert. Sie hätten etwas zu lachen gehabt. Molto spassoso, dieses Gekleckse! Striche hin und her und kreuz und quer, dicke Punkte, dünne Linien, und über die schönen blauen Töne hat er graue Farben gestrichen.« Sie schüttelte sich. »Erst dachte ich, er hätte versucht, das Meer zu malen, aber er sagt, das Bild zeige einen gedeckten Tisch mit Miesmuscheln. Dio mio! Was soll das für eine Kunst sein, wenn man nicht weiß, was der Maler darstellen wollte? Nur die Miesmuscheln, die kann man erkennen.«

Nun bat Jonas sie, den Kopf zu neigen, damit er sich um die Strähnen in ihrem Nacken kümmern konnte, und sie kam endlich auf die Idee, ihn zu fragen, was es mit der Paste, die er auf einige Haarsträhnen strich, auf sich hatte und warum er sie anschließend in Alufolie einwickelte.

Danach hatte sie begriffen, zu welchen Angeboten sie leichtfertig genickt hatte, aber es war zu spät, ihr Einverständnis zu widerrufen. Das wäre ja schrecklich peinlich gewesen. Jonas wäre klar geworden, dass sie ihm nicht richtig zugehört hatte. Nein, eine solche Unhöflichkeit hätte sie niemals eingestanden.

Sie saß bereits unter einer Haube, als ihr einfiel, dass sie sich in die Behauptung hätte retten können, durch ihre mangelhaften Sprachkenntnisse etwas falsch verstanden zu haben, aber nun war es auch dafür zu spät. Mamma Carlotta saß in der Falle, ohne zu wissen, in welcher. Unter dieser Haube war es nicht einmal möglich, ein Gespräch zu führen. Das Summen schnitt sie von ihrer Umgebung ab, und sie war nicht sicher, ob man sie hören würde, wenn sie etwas sagte. Ganz sicher war sie aber, dass eine Antwort auf keinen Fall zu verstehen sein würde.

Hätte sie nur besser aufgepasst! Aber wieder einmal war die Freude über das Außergewöhnliche, das sie erleben durfte, mit ihr durchgegangen. Eigentlich hätte sie Donald Manfredini gerne ein paar Worte entlockt, die ihr Klarheit über die Vorwürfe gegeben hätten, die Madeleine Krevert ihm gemacht hatte. Zwar war sie nicht so vermessen, darauf zu hoffen, dass er einer neuen Kundin, die noch dazu mit dem Kriminalhauptkommissar verwandt war, ein Verbrechen gestand. Aber es hätte ihr schon gereicht, sich ein paar Ausflüchte anzuhören. Sie bildete sich ein, ihren Mitmenschen ein schlechtes Gewissen anzusehen. Aber nun saß sie unter dieser Haube und konnte nichts anderes tun, als zu warten. Dabei wäre es auch sehr interessant gewesen, Donald auf das Bild anzusprechen, von dem bei seinem Streit mit Madeleine Krevert die Rede gewesen war. Und einen Bruder hatte die Witwe des Talkmasters auch erwähnt!

Mamma Carlotta wollte den Kopf schütteln und stellte ärgerlich fest, dass unter der Haube nicht einmal das möglich war. Wie war sie nur auf die Idee gekommen, Donald Manfredini könne sich verraten? Mit einem unvorsichtigen Wort oder einem verdächtig zuckenden Augenlid! Dass er auch vollkommen unschuldig sein konnte, hatte sie außerdem vergessen. Sie hatte sich wirklich selbst überschätzt. Nur weil es ihr bei Altea Fantolato jedes Mal gelang, die Geheimnisse herauszufragen, die der Friseurin während des Haareschneidens anvertraut wurden. Das hatte sie nun davon! Sie würde viel Geld bezahlen müssen für etwas, was sie nicht wollte, und sich in ihrem Dorf fragen lassen müssen, was ihr eingefallen war, als sie sich in die Hände eines Sylter In-Friseurs begeben hatte. Wie sie Altea Fantolato erklären sollte, was dieser Berufskollege sich bei ihrer Verwandlung gedacht hatte, wusste sie erst recht nicht. Ob sie sich darauf hinausreden konnte, dass er sich neben dem Friseurhandwerk durchs Strippen Geld verdiente? So einem war schließlich alles zuzutrauen. Und wer so einem in die Hände fiel, konnte nichts für das, was dabei herauskam …

Im Haus war es kühl. Bald, wenn Mamma Carlotta wieder nach Umbrien abgereist war, würde es wieder jeden Tag so kühl sein, wenn er nach Hause zurückkehrte. Erik schüttelte den Gedanken ab, als er seine Jacke an den Garderobenhaken hängte und einen Fuß auf die erste Treppenstufe setzte. In die Küche wollte er keinen Blick werfen und sich nicht vorstellen, wie warm und gemütlich es dort war, wenn Mamma Carlotta am Herd stand, ein Duft aus der Pfanne stieg und sie ihn mit einem Wortschwall willkommen hieß.

»Schön, wenn es so ruhig ist«, sagte er, während er die Treppe hochstieg. »Endlich mal kein Lärm und keine Unordnung in der Küche.«

Sören antwortete nicht, und Erik brauchte sich nicht umzudrehen, um zu erkennen, dass sein Assistent anderer Meinung war. Aber er drehte sich auch deswegen nicht um, damit Sören nicht von seinem Gesicht ablesen konnte, dass er sich selbst etwas vormachte. Er lauschte auf Geräusche aus dem Schlafzimmer. Saß Wiebke an ihrem Arbeitsplatz? Hörte er das Klicken der Computertastatur, das Summen des Druckers? Papierrascheln? Aber auch dort war alles still. Wo mochte Wiebke sein?

Vorsichtig öffnete er die Tür von Larissas Zimmer, als könnte er jemanden wecken, der dahinter schlief. Kurz darauf standen sie in der Mitte des Raums und sahen sich um. Das Gästezimmer war karg eingerichtet, und Larissa war es nicht gelungen, es mit Behaglichkeit zu füllen. Sie hatte ihr Hab und Gut in den Schrank und die Kommode gestopft und alles, was dort nicht hineinpasste, auf dem Tisch und der Fensterbank abgelegt.

»Ist das alles, was sie besaß?«, fragte Sören.

Erik öffnete eine silberne Dose und betrachtete ihren Inhalt. Schmuckstücke, von denen er nicht sagen konnte, ob sie wertvoll waren oder ob es sich um Modeschmuck handelte. »Zwei große Kartons hat sie bei Wiebke in Hamburg untergestellt«, erklärte er dann. »Aber das war's wohl. Mehr hatte sie nicht.«

»Demnach hat sie alles zu Geld gemacht, was sie entbehren konnte?«

»Wenn die Kreverts ihr den Preis für das Haus gezahlt hätten, der vereinbart worden war, hätte sie etwas übrig gehabt, mit dem sie sich eine neue Existenz aufbauen konnte.«

»Warum hat sie es nicht anderen angeboten? Für Sylter Immobilien gibt es immer Interessenten.«

Erik schüttelte den Kopf. »Für so was braucht man Zeit. Die hatte Larissa nicht. Sie musste die Schulden ihrer Eltern bezahlen. Ihre Gläubiger machten Druck.«

»Dabei haben die Kreverts genug Kohle.« Sören schüttelte sich, als hätte man ihm etwas Verdorbenes in den Mund gesteckt. »Es ist immer dasselbe. Wer viel hat, will noch mehr. Diese Gier! Widerlich!«

Sie brauchten nicht lange, um Larissas Besitztum zu sichten. Sören ließ bald die Hände sinken. »Nichts!« Er sah Erik fragend an. »Haben Sie was gefunden, was uns weiterhilft?«

»Ich weiß nicht …« Erik zögerte, als er sich auf der Bettkante niederließ und den Deckel einer bunt beklebten Schatulle anhob, die er sich auf den Schoß gesetzt hatte. »Hier hat sie wohl Persönliches aufbewahrt.«

Sören hockte sich neben ihn und betrachtete jedes Schriftstück, das Erik aus der Schatulle nahm, die die Größe eines Schuhkartons hatte, aber aus festerem Karton war.

»Erinnerungen an ihre Eltern«, murmelte Erik.

Zeitungsausschnitte aus deren Zeit als beliebte Fernsehköche und einige, die von dem schrecklichen Unfall berichteten, dem sie zum Opfer gefallen waren. Die Bilder, die Erik einen Schauer über den Rücken jagten, zeigten einen völlig zerstörten Wagen. Dann hielt er das Testament der Freiers in Händen, das ihre Tochter zur Alleinerbin bestimmte, einen Brief des Konkursverwalters, Ansichtskarten, die ihr die Eltern geschrieben hatten, ihre Todesanzeige, ein paar Beileidskarten von Prominenten, Fotos, die die Freiers vor dem Haus in Kampen zeigten.

Erik drehte jedes Blatt und jede Karte um und stellte fest, dass auf den Rückseiten oft ein Datum vermerkt war. Auf einem Foto allerdings, das nur das Haus zeigte und den Anschein erweckte, als sollte es mit diesem Bild zum Verkauf angeboten werden, stand außerdem noch etwas: »BL, Sesamstraße 1.«

Erik runzelte die Stirn. »Die Adresse stimmt nicht. Das Haus steht im Reimert-Hansen-Weg.«

Sören schüttelte lachend den Kopf. »Sesamstraße ist eine Fernsehserie für Kinder!«

Erik tat so, als wäre ihm das ebenso schnell eingefallen wie Sören und als hätte er nur einen Spaß machen wollen. »Was bedeutet das?«

Sören konnte sich ebenfalls keinen Reim darauf machen. »Vielleicht hat sie sich als Kind den Straßennamen nicht merken können. Statt Reimert-Hansen-Weg hat sie Sesamstraße gesagt?«

»Hm ... aber die Hausnummer stimmt auch nicht. Und was bedeutet BL?«

Sören dachte nach, legte den Kopf schräg und antwortete so leise, als traute er sich nicht, es laut auszusprechen: »Vielleicht ... Boy Lindegard?«

Erik starrte ihn an, als fiele ihm soeben auf, dass sein Assistent George Clooney wie aus dem Gesicht geschnitten war. Dann warf er das Bild in die Schatulle zurück und stellte sie so schwungvoll auf dem Nachttisch ab, dass der Inhalt in die Höhe hüpfte und das Bild mit der rätselhaften Anschrift daneben landete. »Lassen Sie uns den Onkel fragen. Vielleicht kann der uns etwas dazu sagen.«

Aber Paul Freier schüttelte nur wortlos den Kopf, als die beiden Polizeibeamten bei ihm erschienen. Er wies auf einen Sessel, wirkte aber zufrieden, als die beiden sich nicht setzen wollten.

»Sesamstraße 1«, wiederholte Erik. »Haben Sie Ihre Nichte, als sie klein war, davon reden hören?«

Nun machte Paul Freier den Mund auf. »Sie liebte die Sesamstraße im Fernsehen. Wie alle Kinder.«

»Sind Sie oft in dem Haus in Kampen gewesen?«

»Gelegentlich. Wenn ich nicht auf Reisen war. Seit ich in Neuseeland lebe, nicht mehr.«

»Hat Larissa als kleines Mädchen manchmal auf dem Speicher gespielt?«

»Nein, sie war lieber am Strand und im Garten.«

»Hat sie gern mit Puppen gespielt?«

»Ja, in ihrem Zimmer. Bei gutem Wetter hat sie ihr Puppenhaus in den Garten getragen.«

Zu der Abkürzung ›BL‹ konnte Paul Freier ebenfalls nichts sagen. »Tut mir leid. Ich kann Ihnen nicht helfen.«

Deprimiert kehrten Erik und Sören zurück. »Das kann sonst

was heißen«, murmelte Sören. »Das Foto lag vielleicht zufällig herum, als sich jemand was notieren wollte.«

»Es ist Viktor Kreverts Handschrift«, antwortete Erik. »Sie haben ja das handschriftlich verfasste Testament gesehen.«

»BL wie Butter und Linsen!«, versuchte Sören es weiter. »Oder wie … Brigitte Lohmann oder … Bernhard Lebemann oder …«

»Die beiden wohnten in der Sesamstraße 1?«, höhnte Erik. »Nein, da steckt etwas anderes hinter. Ich bin ganz sicher.«

Sie wollten auf die Haustür zugehen und hofften beide, dass sie dahinter lärmend begrüßt wurden, dass sie beim Eintreten hörten, wie Kräuter gehackt wurden, die Pfanne auf dem Herd hin und her geschoben wurde und der Duft des Olivenöls sich verbreitete. Dass ihnen auf dem Bürgersteig jemand entgegenkam, merkten sie erst, als sie die Stimme hörten: »Huhu! Enrico!«

Erik hielt die Hand über die Augen, weil die Sonne ihn blendete. Trotzdem erkannte Sören eher, wer auf sie zukam.

»Wie sehen Sie denn aus, Signora?«

Heiliger Wattwurm! *Eigentlich sollte ich ja im Dünengras sitzen, schlafen und verdauen. Aber womit soll sich mein Verdauungsapparat beschäftigen, wenn er nichts zum Verdauen bekommen hat? Wenningstedt ist wie ausgestorben, Gosch hat geschlossen, der Imbiss am Hochkamp hatte auch nicht viel in der Mülltonne … aber da blitzen mich doch tatsächlich ein paar fette Miesmuscheln an! Im Mondlicht genau zu erkennen. Oder sind das etwa wieder …? Ja, das sind diese ungenießbaren Miesmuscheln, die nach Farbe riechen. Ein paar Flügelschläge, sanftes Gleiten, sodass ich nicht gehört werde … nein, an denen werde ich nicht satt. Aha, nun tut sich da unten was. Jemand wirft eine Decke über die Muscheln. Und schon geht's ab! Wohin? Kann mir egal sein. Diese Dinger interessieren mich nicht. Genauso wenig wie die Beine, die darunter zu sehen sind. Verdammt eilig haben sie es. Ansonsten ist es menschenleer ringsum. Oder …?*

Stopp! Da muss ich mich doch glatt auf einer Mauer niederlassen und ein wenig genauer hinsehen. Ja, tatsächlich! Da ist noch eine Person, die dem Bild mit den zwei Beinen folgt. Heimlich! Sie will nicht gesehen werden. Aber was geht mich das an? Ich versuch's noch einmal in den Mülltonnen von Käptens Kajüte. Vielleicht finde ich da ein paar Happen, die genießbar sind. Überhaupt ... sollten mir diese blöden Miesmuscheln, die keine sind, noch einmal begegnen, dann weiß ich nicht, was ich tue. Eine Möwenschande ist das! Miesmuscheln durch die Gegend zu tragen, die ungenießbar sind. Von diesem ganzen Gekrakel drumherum ganz zu schweigen ...

Mit der Espressotasse in der Hand ging Mamma Carlotta zu dem Küchenschrank mit der gläsernen Tür, in der sich ihr Bild spiegelte. Nach dem Aufstehen war sie regelrecht erschrocken, als sie ihrem Spiegelbild gegenübergestanden hatte. Die farbigen Strähnen hatten ihr schwarzes Haar aufgehellt, ihr Gesicht blasser und die Augen dunkler gemacht. Ein Hauch Kupfer hatte ihrem Haar angeblich die Reflexe gegeben, die dafür sorgten, dass es nicht gefärbt, sondern ganz natürlich aussah.

An dieser Behauptung waren ihr Zweifel gekommen, als Wiebke am Abend zuvor nach Hause zurückgekehrt war. »Sie haben sich die Haare färben lassen, Signora?« Wiebke hatte geradezu entgeistert ausgesehen.

Von wegen, die Haare sahen nicht gefärbt aus! War Jonas Eckert vielleicht doch nicht der Haarkünstler, für den sie ihn gehalten hatte?

Carolin war sofort in die Verteidigung gegangen und hatte sich nicht nur vor ihre Großmutter, sondern auch vor Jonas, vor den Friseursalon seines Chefs und gleich vor die gesamte Friseurinnung gestellt. »Das sind ganz neue lateinamerikanische Elemente«, hatte sie hochmütig erklärt.

»Rote Strähnen? Was ist daran lateinamerikanisch?«, hatte Wiebke gespottet.

»Das ist Violett, Asche und Mahagoni«, hatte Carolin hitzig

zurückgegeben. »Was du unter roten Haaren verstehst, war noch nie ein Must-have und wird es nie sein.«

Carlotta hätte gern gefragt, was ein ›Must-have‹ war, fand aber keine Gelegenheit, sich danach zu erkundigen. Sie hatte genug damit zu tun, den Streit nicht eskalieren zu lassen und dafür zu sorgen, dass Wiebke sich durch ihre scharfe Reaktion nicht gänzlich aus dem Familienkreis herauskatapultierte. Wenn es um ihre roten Locken ging, war sie sehr empfindlich. Aber andererseits musste Mamma Carlotta sich natürlich auf die Seite ihrer Enkeltochter schlagen, wie es sich für eine gute Großmutter gehörte. Und dazu war es notwendig, sich auch für Jonas Eckert ins Zeug zu legen. Dass sie nicht bei der Sache gewesen war, als er ihr seine Vorschläge unterbreitete, war nicht seine Schuld. Auch dass sie ihn nicht verstanden und sich nicht nach dem Sinn seiner Vorschläge erkundigt hatte, konnte ihm nicht angelastet werden.

Carolin, die im Salon noch genauso skeptisch geschaut hatte wie nun Wiebke, wetzte die Messer. »Wann willst du dich endlich um ein modernes Styling kümmern? Soll ich Donald nach einem Termin fragen?«

»Damit ich meine Locken und meine natürliche Haarfarbe einbüße? Niemals! Ich begebe mich doch nicht freiwillig in die Hände eines Stümpers!«

Das war Mamma Carlotta entschieden zu weit gegangen. Sie ließ den Fenchelsalat im Stich und warf das Messer zur Seite. Was so teuer gewesen war, dass sie ihren verblichenen Dino auf dem Rückweg heimlich um Vergebung gebeten hatte, musste unter allen Umständen große Kunst sein. »Zu diesen Farben passen keine Locken«, wiederholte sie Jonas' Erklärungen, denen sie zugehört hatte, als es längst zu spät gewesen war. »Sie brauchen weich fallende Wellen.«

Sogar Felix hatte während des Haareauffegens ein paar Fachbegriffe aufgeschnappt. »Hot Drama«, warf er Wiebke nun an den Kopf. »So heißt der neue Style.«

Wiebkes Lachen wurde nun sogar ein wenig boshaft. »Dramma caldo? Hat das jemand für eure Nonna übersetzt? Oder ist das bei ›Hairstylist Donald‹ glatt vergessen worden?«

Dann hatte Erik einen, wenn auch völlig untauglichen, Versuch gemacht, von dem Thema abzulenken. »Wo warst du eigentlich den ganzen Tag, Wiebke?«

»Interessiert dich das wirklich?«, fauchte sie ihn an.

»Natürlich«, tat Erik erstaunt, während Sören seine Aufmerksamkeit auf den Fenchelsalat richtete, den Mamma Carlotta mit Olivenöl beträufelte und mit Salz und Pfeffer würzte.

»Willst du nicht vielmehr wissen, was in den Artikeln steht, die morgen über Larissas Tod erscheinen?«

»Warum sollte mich das interessieren?«, hatte Erik zurückgefragt und trotz der abwehrenden Geste seine Schwiegermutter nach der Pfeife gegriffen. »Ich weiß ja, was in den Pressemitteilungen steht, die die Staatsanwältin rausgegeben hat.«

Als Mamma Carlotta gesehen hatte, dass seine Hände zitterten, während er die Pfeife zu stopfen begann, war ihr Widerstand gegen das Rauchen in der Küche prompt in sich zusammengefallen. Der arme Enrico! Er brauchte etwas, um seine Gefühle zu beherrschen. Er war nun mal nicht der Mann, der eine Tasse an die Wand oder den Basilikumtopf aus dem Fenster warf. Sie hatte ihm schon oft geraten, damit die Seele zu erleichtern, aber für einen Friesen war das scheinbar nicht die geeignete Form, mit Emotionen umzugehen.

»Wenn du dir zunutze gemacht hast«, fuhr er fort, »dass du Larissa besser kanntest als alle anderen, dann ist das deine Sache, nicht meine.« Als auch Carolin ihn scharf ansah, hatte er die Pfeife wieder zur Seite gelegt und seine Hände damit beschäftigt, jedem Familienmitglied etwas von dem Insalata di Finocchio aufzutun. Wiebke besonders viel.

Mamma Carlotta seufzte in Erinnerung an den Abend, dann hörte sie Schritte in der ersten Etage, kurz darauf die Badezimmertür. Es würde also noch eine Weile dauern, bis Erik in die Küche kommen würde. Und was war mit Wiebke? Zwar waren die beiden gemeinsam zu Bett gegangen, doch aus dem Schlafzimmer war kein Wort gedrungen. Dabei wurde es wirklich Zeit, dass die beiden sich aussprachen. Aber vermutlich waren sie schweigend ins Bett gestiegen, hatten sich die Rücken zugedreht und versucht, so schnell wie möglich einzuschlafen. Mamma Carlotta seufzte noch einmal. Wo sollte das nur enden?

Sie beschloss, dass sie für die Erinnerungen an den vergangenen Abend einen weiteren Espresso brauchte. Während das Mahlwerk des Kaffeeautoamten dröhnte, ging sie noch einmal zu der gläsernen Schranktür, um sich zu betrachten. Aus den glatten Wellen, die zu ›Hot Drama‹ gehörten, waren über den Ohren und im Nacken bereits wieder die Löckchen geworden, an die sie gewöhnt war. Sie pustete sich den Pony aus dem Gesicht und zog an den Haaren, in der Hoffnung, dass sie dadurch ein oder zwei Zentimeter an Länge gewinnen könnten. Aber sie sah schnell ein, dass diese Methode nicht funktionierte.

Was hätte ihr Dino gesagt, wenn sie so nach Hause gekommen wäre? Sie schloss die Augen und rechtfertigte sich ein weiteres Mal für diesen Friseurbesuch, den sie wegen der zwanzig Prozent für ein Schnäppchen gehalten hatte. Als es kurz darauf zu regnen begann, war sie nicht ganz sicher, ob Dino damit signalisierte, dass er ihr verziehen hatte oder ob er sie für die Vergeudung ihrer Witwenrente strafen wollte. Doch zum Glück war Carlotta Capella eine Optimistin. Sie hatte sich schon erfolgreich eingeredet, dass Dino die Kosten für die Flugtickets nach Sylt guthieß, sie konnte sich auch selbst davon überzeugen, dass der Regen nicht dazu da sein würde, ihre teuer bezahlte Frisur zu ruinieren.

Mamma Carlotta griff nach dem Inselblatt und überflog, was Menno Koopmann zu Larissas Tod zu sagen hatte. Dann nahm sie die Flensburger Tageszeitung zur Hand, die genau wie das Inselblatt die Tote im Haus des verstorbenen Talkmasters auf der Titelseite hatte. Zunächst sah sie nach dem Kürzel des Verfassers. WR – Wiebke Reimers!

Carlotta ließ den Espresso kalt werden, während sie las, was Wiebke geschrieben hatte. Am Ende saß sie mit feuchten Augen da. Ein wunderbarer Bericht über eine junge Frau, die das Leben genossen hatte und dann von einem Tag auf den anderen aus ihrem Wolkenkuckucksheim gestoßen worden war. Sehr einfühlsam hatte Wiebke beschrieben, wie die junge Larissa gewesen war, wie fröhlich und unbeschwert, aber sie hatte auch nicht ungesagt gelassen, wie gedankenlos sie gewesen war und wie selbstverständlich sie den Reichtum genossen hatte, der von Anfang an zu ihrem Leben gehörte. Auch dass sie die Augen verschlossen hatte vor den beruflichen Schwierigkeiten ihrer Eltern, dass sie gelebt hatte wie vorher, als den Freiers längst das Wasser bis zum Hals stand, ließ der Artikel nicht unerwähnt. Doch gerade durch diese Ehrlichkeit war ein Bericht entstanden, der vom ersten Wort an glaubhaft war und nichts mit dem reißerischen Artikel im Inselblatt gemein hatte. Man merkte bei jedem Satz, dass die Verfasserin das Mordopfer gut gekannt hatte, und Mamma Carlotta spürte, wie gern Wiebke ihre tote Freundin gehabt hatte. Mit diesem Artikel hatte sie ihr so etwas wie ein Denkmal gesetzt. Wer spöttisch über Larissa Freier geredet hatte, wer von ihr erwartet hatte, dass sie ihr neues Leben annahm, das nun so war wie unzählige andere Schicksale auch, der würde nach der Lektüre dieses Zeitungsartikels anders denken. So wie Mamma Carlotta! Das Herz wurde ihr schwer, als sie sich daran erinnerte, wie sie über Larissa gesprochen hatte.

Als Erik die Küche betrat, kam ihm kein lautes »Buon giorno« entgegen. Carlotta wünschte ihm mit leiser Stimme einen guten Morgen, schob ihm die Flensburger Tageszeitung hin und erhob sich, um sich um sein Rührei zu kümmern.

Noch bevor Erik sich über die gedämpfte Stimmung wundern konnte, hatten sich seine Blicke schon an der ersten Zeile von Wiebkes Artikel festgesaugt. Er nahm den Blick erst hoch, als Mamma Carlotta mit der Pfanne neben seinem Platz erschien.

»Ziemlich gut geschrieben, oder?«, brummte er, als das Rührei auf seinem Teller lag.

»Habt ihr euch versöhnt?«, fragte Mamma Carlotta und ging zur Tür, weil sie durchs Fenster gesehen hatte, dass Sören sein Rennrad am Gartenzaun ankettete.

»Nicht wirklich.« Das war alles, was er zur Antwort gab.

Als Sören mit roten Wangen die Küche betrat, legte Erik die Zeitung beiseite, so weit weg, dass sie Sören nicht ins Blickfeld geriet, wohl weil er den Eindruck, der sich in ihm breitmachte, noch nicht beim Namen nennen und daher noch nicht teilen konnte. Mamma Carlotta hatte Verständnis dafür. Sören gehörte nicht zur Familie, so lieb und wert er auch allen war. Was zwischen Erik und Wiebke geschah, ging nur la famiglia etwas an. So redete sie gleich drauflos, als Sören Platz genommen hatte, erzählte ihm, dass das Rührei schon ein wenig trocken geworden sei, der Espresso dafür aber heiß war und ganz frisch, dass die Panini vielleicht etwas zu braun waren, dass sie aber wieder die Feigenmarmelade aus Umbrien mitgebracht habe, die er beim letzten Mal so gern gegessen hätte.

Erik blieb in sich gekehrt, aber Sören hatte genug damit zu tun, der Schwiegermutter seines Chefs zuzuhören und gleichzeitig alles zu essen, was sie ihm hinschob, sodass er es nicht bemerkte. Auf Mamma Carlottas Frage, ob ihre Frisur nicht heute Morgen schon viel natürlicher aussähe als gestern Abend, nickte Sören mit vollem Mund und hatte von da an Mühe, das Essen und sein Lachen in Einklang zu bringen, während Mamma Carlotta ihren Friseurbesuch noch einmal in allen Einzelheiten schilderte. Diesmal ohne Wiebkes spitze Bemerkungen und ohne die aufgeregte Verteidigung der Kinder, die zum Glück erst später in der Küche erscheinen würden. »Sind Ihnen beim Vorübergehen jemals die Bilder in dem Friseursalon aufgefallen, Sören? Alle sind schwarz-weiß! Schöne Fotografien von

Sylt, aber leider auch diese schrecklichen Bilder mit … come si dice? Wenn nur Striche hin und her gehen und Kleckse und Gekrakel?«

»Abstrakte Malerei«, entgegnete Sören mit vollem Mund, und Erik entschloss sich in diesem Moment, den Blick wieder auf den Tisch zu richten und das Frühstück fortzusetzen.

»Tachismus, sagt Carolina«, redete Mamma Carlotta weiter. »Sie ist ja ein so kluges Kind. Aber ich glaube, manche Maler nennen es auch nur so, weil sie in Wirklichkeit nicht fähig sind, einen schönen Blumenstrauß oder ein Sonnenblumenfeld zu malen.« Sie kicherte, während sie Sören die Espressotasse wegnahm und unter den Kaffeeautomaten stellte, obwohl er abwehrende Gesten machte, weil er so viel Kaffee nicht vertrug. Doch als das Geräusch des Mahlwerks die Küche füllte, hatte er sich bereits in sein Schicksal ergeben und sich mit der Koffeinzufuhr abgefunden.

»Bei den Kemmertöns im Gartenhaus gibt es auch so ein Bild«, fuhr Mamma Carlotta nun fort und schob Sören den Zuckertopf hin, ehe sie sich setzte. »In der Putzkammer! Dio mio! Was für ein schreckliches Bild!«

Sie merkte, dass Erik etwas fragen wollte, und antwortete schon, ehe er den Mund aufmachte. »Ich habe bei Paolo … ich meine, bei Signor Freier Tee getrunken. Wusstest du, dass er un pittore ist? Un pittore per hobby?«

Erik runzelte die Stirn. »Ein Hobbymaler?«

»Sì! Mir ist ein kleines Malheur passiert, während ich ihn besuchte. Und als ich einen Lappen holen wollte, um den Tee aufzuwischen, sah ich das Bild. Ich glaube, Paolo hat sich geschämt, als ich es entdeckte. Er war so verlegen. Vielleicht hätte ich nicht darüber lachen sollen, das tut mir jetzt leid. Er ist ja noch in den Anfängen, hat er gesagt, er muss noch viel lernen, bis er ein richtiger Maler wird. Aber unter uns … das wird er nie. Madonna, was für ein Geckleckse! Und dann behauptet er, er hätte einen gedeckten Tisch gemalt. So wie er ihn hier, in dieser

Küche, vorgefunden hat. Stell dir das vor, Enrico! Hat es auf diesem Tisch jemals Miesmuscheln gegeben? Ich habe ihm gleich gesagt, dass du keine Miesmuscheln magst, dass er sich also getäuscht haben muss. Und tatsächlich war er dann sehr deprimiert. Er will es noch einmal mit einem anderen Bild versuchen ...«

Erik ging entschlossen an seinem Auto vorbei und auf das Gartentürchen zu, das in das Grundstück der Kemmertöns führte. Sören folgte ihm aufgeregt. »Sie glauben also, Larissas Vater hatte ›Strandläufer‹ von Haie Griess gekauft und auf dem Speicher versteckt? Und Paul Freier wusste davon? Und dann kommt er nach Deutschland, um sich das Gemälde zu holen?«

»Kann doch sein«, gab Erik zurück, ohne sich umzudrehen.

»Und auf dem Speicher trifft er zufällig seine Nichte und erschlägt sie?«

»Vorstellen kann ich es mir nicht, aber ... die Menschen tun schreckliche Dinge, wenn sie weder ein noch aus wissen. Vielleicht hat sie ihm gedroht. Sein Ruf wäre hin gewesen. Er hätte nie mehr ein Buch verkauft. Und dann war er blind vor Wut ...«

»Aber er musste damit rechnen, dass die Kreverts das Bild längst gefunden hatten.«

Frau Kemmertöns kam aus dem Haus und sah die beiden Polizeibeamten erstaunt an. »Wollen Sie zu mir?«

Erik klärte sie darüber auf, dass es eine Frage gab, die dem Onkel der verstorbenen Larissa Freier zu stellen war, und Frau Kemmertöns schüttelte den Kopf. »Der ist unterwegs. Er läuft jeden Morgen am Strand entlang. Und abends auch.«

»Das ist nicht weiter schlimm«, behauptete Erik. »Eigentlich wollen wir nur einen Blick in die Putzkammer werfen. Haben Sie den Schlüssel zur Hand?«

Frau Kemmertöns zögerte. Erik sah in ihren Augen die Frage, ob die Polizei so etwas dürfe, ob Erik dafür nicht einen Durchsuchungsbeschluss vorweisen müsse und ob ihr Mieter damit einverstanden sein würde. Dann fiel ihr ein, dass die Putzgeräte in der Kammer nicht Teil des Mietvertrages waren. Und außerdem ging ihr auf, dass ihr die Pflege guter Nachbarschaft wichtiger war als jeder Durchsuchungsbeschluss. »Also gut!« Sie lief den beiden voran und zeigte auf die Tür der Putzkammer. »Die ist nicht abgeschlossen. Da ist ja nichts Wertvolles drin.« Sie setzte die wichtige Miene der Vermieterin auf. »Ich benutze die Sachen nur für die Endreinigung. Aber wenn der Mieter zwischendurch mal was putzen will …« Sie sprach den Satz nicht zu Ende. »Ich muss los, sonst komme ich zu spät zur Arbeit. Sie können mir ja bei Gelegenheit erzählen, was Sie da suchen.«

Erik und Sören warteten, bis sie verschwunden war, dann sagte Erik: »Wie gut, dass sie nicht so neugierig ist wie meine Schwiegermutter.«

Er atmete tief ein und aus und griff nach der Klinke. Leise knarrend öffnete sich die Tür. Erik und Sören betrachteten die Putzgeräte, die in Reih und Glied standen, die Utensilien, die säuberlich aufgestapelt waren, dann machte Erik einen Schritt in die Kammer hinein und begann zu suchen. Sören stand hinter ihm und trat von einem Bein aufs andere. Dass die Kammer zu klein für beide war und er sich nicht an der Suche beteiligen konnte, machte ihm zu schaffen. »Sieht so aus, als gäbe es da kein Bild«, meinte er schließlich.

Erik wollte es nicht glauben. »Aber meine Schwiegermutter hat es hier gesehen.«

»Vielleicht hat er es mittlerweile woanders versteckt. Ihm ist aufgegangen, dass dieser Ort nicht besonders sicher ist. Sie haben ja gehört, die Putzkammer ist nie abgeschlossen.«

»Das macht dieses Versteck andererseits gerade sicher. Niemand vermutet hier etwas Kostbares.«

Sören blickte zum Eingang des Holzhauses. »Wenn das Bild nicht in der Putzkammer ist, dann kann es nur in dem Apartment sein.«

Erik, der gerade unter einem Regal nachgesehen hatte, richtete sich auf. Enttäuscht schüttelte er den Kopf. »Hier ist es jedenfalls nicht.«

In diesem Augenblick ertönte eine scharfe Stimme. »Können Sie mir sagen, was Sie da tun?«

Paul Freier war hinter Sören erschienen und sah Erik verärgert an. Er trug einen dunklen Jogginganzug mit hellen Streifen an den Hosen- und an den Ärmelnähten. Grellgelbe Turnschuhe vervollständigten das sportliche Outfit. »Wie kommen Sie dazu, hier einzudringen?«

Erik strich sich verlegen den Schnauzer glatt. »Frau Kemmertöns hat uns die Erlaubnis gegeben.«

Man sah Paul Freier an, dass er nur mit Mühe seine Erregung unterdrückte. Er schob Sören beiseite und forderte Erik mit einer herrischen Kopfbewegung auf, die Putzkammer zu verlassen. Ehe er die Tür schloss, warf er einen langen Blick hinein. »Können Sie mir sagen, was Sie hier suchen?«

»Es geht um ein Bild«, antwortete Erik, »das hier aufbewahrt wurde.«

»Warum interessiert Sie das Bild?«, fragte Paul Freier.

»Sie geben zu, dass es in der Putzkammer versteckt war?«

»Ich habe es nicht versteckt, sondern dort abgestellt.«

»Wo ist es jetzt?«

Paul Freier wandte sich wortlos ab und ging auf die Tür seines Apartments zu.

Erik folgte ihm. »Wo ist das Bild?«, wiederholte er.

»Ich verstehe nicht, warum Sie an meinen Malkünsten interessiert sind.« Paul Freier wandte sich um, während er in der Hosentasche nach dem Schlüssel seines Apartments suchte. »Hat Carlotta Ihnen davon erzählt?«

Erik nickte langsam und fragte sich plötzlich, wie seine Schwiegermutter reagieren würde, wenn Paul Freier gleich in ihrer Küche erscheinen würde, um sich über ihn zu beschweren.

Paul Freier verzog das Gesicht. »Carlotta fand das Bild fürchterlich. Daraufhin habe ich es entsorgt.«

»Was wollen Sie damit sagen?«, fragte Sören verblüfft.

»Weggeworfen!«

»Wohin?«

»Ich hab's an einen Müllcontainer am Hochkamp gelehnt. Es war zu groß, um es reinzustecken. Das Bild wird längst in einem Müllwagen verschwunden sein.«

»Sie behaupten also, es handelte sich um ein Bild, das Sie selbst gemalt haben?«

Paul Freier sah ihn erstaunt an, aber Erik meinte, in seiner Verwunderung etwas Künstliches zu entdecken, eine Überspitzung, ein unnatürliches Spiel. »Hat Carlotta Ihnen das nicht erzählt?« Ein Lächeln ging über sein Gesicht, dessen Bescheidenheit Erik genauso wenig überzeugte. »Ich habe versucht, Boy Lindegard zu kopieren. Ich finde es toll, wie er das Abstrakte mit dem Gegenständlichen verbindet. Diese Miesmuscheln vor dem abstrakten Hintergrund! Super!« Er verzog das Gesicht zu einer Grimasse. »Sieht leichter aus, als es ist. Aber ich lasse mich nicht entmutigen. In Neuseeland habe ich einen Malkurs absolviert, und mein Lehrer sagt, ich hätte Talent. Also versuche ich es weiter. Von nun an mit gegenständlicher Malerei! Carlotta mag das Abstrakte nicht.« Sein Lächeln wurde breiter und kam Erik nun endlich ehrlich vor. »Aber ich verstehe immer noch nicht, warum Sie an diesem Bild interessiert sind.«

Erik dachte an seine Schwiegermutter und daran, dass sie Larissas Onkel Paolino nannte. »Wir sind einem Kunstraub auf der Spur«, improvisierte er und warf Sören einen Blick zu, damit er die Absicht seines Chefs erkannte und sie nicht durchkreuzte. »Der Feriengast, der vorher hier gewohnt hat, könnte damit zu tun haben. Heute Morgen kam mir die Idee, dass das Bild aus dem Kunstraub in der Putzkammer versteckt sein könnte.«

Paul Freier sah nicht so aus, als glaubte er diese Version der Geschichte, aber er sagte nichts dazu. Und Erik beglückwünschte sich heimlich zu der Idee, die ihm kurz darauf kam:

»Vielleicht hat er das Bild auch im Apartment versteckt. Hätten Sie etwas dagegen, wenn wir uns ein wenig umsehen?«

Dass Paul Freier diese Aussicht nicht gefiel, war unschwer zu erkennen. »Ich wohne seit ein paar Tagen hier. Ein verstecktes Bild wäre mir längst in die Hände gefallen.«

Erik lachte gezwungen. »Sie ahnen nicht, was sich professionelle Kunsträuber einfallen lassen, wenn es darum geht, ihre Beute sicher zu verstecken. Ein Ferienapartment ist der ideale Ort. Und natürlich verstecken sie ein Bild so, dass der nächste Mieter es nicht zufällig findet.«

»Brauchen Sie dafür nicht einen Durchsuchungsbeschluss?«

»Wenn Sie als Täter infrage kämen, wären wir natürlich mit einem Durchsuchungsbeschluss gekommen«, antwortete Erik und freute sich an dem anerkennenden Blick, den Sören ihm zuwarf. »Aber Sie haben mit der Sache ja nichts zu tun. Es geht also nur um eine Gefälligkeit. Wir werden Sie nicht lange stören.«

Nun reagierte Paul Freier so, wie Erik es gehofft hatte. Er öffnete die Tür seines Apartments und ließ die Polizeibeamten eintreten. Erik gab sich Mühe, das triumphierende Lächeln zu unterdrücken, das in seinen Mundwinkeln zuckte.

Sören ging es ähnlich. Während sie den Kleiderschrank von der Wand rückten, die Unterseite der Betten abtasteten und die Matratze anhoben, flüsterte er: »Super Idee, Chef! Die Bitte konnte er Ihnen nicht abschlagen, wenn er sich nicht verdächtig machen wollte.«

Eriks Freude bekam jedoch die ersten Risse, nachdem er sogar die Wände auf der Suche nach Hohlräumen abgeklopft hatte. »Wenn wir das Bild nicht finden, bringt uns das gar nichts.«

Den Rest, den er noch auf der Zunge hatte, schluckte er herunter, weil Paul Freier in der Tür erschien. »Darf ich fragen, wie weit Sie mit den Ermittlungen im Todesfall meiner Nichte sind? Oder ist Ihnen der Diebstahl dieses Bildes wichtiger, als Larissas Mörder zu finden?«

Erik ließ die Matratze fallen, die er angehoben hatte. »Seien Sie unbesorgt, Herr Freier. Selbstverständlich hat die Aufklärung des Mordfalls oberste Priorität.« Er sah sich unauffällig um. Sämtliche Möglichkeiten, ein Bild zu verstecken, das so groß war wie die Gemälde des Sylt-Zyklus, waren erschöpft. »Der Mörder wird uns nicht entkommen.« Als er Paul Freiers spöttische Miene sah, setzte er sogar nach: »Wir sind nah dran.« Dabei hatte er gerade in diesem Augenblick das Gefühl, weiter denn je von einem Ermittlungserfolg entfernt zu sein. ›Strandläufer‹ war nicht in diesem Haus, so viel war sicher. Entweder hatte Paul Freier das Bild woanders hingebracht, oder er sagte die reine Wahrheit.

Die Staatsanwältin rief zum absolut falschen Zeitpunkt an. »Wie sieht's aus, Wolf?«, fragte sie anstelle einer Begrüßung. »Noch keine Ergebnisse in Sachen Viktor Krevert und Larissa Freier? Und was ist mit dem Kunstraub?«

Erik verabschiedete sich mit einer Geste von Larissas Onkel und trat ins Freie. Sören gönnte Paul Freier ein paar Abschieds- und Dankesworte, dann schloss sich die Tür hinter ihnen. »Wir haben gerade eine Wohnung durchsucht«, antwortete Erik, damit er der Staatsanwältin beweisen konnte, dass er nicht untätig war. »Alles sah danach aus, als wären wir dem Bild auf der Spur. Aber leider haben wir es nicht gefunden.«

»Sie sind immer noch der Ansicht, dass der Todesfall, der Mordfall und der Kunstraub zusammengehören?«

Erik zögerte, aber dann sagte er mit fester Stimme: »Ja, das bin ich.«

Carlotta starrte das Suppenhuhn an, das sie soeben ausgenommen hatte, als erwartete sie von ihm eine Erklärung. Dabei ließ sich das, was ihr widerfahren war, nicht erklären. Stöhnend, als litte sie unter den Folgen einer schweren körperlichen Anstrengung, begann sie schließlich die Innereien zu hacken, die mit Zwiebeln und Schinken gebraten werden sollten. Sie hackte und hackte, tief in Gedanken versunken und ohne auf das Ergebnis ihrer Arbeit zu achten … bis sie plötzlich hochschreckte. Dieser Geruch! Hatte sie etwa schon das Fett in der Pfanne zerlassen? »Madonna!«

Erschrocken sprang sie auf, riss die Pfanne von der Herdplatte und gab die gehackten Innereien mit den Zwiebeln und dem Schinken hinein. Dann schob sie die Pfanne zurück und sah dabei zu, wie der Inhalt sich verfärbte. Währenddessen überlegte sie, wann sie zum letzten Mal von ihrem Dino geküsst worden war, als er sie noch küsste wie ein Mann, der seine Frau begehrte. Aber sie konnte sich nicht erinnern. Der Verlauf von Dinos Krankheit war schleichend gewesen, ebenso schleichend hatte sich ihre Ehe verändert. Ganz allmählich war aus der Beziehung zwischen Mann und Frau die Abhängigkeit eines Kindes von der Mutter geworden.

Mamma Carlotta strich mit dem linken Zeigefinger nachdenklich über ihre Lippen und kam, als sie die Hand wieder sinken ließ, mit der heißen Pfanne in Berührung. »Ahi!«

Das brachte sie in die Realität zurück. Erneut zog sie die Pfanne vom Herd und rührte Semmelbrösel, Petersilie und Eier in die angebratenen Innereien. Während das Ganze weiterschmorte, ließ sie sich wieder auf einen Stuhl sinken und starrte vor sich hin. Wenn Erik sie in diesem Augenblick hätte sehen können, wäre er entweder erfreut darüber gewesen, sie endlich einmal in sich gekehrt zu erleben, oder aber er hätte unverzüglich einen Arzt gerufen. Sie selbst konnte sich nicht erinnern, schon einmal derart aus der Fassung gebracht worden zu sein. Längst hatte sie sich damit abgefunden, dass sie nicht mehr das Leben einer reizvollen Frau, sondern das einer Mutter und Großmutter führte. So war es normal, so erging es allen Frauen ihres Dorfes, erst recht den Witwen. Aber was geschah mit ihr? Sie hatte sich bei einem In-Friseur einen Look namens ›Hot Drama‹ verpassen und sich nun auch noch küssen lassen. Von einem Mann, der ganz anders war als die Männer ihres Alters, die sie kannte. Und dann hatte er sogar geflüstert: »Kommst du heute Abend zu mir? Und … bleibst du über Nacht?«

Ihre Verblüffung hätte nicht größer sein können, wenn er sie gebeten hätte, mit ihm ins Weltall zu fliegen. Es kam nicht oft vor, dass es Carlotta Capella die Sprache verschlug, aber dies war einer der Momente gewesen, in denen sie nichts zu sagen gewusst hatte. Sie, Eriks Schwiegermutter, die Nonna von Carolin und Felix, sollte die Nacht bei einem Mann verbringen? Sie wagte sich das Entsetzen auf Eriks Gesicht und in den Augen der Kinder nicht auszumalen. Und sie wagte sich nicht vorzustellen, was in der Nacht in Paolinos Apartment geschehen würde, wenn sie sich auf dieses Abenteuer einließe. Dass sie es niemals tun würde, war sicher, aber dass Paolino an diese Möglichkeit überhaupt dachte, hatte sämtliche Gefühle, die in ihr waren, in einen Strudel gerissen, wo sie nicht mehr voneinander zu unterscheiden waren. Die Gefühle als Frau, als Witwe, Mutter, Großmutter und Schwiegermutter …

Ein Geruch, der nichts Gutes zu bedeuten hatte, schreckte sie hoch. Entsetzt sprang sie auf und stürzte zum Herd. Da hatte sie tatsächlich vergessen, die Hitze zu reduzieren, als sie der Füllung für das Huhn den Deckel aufsetzte! Hastig begann sie zu rühren, so lange, bis nichts mehr am Boden der Pfanne klebte, und stellte erleichtert fest, dass sie gerade noch rechtzeitig aufmerksam geworden war. Sie würzte die zubereiteten Innereien mit Salz und Pfeffer und nahm sich dann das Huhn vor, um es zu füllen. Sie hatte schon den Zwirn eingefädelt, damit sie es später zunähen konnte, da hörte sie wieder Paolinos Worte: »Ich kann auch zu dir kommen. Du hast mir ja den Kellerschlüssel gegeben. Niemand würde mich sehen …«

Das war der Moment gewesen, in dem der Strudel sich auflöste und alle Gefühle wieder an ihren Platz gerückt worden waren. »Ich habe ihn dir gegeben, damit du Larissa jederzeit besuchen kannst.«

Als sie diesen Namen ausgesprochen hatte, war ihr auch wieder eingefallen, dass eine junge Frau, die in diesem Haus gewohnt hatte, auf schreckliche Weise zu Tode gekommen war und dass es nicht richtig sein konnte, wenn ihr Onkel, statt um seine Nichte zu trauern, einer Witwe schöne Augen machte. Erst recht war es nicht richtig, wenn diese Witwe sich darauf einließ. Daran änderte auch ihre neue Frisur nichts und auch nicht die Tatsache, dass Paul Freier der Einzige war, der ihre modische Veränderung bewunderte. Nein, er war mit vielen italienischen Worten, die er nicht verstand, aus der Tür geschoben worden, obwohl er sich kurz vorher noch gewünscht hatte, Mamma Carlotta bei der Zubereitung von Gallina Campagnola zusehen zu dürfen.

»Hühnchen nach Bauernart geht ganz einfach. Ich kann dir das Rezept aufschreiben«, hatte sie erklärt, bevor die Tür hinter Paul Freier ins Schloss gefallen war.

»Basta!«, flüsterte Mamma Carlotta.

Als sie hörte, dass sich ein Schlüssel im Schloss der Haustür drehte, schreckte sie zusammen. »Enrico?«

Aber es war Carolins Stimme, die antwortete: »Ich bin's!«

Mamma Carlotta lief in die Diele und sah nur noch Carolins Füße, die in der ersten Etage verschwanden. »Ich habe mein Praktikumsbuch vergessen. Donald will es sehen.«

Als sie wieder im Erdgeschoss angekommen war, hielt ihre Nonna sie zurück. »Was ich noch fragen wollte, Carolina ...«

»Ich hab's eilig, Nonna!«

»Als ich gestern so dumm war«, fuhr Mamma Carlotta unbeirrt fort, »den Eingang zum Friseursalon auf der Rückseite des Hauses zu suchen, da saßen dein Chef und Madeleine Krevert auf der Bank und haben sich gestritten.«

»Na und?«

»Hast du mitbekommen, worum es ging? Du hast im Garten die Wäsche aufgehängt, du musst sie gehört haben.«

»Ich bin nicht neugierig«, antwortete Carolin hochmütig, aber dass sie eine der blonden Strähnen, die vor ihrem Gesicht baumelten, nachdenklich langzog und in den Mund nahm, um darauf herumzukauen, war ihrer Großmutter Beweis genug, dass sie doch etwas mitbekommen hatte.

»Ging es vielleicht um … Mord? Ist Larissas Name gefallen? Oder der von Viktor Krevert?«

Carolin wehrte erschrocken ab. »Von irgendeinem Bild war die Rede. Frau Krevert hat Donald gedroht, ihn anzuzeigen.«

»Warum?«

Carolin zuckte mit den Schultern. »Das ist Papas Sache, nicht meine.« Sie pustete entschlossen die Haare aus ihrem Blickfeld. »Bin pünktlich zum Mittagessen zurück!«

Schon war sie aus der Tür. Als hätte sie die Flucht ergriffen aus Angst davor, dass ihre Nonna etwas aus ihr herausfragen würde, was diskret behandelt werden musste.

Kopfschüttelnd ging Mamma Carlotta in die Küche zurück. Erst das Bild, das Tove auf dem Flohmarkt angeboten hatte, nun ein Bild, um das Donald Manfredini und Madeleine Krevert sich stritten. Und nebenan, bei den Kemmertöns, sollte ein Kunsträuber ein teures Gemälde versteckt haben? Von Paolino hatte sie es erfahren, der bei dieser Gelegenheit auch seufzend sein eigenes Bild erwähnt hatte, das am Fuß eines Müllcontainers und nun wohl längst auf einer Müllhalde gelandet war. Was war denn plötzlich los auf Sylt, dass sich alles um Malerei drehte? War Mord und Totschlag nicht schon schlimm genug? Und warum nagte das Bedauern noch immer an ihr, wenn sie an Paolinos Bild dachte? Sie ging zum Garderobenspiegel, um sich von dieser Frage abzulenken, und starrte ihre neue Frisur an, um die Frage zu vergessen. Aber es ging nicht. Sie gestand sich ein, dass sie das Bild, obwohl es so hässlich gewesen war, gern als Erinnerung behalten hätte. Wie schade, dass es auf dem Müll gelandet war! Es hätte sie in Zukunft – in trüben Stunden, in Augenblicken voller Selbstzweifel oder Entmutigung – daran erinnern können, dass das Leben auch dann noch Überraschungen bereithielt, wenn man nicht mehr damit rechnete.

Dass Eriks Auto noch vor der Tür stand, obwohl er mit Sören nach dem Frühstück das Haus verlassen hatte, war ihr aufgefallen, als sie den Müll hinausbrachte. Verwundert hatte sie es betrachtet. Wo mochten Erik und Sören sein? Ihr Blick war umhergewandert und schließlich an der Gartenpforte der Familie Kemmertöns hängen geblieben. Dass Erik einen Besuch bei den Nachbarn machte, war sehr unwahrscheinlich. Blieb also nur Paul Freier! Was wollte Erik von ihm?

Mamma Carlotta hatte sich mit dem Müll länger als nötig aufgehalten, sich sogar entschlossen, den Mülleimer einer Reinigung zu unterziehen, und sich damit beschäftigt, bis Erik und Sören auf die Straße traten.

»Was habt ihr denn bei den Nachbarn gemacht?«

Erik hatte ärgerlich abgewinkt, wie immer, wenn es ihm mal wieder nicht gelungen war, etwas vor seiner Schwiegermutter zu verbergen. »Dienstlich«, antwortete er kurz angebunden. »Für dich nicht von Interesse.«

Sie hatte dem Wagen empört hinterhergesehen. Nicht von Interesse? Wie konnte er sie derart abfertigen? Wenn es um Larissas Tod ging, dann hatte sie gewissermaßen einen Anspruch darauf, etwas über den Stand seiner Ermittlungen zu erfahren! Schließlich hatte sie mit der jungen Frau unter einem Dach gewohnt!

Mamma Carlotta war ins Haus gegangen und hatte den Mülleimer an seinen Platz zurückgeknallt. Schrecklich, diese Heimlichkeiten! Wenn sie eines nicht leiden konnte, dann war es die gebieterische Miene ihres Schwiegersohns, mit der er kundtun wollte, dass ihr Interesse als Neugier entlarvt worden war.

Während sie zornig eine Mülltüte in den Eimer stopfte, hatte sie darüber nachgedacht, Paolino einen Besuch abzustatten. Von ihm würde sie erfahren, was Erik in den Nachbargarten geführt hatte. Aber noch bevor sie sich eine Jacke überziehen konnte, hatte sie ihn schon auf die Haustür zukommen sehen, so eilig, als hätte er etwas Dringendes zu erledigen.

Trotzdem hatte er sich, nachdem sie ihm geöffnet hatte, die Zeit genommen, sie zunächst in seine Arme zu ziehen. Dass sie sich ihm schleunigst entwand, hatte er hingenommen, ohne ein Wort dazu zu sagen. Schnell hatte er sich damit abgefunden, dass ihre Wissbegier größer war als der Wunsch, seine Nähe zu genießen. Erst als sie wusste, was es mit Eriks und Sörens Besuch auf sich gehabt hatte, war sie zugänglicher geworden und hatte zugelassen, dass er ihre Hand hielt.

Aber noch immer war sie mit ihren Gedanken nicht bei ihm gewesen. »Ein Kunstraub?«, hatte sie vor sich hin gemurmelt. »Und der Dieb soll ausgerechnet bei Frau Kemmertöns Unterschlupf gesucht haben? Was für ein merkwürdiger Zufall!«

Paolino hatte mit den Schultern gezuckt. »Wenn dein Schwiegersohn es sagt, wird's wohl so sein.«

»Ging es um die Bilder von diesem … diesem … wie hieß er noch gleich? Dieser Sylter Maler, von dem auch das Bild stammt, das Enrico auf dem Flohmarkt entdeckt hat?«

Aber Paul hatte nur die Schultern gezuckt. »Davon hat dein Schwiegersohn nichts gesagt.«

Nachdenklich hatte Mamma Carlotta dagesessen, ohne zu merken, dass er näher zu ihr heranrückte, und das Suppenhuhn angestarrt, das zu diesem Zeitpunkt noch die Verpackung von Feinkost Meyer trug. So lange, bis sie endlich Paolinos Absichten bemerkte …

Wieder tastete sie über ihren Mund, als wollte sie überprüfen, ob der Kuss noch auf ihren Lippen lag, ob sich dort irgendwas verändert hatte, seit sie geküsst worden waren. Aber erstaunlicherweise fühlten sich ihre Lippen so an wie vorher, Dino hatte keinen Blitz vom Himmel gesandt und keine dunkle Wolke übers Haus hinwegziehen lassen. Zwar hatte sich etwas Ungeheuerliches ereignet, dennoch war das Leben nicht aus den Fugen geraten. »Incredibile!«

Geräusche an der Tür schreckten sie aus ihren Erinnerungen.

Ein Poltern, das Klimpern von Schlüsseln, ein unterdrückter Schrei. Wiebke war nach Hause gekommen und hatte mal wieder die winzige Türschwelle übersehen.

»Signorina Reimers! Haben Sie sich verletzt?« Mamma Carlotta sah Wiebke besorgt entgegen.

Aber diese winkte ab, als wäre es das Normalste der Welt, kopfüber in ein Haus zu fallen, statt es zu betreten.

»Wo waren Sie den ganzen Vormittag?«, fragte Mamma Carlotta ungeniert. »Sie sind schon vor Erik aus dem Haus gegangen.«

»Iris Berben soll auf Sylt sein«, antwortete Wiebke und setzte sich an den Tisch, um Mamma Carlotta beim Kochen zuzusehen. »Was gibt's heute Mittag?«

»Schinkenmousse mit Kiwis als Antipasto, Tagliatelle mit Lachs als Primo Piatto, dann das Huhn nach Bauernart, und als Dolce gibt es Profiteroles.« Sie holte eine Schüssel aus dem Kühlschrank. »Die stehen schon seit Stunden kühl. Und die Mousse di Prosciutto ist auch längst fertig.« Sie genoss Wiebkes bewundernden Blick und erklärte: »Einfach Kochschinken, Robiolakäse und Butter verrühren und mit Salz und Pfeffer würzen. Basta! Dann nur noch Kiwischeiben daraufgeben.« Sie legte Wiebke zwei Kiwis und ein Küchenmesser hin. »Das können Sie erledigen.«

Mamma Carlotta begann unterdessen den geräucherten Lachs zu würfeln. »Die Nudeln müssen später nur zwei Minuten ins kochende Wasser. Die Lachssoße kann ich schon vorbereiten, dann geht später alles molto veloce.«

Wiebke staunte sie an. »Wie Ihnen das mit dem Kochen von der Hand geht, Signora! Wahnsinn!«

Mit der umständlichen Handhabung des Küchenmessers bewies sie, dass sie selbst es wohl nie zu dieser Vollendung bringen würde. Bis sie fertig war mit dem Schälen der Kiwis, hatte Mamma Carlotta bereits den Lachs in die ausgelassene Butter gegeben, ihn mit Zitronensaft beträufelt und mit Whisky und

Sahne abgelöscht. Dann sagte sie: »Ein wunderbarer Artikel, den Sie über Larissa geschrieben haben! Er hat mir sehr gefallen. Und Enrico ebenfalls! Man merkt mit jedem Wort, wie sehr Sie Ihre Freundin gemocht haben.«

Wiebke sah nicht auf. »Aber da ich ein gutes Honorar dafür bekomme, wird Erik mir wohl wieder unterstellen, dass ich den Tod meiner Freundin ausschlachte.«

»No, no, so würde Enrico niemals denken«, wehrte Mamma Carlotta ab, die genau wusste, dass Erik so dachte.

Wiebke warf das Messer beiseite. »Aber es ist wohl meine eigene Schuld. Ich hätte nicht über das schreiben dürfen, was ich belauscht hatte.«

Mamma Carlotta wusste sofort, was Wiebke meinte: »Madeleine Kreverts Untreue? Durch Ihren Artikel beschäftigt sich nun die gesamte Yellow Press mit der Ehe der Kreverts.« Sie machte Wiebke darauf aufmerksam, dass die Kiwischeiben auf die Schinkenmousse gelegt werden sollten. »Das war nicht in Ordnung.«

»Ich bin Journalistin«, verteidigte Wiebke sich. »Enthüllungsstorys sind das A und O in meinem Job.«

Diese Erklärung gefiel Mamma Carlotta nicht sonderlich, die der Ansicht war, dass die Familie, die Beziehung zwischen Mann und Frau und alles, was mit Amore zu tun hatte, stets von größerer Bedeutung war als beruflicher Ehrgeiz. Wiebke musste einsehen, dass ein Polizeibeamter seine Vorschriften hatte, denen eine Journalistin mit einer Enthüllungsstory nicht in die Quere kommen durfte. Und natürlich musste sie einsehen, dass ein Kriminalbeamter viel zu tun hatte und vor allem dann, wenn er mit einem Mordfall beschäftigt war, nicht auch noch mit privaten Problemen geplagt werden durfte. Wie sollte er sich auf seine Arbeit konzentrieren, wenn seine Freundin ihm mit Streitigkeiten die Ruhe nahm? »Er muss zwei Mordfälle aufklären und hat auch noch mit einem Kunstraub zu tun.«

»Kunstraub?« Sie sah das Interesse in Wiebkes Augen aufflackern und bereute schlagartig, dass sie das Gespräch darauf gebracht hatte. War das womöglich auch etwas, worüber eine Journalistin eine Enthüllungsstory schreiben konnte? »Ich weiß nichts Näheres«, fügte sie deshalb schnell an. »Nur, dass Erik dachte, der Kurgast, der vor Larissas Onkel in dem Holzhaus der Kemmertöns gewohnt hatte, könnte dort ein gestohlenes Gemälde versteckt haben.«

»Und?«, fragte Wiebke. »Hat er?«

Mamma Carlotta schüttelte den Kopf. »No, Paolino war eben bei mir und …«

»Paolino?«

»Paul Freier meine ich, Larissas Onkel.«

Wiebke lächelte. »Paolino! So, so …«

Carlotta fuhr so sachlich fort, wie es ihr möglich war: »Enrico hat das ganze Apartment durchsucht, aber nichts gefunden.«

»Um was für ein Gemälde ging es denn?«

»Keine Ahnung.« Mamma Carlotta war froh, dass sie tatsächlich nichts wusste, woraus Wiebke eine Enthüllungsstory hätte machen können.

Vorsichtshalber würde sie Erik nicht nach diesem Kunstraub fragen, damit sie weiterhin, ohne zu lügen, behaupten konnte, von nichts zu wissen. Kunstraub war sowieso kein interessantes Thema, wenn es viel Aufregenderes gab, nämlich den mysteriösen Tod eines Talkmasters und den Mord an Paolinos Nichte. Wenn mit diesem Kunstraub allerdings der Diebstahl der Gemälde gemeint war, von dem Tove eines im Keller gefunden hatte, dann sollte sie vielleicht doch versuchen, das eine oder andere Wort aufzuschnappen. Schließlich ging es dann auch um den Vater eines Mannes, den sie heimlich ihren Sylter Freund nannte. Tove Griess würde vielleicht weniger wütend auf Erik sein, wenn er endlich einsah, dass ein Kriminalbeamter nicht anders handeln konnte, und stattdessen die Schuld, dass er mit diesem Gemälde nicht reich geworden war, bei seinem Vater suchen. Der war ein Krimineller, ihn traf der Zorn zu

Recht. Außerdem war er tot und musste unter den Vorwürfen seines Sohnes nicht mehr leiden.

»Basta«, flüsterte Mamma Carlotta heimlich und stellte die Lachssoße beiseite, nachdem sie ihr einen weiteren Schluck Whisky verpasst hatte.

Sören war nervös. Und immer, wenn er nervös wurde, brauchte er Nervennahrung. Genau wie sein Chef! Nur sah seine Nervennahrung anders aus als Eriks. Wenn der zur Trauben-Nuss-Schokolade griff, holte Sören eine Tüte mit Salmiakpastillen aus der Schreibtischschublade. Manchmal unterstand er sich zu Eriks Entsetzen sogar, die rautenförmigen Pastillen in Form eines Sterns auf seinen Handrücken zu kleben und ihn dann abzulecken. Dass es seinen Chef dabei grauste, kümmerte Sören nicht. Diesmal jedoch stopfte er sich die Salmiakpastillen dutzendweise in den Mund und ließ seinen dunklen Speichel sehen, wenn er sprach. Auch nicht besser, fand Erik.

Er stand auf und ging zum Fenster, um sich den Anblick zu ersparen. »Sie meinen also, wir sollen der Staatsanwältin gestehen, dass wir nicht weiterkommen? Und sie bitten, eine SoKo einzurichten?«

Sören antwortete nicht, sah aber so aus, als hätte dieser Gedanke, den er noch vor ein paar Tagen entsetzt zurückgewiesen hätte, seinen Schrecken verloren. »Wir haben keine Beweise«, begann er zu jammern. »Nicht einmal handfeste Indizien. Und dass der Kunstraub und die beiden Todesfälle zusammenhängen, ist auch eine Vermutung geblieben.«

»Ich bin davon überzeugt«, sagte Erik.

»Und worauf gründen Sie diese Überzeugung?«, ereiferte sich Sören. »Auf Ihr Bauchgefühl?«

»Ein gutes Bauchgefühl ist für jeden Kriminalisten wichtig.« Erik wusste, dass er sich selbst etwas vormachte, aber er wollte nicht auch noch in Sörens Weltuntergangsstimmung rutschen, sonst würden sie am Ende wirklich kapitulieren.

Es blieb eine Weile still zwischen ihnen, was beide gut ertragen konnten. Sowohl für Erik als auch für Sören tat sich keine Leere auf, wenn niemand sprach, sie schätzten beide wohldosierte Gesprächspausen. Wohl auch deshalb war ihre Zusammenarbeit so harmonisch.

Erik drehte sich um. Sörens dunkel verfärbte Lippen waren ihm nun egal. »Fangen wir mal mit dem Sylt-Zyklus an. Wir finden ›Krebsgang‹ auf dem Flohmarkt, vom Sohn des Hehlers Haie Griess ahnungslos zum Verkauf angeboten.«

»Nun fehlt nur noch ›Strandläufer‹«, ergänzte Sören. »›Salzwiesen‹ ist schon vor Jahren sichergestellt worden.«

»Und dann finden wir in Kreverts Haus, das einmal den Freiers gehört hat, den Abdruck eines Bildes …«

Sören unterbrach und korrigierte: »Einen Abdruck, der von einem Bild stammen könnte.«

»In der Größe der drei Bilder aus dem Sylt-Zyklus.«

»Ein schwaches Indiz«, meinte Sören. »Mehr nicht.«

Aber Erik ließ sich nicht beirren. »Und dann erzählt meine Schwiegermutter von einem Bild, das sie bei Paul Freier gesehen hat. Ein abstraktes Gemälde mit Miesmuscheln.«

»So fangen Hobbymaler häufig an. Sie malen etwas ab, was ihnen gefällt.«

»Sie glauben ihm, dass er das Bild selbst gemalt und mittlerweile weggeworfen hat?«, fragte Erik.

»Warum nicht? Ihrer Schwiegermutter hat es nicht gefallen. Und ihre Meinung ist dem Freier anscheinend sehr wichtig.«

»Möglich aber auch, dass er es woanders deponiert hat, nachdem meine Schwiegermutter es entdeckt hatte.«

»Das würde bedeuten, dass Paul Freier das Bild aus der Kampener Villa der Kreverts gestohlen hat.«

»Kann doch sein, dass er den Weg durch den Heizungskeller kannte.«

»Und er wusste, dass das Bild noch da ist? Woher?«

Darauf fand Erik keine Antwort. Genauso wenig wie auf

Sörens nächste Frage: »Hat er seine Nichte umgebracht, um an das Bild zu kommen?«

Erik schaffte es nicht, den Kopf zu schütteln. »Und was ist mit Viktor Krevert? Soll der auch von Paul Freier umgebracht worden sein?«

»Wer hat ein Motiv?«, fragte Sören zurück und gab die Antwort gleich selbst. »Seine Frau, weil sie frei sein wollte für ihren Geliebten. Donald Manfredini, weil er Madeleine Krevert heiraten wollte.«

»Dafür gibt es weder Indizien noch Beweise.«

Sören griff nach einem schmalen Ordner, in dem sie Kopien von Zeitungsberichten gesammelt hatten, und blätterte ihn durch. »Was wir über Viktor Krevert herausgefunden haben, gibt keine Anhaltspunkte. Der Mann hat ein unauffälliges Leben geführt, wenn man mal davon absieht, dass er mit einer reichen Frau verheiratet war und ein Gesicht hatte, das in ganz Deutschland bekannt ist.«

»Und Madeleine Krevert? Nach außen untadelige Ehefrau, aber hinter der Fassade nicht so glücklich, wie sie sich gab. Eine glückliche Ehefrau betrügt ihren Mann nicht.«

Sören blätterte noch weiter in dem Ordner herum. »Es heißt, sie habe unter der Popularität ihres Mannes gelitten.«

»Weil sie von Paparazzi belästigt wurde?«

»Eher, weil sie sich neben ihrem populären Mann unbedeutend vorkam. Madeleine Krevert ist eine starke Frau, sie ordnet sich nicht gern unter. Sie leidet, wenn alle Kameras sich auf ihren Mann richten und sie selbst kaum beachtet wird.« Sören warf den Ordner auf den Schreibtisch. »Über ihre Stauballergie habe ich übrigens etwas in einer Zeitschrift gefunden. Ist wohl eher eine Phobie! Eine ihrer Putzfrauen hat mal einer Redakteurin davon erzählt. Wenn Madeleine Kreverts Fingerspitzen Staub ertasteten, ist sie ausgeflippt.«

»Mordmotive sind aus der Vergangenheit der Kreverts jedenfalls nicht zu erkennen.«

»Larissa hatte ein Motiv, sich an Krevert zu rächen.«

»Und wer hat dann sie umgebracht?«

»Derjenige, der sich das Bild vom Speicher holen wollte.«

»Und warum war Larissa auf dem Speicher?«

»Ebenfalls, um sich das Bild zu holen.«

Erik fasste sich an den Kopf. »Unsinn, Sören! Wenn sie von dem wertvollen Bild gewusst hätte, hätte sie es mitgenommen, als sie aus der Villa auszog.«

»Ihr Puppenhaus hat sie auch vergessen.«

»Nicht vergessen«, korrigierte Erik. »Daran war sie nicht interessiert. Wo hätte sie den alten Plunder auch unterbringen sollen?«

»Stimmt«, murmelte Sören. »Sie hatte ja keine eigene Wohnung.«

»Aber ein Bild, mit dessen Erlös sie aus ihrer finanziellen Misere gekommen wäre, hätte sie garantiert mitgenommen.«

Sören zuckte mit den Schultern. »So leicht ist ein gestohlenes Gemälde nicht zu verkaufen.«

»Mitgenommen hätte sie es trotzdem«, beendete Erik die Diskussion. »Haben Sie auch Larissas Eltern überprüft?«

Sören nickte. »Ebenfalls keine Auffälligkeiten.«

»Und Paul Freier?«

»Der ist ein richtiger Paradiesvogel. Immer verrückte Ideen, nie dem Mainstream gefolgt. Seine Vergangenheit ist abenteuerlich, aber kein bisschen kriminell. Seine Weste ist weiß. Außerdem ... wie soll er von dem Bild gewusst haben?«

»Sein Bruder hat ihn vielleicht ins Vertrauen gezogen.«

»Wenn wir dabeibleiben, dass die Todesfälle und der Kunstraub zusammengehören«, antwortete Sören nachdenklich, »dann hat der Dieb des Bildes zwei Menschen auf dem Gewissen, Viktor Krevert und Larissa Freier.«

»Hat Paul Freier finanzielle Schwierigkeiten?«

Sören schüttelte er den Kopf. »Reich ist er nicht, aber er scheint klarzukommen. Seine Abenteuerreisen finanziert er, indem er Bücher darüber schreibt und Vorträge hält. Er hat keine Familie, kaum finanzielle Verpflichtungen.«

Erik streckte sich, dann nahm er Sören die Tüte mit den Salmiakpastillen aus der Hand. »Lassen Sie uns zum Essen fahren. Wir treten auf der Stelle.«

Die Stimmung war angespannt. Mamma Carlotta erinnerte sie an eine Jubiläumsfeier in ihrem Dorf, die fröhlich und ausgelassen hätte werden können, wenn der Pfarrer nicht plötzlich erschienen wäre. Wiebke gab sich zwar Mühe, durch häufiges Lächeln und unerwartete Zustimmung die Position der Außenseiterin zu verlieren, aber es gelang ihr nicht. Es war sogar so, dass sie mehr und mehr zum Fremdköper wurde, je deutlicher sie sich darum bemühte dazuzugehören.

Carolin dachte laut darüber nach, wie es sein musste, wenn man als Promi keinen Schritt tun konnte, ohne fotografiert zu werden, Felix strich sich immer wieder über die geschorene Seite seines Kopfes, die ein roter Rennwagen zierte, und überlegte unter Benutzung mehrerer Fachausdrücke, wann der Ferrari nachgefärbt werden müsse. Das alles geschah, um Wiebke aus der Reserve zu locken, diese kommentierte es jedoch mit keinem Wort. Auch als Mamma Carlotta gezwungen wurde, sich positiv über die Veränderung ihrer eigenen Frisur zu äußern, schwieg Wiebke eisern.

Wie immer, wenn in den Lauf eines Gesprächs ein Schweigen einbrach, versuchte Mamma Carlotta, eine Brücke aus vielen Sätzen zu bauen, die irgendwann den Schweigenden wieder mit allen anderen verband. Nach ihrer Erfahrung half ein Lob zur Ermunterung und zur Entstehung eines Redeflusses, mochte auch nur ein Rinnsal daraus werden. So teilte sie Erik, als er die Küche betrat, unverzüglich mit, dass Wiebke sich maßgeblich an der Zubereitung der Mahlzeit beteiligt habe. Die Mousse di Prosciutto sei von ihr zur Vollendung gebracht worden, und Mamma Carlotta behauptete sogar, sie wage sich nicht vorzustellen, was aus diesem Antipasto geworden wäre, wenn sie auf Wiebkes Hilfe hätte verzichten müssen.

Ihre Rechnung ging auf. Eriks Augen leuchteten, Wiebkes abwehrende Worte, mit denen sie Mamma Carlottas Behauptung zurechtrücken wollte, gingen in der Umarmung unter, mit der er seine Freundin begrüßte. Als er sich neben ihr niederließ, griff er sogar nach ihrer Hand, was Wiebke dazu bewog, über die wahre Herstellung der Mousse di Prosciutto zu schweigen.

Man hätte sagen können, die Stimmung sei gut ... aber sie war es nicht. Künstlich war sie, wie eine synthetische Blume, die zwar nicht welkte, die aber auch nicht duftete.

Sören, der nicht zur Familie gehörte und daher keinen Ausweg wusste, litt am meisten. Die Kinder waren nicht weniger ratlos. Sie ernteten auf keine spitze Bemerkung eine Antwort, die als Grundlage für einen Streit hätte herhalten können. Und Erik unterbrach sich sogar selbst, als er von seiner Arbeit reden wollte. Wiebke bemerkte es, verzichtete aber auf den Vorwurf, er wolle ihr mal wieder nichts über den Stand seiner Ermittlungen verraten.

Am Ende waren alle froh, als Felix anfing, von den Kunden des Friseursalons zu erzählen, die er entweder total cool, echt krass oder megaspießig fand. So schleppte sich die Zeit von der Schinkenmousse zu den Tagliatelle hin und kam beim Huhn nach Bauernart erneut zum Erliegen. Dass Wiebke sich nach der Zubereitung von Gallina Campagnola erkundigte, änderte nicht viel, da jeder in der Tischrunde wusste, dass ihre Frage rein rhetorisch war und sie niemals ein Huhn anfassen würde, um ihm die Eingeweide zu entreißen. Doch das Thema war unverfänglich genug, um damit weder die Kinder zu reizen noch in Erik das Misstrauen zu erwecken, sie wolle mehr über seine Arbeit erfahren, als er zu verraten bereit sei.

»Ich kann übrigens auch ein bisschen kochen«, verkündete sie und lachte in staunende Augen und hochgezogene Brauen. Schließlich war Wiebke auf Sylt noch nicht über die Zubereitung von Nudeln mit Tomatensoße und Krabben mit Spiegeleiern hinausgekommen. »Miesmuscheln mit Mayonnaise! Wenn ihr wollt, bereite ich sie mal für euch zu.« Sie lächelte Erik an, der zurücklächelte, als sei er bereit, alles zu essen, was sie ihm vorsetzte, und wenn es noch so ungenießbar war. »Dann könnte deine Schwiegermutter sich mal ausruhen.«

»Igitt! Miesmuscheln!«, schrie Felix prompt, und Carolin verzog das Gesicht, als wäre jetzt endlich der Zeitpunkt gekommen, in dem man sich mal wieder so richtig mit Wiebke fetzen könnte. »Papa hasst Miesmuscheln auch!«

Mamma Carlottas Gesichtsausdruck war nur geringfügig freundlicher als Felix'. Sie konnte es nicht leiden, wenn sie gebeten wurde, sich auszuruhen. Darauf ließ sie sich höchstens ein, wenn Unkraut gejätet werden musste, was nicht zu ihren Lieblingsbeschäftigungen zählte. Wenn es Arbeit in der Küche gab, wollte sie von Ausruhen nichts hören. Aber da Wiebke es gut meinte, schwieg sie, um die ohnehin fragile Stimmung nicht in Gefahr zu bringen.

Zum Glück fiel ihr schnell ein Thema ein, das von den Miesmuscheln auf ein anderes Feld führte. »Hast du eigentlich bei Signor Freier das Bild gesehen, von dem ich dir erzählt hatte, Enrico? Das mit den vielen Strichen und den Miesmuscheln am unteren Rand? Madonna! Hätte ich nur gewusst, dass er es selbst gemalt hat, dann hätte ich es natürlich gelobt! Jemand, der ein Künstler werden will, braucht Ansporn und Mut. Auch dann, wenn er kein Talent besitzt. Ich schäme mich in Grund und Boden, wenn ich daran denke, dass ich über das Bild gelacht habe, als ich es zufällig in der Putzkammer fand.« Sie konzentrierte sich auf das Aufschneiden des Huhns. So konnte sie zwar Erik nicht ansehen, aber das Reden geriet nicht ins Stocken, denn Mamma Carlotta konnte neben jeder noch so kniffeligen Tätigkeit ihre Meinung kundtun und über sämtliche Erlebnisse berichten, die ihren Alltag erschüttert oder bereichert hatten. »Signor Eckert hätte es sehen können, als er die Putzkammer aufräumte. Aber er sagt, es wäre ihm nicht aufgefallen.«

Sie wollte ansetzen, das Bild zu beschreiben, und sich darüber amüsieren, dass Paul Freier einen Tisch hatte malen wollen, den sie selbst gedeckt hatte, da fuhr Erik dazwischen: »Du hast im Friseursalon über das Bild gesprochen?«

Mamma Carlotta ließ das Huhn in Ruhe und sah ihren Schwiegersohn verwundert an. »Sì! Warum nicht?«

»Nur zu Jonas Eckert? Oder war sein Chef auch dabei?«

»Sì! Signor Manfredini hat mich darin bestärkt, einen Con… Come si dice, Carolina?«

»Conditioner!«

»… einen Conditioner zu nehmen. Das ist eine Haarspülung, Carolina hat es mir genau erklärt.« Mamma Carlotta schüttelte den Kopf, ließ die Haare fliegen und lachte einen nach dem anderen an. »Wie es glänzt! Schon gemerkt?«

Erik drückte seinem Assistenten den Autoschlüssel in die Hand. »Sie fahren! Ich muss die Staatsanwältin anrufen, damit sie uns umgehend einen Durchsuchungsbeschluss faxt.«

Sören hielt Erik mit einer Frage zurück. »Sie glauben also, das Bild, das Ihre Schwiegermutter bei Paul Freier gesehen hat, war wirklich der Lindegard?«

»Donald Manfredini muss von seinem Bruder erfahren haben, wer ›Strandläufer‹ gekauft hat. Er war hinter dem Bild her.«

»Donald Manfredini ist kein Dieb.«

Aber davon wollte Erik nichts hören. »Er hat das Bild in Kreverts Villa vergeblich gesucht. Als meine Schwiegermutter dann im Salon davon geredet hat, wusste er, dass Paul Freier es besaß.«

»Und wer hat Viktor Krevert und Larissa Freier umgebracht? Manfredini oder Paul Freier?«

Darauf wusste Erik keine Antwort. Auch als die Staatsanwältin die gleiche Frage stellte, musste er passen. »Das kann ich Ihnen sagen, wenn ich Donald Manfredini in die Zange genommen habe«, sagte er so selbstbewusst wie möglich in den Hörer.

Die Frage, wie er von dem Bild in Freiers Ferienhaus erfahren habe, beantwortete er ausweichend: »Mir wurde davon berichtet. Eine Dame hat das Bild gesehen, ohne zu erkennen, wie wertvoll es ist.«

»So, so, eine Dame«, wiederholte Sören grinsend, als Erik das Gespräch beendet hatte.

»Soll ich der Staatsanwältin etwa verraten, dass meine Schwiegermutter beim Onkel des Mordopfers zum Tee eingeladen war und ihn Paolino nennt?«

»Und dass dieser Onkel sogar in Ihre Schwiegermutter verknallt ist?«

»Schluss mit diesem Unsinn, Sören!« Erik wusste nicht, warum er so scharf reagierte, aber was Sören sagte, klang in seinen Ohren wie eine Beleidigung seiner Schwiegermutter. Dabei wusste er doch, dass Sören niemals ein schlechtes Wort über die Frau verlauten lassen würde, die ihn bemutterte und bekochte, wenn sie auf Sylt war. Er sang vom ersten bis zum letzten Tag ihres Aufenthaltes nur Lobgesänge auf Mamma Carlotta. »In meine Schwiegermutter verknallt man sich nicht.«

Dazu schien Sören eine Menge zu sagen zu haben, aber zu Eriks Glück waren sie am Polizeirevier angekommen. Er stieg aus und lief schon auf den Hintereingang zu, als Sören noch seine Jacke vom Rücksitz holte.

Rudi Engdahl erwartete Erik im Revierzimmer. Er hielt ihm ein Fax hin. »Ein Durchsuchungsbeschluss! Gerade angekommen!«

Erik nahm ihn entgegen und überflog ihn. Als er ihn zusammenfaltete, um ihn in die Jackentasche zu schieben, bemerkte er, dass Rudi Engdahl ihn mit unsicherer Miene ansah. »Ist was?«

»Soll das heißen«, druckste Engdahl herum, »dass Donald Manfredini verdächtigt wird?«

Erik wollte nicken, zuckte dann aber nur mit den Schultern. »Könnte sein. Wenn wir das Lindegard-Bild bei ihm finden …«

»Sie werden es nicht finden«, unterbrach Engdahl ihn. »Donald macht keine krummen Touren. Er hat sein Leben lang darunter gelitten, dass man ihm Böses unterstellte. Nur, weil er aus dieser Familie mit Schwerverbrechern stammt.« Rudi Engdahl wurde immer eifriger. »Wenn früher in der Schule geklaut wurde oder in seinem Sportverein oder in der Tanzschule, die er besuchte … immer geriet Donald als Erster in Verdacht.«

»Aber er war es nie?«, vermutete Erik.

»Nie!«, betonte Rudi Engdahl.

Doch Erik wollte sich kurz vor dem Ziel nicht verunsichern lassen. Er gab Sören, der gerade das Revierzimmer betrat, einen Wink. »Das Fax von der Staatsanwältin ist schon da. Wir können gleich los.« Er wandte sich noch einmal an Rudi Engdahl: »Wir beide nehmen uns den Friseursalon vor. Sagen Sie Vetterich und seinen Leuten Bescheid. Die sollen sich in der Wohnung von Donald Manfredini umsehen. Im selben Haus, in der ersten Etage.«

Donald war außer sich, als ihm der Durchsuchungsbeschluss unter die Nase gehalten wurde. Er hatte gerade eine Kundin verabschiedet, als Erik und Sören seinen Salon betraten. Nervös schob er die Lade seiner Kasse zu und vergewisserte sich, dass sie wirklich geschlossen war. Den Durchsuchungsbeschluss las er mehrmals, bis er glauben konnte, was dort stand.

Erik warf einen Blick zu der Kundin, die von Carolin soeben einen Umhang umgelegt bekam. »Wir durchsuchen das Büro. Ihre Kunden werden nichts merken.«

»Warum immer ich?«, jammerte Donald. »Nur weil …«

Erik unterbrach ihn: »Es gibt Anhaltspunkte. Mit Ihrer Herkunftsfamilie hat das nichts zu tun.«

»Was suchen Sie überhaupt?«

»Ein Bild von Boy Lindegard. ›Strandläufer‹. Wir haben schon einmal darüber gesprochen. Sie erinnern sich?«

Carolin bemerkte, wie erregt ihr Chef war, und warf ihrem Vater einen bitterbösen Blick zu. Erik musste sich abwenden, weil ihn die Empörung seiner Tochter ebenso verunsicherte wie Rudi Engdahls eindringliche Worte und Donalds hilflose Abwehr.

»Natürlich erinnere ich mich«, flüsterte Donald, dem anzusehen war, dass er am liebsten schreien würde.

Carolin machte einen Schritt auf die drei zu. »Frau Haas ist so weit. Sie hat einen Termin bei Jonas. Spitzen schneiden!«

Donald sah sich nervös um, dann zeigte er zu der kleinen abgetrennten Ecke, in der Kaffee gekocht, die benutzten Handtücher zwischengelagert, Haarfarbe angerührt und sämtliche Materialien aufbewahrt wurden. »Sag Jonas Bescheid!«

»Ich weiß nicht, wo er ist.«

Donald wurde ärgerlich. »Vermutlich draußen, um zu rauchen. Such ihn bitte. Ich möchte nicht, dass Frau Haas länger als nötig wartet. Und ich habe keine Zeit.«

Carolin sah ihren Vater an, als wollte sie ihn ermahnen, nett zu Donald zu sein, und Felix, der mit der Reinigung des Kaffeeautomaten beschäftigt war, machte sogar einen Schritt auf Erik zu, als wollte er ihn am Betreten des Büros hindern.

Erik hörte Autotüren schlagen, während er den kleinen Raum betrat. »Mir scheint, die KTU ist schon da.«

Donald sah ihn verständnislos an. »Was ist das?«

»Kriminaltechnische Untersuchungsstelle«, erklärte Erik. »Die Kollegen werden sich Ihre Wohnung angucken. Wenn Sie Aufsehen vermeiden wollen, machen Sie ihnen auf, ehe sie hier im Salon auftauchen und nach dem Schlüssel fragen.«

»Sie werden nichts finden«, ereiferte sich Donald. Sein Gesicht war rot angelaufen, Schweißperlen standen ihm auf der Stirn, seine Hände fuhren über seine Brust, durch die Haare, an den Seitennähten seiner Hose entlang.

»Umso besser.« Erik warf einen anzüglichen Blick auf Donalds zitternde Hände. »Dann können Sie ja ganz beruhigt sein.«

Prompt steckte Donald die Hände in die Taschen. Ohne sie wieder hervorzuziehen, lief er auf die Straße, um Kommissar Vetterich und seine Mitarbeiter in Empfang zu nehmen.

Erik sah sich im Salon um. »Hier gibt es kein Versteck.«

Sie betraten das Büro, Carolin folgte ihnen und schloss die Tür. »Bist du bescheuert, Papa? Was willst du hier?«

»Hausdurchsuchung«, entgegnete Erik knapp und wies zu dem Schrank, damit Sören ihn sich vornahm.

Heiliger Wattwurm! *Schon wieder diese Miesmuscheln! Aber ich fall da nicht mehr drauf rein. Auf dieser Gartenbank wird gelegentlich eine Mahlzeit verzehrt, da lohnt es sich, eine Weile im Baum zu rasten, sich still zu verhalten und dann, im entscheidenden Moment, auf die Beute herabzufahren und den Schnabel in das Brötchen oder den Kuchen zu stoßen. Das klappt immer! Aber dass diese Miesmuscheln nicht aufzupicken sind, ist mittlerweile auf ganz Sylt möwenbekannt. Wenn sie genießbar wären, lägen sie längst in einem Topf und würden gekocht. Stattdessen trägt man sie durch die Gegend. Schon wieder! Und jetzt wird eine Jacke darübergebreitet, damit sie nicht mehr zu sehen sind. Schade eigentlich. Ich würde ihnen zu gerne den Garaus machen. Mit dem Schnabel rein und hacken und hacken! Dann wäre endlich Schluss damit!*

Frau Kemmertöns hatte Geburtstag. Aber das war nicht der Grund ihrer Aufregung, auch nicht der Grund, warum sie Mamma Carlotta einen Besuch abstattete. Sie ließ die Gratulation, die ihr entgegengejubelt wurde, über sich ergehen, dann machte sie deutlich, dass sie einen Stuhl und wenn möglich auch einen Espresso brauchte. »Ich bin fix und fertig.«

Aufregung machte sich bei ihr durch Kurzatmigkeit, Schweißausbrüche und ein Vibrieren der Brust bemerkbar, das Mamma Carlotta immer wieder bestaunte. Sie hatte es sogar schon einmal selber vor dem Spiegel ausprobiert, aber es war ihr nicht gelungen, ihren Busen in diese winzige Bewegung zu versetzen, während der Rest des Körpers Ruhe bewahrte.

Frau Kemmertöns ließ sich auf einen Stuhl fallen, schnappte nach Luft und stieß hervor: »Ich mache mir solche Sorgen um den Jungen.«

Mamma Carlotta ahnte, um wen es ging. »Jonas?« Noch ehe Frau Kemmertöns nicken konnte, wies sie auf ihre neue Frisur, die die Nachbarin vor lauter Aufregung noch gar nicht zur Kenntnis genommen hatte. »Hot Drama! Ich finde, das hat Jonas sehr gut hinbekommen.« Und da Frau Kemmertöns nicht so aussah, als wollte sie ein Loblied auf den Sohn ihrer verstorbenen Freundin singen, ergänzte sie vorsichtshalber: »Er ist ein begnadeter Haarkünstler.« Dass er auch ein Mann war, der mit einer anstößigen Obszönität Geld verdiente, wollte sie in diesem Moment vergessen, damit es ihr nicht aus Versehen herausrutschte.

Frau Kemmertöns wischte sich den Schweiß von der Stirn. »Ich weiß ja, dass er in seinen Chef verliebt ist. Dabei heißt es, Donald Manfredini sei mittlerweile hetero.«

»Hetero?«, wiederholte Mamma Carlotta. »Was ist das?«

Frau Kemmertöns ruderte verzweifelt mit den Armen in der Luft herum und suchte nach einer passenden Erklärung, die sie aber noch nicht gefunden hatte, als Mamma Carlotta bereits einen Espresso vor sie hinsetzte. Schließlich stieß sie hervor: »Na ... normal eben.«

Mamma Carlotta verstand. »Sie meinen, weil er ein Verhältnis mit Madeleine Krevert hatte?«

»Genau!« Frau Kemmertöns pustete in den Espresso und sorgte für einen solchen Sturm in der Tasse, dass ein wenig über den Rand schwappte und auf ihren Rock tropfte. »So einer muss ja wohl normal sein. Aber Jonas glaubt, dass er nur so tut, als wäre er es. In Wirklichkeit, meinte er, sei er immer noch mehr an Männern als an Frauen interessiert. So wie früher!«

Mamma Carlotta gab sich aufgeklärt und tolerant. »Warum sollte er das tun? Heutzutage muss sich ein Schwuler doch nicht mehr verstecken.«

Sie verschwieg dabei, dass in ihrem Dorf noch im vergangenen Jahr ein Feriengast von seiner Zimmerwirtin auf die Straße gesetzt worden war, als er zu erkennen gegeben hatte, dass er in den Sohn des Bäckers verliebt war.

»Auf Sylt gibt es so viele verrückte Leute«, ergänzte sie. »Da kommt es auf ein bisschen Schwulsein nicht an.«

Frau Kemmertöns fand diese Erklärung zu einfach. »Donald Manfredini ist Geschäftsmann. Da kann man nicht sein, wie man will. Auch heute noch nicht. Sonst läuft man Gefahr, seine Kunden zu verlieren. Mein Mann zum Beispiel würde sich niemals von einem schwulen Friseur die Haare schneiden lassen.«

Mamma Carlotta setzte sich der Nachbarin gegenüber. Noch immer hatte sie den Grund für Frau Kemmertöns' Aufregung nicht erkannt. »Was ist denn nun eigentlich passiert?«

Frau Kemmertöns flüsterte, obwohl sie allein im Haus waren: »Jonas hat seinen Chef geküsst. Ich hab's gesehen.«

Mamma Carlotta hatte das Gefühl, dass nun auch ihr eigener Busen wogen konnte. »Und er hat ihm eine runtergehauen? Oder ihm sogar gekündigt?«

»Eben nicht! Er hat nur dafür gesorgt, dass es niemand sah.«

»Aber Sie haben die beiden gesehen!«

»Weil ich mich hinter einem Auto versteckt habe.«

Mamma Carlotta durchschaute die Sache immer noch nicht ganz. »Auf der Straße? In aller Öffentlichkeit?«

»Ich verstehe es auch nicht.« Frau Kemmertöns schüttelte bekümmert den Kopf. »Jonas kam aus dem Haus, in dem er sein Apartment hat. Während der Arbeitszeit! Und Donald kam ihm entgegen. Ich dachte zunächst, Jonas bekäme von seinem Chef eine Gardinenpredigt, weil er während der Arbeitszeit nach Hause gegangen war. Mir kam es so vor, als hätte Donald Manfredini ihn gesucht. Aber dann …« Frau Kemmertöns musste erst Atem schöpfen, um die Geschichte zu Ende zu erzählen. »Dann streichelte Jonas plötzlich Donalds Arm und drängte sich ganz dicht an ihn heran. Und mit einem Mal …« Frau Kemmertöns' Kräfte versagten.

»… hat er ihn geküsst?«, half Mamma Carlotta ihr weiter. »Auf offener Straße?«

Frau Kemmertöns starrte in ihre Espressotasse, als schaffte sie es nicht, ihrem Gegenüber in die Augen zu blicken. »Nur ganz flüchtig. Dann hat Donald Manfredini kehrtgemacht und Jonas mit sich gezogen. Die beiden sind in den Garten hinter dem Friseursalon gegangen.«

»Und Sie natürlich hinterher«, stellte Mamma Carlotta ohne jeden Vorwurf fest. Sie konnte sich keine andere Reaktion ausmalen und fand die Verlegenheit der Nachbarin überflüssig. Kein normaler Mensch würde auf eine andere Idee kommen, als dieser mysteriösen Angelegenheit auf den Grund zu gehen.

Frau Kemmertöns wurde trotzdem rot, als sie gestand: »Hinter dem Haus haben die beiden sich dann richtig geküsst. Ich meine … leidenschaftlich.« Um diese Erinnerung zu bewältigen, benötigte sie einen weiteren Espresso, den sie umgehend vorgesetzt bekam. »Morgen wird er mich besuchen, dann muss ich mal in Ruhe mit ihm reden. Vorausgesetzt, mein Mann ist nicht in der Nähe …«

»Morgen erst?« Mamma Carlotta runzelte die Stirn. »Aber Sie haben heute Geburtstag! Wird er heute Abend bei der Überraschungsparty nicht dabei sein?«

»Erstens hat er heute Abend keine Zeit«, antwortete Frau Kemmertöns, »und zweitens ist das ein Damenabend.« Für einen Moment vergaß sie die Sorge um Jonas, und ein aufgeregtes Lächeln machte sich auf ihrem Gesicht breit. »Wir treffen uns gegen fünf bei mir auf ein Glas Sekt. Dann geht's los zu der Überraschungsparty. Ich bin gespannt, was meine Kegelschwestern sich ausgedacht haben.«

»Und es bleibt dabei, dass ich nichts zum Essen beisteuere? Insalata caprese oder ... Kartoffelsalat?«

»Auf der Überraschungsparty ist für Essen gesorgt«, erklärte Frau Kemmertöns zufrieden, aber als sie sich erhob, fiel die Sorge wieder wie ein grauer Schleier über ihr Gesicht. Noch war der Gedanke an Jonas stärker als die Freude auf die Überraschungsparty. »Wenn das mal kein schlimmes Ende nimmt«, jammerte sie, während sie zur Haustür ging. »Die Leute werden reden. Und mein Mann ...« Was von ihm zu erwarten war, mochte sie anscheinend nicht in Worte kleiden, so schrecklich war die Vorstellung, dass Herr Kemmertöns den armen Jonas nicht mehr in seinem Haus dulden und ihn mit Schimpf und Schande davonjagen würde.

Nach einer Niederlage brauchte Erik Trauben-Nuss-Schokolade, den Strand und das Meer. Erstere würde er bei Tove Griess bekommen, alles andere am Ende der Seestraße.

»Wollen Sie das wirklich riskieren?«, hatte Sören gemault.

»Käptens Kajüte ist nur ein paar Schritte entfernt. Und ich weiß, dass Tove Griess neben der Kasse ein Regal mit Süßigkeiten hat.«

»Dort liegt die Schokolade womöglich schon jahrelang im Regal.«

»Dann kann Tove Griess was erleben«, war Eriks barsche Antwort gewesen. »Es wäre mir ein Vergnügen, ihm mal wieder das Gewerbeaufsichtsamt auf den Hals zu hetzen.«

Das war vor einer Stunde gewesen. Inzwischen hatte Erik die Schokolade gegessen, aber keinen Grund für eine Beanstandung gefunden, was seine Laune nicht gebessert, sondern eher verschlechtert hatte. Als die beiden aus Wenningstedt herausgefahren waren, musste sich jeder Verkehrsteilnehmer vor ihnen in Acht nehmen. Die geringste Verkehrsübertretung hätte aus den gemütlichen Friesen zwei Rambos mit gezückten Waffen gemacht.

Sogar Tove war vorsichtig mit ihnen umgegangen. »Trauben-Nuss-Schokolade? Aber gerne, Herr Hauptkommissar! Und zwei Cappuccino? Mit Vergnügen!« Erst als er die beiden schweigsam und mürrisch vor sich sitzen sah, hatte er vorsichtig gefragt: »Ich hoffe, Sie sind nicht dienstlich hier?«

Erik hatte nicht aufgesehen, während er antwortete: »Nö, Sie können ruhig wieder so unfreundlich sein wie sonst auch.«

Das ließ Tove sich nicht zweimal sagen. Freundliche Ansprache war sowieso nicht sein Ding, und jemanden höflich zu bedienen, der ihm etwas genommen hatte, was ihn hätte reich machen können, ging über seine Kräfte. Der Kunde, der in diesem Augenblick die Imbissstube betrat, wurde empfangen wie ein lästiger Gast, der zur falschen Zeit gekommen war. Und für die Currywurst, die er orderte, suchte Tove die schrumpeligste Bratwurst aus, die auf seinem Grill lag. Mit Ketchup und Curry ging er dafür großzügig um, sodass von der Qualität der Bratwurst nicht mehr viel zu erkennen war, als er sie servierte.

Dann fing er an, an seiner Stereoanlage herumzudrehen, und Erik raunzte seinen Assistenten an, als wäre der schuld an allem: »Wie konnten wir uns derart irren? Es hätte gut gepasst.«

Sören starrte in seine Tasse, als überlegte er, wie er dem Cappuccino die Schuld an ihrem Misserfolg in den Milchschaum schieben könnte. Dann knurrte er: »Ich versteh's auch nicht. Die Beweiskette wäre geschlossen gewesen. Der Freier holt sich das Bild, Ihre Schwiegermutter entdeckt es, und er redet sich raus. Das erzählt sie im Friseursalon, und Donald weiß daraufhin, was zu tun ist.«

»Das Bild klauen! Ein Kinderspiel, da die Putzkammer nie verschlossen ist.« Erik rührte wütend in seiner Tasse herum.

Drei Gäste betraten die Imbissstube, auf Tove kam Arbeit zu. Er drehte die Stereoanlage lauter und begleitete Howard Carpendales »Obladi, Oblada« mit undefinierbarem Gebrumm, während er die Pommes frites im heißen Fett versenkte.

»Der Kerl muss das Bild woanders versteckt haben«, schimpfte Erik, warf Tove einen Blick zu und stellte sicher, dass dieser sich ganz auf seine Arbeit konzentrierte und nichts von dem Gespräch mitbekam. »In seiner Wohnung ist es definitiv nicht. Vetterich hat alles von oben nach unten gekehrt.«

»Im Salon auch nicht«, fügte Sören mit finsterer Miene an.

»Rudi Engdahl kannte die Pflegeeltern. Er soll sich mal umhören, ob Donald Manfredini gute Freunde hat, die für ihn ein Bild verstecken würden. Oder Angehörige der Pflegeeltern.«

Das Frittierfett brodelte, Howard Carpendale widmete sich nun dem schönen Mädchen von Seite eins, die drei neuen Gäste redeten sehr laut und lachten noch lauter. Erik fühlte sich hinter der Mauer dieses Lärms, als wäre er mit seinem Assistenten allein.

Sören fragte: »Was ist mit Jonas Eckert? Der war auch dabei, als Ihre Schwiegermutter von dem Bild erzählt hat.«

Erik runzelte die Stirn und starrte auf Tove Griess' breiten Rücken. »Was sollte der damit zu tun haben?«

Sören zuckte mit den Schultern. »Er ist Donalds Angestellter. Von ihm abhängig. Er hat ihm vielleicht einen Gefallen getan.«

Erik zweifelte. »Dann müsste Manfredini ihn ins Vertrauen gezogen haben. Würde er das tun? Das Bild ist gestohlen. Aus einem Haus, in dem zwei Tote gefunden wurden.«

»Okay, ist unwahrscheinlich. Aber vielleicht sollten wir trotzdem sein Apartment durchsuchen?«

»Dafür unterschreibt die Staatsanwältin niemals einen Durchsuchungsbeschluss.«

»Dann eben ohne?«

Erik starrte seinen Assistenten mit offenem Munde an. »Sind Sie verrückt geworden?«

»Ich kenne die Vermieterin. Meine Großcousine! Sie hat mich gebeten, ihre Blumen zu gießen, während sie verreist ist.« Er zog einen Schlüssel aus seiner Hosentasche. »Sie hat übrigens ziemlich schlechtes Wetter in Bad Reichenhall …«

Die Gäste verlangten, dass Howard Carpendale endlich den Mund hielt, und Tove Griess ging zur Stereoanlage. Erik erwartete zwar, dass er sie noch lauter drehen würde, aber der Wirt fügte sich tatsächlich dem Wunsch seiner Gäste und stellte die Musik ab.

Sörens Stimme brauchte länger als seine Ohren, um sich auf den neuen Geräuschpegel einzustellen. So laut, als müsste er sich weiterhin gegen Howard Carpendale durchsetzen, sagte er: »Wenn das Bild in Jonas' Apartment ist, dann finden wir es.« Erschrocken hielt er inne, als er merkte, wie laut seine Stimme war. Der Stoß mit dem Ellbogen, den sein Chef ihm versetzte, war nicht mehr nötig. Nun flüsterte er sogar: »Mal sehen, wann ein günstiger Zeitpunkt ist. Vermutlich morgen früh, wenn Jonas im Friseursalon arbeitet.«

Erik legte einen Zehneuroschein auf die Theke und stand auf. »Kommen Sie! Wir gehen zum Meer. Ein Stück am Strand entlang, das wirkt Wunder. Vielleicht pustet uns der Wind die falschen Gedanken aus dem Kopf und die richtigen hinein.«

So hatten sie es gemacht, aber Erik musste nun einsehen, dass ein Austausch seiner Gedanken nicht stattgefunden hatte. In seinem Kopf herrschte nach wie vor Unordnung. Er schloss den Wagen ab und betrachtete das Polizeigebäude, als überlegte er, ob er es überhaupt betreten wollte. Sörens Angebot war verlockend gewesen und die Gefahr, überrascht zu werden, gering. Trotzdem wehrte sich alles in ihm, auf diese Weise zu einem Ermittlungsergebnis zu kommen.

Sören ahnte, worüber er nachdachte. »Ich weiß, wo die Schlüssel für die Apartments hängen. Wir brauchen keine Tür aufzubrechen. Wir müssen nur sichergehen, dass Jonas Eckert nicht zu Hause ist und plötzlich in der Tür steht.«

Erik dachte ein letztes Mal über das Angebot nach. »Und wenn wir das Bild dort finden, was dann? Dann wissen wir etwas, was vor Gericht nicht zu verwerten ist.«

»Dann brauchen wir nicht mehr nach einem Täter zu suchen«, entgegnete Sören energisch und ging Erik voran, »sondern müssen Donald Manfredini die Tat nur noch nachweisen.«

Die Wanderung am Strand entlang hatte sogar neue Fragen aufgeworfen. Sie waren dem neuen Gosch-Gebäude entgegengelaufen, die Luft hatte endlich das Schneidende verloren, der Wind tat nicht mehr weh auf der Haut, selbst wenn er in heftigen Böen blies. Erik war stehen geblieben, hatte aufs Meer hinausgesehen, das Spiel der Wellen betrachtet und die Augen zusammengekniffen, als wollte er das Entstehen jeder einzelnen Gischtkrone beobachten. Dann hatte er sich den Dünen zugewandt und endlich ausgesprochen, was er dachte: »Vielleicht ist Jonas Eckert unser Mann?«

Sören war verblüfft gewesen. »Nur, weil er dabei war, als Ihre Schwiegermutter im Friseursalon von dem Bild sprach?«

»Er hat die Putzkammer aufgeräumt. Vielleicht hat er das nur getan, weil er das Bild suchte.«

»Woher soll er gewusst haben, dass Freier das Bild besaß?«

Erik hatte noch immer keinen Schritt getan. »Stellen Sie sich vor, Jonas Eckert dringt in die Villa ein, um sich das Bild zu holen. Er findet die Stelle, wo es gestanden haben muss. Aber ›Strandläufer‹ ist weg. Die Idee, dass Larissas Onkel es bereits gefunden haben könnte, lag da nicht fern.«

Sören war ärgerlich geworden. »Dann müsste Eckert in einer Beziehung zu den Freiers oder den Kreverts stehen.«

»Finden Sie es heraus.« Nun endlich war Erik weitergegangen. »Meinetwegen beauftragen Sie Enno Mierendorf damit. Er soll Jonas Eckerts Lebenslauf recherchieren.«

Das hatte Sörens Ärger nicht geringer gemacht. »Ich finde, wir sollten uns auf die beiden Todesfälle konzentrieren, statt uns um den Sylt-Zyklus von Boy Lindegard zu kümmern.«

»Wenn wir den Dieb von ›Strandläufer‹ haben, haben wir auch den Mörder«, hatte Erik beharrt.

Von da an war Sören schweigend neben ihm hergetrottet. Mürrisch, lustlos oder auch nur in Gedanken versunken – Erik wusste es nicht. »Hoffentlich täuschen Sie sich nicht«, hatte er nur noch gemurmelt.

Sie hatten erst wieder gesprochen, als sie zum neuen Gosch-Gebäude hinaufgegangen waren. Erik war mit einem Mal stehen geblieben. »Sie erinnern sich an Thomas Pfaff? Diesen Privatdetektiv, den Viktor Krevert beauftragt hatte?«

Sören war weitergegangen. »Von ihm wissen wir, dass Madeleine Krevert ihren Mann betrogen hat.«

»Von ihm wissen wir auch, dass Manfredini einen schwulen Friseur beschäftigt, der in seinen Chef verliebt ist.«

Nun war auch Sören stehen geblieben und hatte sich umgedreht. »Was hat das mit unserem Fall zu tun?«

»Vermutlich gar nichts.« Erst als sie zwischen der ›Kartoffelkiste‹ und der Surfschule den Strand verließen, hatte Erik ergänzt: »Wir dürfen Madeleine Krevert nicht aus den Augen verlieren. Es besteht immer noch die Möglichkeit, dass sie sich auf Donald eingelassen hat, um an das Bild zu kommen. Und dass ihr Mann davon wusste und sogar damit einverstanden war.«

»Aber warum sollte er dann Thomas Pfaff beauftragt haben?«

»Er wollte rausbekommen, ob seine Frau fremdgeht.« Erik war erneut stehen geblieben, weil er nicht gleichzeitig überlegen und sich fortbewegen konnte. »Als Krevert den Privatdetektiv engagierte, hat er vielleicht an einen anderen Mann gedacht, nicht an Donald Manfredini.«

»Welcher andere Mann sollte das sein?«

»Vielleicht ... Paul Freier?«

Der Geräuschpegel war beachtlich. Wenn es in Panidomino eine Geburtstagsfeier gab, drang ebenfalls lautes Gelächter aus dem Haus, und das Stimmengewirr war sogar noch lauter als hier. Aber auf Sylt? Wenn sich ein Dutzend Friesinnen traf? Mamma Carlotta hatte damit gerechnet, dass es mit der Fröhlichkeit nicht weiter her sein würde als bei einer italienischen Beerdigung, vorausgesetzt der Tote war uralt, hatte seinen Angehörigen ein hübsches Vermögen hinterlassen und sogar Nachbarn, Freunde und die Kirchengemeinde bedacht. Auch dann herrschte ein gewisser Frohsinn, der nur durch die Pietät zu Boden gedrückt wurde.

Während sie auf das Gartentor zuging, richtete sie mit ein paar Handgriffen ihre neue Frisur und blickte stolz an sich herab, um zu sehen, wie der neue Rock, den sie sich in Annanitas Modestübchen gekauft hatte, ihre Knie umspielte. Er war in der Taille so eng, dass sie den Bauch einziehen musste, wenn sie ihn schloss, verlief bis zu einer Handbreit über den Knien schmal und sprang dann in vier tief eingelegten Falten, den sogenannten Glocken, auf, vorne und hinten je zwei. Derart vertieft war sie in das Schwingen ihres Rockes, dass sie den Mann, der das Grundstück verließ, beinahe übersehen hätte.

»Carlotta! Willst du zu mir?« Paul Freier trug seine Sportkleidung. »Ich kann auch später laufen gehen.« Er trat einen Schritt zurück und betrachtete Mamma Carlotta eingehend, ohne zu ahnen, dass er Zeuge eines seltenen Ereignisses wurde: Carlotta Capella wusste vor lauter Verlegenheit nicht, was sie sagen sollte. »Du siehst zum Anbeißen aus, Carlotta! Der Rock steht dir ausgezeichnet. Und dann noch die neue Friseur! Wie ein Sahnehäubchen auf einem exzellenten Cappuccino.«

Sie merkte, dass sie rot wurde und ihre Handflächen zu schwitzen begannen. Wann hatte sie zum letzten Mal ein solches Kompliment gehört? Sie konnte sich nicht erinnern. Zwar lobte der Bäcker in ihrem Dorf gelegentlich ihre Figur, aber der hatte nur Angst, dass sie dem Schlankheitswahn verfallen und auf seine Sahnetorten verzichten könnte. Und als ihr in Annanitas Modestübchen versichert worden war, ihr Körper sei wohlproportioniert, da wusste sie ebenfalls, dass das spezielle Interesse einer Ladenbesitzerin dahinterstand, das sich nicht unbedingt mit der reinen Wahrheit decken musste. Aber Paolino …

Er trat auf sie zu, nahm ihre Hand und führte sie an seine Lippen, während er ihr tief in die Augen sah. »Trinken wir einen Tee zusammen? Darf ich dich heute Abend zum Essen einladen? Wir könnten auch tanzen gehen. Und dann …«

Ehe er ein weiteres Mal den Vorschlag machen konnte, die nächste Nacht gemeinsam zu verbringen, stieß sie hervor: »Das geht nicht. Ich bin bei Frau Kemmertöns eingeladen.«

Nun erst bemerkte er das Geschenk, das aus ihrer Handtasche herauslugte. »Du willst gar nicht zu mir?«

Die Enttäuschung stand ihm ins Gesicht geschrieben. »Es kann spät werden«, rechtfertigte sie sich. »Es wird eine Überraschungsparty. Frau Kemmertöns weiß nicht, wie der Abend verlaufen wird. Und ich natürlich auch nicht.«

Er betrachtete sie, als überlegte er, ob er bei seinem Entschluss, den Strand entlangzulaufen, bleiben sollte. »Dann beginne ich heute Abend vielleicht mit einem neuen Bild«, sagte er und sah sie an, als betrachte er etwas sehr Kostbares. »Dich werde ich malen. So, wie ich dich sehe.«

Mamma Carlotta bekam einen gewaltigen Schreck. Der Gedanke, dass ein Maler, der nicht mit Talent gesegnet und überdies nicht imstande war, die Welt so zu malen, wie sie war, es mit ihr als Motiv versuchen wollte, gefiel ihr gar nicht. Am Ende würde ihr Gesicht aus grauen Krakeleien bestehen, die Nase würde ein schwarzer Strich sein, die Ohren zwei wirbelnde Kreise, ihr Mund vom Kinn nicht zu unterscheiden und ihre Augen zwei schwarze Miesmuscheln.

»Du wirst mir Modell sitzen müssen«, sagte Paul lächelnd.

Stundenlang still sitzen? »No, grazie! Besser, du versuchst es erst mal mit dem Kirschbaum in Kemmertöns' Garten. Oder mit unseren Buchsbäumchen. Die hat noch Lucia gepflanzt.«

Paul sah sie an, als wäre er bereit, alles zu malen, was sie sich wünschte, notfalls auch ihre Zahnbürste oder den Heizkörper in der Küche.

Mamma Carlotta verspürte mit einem Mal den Wunsch, ihn auf das zu lenken, was ihm eigentlich wichtiger sein sollte als

Malerei oder ein Flirt mit ihr. »Du könntest auch Larissa malen. Sicherlich hast du ein Foto von ihr, das dir hilft.«

Sie sah, wie das Lächeln aus seinem Gesicht fiel, und war zufrieden. Gut, dass sie fast gar nicht auf seinen Flirt eingegangen war und sein Lächeln nur ein ganz kleines bisschen erwidert hatte. Schließlich durfte es nicht sein, dass ein Onkel den Tod seiner Nichte darüber vergaß, dass er eine Frau malen wollte, die er kaum kannte.

Sie lauschte auf die Welle des Gelächters, die gerade aus dem Fenster herausbrandete. »Ich glaube, ich bin die Letzte. Es wird Zeit.«

Paul schüttelte den Hinweis auf seine tote Nichte ab, griff noch einmal nach ihrer Hand und führte sie erneut an seine Lippen. Aber seine Augen gingen diesmal über sie hinweg. »Was ich dich noch fragen wollte, Carlotta …« Noch immer sah er sie nicht an. »Hast du mit jemandem über mein Bild gesprochen?«

Mit dieser Frage hatte Mamma Carlotta nicht gerechnet. Sie entzog ihm ihre Hand. »Warum fragst du?«

Er sah sie an wie ein Schuljunge, der sich für eine schlechte Leistung schämte. »Bei Feinkost Meyer hat mich jemand angesprochen und mir geraten, einen Malkurs zu besuchen. Ein Maler in Kampen beginnt nächste Woche mit einem Workshop, hat er gesagt. Dann wäre mein nächstes Bild vielleicht gut genug, um es an die Wand zu hängen.« Nun sah er sogar so aus, als wollte er sich auf der Stelle betrinken, wenn es niemanden gab, der seine Kunst zu würdigen wusste. »Du hast dich über meine Malerei lustig gemacht. Bei Feinkost Meyer an der Theke? So, dass jeder es hören konnte?«

Mamma Carlotta brach der Schweiß aus. »No!«, rief sie und war froh, dass sie diesen Vorwurf reinsten Gewissens zurückweisen konnte. Bei Feinkost Meyer hatte sie tatsächlich kein Wort darüber verloren. »Beim Friseur habe ich über dein Bild gesprochen. Aber nur ganz kurz! Es ergab sich gerade so. Und natürlich habe ich mich nicht lustig gemacht. Dio mio! Das würde ich niemals tun!«

Dass sie von Kleckserei gesprochen hatte, verbannte sie schleunigst aus ihrer Erinnerung, und dass sie Pauls Bild schrecklich genannt hatte, daran wollte sie sich auch nicht erinnern.

Paul schien ihr nicht zu glauben. »Wirklich nur beim Friseur?«

»Davvero, Paolino!« Sie griff sich in ihre Haare und zupfte sie zurecht. »Du weißt doch, Jonas Eckert hat mir diese neue Frisur empfohlen. ›Hot Drama‹! Bei dieser Gelegenheit sprachen wir über die Bilder, die im Friseursalon hängen, über l'espressionismo, und da … fiel mir dein Bild mit den Miesmuscheln ein.«

»Jonas Eckert«, murmelte Paul. »Ist das nicht …«

»… der Sohn von Frau Kemmertöns' verstorbener Freundin, sì! Er hat die Putzkammer aufgeräumt. Jonas ist so ein ordentlicher junger Mann!«

Dass er auch jemand war, den sie heimlich unmoralisch und verworfen nannte, gehörte nicht hierhin.

Wieder toste Gelächter aus dem geöffneten Fenster. »Nun muss ich aber wirklich … Ciao, Paolino!«

Er machte Anstalten, sie zum Abschied zu küssen, aber Mamma Carlotta trat entschlossen einen Schritt zurück. Auf offener Straße? Eine Witwe ihres Alters? Die Schwiegermutter des Kriminalhauptkommissars? Sie konnte sich doch nicht in aller Öffentlichkeit küssen lassen!

»Ciao«, wiederholte sie und durchschritt die Gartenpforte der Familie Kemmertöns, ohne sich noch einmal umzuwenden. Paul würde ihr hinterhersehen, auf einen Abschiedsblick von ihr hoffen, aber Carlotta Capella machte es so, wie es schon ihre Mutter geraten und ihre Großmutter gehalten hatte und wie es auch heute noch richtig war, wenn eine Frau von einem Mann umschmeichelt wurde. Sie ließ ihn im Ungewissen und machte sich damit noch ein bisschen interessanter. Sie drehte sich nicht einmal um, als sie das Gartentor hinter sich schloss, sondern konzentrierte sich vorsichtshalber auf ihren Rocksaum, um nicht in Versuchung zu geraten.

Glockenröcke hatte sie schon als Kind geliebt. Und dieser war eine Variante, das hatte die Verkäuferin versichert, die trotz der jugendlich aufspringenden Glocken sehr damenhaft wirkte und deshalb für eine Mittfünfzigerin genau richtig war. Sogar Königin Sofia von Spanien hatte angeblich schon einen Rock dieser Schnittführung getragen. Wahrhaft königlich kam sich Mamma Carlotta also vor, als sie die Treppenstufen zur Haustür hochstieg und auf den Klingelknopf drückte.

Frau Kemmertöns, die ihr öffnete, wirkte völlig verändert. Ihre Bewegungen waren überschäumend, wie Mamma Carlotta es noch nie gesehen hatte, ihr Lachen, das sich sonst lediglich in den Mundwinkeln zeigte, war breiter, ihre Gesten waren geradezu ekstatisch. Frau Kemmertöns gehörte anscheinend zu den Menschen, denen Gastfreundschaft gut bekam. So wie die Haushälterin des Pfarrers von Panidomino, die Geselligkeiten mied, Einladungen mit fadenscheinigen Begründungen zurückwies und jedes Zusammensein als Erste verließ, weil Alkohol ihr Kopfschmerzen verursachte, sogar dann, wenn andere ihn zu sich nahmen. Wenn sie jedoch vom Pfarrer gezwungen wurde, seinen Namenstag auszurichten, wollte sie unbedingt, dass alle Gäste bei bester Stimmung waren, ihr Essen und ihre Gastlichkeit lobten. Und so versuchte sie dann, die Anwesenden durch zur Schau getragenen Frohsinn zum Mitlachen zu animieren, und war so heiter wie sonst nie.

»Kommen Sie rein!«, rief Frau Kemmertöns. »Meine Kegelschwestern sind schon da.«

Ein gutes Dutzend Frauen standen mit Sektgläsern in den Händen im Wohnzimmer und sahen Mamma Carlotta neugierig entgegen. Alle waren sie um die fünfzig, alle sahen so aus wie Frau Kemmertöns: gemütlich, phlegmatisch, bodenständig.

Jetzt gebärdeten sie sich zwar ausgelassen und albern, aber das änderte nichts am Gesamteindruck, es verstärkte ihn sogar. Das kreischende Lachen, das auf beinahe jede Bemerkung folgte, das hervorgekicherte »Prost!« und die immer wieder gleiche Feststellung, dass man so jung nicht wieder zusammenkomme, machte aus diesen gut geerdeten Sylterinnen nicht die leichtfüßigen Damen, die sie gelegentlich vor dem Eingang des ›Rauchfang‹ oder des ›Pony‹ bewunderten. Aber sie schienen es dennoch zu glauben, und nur darauf kam es an.

Mit viel Augenzwinkern und Gekicher überreichten sie Frau Kemmertöns einen Gutschein für eine Überraschungsparty, während Mamma Carlotta der Nachbarin einen hübsch verpackten Baumwollschal auf den Gabentisch legte, den sie bei Hellner auf der Friedrichstraße von Westerland gekauft hatte.

Eine Stunde später blies die Frau, die die Funktion der Kegelmutter innehatte, zum Aufbruch. Mamma Carlotta hatte sich von ihr erklären lassen, was es damit auf sich hatte, dass sich ein Kegelklub verwandtschaftlicher Bezeichnungen bediente. Alle waren sie Schwestern und hatten sogar eine gemeinsame Mutter?

»Natürlich nur in einem Damen-Kegelverein. Die anderen sind Kegelbrüder und haben einen Kegelvater.«

Mamma Carlotta wollte sich noch erkundigen, wie die Gewohnheiten in einem gemischten Kegelklub waren, kam aber nicht mehr dazu. Mit großem Ernst wurde ihr erklärt, dass eine Kegelmutter dafür zu sorgen habe, dass an jedem Geburtstag daran gedacht wurde, dass ein Geschenk besorgt wurde und das Geburtstagskind am nächsten Kegelabend einen ausgab. Eine sehr wichtige Funktion, das leuchtete Mamma Carlotta sofort ein.

Während sie sich die Jacken überzogen, erfuhr sie auch, wie der Verein zu seinem Namen »Pumpenköniginnen« gekommen war. Nämlich deshalb, weil zum Kegeln die regelmäßige Zufuhr von Schnaps gehörte, der zwar Zielwasser genannt wurde, aber genau das Gegenteil war. Mamma Carlotta wurde sogar eingeladen, beim nächsten Kegelabend als Gast dabei zu sein. »Wir kegeln jeden dritten Mittwoch im ›Gasthaus zum Strandhafer‹.« Dass sie noch nie eine Kegelkugel in der Hand gehabt hatte und nichts von den Regeln wusste, wies die Kegelmutter zurück. »Schietegal! Nach dem dritten Köm bleibt bei uns sowieso keine Kugel mehr auf der Bahn.«

Frau Kemmertöns wurde in die Mitte genommen und untergehakt, weil sie nicht wissen konnte, wohin der Weg führte. Ebenso wenig wie Mamma Carlotta. Strahlend zogen die Frauen den Süder Wung entlang, überquerten die Westerlandstraße, wandten sich nach links und bogen dann in den Hochkamp ein. Mamma Carlottas Füße wurden mit einem Mal schwer, als sich ihr eine Ahnung in den Weg stellte. Plötzlich glaubte sie zu wissen, wie die Überraschung aussah, die die Kegelschwestern sich für Frau Kemmertöns ausgedacht hatten …

Sören kam aus dem Bahnhofskiosk zurück, wo er sich eine riesige Tüte Salmiakpastillen gekauft hatte. Erik warf er eine Tafel Trauben-Nuss-Schokolade auf den Schreibtisch, obwohl er nicht gebeten worden war, sie mitzubringen. »Madeleine Krevert und Paul Freier? Wie stellen Sie sich das vor, Chef?«

Erik stellte sich mittlerweile gar nichts mehr vor. »War nur so eine Eingebung«, brummte er. »Andererseits … könnte ja sein, dass uns das Gerede über die Spinnenphobie und die Abneigung gegen Staub nur ablenken sollte. In Wirklichkeit wusste die Krevert ganz genau, was auf dem Speicher stand. Und sie hat es Paul Freier in einem schwachen Moment verraten.«

»Rudi sagt«, entgegnete Sören nachdenklich, »dass Paul Freier mal in Viktor Kreverts Talkshow zu Gast war.«

Erik zog die Mundwinkel herab. »Das muss leider nicht bedeuten, dass er den Talkmaster privat kannte. Und erst recht nicht, dass er auch seine Frau kannte.«

»Aber es wäre möglich«, entgegnete Sören.

Erik strich sich ausgiebig den Schnauzer glatt, dann öffnete er sorgfältig die Verpackung der Trauben-Nuss-Schokolade. Er konnte es nicht leiden, wenn das Papier zerrissen wurde und später nicht mehr akkurat zu schließen war. »Dann stand Paul Freier womöglich mit Madeleine Krevert in Verbindung. Und als er hörte, dass sie ein kostbares Gemälde auf dem Speicher stehen hat, von dem niemand etwas weiß, hat er es ihr geklaut?«

»Es wäre eine gute Gelegenheit gewesen. Paul Freier wusste vielleicht, wie man in das versiegelte Haus kam. Von Larissa!«

»Wenn die Krevert ihm von dem Bild erzählt hat, dann kann sie sich denken, wer es ihr gestohlen hat.«

Sören dachte nach. »Dann war sie womöglich diejenige, die es ihm wieder abgenommen hat! Nicht Donald Manfredini! Und auch nicht Jonas Eckert!«

»Und wo hält sie es jetzt versteckt?« Erik wartete nicht auf eine Antwort. »Irgendwo, wo wir es niemals finden werden, so viel steht fest.«

Sören winkte ab. »Dummes Zeug, Chef! Die Krevert hätte sich niemals verraten. Sie musste damit rechnen, dass Paul Freier das Bild für seine Nichte beansprucht. Das hätte sie nie riskiert. Ein Verwandter von Larissa wäre der Letzte gewesen, dem sie etwas von dem Bild anvertraut hätte. Und die Krevert ist keine, der etwas rausrutscht, was sie eigentlich nicht verraten wollte.«

Erik gab seinem Assistenten recht. Er wickelte die Schokolade wieder ein, ohne sich ein Stück genommen zu haben, und griff zu seinem Handy.

»Wen wollen Sie anrufen?«, fragte Sören.

»Madeleine Krevert.« Erik hatte schon ihre Nummer in der Anrufliste rausgesucht. »Fragen kann ich sie ja trotzdem.«

Madeleine reagierte erstaunt. »Paul? Klar kenne ich den.«

»Wie gut?«

»Nicht besonders gut.«

»Geht's ein bisschen genauer?«

»Er war ein Freund meines Mannes. Viktor hatte ihn mal in

eine Talkshow eingeladen, weil er ein interessantes Buch herausgegeben hatte.«

»Daraufhin haben die beiden sich angefreundet?«

»So könnte man es nennen.«

»Und Sie? Sind Sie auch mit Paul Freier befreundet?«

Madeleine Krevert zögerte. »Nicht so wie mein Mann. Paul ging nach Neuseeland, und wir haben uns nicht mehr gesehen. Ich glaube, Viktor und Paul haben gelegentlich gemailt, aber ich habe nichts mehr von ihm gehört.«

»Zurzeit ist er auf Sylt. Haben Sie sich in den letzten Tagen gesehen?«

»Natürlich! Er hat sich sofort nach seiner Ankunft bei mir gemeldet. Wir sind zusammen essen gegangen.«

»Irgendwo, wo Sie nicht von der Presse und der Öffentlichkeit belästigt werden?«, fragte Erik anzüglich.

Madeleine Kreverts Lächeln war in ihrer Stimme zu hören. »Zum Glück gibt es auf Sylt Restaurants, wo man unbehelligt bleiben kann, wenn man will.«

Erik beendete das Gespräch, lehnte sich zurück und sah aus dem Fenster, vor dem graue Wolkenfetzen vorbeiflogen. »Die beiden kannten sich also wirklich ...«

Polizeihauptmeister Engdahl trat ein, in der Hand mehrere Papiere, Faxe und Ausdrucke von Internetseiten. »Ich habe alles durchforstet«, sagte er. »Donalds Pflegeeltern haben keine Verwandten auf Sylt. Es gibt nur einen Onkel in Süddeutschland und eine Großcousine der Pflegemutter in Österreich.«

»Und Freunde?«, fragte Erik.

»Das ist natürlich schwer zu recherchieren. Aber einen alten Freund des Pflegevaters habe ich gefunden. Der hat mir von der Beerdigung der Eltern erzählt. Die sind ja gemeinsam beim Bergsteigen ums Leben gekommen. Wie verzweifelt Donald gewesen war! Wie sehr er um die beiden getrauert hat! Die Bakkers waren wirkliche Eltern für ihn.«

»Was ist das für ein Freund?«, fragte Sören.

Rudi Engdahl warf einen Blick auf das zuoberst liegende Blatt. »Jasper Onnen, pensionierter Pfarrer aus Klanxbüll.«

»Den kenne ich«, seufzte Erik. »Der hat garantiert kein gestohlenes Gemälde versteckt.«

»Das sehe ich auch so«, bestätigte Rudi Engdahl. »Er ist im Übrigen auch ganz sicher, dass Donald niemals etwas Böses tun würde. Mit dem Loblied auf ihn wollte er gar nicht wieder aufhören. Dass er sich mal für Männer interessiert hat, fand er zwar schockierend, aber da Donald sich anders besonnen hat, war Jasper Onnen bereit, ihm Absolution zu erteilen.« Rudi ahmte die salbungsvolle Stimme des Pfarrers nach. »Er hat gefehlt, aber er hat bereut und sein Leben geändert.« Dann fuhr er fort: »Von Donalds Affäre mit Madeleine Krevert wusste er anscheinend nichts. Er hat die fromme Hoffnung, dass Donald bald heiraten und Kinder in die Welt setzen wird. Er sagt, Donald habe immer versucht, so normal wie möglich zu leben. So wie alle anderen! Nicht so wie seine kriminelle Sippe.« Rudi Engdahl legte die Blätter zur Seite. »Beruflich hat er es ja bereits geschafft. Sein Friseursalon ist der beste von Sylt.«

»Und was ist mit Freunden von Donald?«, fragte Erik.

Rudi Engdahl schüttelte den Kopf. »Pastor Onnen sprach davon, dass der Junge nie Freunde gehabt habe. Donald war immer ein Einzelgänger. Es gab Familien, die lehnten ihn ab wegen seiner kriminellen Herkunft, aber auch als längst klar war, dass Donald sich ganz anders entwickelte als seine Geschwister, hat er keine Freundschaften geschlossen. Wenn ihm jemand die Hand hinhielt, ergriff er sie zwar, weil er immer höflich war, aber er entzog sie so schnell wie möglich wieder. Er hatte Schwierigkeiten, anderen Menschen zu vertrauen. Natürlich gibt es Bekanntschaften und Geschäftsbeziehungen, aber ein wirklich guter Freund – Fehlanzeige!«

Enno Mierendorf trat ein, der den letzten Satz seines Kollegen gehört hatte. »Was Jonas Eckert angeht, kann ich auch nicht viel berichten. Er hat bis jetzt ein völlig unauffälliges Leben geführt, wenn man mal davon absieht, dass er schwul ist. Aber das war nie ein Problem für ihn. Er hat sich früh geoutet, seine Familie hat seine Veranlagung akzeptiert, im Freundeskreis gab es auch keine Probleme.« Der Polizeimeister blickte achselzuckend in die Runde, als wolle er sich dafür entschuldigen, dass Jonas Eckert ein unbeschriebenes Blatt war. »Seine Mutter ist inzwischen tot. Die Eltern waren nicht verheiratet, der Vater lebt im Ausland, Jonas Eckert hat keinen Kontakt zu ihm.«

»Und was ist mit Kontakten zu den Freiers oder den Kreverts?«, fragte Erik.

Enno Mierendorf lachte, als hätte der Hauptkommissar einen Witz gemacht. »Ne, in solchen Kreisen hat der nie verkehrt.«

»Keine Vorstrafen?«, hakte Sören nach.

Enno schüttelte den Kopf. »Zwei Punkte in Flensburg, das ist alles.«

Erik wartete, bis die beiden Mitarbeiter wieder ins Revierzimmer gegangen waren. »Warum sollte Jonas Eckert auf die Idee gekommen sein, Paul Freier ein Gemälde von beträchtlichem Wert zu stehlen? Dazu hätte er wissen müssen, dass es dieses Gemälde gab, und eine Ahnung haben, was er damit anstellen wollte.«

Sören machte eine wegwerfende Geste. »Wenn überhaupt, dann hat er seinem Chef einen Gefallen getan. Aus Liebe zu ihm. Weil er hofft, dass er jetzt, nachdem die Affäre mit Madeleine Krevert beendet ist, wieder eine Chance bei ihm hat.«

»Ich kann mir nicht vorstellen«, beharrte Erik, »dass Donald Manfredini das Risiko eingeht, einen Mitarbeiter ins Vertrauen zu ziehen.«

Sören wurde ärgerlich. »Ins Schließfach am Bahnhof kann er das Gemälde jedenfalls nicht gesteckt haben! Das lässt sich nicht in irgendeine Ecke drücken, so groß wie das ist. Wenn ihm Kunst irgendetwas bedeutet, dann hat er ein Versteck gesucht, das sicher ist.«

Erik fuhr sich durch die Haare. »Wahrscheinlich sind wir auf dem Holzweg, und Donald Manfredini hat nichts mit dem Bild zu tun!«

»Sag ich doch! Aber wer dann? Jonas Eckert?«

Erik schüttelte den Kopf. »Entweder Madeleine Krevert oder Paul Freier. Aber wer von den beiden?«

»Da Sie glauben, dass der Dieb des Bildes ein Mörder ist, sind diese beiden also auch des Mordes verdächtig?«

Erik hätte seinem Assistenten diese Frage am liebsten in den Mund zurückgestopft. »Gier, Panik, Verzweiflung! Das kann einen harmlosen Menschen zum Mörder machen.«

Bei Frau Kemmertöns dauerte es länger als bei Mamma Carlotta, aber auch sie merkte, noch bevor sie Käptens Kajüte erreicht hatten, was es mit der Überraschungsparty auf sich hatte. Kreischend wollte sie kehrtmachen, ließ sich aber von ihren ebenfalls kreischenden Kegelschwestern zurückhalten, bis sie alle genug gekreischt und damit ausgiebig zum Ausdruck gebracht hatten, wie unsittlich sie ihr Vorhaben eigentlich fanden, wie moralisch gefestigt sie jedoch andererseits waren und dass Frauen in ihrem Alter ruhig mal was wagen durften. So kreischte Frau Kemmertöns am Ende nur noch ganz leise und gab sich tapfer, als sie zur Tür von Käptens Kajüte gezogen wurde, neben der ein rotes Licht brannte, während die Fenster alle dunkel waren, weil die dichten Vorhänge, die Tove für seine Frauenabende angeschafft hatte, kein Licht herausließen.

Durch Mamma Carlottas Kopf rasten die Gedanken. Wie konnte sie das Schreckliche verhindern, das auf die Nachbarin zukam? Wie war Frau Kemmertöns vor der entsetzlichen Erkenntnis und Jonas vor dem Verlust einer mütterlichen Freundin zu bewahren? Ob sie einen Ohnmachtsanfall vortäuschen und verlangen sollte, von Frau Kemmertöns in die Nordseeklinik gebracht zu werden? Oder ob sie besser ins Nachbarhaus lief, um Jonas zu warnen?

Aber bevor sie zu einem Entschluss gekommen war, wurde

sie schon von der Kegelmutter über die Schwelle geschoben. »Was soll die Zimperlichkeit, Signora? Wir haben doch alle schon mal einen nackten Mann gesehen.«

Käptens Kajüte war kaum wiederzuerkennen. Die Wände waren mit roten Stoffbahnen zugehängt worden, Bilder mit erotischen Darstellungen zierten die Theke, Kerzenlicht sorgte für schummerige Beleuchtung, und sogar Tove selbst hatte sich verändert. Auf seine Grillschürze hatte er verzichtet und trug zu einer schwarzen Hose ein leidlich weißes Hemd, über dem eine rote Fliege prangte. An den wenigen Tischen saßen ausnahmslos Frauen, die sich tuschelnd unterhielten und sich durch überkippendes Gelächter Mut machten. Dieses Kreischen, ob schrill oder leise, hinter vorgehaltener Hand oder offen heraus, schien bei deutschen Frauen zu einem erotisch motivierten Erlebnis dazuzugehören. Italienerinnen, so stellte Mamma Carlotta fest, verhielten sich in solchen Situationen eindeutiger. Entweder lehnten sie etwas rundheraus ab, oder sie standen zu ihrer Entscheidung und ließen sich keine Vorhaltungen machen. Frau Kemmertöns und ihre Kegelschwestern jedoch taten nur so, als lehnten sie ab, was in Käptens Kajüte geschehen sollte, und fanden, jede für sich, scheinheilige Gründe, dennoch der Veranstaltung beizuwohnen. Und das war kreischend anscheinend leichter zu schaffen.

Für die Geburtstagsgesellschaft hatte Tove drei Tische zusammengestellt und sie sogar mit roten Herzchen und Konfetti geschmückt. Frau Kemmertöns stieß ein hysterisches Kichern aus, eine Vorstufe des Kreischens, als wollte sie zu verstehen geben, dass man sie zum Besuch dieses Frauenabends genötigt hatte und sie nichts dafür konnte, dass sie sich in Kürze einen nackten Mann ansehen musste. »Wenn mein Josef das wüsste ...«

Während die Kegelschwestern sich niederließen, ging Mamma Carlotta zur Theke. »Buona sera.«

Tove sah sie überrascht an. »Sie auch, Signora? Ich dachte, Sie finden einen Männerstrip ... unsittlich.«

»Daran hat sich nichts geändert.«

Tove gab sich unbeeindruckt, stellte Platten mit Bratheringen, Frikadellen, hart gekochten Eiern und Rollmöpsen auf die Theke und einen großen Brotkorb daneben. Während er Teller und Besteck herbeiholte, tuschelte Mamma Carlotta: »Hier wird gleich was Fürchterliches passieren.«

»Nun übertreiben Sie mal nicht. So schlimm ist Männerstrip nun auch wieder nicht.« Tove zeigte auf ein Dutzend Gläser, die, mit einem orangefarbenen Getränk gefüllt, auf der Theke standen. »Prosecco mit einem Likör aus Italien«, klärte er sie auf. »Das ist zurzeit total in. Stammt aus Padua, müssten Sie eigentlich kennen.«

Mamma Carlotta schüttelte energisch den Kopf. Was Tove da zusammenmixte, war ihr vollkommen gleichgültig. Ihr ging es um Wichtigeres! Freundschaft, Familie und Liebe waren in Gefahr! »Non mi interessa.«

Aber Tove wollte ihr dieses Desinteresse nicht abnehmen. »Er wird aus Rhabarber, Chinarinde, Enzian, Bitterorangen und Kräutern hergestellt«, verkündete er stolz. »Das Ganze wird dann mit Eis serviert.« Er holte einen Eiskübel und gab einige Würfel in jedes Glas. »Gefrorenes Wasser ist schließlich am billigsten«, fügte er mit dem Grinsen an, das sie kannte und das nicht schöner geworden war, weil es sich über einem weißen Hemd und einer roten Fliege entfaltete.

»Ich muss mit Signor Eckert sprechen. Wo ist er?«

»Was wollen Sie von ihm? Ihn überreden, den Tanga anzulassen? Kommt nicht infrage, Signora!«

»Seine Tante ist hier«, zischte Mamma Carlotta. »Die Freundin seiner verstorbenen Mutter!«

»Na und?« Tove glotzte sie verständnislos an.

»Die wird der Schlag treffen, wenn Jonas als Stripteasetänzer auftritt. Sie hat ja keine Ahnung.«

»Dann wird sie es jetzt eben erfahren«, meinte Tove ungerührt. »Was geht Sie das überhaupt an?«

»Signor Eckert muss gewarnt werden! Dann kann er sagen, er hätte sich ein Bein gebrochen und könne nicht auftreten. Oder Sie erklären den Damen, er hätte eine … eine Lungenentzündung und müsse im Bett bleiben.«

»Das können Sie vergessen«, knurrte Tove. »Die Frauen sind hier, um sich einen Stripper anzusehen, und den bekommen sie. Meinen Sie, ich lasse mir das Geschäft vermasseln? Nix da!« Er stellte die Gläser auf ein Tablett und nahm es vorsichtig auf. »Setzen Sie sich an Ihren Platz, Signora! Dann bekommen Sie auch einen ›Prosecco à la Käptens Kajüte‹. Der bringt Sie in Fahrt, Sie werden schon sehen.«

Mamma Carlotta nickte und tat so, als wollte sie auf den Stuhl zugehen, der an Frau Kemmertöns' Tisch noch frei war, aber im letzten Augenblick drehte sie bei und folgte dem Schild, das zur Toilette wies. Nicht, dass sie die Absicht hatte, sie aufzusuchen! »Dio mio! Non mai!« So groß konnte die Not gar nicht sein, dass sie sich an diesen Ort begeben würde, den Tove nur gelegentlich einer Reinigung unterzog, wenn sich mal wieder »eine von diesen Ziepeltrienen«, wie er sie nannte, über den unhaltbaren Zustand beschwert hatte. Möglich, dass er sich am Frauenabend mehr Mühe gegeben hatte, dass vielleicht sogar die Fenster rot verhängt waren, eine Kerze auf dem Waschbeckenrand stand und er mal wieder großzügig mit dem Raumspray ›Sommerblütenwiese‹ umgegangen war. Aber sie wollte trotzdem dafür sorgen, dass ein Besuch dieses winzigen Raums nicht nötig sein würde.

Auf dem schmalen Gang, in den sie trat, dachte sie nach. Wo mochte Jonas Eckert sich auf seinen Auftritt vorbereiten? Im Vorratsraum? Oder in der Küche? Vielleicht zog er sich auch im Nebenhaus, in seinem Apartment, um! Oder legte er hier, in Käptens Kajüte, letzte Hand an sein äußeres Erscheinungsbild? Dann konnte das eigentlich nur in der Küche geschehen, die während des Frauenabends kalt blieb. Vorsichtig näherte sie sich der Tür. Die Vorstellung, in der Küche auf einen Mann zu treffen, der gerade seine Unterhose aus- und den Tanga anzog, war beinahe noch entsetzlicher als das, was in der nächsten Stunde auf Frau Kemmertöns zukommen würde.

Sie lauschte. Hörte sie da eine Stimme hinter der Tür, die sonst immer offen stand? War Jonas etwa nicht allein?

»Woher haben Sie meine Handynummer?«, hörte sie ihn in diesem Augenblick fragen.

Aha, er telefonierte also. Vermutlich war es besser, so lange zu warten, bis er das Gespräch beendet hatte. Oder sollte sie dafür sorgen, dass er das Telefonat unterbrach? Sie konnte nicht ewig hier stehen und warten. Tove würde womöglich auf sie aufmerksam, und Frau Kemmertöns würde sich bald fragen, wo die Schwiegermutter des Hauptkommissars geblieben war. Sollte an ihrem Tisch der Verdacht entstehen, dass sie vor einem nackten Mann die Flucht ergriff, würde eine peinliche Suchaktion einsetzen. Man würde sie im Nu gefunden haben, und die Chance, Jonas Eckert zu warnen, wäre dahin.

»Ich weiß nicht, Frau Krevert ...« Jonas' Stimme klang unsicher. »Wenn überhaupt, dann frühestens morgen Mittag.«

Frau Krevert? Jonas telefonierte mit der Frau des toten Talkmasters? Mamma Carlotta dachte nicht mehr daran, sein Gespräch zu unterbrechen, sondern näherte sich vorsichtig der Tür. So weit, dass sie ihr Ohr ans Türblatt legen konnte.

»Wenn das rauskommt ...«, sagte Jonas nun ängstlich. Dann gab er seiner Stimme einen gebieterischen Ton, der jedoch nicht überzeugen konnte. »Wenn Sie mich verraten, werde ich alles abstreiten. Beweisen können Sie nichts! Wenn die Polizei noch einmal auftaucht ...«

Carlotta erschrak heftig, als sie von hinten angesprochen wurde. »Sie lauschen doch nicht etwa an fremden Türen, Signora?«

Sie fuhr herum und starrte in Toves zorniges Gesicht. »Ich suche ... ich wollte ...«

Tove zeigte in die entgegengesetzte Richtung. »Da ist die Toilette! Sollten Sie sich etwa verlaufen haben?«

»Madonna!« Verzweifelt versuchte sie dem Wirt weiszumachen, dass er mit seiner Vermutung genau richtiglag. »Da habe ich mich ja in der Richtung vertan. Che scema! Dio mio!«

Sekunden später war sie dort, wo sie eigentlich auf keinen Fall landen wollte. Aber was blieb ihr anderes übrig, wenn sie Toves Verdacht nicht erregen wollte? Zum Glück hatte sie mit ihrer Vermutung recht behalten, dass ein Haus voller Frauen den Wirt bewogen hatte, auf Reinlichkeit zu achten. Es war sogar ausreichend Toilettenpapier vorhanden, und der Behälter mit den Papierhandtüchern war auch gefüllt. Mamma Carlotta starrte ihr Gesicht im Spiegel an und wartete eine angemessene Zeit, bis sie die Spülung betätigen und den Toilettenraum wieder verlassen konnte. Wovor hatte Jonas Angst? Warum fürchtete er, Madeleine Krevert könne ihn verraten? Hatte er etwas mit Viktor Kreverts Tod zu tun? Womöglich auch mit Larissas Ermordung?

Gedankenvoll drückte sie die Toilettenspülung. Hatte sie nicht immer gesagt, dass einem Mann, der sich vor fremden Frauen auszog, alles zuzutrauen war? Sie zögerte und gestand sich ein, dass sie dabei an Mord und Totschlag nicht gedacht hatte. Aber wer sich über Sitte und Anstand hinwegsetzte, dem war womöglich auch ein Menschenleben nichts wert!

Sie wusch sich die Hände und entriegelte die Tür. Sie würde Jonas Eckert im Auge behalten. Vorsichtshalber! Den ganzen Abend! Ihn vor der Begegnung mit Frau Kemmertöns zu schützen, dazu war es zu spät. Aber natürlich würde sie ihre Aufmerksamkeit nur auf sein Gesicht, seinen Blick, sein Lächeln richten. Den kompletten Rest würde sie ignorieren! Während Frau Kemmertöns' Kegelschwestern ihre lüsternen Blicke über seinen Körper schweifen ließen, würde sie Jonas' Augenausdruck beobachten und nur darauf achten, ob sein Lächeln verschlagen war und sein Blick unehrlich. Sie war nicht umsonst für ihre Menschenkenntnis bekannt. Hatte sie nicht bei dem Verlobten einer Nachbarstochter sofort erkannt, dass er nur auf das Geld des potenziellen Schwiegervaters aus war? Und als Signora Savino mit fünfundsiebzig Jahren von einem Mann umgarnt wurde, der glatt zehn Jahre jünger war, hatte sie als Erste den Verdacht geäußert, dass es sich um einen Heiratsschwindler handelte. Und in beiden Fällen hatte sie recht gehabt. Sie traute sich ohne Weiteres zu, vom Gesicht eines Mannes, der sich gerade mehr um die Präsentation seines Unterkörpers als um eine ehrliche Miene bemühte, abzulesen, wie es um seinen Charakter bestellt war.

Erik stöhnte auf, erhob sich und dehnte seinen Rücken. »Es hat keinen Sinn, wir drehen uns im Kreis.«

Sören stand ebenfalls auf. »Wir wär's, wenn wir uns nur auf die beiden Todesfälle konzentrieren und das gestohlene Bild mal ganz außer Acht lassen?«

Erik betrachtete seinen Assistenten kopfschüttelnd, als fragte er sich, ob er während seiner Ausbildung geschlafen habe. »Zum letzten Mal, Sören: Die Fälle gehören zusammen. Auf dem Speicher in Kreverts Haus hat ein Bild gestanden.«

»Irgendeines, okay«, wagte Sören zu sagen, zog aber gleich darauf den Kopf ein, als hätte er Angst vor seinem Chef.

Erik verdrehte die Augen. »Kommen Sie mir nicht schon wieder damit. Es gibt kein anderes Motiv! Oder fällt Ihnen eines für einen Täter ein, der sowohl Viktor Krevert als auch Larissa Freier aus dem Wege haben wollte?«

»Wir waren uns einig, dass Viktor Krevert keinem Mordanschlag zum Opfer gefallen ist. Wir gehen von Totschlag aus.«

»Bei Larissa ist es vielleicht auch kein Mord gewesen.«

»Sie meinen, beide waren nur zufällig am falschen Ort? Beide sind sie einem Kerl in die Hände gefallen, der eigentlich nur ein kostbares Gemälde stehlen wollte?«

Erik nahm seine Jacke vom Haken und zog sie über. »Oder es waren zwei Kerle? Dem ersten hat sich Viktor Krevert in den Weg gestellt und dem zweiten Larissa Freier.«

»Puh!« Auch Sören griff nach seiner Jacke, die über einer Stuhllehne hing. »Vielleicht haben Sie doch recht, und der Diebstahl der Bilder führt uns zum Mörder.«

Erik nickte zufrieden. »Jetzt brauchen wir erst mal was zu essen. Mal sehen, was meine Schwiegermutter …« Er schlug sich vor die Stirn. »Die ist bei Frau Kemmertöns eingeladen. Das mit dem Abendessen wird heute wohl nichts.«

Sören sah aus, als wollte er sagen: »Auch das noch!«

Erik sah auf seine Armbanduhr. »Die Kinder kommen erst in einer Stunde nach Hause. Kommen Sie, Sören, wir gehen zu Gosch. Ein scharfer Eddie mit Bratkartoffeln! Oder ein gebratenes Seelachsfilet mit Kartoffelsalat! Das wird uns guttun.«

Eine halbe Stunde später stand Sören vor der Theke von Gosch, wo er die Bestellung für sich und seinen Chef aufgegeben hatte. Obwohl die Osterferien noch nicht begonnen hatten, war es voll. Sören hatte eine Weile warten müssen, bis die vor ihm Stehenden bedient waren, aber da bei Gosch immer alles schnell ging, war er bald an der Reihe gewesen.

Erik hatte Glück und konnte einen Tisch vor einer der großen Glasscheiben sichern, wo man einen wunderbaren Blick aufs Meer hatte. Er machte einen langen Hals. Der scharfe Eddie, ein Brathering, der mit Piri-Piri-Schoten eingelegt worden war, lag bereits auf dem Teller, da spürte er das Vibrieren seines Handys in der Jackentasche. Die Bratkartoffeln landeten neben dem scharfen Eddie, und Sören brachte ihn an den Tisch. »Fangen Sie schon mal an, Chef. Mein Seelachs ist auch gleich so weit.«

Mit gerunzelter Stirn starrte Sören auf das Handy, das Erik nun auf den Tisch legte. Seine Miene sprach Bände. »Die Staatsanwältin?«

Erik nickte, und Sören machte auf dem Absatz kehrt. Als er mit Seelachs und Kartoffelsalat zurückkehrte, steckte Erik das Handy gerade wieder ein. Er sah zwischen seinem Assistenten, dem scharfen Eddie und dem Seelachsfilet hin und her. »Wir essen erst mal in Ruhe«, beschloss er und griff zum Besteck.

Sören war erleichtert. Er nahm eine ordentliche Gabel Kartoffelsalat und dann ein Stück von seinem Seelachsfilet. Erst danach fragte er: »Gibt's was Neues?«

Erik ließ sich mit seiner Antwort Zeit, bis er den scharfen Eddie ausgiebig probiert hatte. »Das kann man wohl sagen.« Erst als er sicher war, dass die Bratkartoffeln so köstlich waren wie immer, ergänzte er: »Dagobert Manfredini ist ausgebrochen.«

Sören verschluckte sich und hustete erst einmal ausgiebig, ehe er fragte: »Wie konnte das passieren?«

»Frau Dr. Speck sagt, während eines Arztbesuches.«

»Haben die keinen Gefängnisarzt?«

»Es musste ein CT gemacht werden. Und natürlich konnte man den Beamten, an den er angekettet war, nicht mit in die Röhre schieben. Irgendwie muss er an eine Waffe gekommen sein, mit der er zwei Arzthelferinnen bedroht hat.«

»Ich glaub's nicht.« Sören teilte ein Stück von seinem Seelachs ab, aber dann vergaß er, es in den Mund zu stecken. »Was bedeutet das nun für uns?«

»Die Staatsanwältin glaubt, dass Dagobert Manfredini sich zu seinem Bruder flüchten könnte. Wir müssen die Augen offen halten. Sie schickt Kollegen von der Bereitschaft nach Sylt. Die sollen den Friseursalon bewachen. Und natürlich werden sie am Autozug postiert. Ich glaube nicht, dass der Kerl auf die Insel kommt, ohne gefasst zu werden.«

»Hoffentlich haben Sie recht.« Sören wirkte mit einem Mal sehr unglücklich. »Mit Dagobert Manfredini möchte ich wirklich nichts zu tun haben.«

Frau Kemmertöns musste gestützt werden, als sie nach Hause ging. Sämtliche Kegelschwestern trotteten schuldbewusst hinterher, von der Kegelmutter immer wieder ermuntert, die Köpfe nicht hängen zu lassen. »Konnten wir wissen, dass Jonas der Stripper ist?«

Nein, das hatte niemand wissen können. Mamma Carlotta

war die Einzige gewesen, die vorhergesehen hatte, was auf Frau Kemmertöns zukam. Auch sie fühlte sich daher schuldig, obwohl sie nicht wusste, wie sie die Tragödie hätte verhindern können. Sie hatte es immerhin versucht! Nun sprach sie Frau Kemmertöns Trost zu, ermunterte sie und redete ihr aus, dass sie schuld an Jonas' Fehlentwicklung sei. Die Kegelschwestern waren dankbar für ihr beherztes Einschreiten und begnügten sich damit, wie reuige Sünder hinter dem Geburtstagskind herzutraben.

»Wie kann er nur so etwas Schreckliches tun?«, schluchzte Frau Kemmertöns.

Am liebsten hätte Mamma Carlotta ihr vorgehalten, dass sie, wenn ein ihr völlig fremder junger Mann im pinkfarbenen Stringtanga an ihr vorbeigetanzt wäre, garantiert kreischend gekichert hätte. So aber war ihr das Lachen im Halse stecken geblieben, und sie hatte etwas getan, was über kurz oder lang die Polizei auf den Plan rufen würde. Es wurde Zeit, dass sie wegkamen!

Als Mamma Carlotta den Toilettenraum verlassen hatte, war es zu spät für jedes Einschreiten gewesen. Tove hatte soeben die Stereoanlage angestellt, die den Auftritt des Strippers ankündigte. Sie sah Jonas in der Küchentür stehen, in einer engen schwarzen Lederhose, an deren Außennähten Reißverschlüsse angebracht waren, einem weißen Hemd und einem schwarzen Schlapphut, den er sich so tief in die Stirn gezogen hatte, dass sein Gesicht nicht zu erkennen war. Im Rhythmus der Musik bewegte er sich in den Gastraum und blieb zunächst an der Theke stehen. Dort wartete ein Schnapsglas auf ihn, das reines Leitungswasser enthielt. Er kippte den Inhalt herunter, als müsste er sich in Form trinken, bevor er Hemmungen und Hüllen fallen ließ.

Geschmeidig bewegte er sich von Tisch zu Tisch und forderte die Frauen auf, sich an den Reißverschlüssen seiner Hose zu bedienen. Kreischendes Gelächter war die Antwort, aber dann riskierte es die Erste und zippte den rechten Reißverschluss auf. Kaum war der pinkfarbene Stringtanga zu sehen, stürzte sich eine Frau auf die linke Seite seiner Hose, die im Nu am Boden lag. Jonas sah in gespielter Verzweiflung an sich herab, auf die dunklen Socken, die schwarzen Lederschuhe. Die Frauen am ersten Tisch verstanden und zeigten sich bereit, ihm diese überflüssigen Accessoires abzunehmen. Jonas ließ sich auf den Tisch ziehen, spielte den Verschämten, kicherte albern, als sei er kitzelig, und hielt die Hände vor seinen Stringtanga, als wollte er das, was sich dort deutlich abzeichnete, auf keinen Fall sehen lassen.

Mamma Carlotta hatte sich mittlerweile unter die Kegelschwestern gemischt und ließ den Blick nicht von Frau Kemmertöns, die noch keine Ahnung hatte, über wen sie da lachte. Auch als Jonas näher kam und sich von der Frauenrunde am nächsten Tisch das Hemd ausziehen ließ, ahnte sie noch nichts, denn den Hut mit der breiten Krempe trug er immer noch. Kichernd beobachtete sie, was geschah, amüsierte sich köstlich, verglich sogar den Body des jungen Strippers ganz unverfroren mit dem ihres Mannes und folgte gierig seinen Bewegungen, als er, jetzt nur noch mit dem Stringtanga und dem breitkrempigen Hut bekleidet, an den Tischen vorbeitanzte. Mal streckte er dieser, dann jener sein Hinterteil hin und quittierte die Klapse, die er erhielt, mit unmännlichem Gekicher. Schließlich war er wieder vor der Theke angekommen, wo er, von dem Strahler beleuchtet, der sonst Toves Fischbrötchenangebot im rechten Licht erscheinen ließ, einen Tanz präsentierte, der entfernt an Michael Jacksons Moonwalk erinnerte. Die Frauen klatschten zur Musik, auch Frau Kemmertöns machte begeistert mit, stieß das inzwischen wohlbekannte Kreischen aus, sobald Jonas an den Bund seines Tangas fasste, und gehörte schließlich zu denen, die am lautesten schrien: »Ausziehen! Ausziehen!«

Tove ließ sich nicht blicken, Jonas gehörte die Bühne von Käptens Kajüte ganz allein. Als sein Tanz beendet war und die Frauen so frenetisch applaudierten, als hätte er große Kunst dargeboten, stand die Kegelmutter plötzlich auf und ging zu ihm in das Licht des Fischbrötchen-Scheinwerfers. »Eine unserer Kegelschwestern hat heute Geburtstag«, rief sie. »Und Geburtstagskinder dürfen letzte Hand anlegen.«

Sie deutete auf den Stringtanga, und die Frauen verstanden. Unter dem skandierten »Ausziehen! Ausziehen!« erhob sich Frau Kemmertöns schließlich, ließ sich zur Theke ziehen und schieben, schlug die Hand vor den Mund und hielt sie sogar über die Augen, als Jonas ihr sein Hinterteil hinstreckte. Aber dann, als er sich wieder umdrehte und ihre Hand an den Bund seines Tangas führen wollte, erkannte er sie. Und da er jetzt zum ersten Mal aufblickte und den Schatten der Hutkrempe aufgab, erkannte sie ihn ebenfalls. Nicht nur Frau Kemmertöns schrie, auch Jonas stieß einen Schrei aus. Die Frauen, die dieses Intermezzo für einen Teil des Programms hielten, lachten so laut, dass Frau Kemmertöns' Worte nicht zu verstehen waren: »Jonas! Wie kannst du nur?«

Nur Mamma Carlotta, die etwas Ähnliches erwartet hatte, las es von ihren Lippen ab. Und sie glaubte auch zu erkennen, was Jonas sagte: »Mach mit, Tante Jale. Reden können wir später.«

Möglicherweise bereute er diese Aufforderung schon Sekunden später. Denn Frau Kemmertöns machte nun mit. Aber ganz anders, als Jonas erwartet hatte. Sie riss eine Clutch-Tasche vom Tisch, deren überraschte Besitzerin nicht rechtzeitig eingreifen konnte, und versohlte Jonas damit den beinahe nackten Hintern. Jaulend lief er durch den Gastraum, verfolgt von dem Gejohle der Frauen. Frau Kemmertöns machte auch mit, als die Menge erneut »Ausziehen! Ausziehen!« rief. Sie riss Jonas den Tanga herunter und nahm, was sie dort fand, so rüde und mitleidslos zur Hand, dass Jonas es nicht wagte, sich ihr zu entziehen. Wie erstarrt blieb er stehen, in dem Bewusstsein, dass es sehr wehtun würde, wenn er jetzt versuchte, sich zu befreien.

Noch immer spendeten die anwesenden Frauen großen Beifall für eine ihrer Meinung nach gut einstudierte Stripshow, ohne zu ahnen, dass es bitterer Ernst war, was ihnen präsentiert wurde. Eine Ahnung befiel das Publikum erst, als Frau Kemmertöns mit der freien Hand ausholte und Jonas eine so gewaltige Ohrfeige verpasste, dass den Frauen das Vergnügen im Halse stecken blieb. Danach ließ sie von ihrem Schützling ab, aber nicht ohne zum Abschluss ihr Knie zu bemühen und Jonas damit einen letzten Denkzettel zu verpassen. So, wie sie es in einem Selbstverteidigungskurs für Frauen gelernt hatte.

Jonas ging wimmernd zu Boden, einige Frauen sprangen erschrocken auf und riefen: »Einen Arzt! Er braucht einen Arzt!«, andere stellten sich Frau Kemmertöns in den Weg und riefen genauso laut: »Polizei! Das ist schwere Körperverletzung!«

Mamma Carlotta hatte starr vor Entsetzen dagesessen. Das Leben war erst in ihren Körper zurückgekehrt, als sie sah, dass einige Frauen ihre Handys zückten, um entweder die Polizei oder den Notarzt zu verständigen.

Sie lief hinter die Theke und von dort in den Gang, der zur Toilette, zum Vorratsraum und in die Küche führte. Wo, um Himmels willen, war Tove Griess? Wenn vor Käptens Kajüte sowohl ein Streifenwagen als auch ein Notarztwagen vorfuhren, sollte der Besitzer dieser Imbissstube besser anwesend sein. Sie lief sogar in den Hof hinter der Küche, aber auch hier war Tove nicht zu sehen. Ungestüm pochte sie an die Toilettentür, hinter der sich jedoch nichts regte, und schaute in den Vorratsraum, der ebenfalls leer war. Kopfschüttelnd ging sie in den Gastraum zurück. Jonas lag immer noch am Boden, war kaum zu sehen unter den vielen Frauen, die sich besorgt über ihn beugten. Schließlich kam er wieder auf die Beine, von zwei Damen gestützt, und hielt sich sein schmerzendes Gemächt. Als er begann, es auf schwerwiegende Verletzungen zu untersuchen, riss eine der Frauen resolut den Stringtanga in die Höhe und ordnete an: »Das ist Sache des Arztes. Der wird gleich kommen.«

Und eine andere schrie: »Die Polizei kann dann gleich die Anzeige aufnehmen. Wie heißt die Frau eigentlich?«

Sie zeigte auf Frau Kemmertöns, die sich allmählich erholte und wieder klar denken konnte. Erstaunlich schnell begriff sie mit einem Mal, dass es das Klügste war, den Tatort zu verlassen. »Mich anzeigen?«, murmelte sie. »Das wird er nicht wagen.«

Trotzdem riet die Kegelmutter zu sofortigem Aufbruch. Und da der Wirt sich nicht blicken ließ, beschloss die Gesamtheit der ›Pumpenköniginnen‹, aufs Bezahlen zu verzichten. Man könne Tove Griess das Geld ja später bringen.

»Selber schuld«, sagte die Kegelmutter, »wenn er abhaut, sobald es Ärger gibt.«

Carlotta lachte ungläubig. »Da kennen Sie Tove Griess aber schlecht. Wenn es Ärger gibt, ist er immer mittendrin.«

Die Kegelmutter runzelte die Stirn. »Kennen Sie den näher?«

Das bestritt Mamma Carlotta rundheraus. Trotzdem blieb sie dabei, dass der Wirt auf keinen Fall die Flucht ergriffen hatte. Ohne ein weiteres Wort der Erläuterung nahm sie Frau Kemmertöns' Arm und führte sie hinaus. Die Abendluft war kühl, hier würde die Nachbarin schnell wieder zur Besinnung kommen.

Und so war es. Frau Kemmertöns konnte schlagartig ermessen, was sie getan hatte, als sie auf der Straße stand. Und ihr Entsetzen äußerte sich, indem sie in Tränen ausbrach und mit Gewalt daran gehindert werden musste, zurückzugehen und höchstpersönlich Jonas' möglicherweise schwere Verletzungen erstzuversorgen.

»Der Notarzt ist vermutlich schon unterwegs und wird hier gleich vorfahren«, sagte die Kegelmutter. »Ich find's besser, wenn wir dann nicht mehr da sind.«

»Ich auch«, bestätigte eine Kegelschwester. »Wenn Menno Koopmann gerade eine Story gebrauchen kann, sitzt der neben dem Notarzt und schießt Fotos. Also, ich will nicht morgen auf dem Titel des Inselblattes sein. Wenn mein Mann mich da sieht ...«

»Schlägerei während Stripshow!«, rief die Einzige unter ihnen, die keinem Ehemann Rechenschaft schuldig war, weil sie gerade ihre Scheidung hinter sich gebracht hatte und nun über die Ängste der anderen lachen konnte.

Niemand fiel in ihr Lachen ein. Plötzlich griffen die Bedenken um sich, und es stellte sich heraus, dass keiner der Ehemänner darüber in Kenntnis gesetzt worden war, wo ihre Frauen den Abend verbringen wollten. Frau Kemmertöns' Geburtstagsfeier! Viel mehr war ihnen nicht zu Ohren gekommen. Natürlich hatten alle nur an ein paar Gläser Bowle und ein Likörchen als Absacker gedacht.

»Meine Schwiegermutter ist zu Besuch«, begann die Jüngste zu jammern. »Wenn die mich morgen im Inselblatt sieht ...«

Sie brauchte nicht weiterzusprechen. Der Klub der ›Pumpenköniginnen‹ entschloss sich einheitlich zur Flucht. Mamma Carlotta erklärte sich bereit, am nächsten Morgen zu Tove Griess zu gehen und die Rechnung zu begleichen, damit von dort kein Ärger drohte, der zu vermeiden war.

Damit waren alle beruhigt und fanden, dass sie gut aus der Sache rausgekommen waren. Als ein Wagen mit quietschenden Reifen in den Hochkamp einbog, schaute jede auf ihre Fußspitzen und blickte erst auf, als der Notarztwagen vor Käptens Kajüte gehalten hatte. Frau Kemmertöns weinte nun noch ein bisschen lauter, und Mamma Carlotta tätschelte ihren Arm ein bisschen nachdrücklicher, aber die Nachbarin machte zum Glück keine Anstalten mehr umzukehren.

Als sie in die Westerlandstraße einbogen, blickte Mamma Carlotta sich um. Was war nur mit Tove los? Wie konnte er auf einmal verschwinden? Anscheinend hatte er sich so weit von Käptens Kajüte entfernt, dass ihn nicht einmal der Tumult im Gastraum und Jonas' Wehgeschrei erreicht hatten. Völlig unbegreiflich! Er ließ die Kasse sonst nie aus den Augen und war, da er die Welt für schlecht hielt, immer in Sorge, Opfer eines Zechprellers zu werden. Trotzdem war er verschwunden. Warum? Und wohin?

Als sie sich noch einmal umsah, nachdem sie alle die andere

Straßenseite erreicht hatten, glaubte sie für einen winzigen Augenblick, ihn entdeckt zu haben. Die Art, wie die männliche Gestalt über den Hochkamp huschte, entsprach Toves Gewohnheit, sich geduckt vorwärtszubewegen. Doch dann sah sie, dass der Mann kleiner war und keinen so derben Körperbau hatte wie Tove. Einen Moment kam es ihr sogar so vor, als sähe sie Paul Freier von einem Schlupfwinkel zum anderen laufen, hinter ein geparktes Auto, in den Schutz eines hohen Friesenwalls, an einer Hecke entlang, die im Dunklen lag. Aber schon im nächsten Moment wusste sie nicht mehr, wie sie auf diese Idee gekommen war. Was hätte Paul um diese Zeit in dieser Gegend zu suchen? Und warum sollte er sich verstecken?

»Nonsenso«, flüsterte sie vor sich hin. »Blanker Unsinn!«

Sie hatten gerade das Besteck zur Seite gelegt, als Eriks Handy erneut ging. »Das Kommissariat«, murmelte er und nahm das Gespräch an.

»Wir haben einen Notruf«, drang Enno Mierendorfs Stimme an sein Ohr. »Aber alle verfügbaren Einsatzkräfte sind in List. Im A-Rosa ist irgendein Promi abgestiegen, und die Fans belagern das Hotel.«

»Was gibt's denn?«, fragte Erik ungeduldig. »Irgendwas in Wenningstedt?«

»Am Hochkamp! Sind Sie in der Nähe?« Als Erik bejahte, atmete Mierendorf erleichtert auf. »In Käptens Kajüte hat es eine Schlägerei gegeben. Können Sie da mal eben vorbeifahren?«

Erik griff nach der Serviette und wischte sich den Mund ab. »Okay, wir sind schon unterwegs.«

Sören war nicht begeistert über diesen unerwarteten Einsatz, aber natürlich fügte er sich und folgte seinem Chef. »Gibt's Verletzte?«, fragte er, während sie ins Auto stiegen.

»Sieht so aus. Der Notarzt ist auch gerufen worden.«

Sören runzelte die Stirn. »Ist da nicht donnerstags immer Frauenabend?«

»Was soll das denn sein?«

»Tove Griess hat eine Marktlücke entdeckt. Männerstrip! Dann sind nur Frauen zugelassen.«

»Nur Frauen? Und trotzdem hat es eine Schlägerei gegeben?«

Der Notarztwagen kam ihnen entgegen und bog vor ihnen in den Hochkamp ein. Erik folgte ihm und kam hinter ihm zum Stehen. In diesem Moment kam eine Gestalt um Käptens Kajüte herum, die sich auf den Lieferwagen zu bewegte, der davor geparkt war. Der Mann hielt sich die Stirn, von der Blut tropfte, und hatte Mühe, mit der linken Hand den Schlüssel in das Schloss des Wagens zu stecken.

Im Nu war der Notarzt an seiner Seite. »Wir helfen Ihnen.«

Erik und Sören standen Sekunden später daneben. »Was ist passiert?«

Tove starrte einen nach dem anderen verblüfft an. »Wo kommen Sie denn alle her?«

»Es gab einen Notruf«, erklärte Erik. »Eine Schlägerei.«

»Und einen Verletzten«, ergänzte der Notarzt und zog Tove, der sich vor lauter Verblüffung nicht wehrte, zu seinem Wagen.

»Ich wollte doch nur gucken«, sagte er hilflos, »ob ich ein Pflaster im Verbandskasten habe.«

Der Notarzt öffnete die Heckklappe seines Autos und bedeutete Tove, in der geöffneten Tür Platz zu nehmen. Der machte noch immer einen konfusen Eindruck, sodass Erik sich fragte, wie heftig der Schlag gewesen war, der ihn getroffen hatte.

»Wer war das?«, fragte er. »Und womit hat er Ihnen eins übergebraten?«

»Es gab keine Schlägerei«, antwortete Tove erstaunlich friedfertig. »Ich bin gegen eine Tür gelaufen. Mit Schmackes. Mannomann, ich habe die Englein singen hören.«

»Und wieso bekommen wir dann einen Anruf, dass es in Käptens Kajüte eine Schlägerei gegeben hat?«

»Was weiß ich?« Tove blickte zum Eingang seiner Imbissstube, aber dort war alles ruhig. Aufgeregte Stimmen drangen zwar auf die Straße, aber sie waren allesamt weiblich und klangen nicht aggressiv.

»Still sitzen«, kommandierte der Notarzt, und Tove hielt ihm wieder bereitwillig seine Stirn hin. Während sie desinfiziert wurde, trat kurzfristig die altbekannte Aggression in seine Züge, aber als der Notarzt seine Wunde verband, senkte sich wieder Friedfertigkeit über sein Gesicht.

Sören versuchte sich einen Reim auf die Angelegenheit zu machen. »Vermutlich hat Sie jemand gesehen, und derjenige hat dann geglaubt, dass man Ihnen ans Leder wollte.«

»So wird's wohl gewesen sein«, antwortete Tove. »Viel Lärm um nix.«

Der Notarzt gab ihm zu verstehen, dass er sich erheben könne. »Wie fühlen Sie sich? Benommen? Schwindelig? Ist Ihnen übel?«

»Wenn Sie auf eine Gehirnerschütterung anspielen«, antwortete Tove, »die habe ich nicht. Mein Schädel kann was ab.«

Der Notarzt bestätigte es lachend. Dann wandte er sich Erik zu. »Eine Platzwunde, das war's. Die Polizei hat man wohl umsonst gerufen.«

Erik zuckte mit den Schultern. »Das ist nicht das erste Mal. Und ein Notarzt war wohl ebenfalls nicht vonnöten.«

Der Arzt nickte lächelnd. »Auch nicht das erste Mal.« Er schwang sich wieder hinters Steuer und sagte zu Tove: »Bei Übelkeit und Erbrechen sofort in die Nordseeklinik! Klar?«

»Klar wie dicke Kloßbrühe«, rief Tove, der anscheinend froh war, dass die Aufregung um seine Platzwunde vorbei war. Er sah Erik und Sören sogar an, als wollte er sich für ihr unnötiges Erscheinen entschuldigen. »Keine Ahnung, wer nach Ihnen gerufen hat. War natürlich völlig überflüssig.«

»Na, denn …« Erik lief zu seinem Auto, Sören fügte »Gute Besserung« hinzu, und Tove ging ohne ein weiteres Wort auf den Eingang von Käptens Kajüte zu.

»Frauenabend«, sagte Erik verächtlich, als er den Wagen startete. »Solche Frauen rufen gleich den Notarzt und die Polizei, wenn sie ein bisschen Blut sehen.«

»Haben Sie übrigens schon gehört, wer der Stripper ist, der in Käptens Kajüte auftritt?«, fragte Sören.

Erik warf ihm einen erstaunten Blick zu. »Das hört sich an, als wüssten Sie es.«

Sören grinste breit. »Jonas Eckert! So gesehen hätten wir schon heute Abend seine Bude durchsuchen können. Habe ich aber leider nicht dran gedacht.«

Erik stöhnte. »Das wäre mir bei Dunkelheit wesentlich angenehmer gewesen.«

»Wie man's nimmt. Dann hätten wir Licht machen oder eine Taschenlampe mitnehmen müssen. Beides kann den Nachbarn auffallen.«

Nun grinste auch Erik. »Also morgen, wenn Jonas Eckert sich um Dauerwellen und Strähnchen kümmert?«

»Jawoll, Chef!«, antwortete Sören und lehnte sich zufrieden zurück.

Heiliger Wattwurm! *Schon wieder diese drei Miesmuscheln! Wo die schon überall unterwegs waren! Und nun mal wieder bei Dunkelheit. Haben die eigentlich kein Nest? Ganz klar fehlen ihnen die Flügel, sonst würden sie selbst bestimmen, wo sie sich aufhalten, und müssten sich nicht ständig durch die Gegend tragen lassen. Von einem Mann? Einer Frau? Schwer zu erkennen. Nein, ein Mann! Und da – noch einer! Oder sehe ich schon doppelt, weil ich gerade eine Weinbrandkirsche gefunden habe? Siehe da, nun sind sie schon wieder weg! Einmal den Schnabel weggedreht, die Miesmuscheln sind verschwunden. Irgendwo in diesem Gerümpel. Kein leichtes Schicksal, wahrlich nicht! Ich würde mir sämtliche Federn ausreißen, wenn ich mitten in der Nacht unterwegs sein müsste. Der Appetit ist mir längst vergangen, wenn ich die Dinger sehe. Nehmen wir mal an, sie wären wirklich echt – mittlerweile wären sie ungenießbar. Als Silber-*

möwe ist man ja weiß Gott nicht wählerisch, aber alles hat seine Grenzen! Miesmuscheln, die ständig den Ort wechseln, können nicht gut für den Magen-Darm-Trakt sein. Da soll sich jemand anders den Schnabel dran ausbeißen. Ich nicht! Höchstens vor lauter Wut! Und damit endlich Schluss ist mit der Wanderung dieser Miesmuscheln …

Mamma Carlotta stöhnte leise, während sie die Treppe hinabstieg. Als sie unten angekommen war, lehnte sie sich ans Treppengeländer, wartete, bis das Drehen in ihrem Kopf nachgelassen hatte, dann erst öffnete sie die Küchentür, blieb stehen, starrte das Mobiliar an und stöhnte noch einmal. Diesmal laut und inbrünstig. Warum hatte sie Frau Kemmertöns' Einladung noch angenommen? Warum nur war sie der Meinung gewesen, man dürfe die leidgeprüfte Nachbarin mit ihrem Jammer nicht alleinlassen? Und warum hatte sie nicht verhindert, dass diese eine Flasche Sekt öffnete und anschließend verkündete, dass all die vielen Flaschen, die in der sogenannten Bar ihres Ehemannes standen, endlich mal ausgetrunken werden müssten? Herr Kemmertöns hatte die Angewohnheit, eine Flasche nicht zu leeren, weil es dann vernünftig war, sie zu entsorgen. Er liebte es aber, wenn möglichst viele Flaschen in dem Fach standen, in dem früher mal ein Schallplattenspieler seinen Platz gehabt hatte. Mit diesen vielen Flaschen kam er sich, so behauptete Frau Kemmertöns jedenfalls, sehr weltgewandt vor, weil er dann – zumindest theoretisch – einem Besucher eine große Auswahl an geistigen Getränken anbieten konnte. Dabei schien er zu vergessen, dass seine Besucher nie etwas anderes als Bier und Köm wollten und die vielen Flaschen auf diese Weise nur zum Abstauben da waren. Und dazu hatte Frau Kemmertöns schon lange keine Lust mehr.

Es war also gewissermaßen eine Sache des Aufräumens, des Großreinemachens, als die beiden eine Flasche nach der anderen leer gemacht und sie anschließend gemeinsam in den Raum hinter der Küche gebracht hatten, in dem das Leergut gesammelt wurde. Bei dem Gin aus dem Schwarzwald, dem Wodka mit Namen Green Moon, dem kleinen Rest Armagnac, dem Brandy aus Andalusien und dem Calvados, der auf den klangvollen Namen Papidoux hörte, war das noch ziemlich gut gegangen. Danach war Frau Kemmertöns nicht mehr in der Lage gewesen, sich zu erheben, und hatte Mamma Carlotta mit der nächsten leeren Flasche, in der einmal zehn Jahre alter Madeira gewesen war, der mittlerweile gut und gerne zwanzig weitere Jahre auf dem Korken hatte, allein losgeschickt. Zwischendurch hatte sie über den missratenen Jonas gejammert, über dessen arme Mutter, die zum Glück nicht mehr miterleben musste, was aus ihrem Jungen geworden war, und hatte sich ein ums andere Mal gefragt, ob sie ihrem Mann gestehen dürfe, was sie an ihrem Geburtstag erlebt hatte. »Wenn der hört, dass die Polizei und der Notarzt gerufen wurden …«

Bevor sie auch noch dem Amaretto den Garaus machen konnten, war Herr Kemmertöns nach Hause gekommen und hatte fassungslos zunächst seine Gattin und dann den reduzierten Bestand seines Barfachs angestarrt. Carlotta war sehr schnell klar geworden, dass es nun an der Zeit war, nach Hause zu gehen. Ob Frau Kemmertöns das Wagnis einging, ihrem Mann von Jonas' neuester Verfehlung zu berichten, hatte sie nicht wissen wollen.

Sie rieb sich im Gedanken an den vergangenen Abend die schmerzenden Schläfen, dann war ihr klar, dass es für sie nur eine Medizin gab: einen dreifachen Espresso. Der würde ihr hoffentlich auf die Beine helfen. Und wenn sie es fertiggebracht hatte, der Familie ein Frühstück vorzusetzen, hatte sie es sich verdient, sich anschließend wieder aufs Ohr zu legen und ihren Rausch auszuschlafen. Niemand würde etwas merken. Für die Kinder würde sie die vorbildhafte Großmutter bleiben, die sie immer gewesen war.

Mamma Carlotta setzte sich und schlürfte den heißen Espresso, ohne dass sie eine positive Wirkung verspürte. Die blieb vielleicht auch deswegen aus, weil ihr einfiel, dass sie gleich nach dem Frühstück zu Käptens Kajüte musste, um die Zeche zu bezahlen, die die ›Pumpenköniginnen‹ gestern gemacht hatten. Aus dem Rauschausschlafen würde also nichts werden. Sie hatte es versprochen. Und es war nicht ratsam, damit zu warten, denn man wusste nie, was Tove im Schilde führte. Wenn er vermutete, dass man ihn übers Ohr hauen wollte, tat er Dinge, die er später bitter bereute.

Sie betrachtete die leere Tasse und ahnte, dass auch ein dritter Espresso ihr nicht weiterhelfen würde. Der Gedanke an den Speck, den sie jeden Morgen für Eriks Rührei briet, verursachte ihr Übelkeit. Ob er Verständnis dafür haben würde, wenn an diesem Morgen sein Rührei ausnahmsweise ohne Speck auf den Tisch kam? Sie dachte kurz darüber nach, ob er am Abend bemerkt haben könnte, wie unsicher ihre Schritte gewesen waren und dass sie sich an der Türklinke hatte festhalten müssen, um nicht zu wanken. Aber sie vertraute auf ihre übermenschliche Kraftanstrengung. Die würde dafür gesorgt haben, dass ihm nicht aufgegangen war, in welchem Zustand seine Schwiegermutter sich befunden hatte.

Sie hatte gerade festgestellt, dass es im Wohnzimmer dunkel war, und gehofft, ungesehen ins Bett zu kommen, da öffnete sich die Haustür, und ihr Schwiegersohn erschien auf der Schwelle.

»So spät?« Zu einem vollständigen Satz sah sie sich nicht in der Lage, der Zischlaut machte ihr schon genug Probleme.

Erik beachtete sie zum Glück nicht weiter. »Es gab noch einiges zu regeln. Die Insel muss überwacht werden, am Hafen, am Autozug, überall in Wenningstedt wird die Bereitschaftspolizei positioniert.«

»Warum?« Mamma Carlotta tastete sich vorsichtig am Treppengeländer entlang.

Es schien so, als wollte Erik ihr antworten, dann aber klappte oben eine Tür, und Wiebke rief: »Da bist du ja endlich!«

Sie kam die Treppe heruntergelaufen und begrüßte Erik mit einem Kuss. Er warf Mamma Carlotta über Wiebkes Schulter einen Blick zu, der ihr bedeutete, dass es besser war zu schweigen. Polizeiarbeit und Journalismus sollten also auch diesmal nicht aufeinandertreffen.

»Ich wäre glatt eine Stunde früher zu Hause gewesen«, sagte Erik, während er mit Wiebke ins Wohnzimmer ging. »Aber dann gab's noch einen Einsatz in Käptens Kajüte. Wir waren gerade in der Nähe, also sind wir in den Hochkamp gefahren.«

»Was Schlimmes?«, hörte Mamma Carlotta Wiebke fragen.

»Sah erst so aus«, antwortete Erik. »Immerhin war ein Notruf bei der Polizei eingegangen, und auch nach dem Notarzt war telefoniert worden. Aber dann stellte sich heraus, dass nur der Wirt mit einer Platzwunde auf der Straße stand. Der ist an Ort und Stelle verarztet worden.« Bevor Erik die Wohnzimmertür ins Schloss drückte, hörte Mamma Carlotta ihn noch sagen: »Manche Leute drehen durch, wenn sie Blut sehen. Was für ein Blödsinn, wegen so was gleich die Polizei und den Notarzt zu rufen ...«

Am Abend war Mamma Carlotta unfähig gewesen, Eriks Worte in ihrem Kopf zu bewegen. Vorsichtig hatte sie sich am Geländer in die erste Etage gezogen und war sofort zu Bett gegangen. Jetzt aber fühlte sie sich in der Lage, über diese Bemerkung nachzudenken. Der Notarzt war gar nicht bis zu Jonas vorgedrungen? Die Polizei hatte nicht dafür gesorgt, dass der tätliche Angriff auf den Stripper geahndet wurde?

Einerseits freute sie sich für Frau Kemmertöns, die bei jedem Glas, mit dem sie den Barbestand ihres Mannes verringert hatte, von der Frage gequält worden war, wie sie erklären sollte, dass man ihr schwere Körperverletzung vorwarf. Andererseits aber fragte Mamma Carlotta sich, wie Tove zu einer Verletzung gekommen war, die notärztlich versorgt werden musste. Wo war er gewesen, während Frau Kemmertöns dem Sohn ihrer verstorbenen Freundin die Leviten gelesen hatte? Warum war er nicht im Haus geblieben? Hatte er sich geprügelt? War er überfallen worden?

Sie riss sich zusammen, als sie in der ersten Etage die Schlafzimmertür klappen hörte. Sobald die Familie aus dem Haus war, wollte sie zu Käptens Kajüte aufbrechen. Dann würde sie nicht nur die Rechnung der ›Pumpenköniginnen‹ bezahlen, sondern sich vor allem erzählen lassen, was Tove zugestoßen war.

Erik betrachtete sich im Badezimmerspiegel, dann griff er zur Schere und stutzte seinen Schnauzer um ein paar Millimeter. Danach war er zufrieden. Die Ecken des Schnauzers mussten in die Mundwinkel wachsen, in der Mitte durfte er nur zwei bis drei Millimeter über der Oberlippe enden. Das nahm er sehr genau! Wenn sein Schnauzer nicht akkurat geschnitten war, fühlte er sich nicht wohl.

Er schlich ins Schlafzimmer zurück und betrachtete Wiebke, die noch tief und fest schlief, mit einem zärtlichen Blick. Würden sie noch einmal zueinanderfinden? Würden sie es schaffen, ihre Liebe gegen alle Widrigkeiten des Alltags zu bewahren? Erik war an diesem Morgen sehr zuversichtlich. Sie mussten nur ehrlich und offen miteinander umgehen, der eine musste den Beruf des anderen akzeptieren. Und wenn die Kinder sich dann an Wiebke gewöhnt hatten, konnten sie vielleicht eine richtige Familie werden.

Leise öffnete er den Kleiderschrank und zog ein weißes Hemd mit kurzen Ärmeln heraus. Der Wetterbericht hatte einen sonnigen Tag angekündigt, der Frühling wurde erwartet. Geräuschlos zog er den Pullunder, den er gestern getragen hatte, und auch die Hose, die er vor dem Zubettgehen sorgfältig über einen Stuhl gelegt hatte, an. Vorsichtig nahm er die Schuhe auf und schlich aus dem Zimmer, um sie vor der Tür anzuziehen, damit Wiebke nicht von seinen Schritten geweckt wurde.

Er lauschte ins Haus hinein. Tatsächlich, aus der Küche drangen Geräusche. Seine Schwiegermutter war also auch an diesem Morgen als Erste auf den Beinen. Unglaublich, ihre Energie! Zwar hatte sie ihm gestern Abend weismachen wollen, sie sei nur ein wenig beschwipst von Frau Kemmertöns' Überraschungsparty zurückgekehrt, aber er hatte genau gemerkt, dass sie ziemlich betrunken gewesen war, wenn er auch so getan hatte, als glaubte er ihr. Sie musste einen schweren Kater haben! Aber natürlich würde sie sich nichts anmerken lassen und der Familie das Frühstück machen, als wäre sie ausgeschlafen und wohlauf. Manchmal wünschte er sich ihre Tatkraft und Ausdauer. Obwohl er jünger war als seine Schwiegermutter, fühlte er sich oft älter und schwächer als sie.

Die Zeitungen steckten noch im Briefschlitz. Er zog sowohl das Inselblatt als auch die Flensburger Tageszeitung heraus und nahm sie mit in die Küche. »Moin.«

Das »Buon giorno, Enrico!« fiel verhalten aus. Und dass seine Schwiegermutter ihm an diesem Morgen das Rührei ohne Speck zubereitete, bestätigte ihm, dass es ihr nicht gut ging. Der Geruch der gebratenen Schinkenwürfel machte ihr immer zu schaffen, auch wenn sie sich gut fühlte, weil sie nicht an üppiges Frühstücken gewöhnt war. An diesem Morgen wäre es vermutlich über ihre Kräfte gegangen, und Erik beschloss, so zu tun, als bemerke er nicht, dass der kross gebratene Schinken fehlte.

Lächelnd fragte er: »Frau Kemmertöns' Überraschungsparty war wohl sehr schön?«

»Benissimo«, bestätigte Mamma Carlotta, hielt sich aber zu seinem Erstaunen mit weiteren Erklärungen zurück. Er hatte fest damit gerechnet, dass ihm nun in allen Einzelheiten erzählt wurde, wie gut das Essen gewesen war, wie nett die Gäste und wie gelungen die Überraschung! Aber Mamma Carlotta schwieg und gab sich tatsächlich mit dieser lapidaren Entgegnung zufrieden. Erik machte sich Sorgen, war aber gleichzeitig auch dankbar, dass sie ihn mit ausufernden Schilderungen, unzähligen Namen, die er nicht kannte, und all den lustigen Begebenheiten verschonte, über die er nicht einmal lächeln konnte.

Er stand auf, um ihr das Tischdecken abzunehmen, aber empört drückte sie ihn auf seinen Stuhl zurück. »Bin ich eine alte Frau, der geholfen werden muss?«

Als er vor dem Haus die Bremsen von Sörens Rennrad hörte und das Klirren des Schlosses, mit dem er es am Gartenzaun festmachte, gelang es ihm genauso wenig, seinem Assistenten die Tür zu öffnen. Mamma Carlotta war schon aus der Küche hinaus, ehe Erik einen Schritt auf die Tür zugemacht hatte.

Als Sören eintrat, hatte Erik soeben die Flensburger Tageszeitung auseinandergefaltet. »Moin!«

Er blätterte sie flüchtig durch, während Sören sich setzte. Weil seine Schwiegermutter es nicht leiden konnte, wenn bei den Mahlzeiten gelesen wurde, überflog er nur eilig die Überschriften. Dann aber stutzte er, nahm die Zeitung hoch, als wäre er kurzsichtig, starrte das Bild an, das er sah … und hielt es Sören hin. »Schauen Sie sich das an.«

Sein Assistent war noch vollauf damit beschäftigt, sich für das Rührei zu bedanken, das er jeden Morgen wie ein Geschenk begrüßte, mit dem er nicht gerechnet hatte. Dann richtete er das Augenmerk auf das Zeitungsblatt, das Erik neben seinen Teller gelegt hatte. Mit den Fingerknöcheln klopfte sein Chef auf das Bild in der Mitte des Blattes. »Kennen Sie die beiden?«

Sören las die Überschrift: »Madeleine Kreverts Geliebter: schwul oder bisexuell?« Zwischen Überschrift und Foto stand: »Armer Viktor Krevert! Wie konnte ihm seine Frau das antun?«

Nun wagte Sören es auszusprechen: »Donald Manfredini und Jonas Eckert! Man erkennt die beiden, obwohl sie knutschen und ihre Gesichter kaum zu sehen sind.«

»Come?« Mamma Carlotta vergaß ihren Kater und erschien augenblicklich neben Sörens Stuhl. »Die beiden … knutschen?« Sie beugte sich über die Zeitung und studierte das Foto genau. »Also ist Donald Manfredini wirklich …« Sie schüttelte den

Kopf, verzog dann aber schmerzhaft das Gesicht und griff sich an die Schläfen. »Wie konnte er sich in Madeleine Krevert verlieben? Und wie konnte sie sich in ihn verlieben?«

»Wenn er bisexuell ist«, erläuterte Sören, »ist er offen für beide Geschlechter.«

»Oder einer hat dem anderen eine Komödie vorgespielt«, murmelte Erik und weigerte sich, seiner Schwiegermutter zu erklären, was er damit meinte. Er warf Sören nur einen bedeutsamen Blick zu und fuhr ähnlich mysteriös fort: »Dass Jonas in seinen Chef verliebt ist, wissen wir ja schon. Könnte es sein, dass Donald nur darauf eingegangen ist, damit Jonas bereit ist, ihm einen Gefallen zu tun?«

Sören wusste, was Erik meinte. Er blickte nicht auf, um Mamma Carlottas fragendem Blick auszuweichen, den er auf sich spürte. »Das werden wir gleich erfahren. Ich muss übrigens noch die Blumen meiner Großcousine gießen. Sie wissen ja ...«

»... sie ist in Bad Reichenhall«, vollendete Erik den Satz. »Ja, dort fangen wir an.«

Er grinste in Mamma Carlottas empörtes Gesicht, die sich nicht zu fragen traute, was es mit diesen Bemerkungen auf sich hatte. Dann wurde seine Miene wieder ernst. »Dass die beiden das Risiko eingehen, sich fotografieren zu lassen! War doch klar, dass die Presse sofort darauf anspringt.«

Nun wurde es still in der Küche, so still, dass der Verkehrslärm auf der Westerlandstraße deutlich zu hören war. Ein Gedanke zog mit einem Mal durch den Raum, der in allen drei Köpfen gleichzeitig entstanden war.

Sören war es, der die Überschrift, den Artikel und die Zeile unter dem Foto absuchte. »Kein Kürzel«, sagte er. »Der Journalist möchte anscheinend nicht erkannt werden.«

Mamma Carlotta steckte die prall gefüllte Geldbörse in ihre Tasche. Die Kegelmutter hatte auf dem Heimweg von jeder

›Pumpenkönigin‹ den Betrag für den Überraschungsabend eingesammelt, und nun befanden sich die vielen Zehn- und Zwanzigeuroscheine in ihrem Besitz, die Tove so schnell wie möglich bekommen sollte. Unberechenbar war er, wenn er glaubte, dass man ihn betrügen wollte. In so einem Fall musste man befürchten, dass er etwas tat, womit er seinen schlechten Ruf als Gastronom endgültig besiegelte. Dass Tove auf der Stelle sein Geld bekam, war also das Wichtigste.

Sie verstaute die Börse sorgfältig und machte sich auf den Weg. Nur einen einzigen Blick warf sie auf das gemütliche Sofa im Wohnzimmer, dann wandte sie sich mit übermenschlicher Kraft davon ab und beschloss, dass die Pflicht vorging.

Die Luft roch nach Frühling, obwohl sie noch kalt war, und die Sonne brach mit einem pastellfarbenen Glanz durch die Wolken. Nicht dottergelb wie in Mamma Carlottas Heimat, aber doch so, dass sie einen schönen Tag versprach. Bald würden sich die ersten Knospen zur Sonne recken.

Sie atmete tief ein, weil sie glaubte, dass die kühle, klare Luft ihrer körperlichen Verfassung guttun würde, und bemühte sich um feste, flinke Schritte. Schon oft hatte sie die Erfahrung gemacht, dass man sich nur lange genug etwas einreden musste, damit es Wirklichkeit wurde. Und wenn sie sich jetzt fleißig einbildete, dass ihre Kopfschmerzen beinahe verschwunden waren, würde sie in ein paar Minuten einen klaren Kopf haben.

»Carlotta!« Sie fuhr herum und sah Paul Freier entgegen, der auf sie zugelaufen kam. Sein Gesicht leuchtete, als er ihr gegenüberstand. »Wie schön, dich zu sehen.«

Er griff nach ihren Armen und versuchte, sie zu sich heranzuziehen. Aber Mamma Carlotta drückte den Rücken durch und machte sich steif. »Vorsicht, Paolino! Die Leute!«, zischte sie.

Er lachte ausgelassen. »Was gehen mich die Leute an?«

»Mir ist es nicht egal, wie man über mich spricht. Du vergisst, dass mein Schwiegersohn Kriminalhauptkommissar ist.«

Paul Freier verzog das Gesicht, dann tat er so, als fügte er sich.

»Wann hat er eigentlich endlich Larissas Tod aufgeklärt? Heute ist Freitag. Meine Nichte ist in der Nacht von Dienstag auf Mittwoch ums Leben gekommen.«

»Du meinst, Enrico müsste einen Mordfall in zwei Tagen aufgeklärt haben?«

Paul merkte, dass er einen Fehler gemacht hatte. Mit einem kleinen Lächeln schmeichelte er sich heran. »Ich weiß, er tut alles, um den Mord aufzuklären. Aber ist es ein Wunder, dass es mir nicht schnell genug geht? Ich will endlich wissen, wer mein Pralinchen auf dem Gewissen hat.«

Mamma Carlotta war schon versöhnt. »Das möchte ich auch.«

Paul Freier zog die Stirn in Falten. »Ich habe mir vorgenommen, auf Sylt auszuharren, bis ich weiß, wer Larissa umgebracht hat. Aber ... ob ich wirklich so lange bleiben kann?«

Mamma Carlotta wurde das Herz schwer. Der Abschied von Paolino würde viel trauriger sein, als sie sich je ausgemalt hatte, als ihre Familie ahnte und Paolino selbst sich vorstellen konnte. Es würde nicht nur die Trennung von diesem Mann sein, es würde vor allem die Trennung von einem kleinen Rest Jugend sein, von dem sie vorher nicht gewusst hatte, dass es ihn noch gab. Sie hatte nicht damit gerechnet, dass es noch einmal einen Mann geben würde, der sie begehrte, der ihr Komplimente machte, der sich freute, wenn er sie sah, der sich nach ihrer Gesellschaft sehnte und sogar ... nach mehr. Nach Dinos Tod hatte sie nicht erwartet, dass sie sich wieder verlieben könnte, und war nicht einmal traurig über diese Gewissheit gewesen. Nun aber war sie sicher, dass sie in Zukunft vermissen würde, was sie noch vor wenigen Wochen überhaupt nicht haben wollte.

»Ich muss in Ruhe mit dir reden«, sagte Paul Freier leise. »Wann hast du Zeit?«

»Zeit?« Mit einem Schlage fiel ihr wieder ein, dass sie sich beeilen musste. Tove Griess schäumte vermutlich schon, weil er glaubte, die ›Pumpenköniginnen‹ hätten ihn um sein Geld betrogen. Sie musste ihm den Wind aus den Segeln nehmen, ehe er bei der Kegelmutter aufkreuzte und ihr Prügel androhte. »Heute nicht. Mir geht's nicht besonders gut.«

»Kopfschmerzen?« Er grinste. »Frau Kemmertöns hat mir eben erzählt, dass sie nach der Überraschungsparty noch mit dir alleine weitergefeiert hat.«

So hätte Mamma Carlotta es nicht ausgedrückt, aber sie war erleichtert, dass Paul von den Einzelheiten des vergangenen Abends verschont geblieben war. Er musste nicht wissen, wie sehr seine Vermieterin von ihrem Schützling enttäuscht war. Und dass in den Spirituosenbestand von Herrn Kemmertöns große Löcher gerissen worden waren, musste er ebenfalls nicht erfahren.

Ehe sie sich rechtfertigen konnte, griff er nach ihrem Arm. »Heute Nacht? Darf ich den Kellerschlüssel benutzen?«

»Paolino!« Mamma Carlotta schnappte nach Luft.

Er lachte leise. »Ich weiß, ich habe ihn nur bekommen, um jederzeit Larissa besuchen zu können.«

Sie nickte wortlos und rang sich mühsam die Bitte heraus, er möge ihr den Schlüssel zurückgeben.

»Ich gebe ihn dir bei Gelegenheit zurück«, sagte er, als hätte er ihre Gedanken gelesen. »Wenn ich ihn nicht benutzen darf, um dich bei Nacht zu besuchen …« Frech grinste er in ihr verlegenes Gesicht. »Oder darf ich doch?«

Mamma Carlotta fühlte, wie die Röte in ihr Gesicht stieg. »Paolino …«

Er unterbrach sie. »Ich liebe es, wenn du mich so nennst.« Nun strichen seine Fingerspitzen sanft über ihren Oberarm. »Morgen? Machen wir morgen zusammen einen Strandspaziergang?«

Sie zögerte. »Wenn die Familie mich nicht braucht …«

Er zog sie zu sich heran und hauchte ihr einen Kuss auf die Schläfe, ehe sie es verhindern konnte. »Sobald wir wieder allein sind«, flüsterte er an ihrem Ohr, »möchte ich dich wieder so küssen wie gestern Morgen.«

Mamma Carlotta konnte nicht anders, sie schloss die Augen. Für ein paar Augenblicke, Bruchteile von Sekunden nur, in denen ihr die Leute, die sie möglicherweise sehen konnten, gleichgültig waren. Aber schon im nächsten Moment bereute sie es schwer.

»Nonna! Was machst du da?«

Entsetzt fuhr sie herum. »Carolina! Warum bist du nicht im Friseursalon?«

»Weil Donald mich zum Brötchenholen geschickt hat«, kam es eisig zurück. Carolin griff mit beiden Händen zu den Strähnen, die vor ihrem Gesicht hingen, und zog sie wie einen Vorhang beiseite, als wollte sie sich vergewissern, dass das, was sie gesehen hatte, wirklich geschehen war. »Wo willst du hin?«

»Allora ... Besorgungen, Einkäufe, so dies und das.«

»Musst du auch zum Bäcker? Dann lass uns zusammen gehen.«

Carolin warf Paul einen abweisenden Blick zu. Sie machte keinen Hehl daraus, dass es ihr darum ging, ihre Großmutter aus seinen Armen zu reißen und auf den rechten Weg zurückzuführen, auf dem eine Oma zu wandeln hatte.

»Sì! Ciabatta zu den Antipasti!«

Sie hoffte, Carolin würde ein paar Schritte voraus machen, damit sie Paolino mit einem Blick verabschieden konnte, den Carolin auf keinen Fall sehen durfte. Aber ihre Enkelin blieb stehen, wo sie stand, und sah Paul Freier feindselig an.

Der begriff nun und murmelte: »Also dann ... bis morgen.«

Ohne eine Entgegnung abzuwarten, drehte er sich um und lief davon. Leicht geduckt, als wollte er sich vor Carolins Vorwurf schützen, und so schnell, als flüchtete er. Mamma Carlotta starrte ihm nach, obwohl sie es nicht wollte. Wieder fiel ihr die Gestalt ein, die sie gesehen hatte, als sie mit den ›Pumpenköniginnen‹ die Überraschungsparty verlassen hatte. Mit einem Mal war sie ganz sicher, dass es Paolino gewesen war, der ihr am vergangenen Abend aufgefallen war. In der gleichen Haltung war er über den Hochkamp gehuscht. Was hatte er dort zu suchen gehabt?

»Wie lange willst du dem Typen noch hinterherstarren?«, fragte Carolin.

Der feindselige Tonfall ihrer Enkelin rüttelte Mamma Carlotta auf. Eigentlich hätte sie gerne klargestellt, dass sie von Carolin nicht so respektlos angesprochen werden wollte, aber sie wusste, dass sie besser daran tat, ihre Enkelin nicht zu reizen. Am Ende würde sie noch ihrem Vater brühwarm berichten, sie habe die Nonna bei einem unangemessenen Körperkontakt mit einem Mann in der Öffentlichkeit erwischt. Da war es wirklich besser, sie kaufte beim Bäcker ein Brot, das sie gar nicht benötigte, und hatte dann hoffentlich Ruhe vor weiteren Unterstellungen.

Mit dem überflüssigen Ciabattabrot in der Tasche lief sie später Richtung Hochkamp, froh, dass Carolin eilig in den Salon zurück musste und keine Zeit gehabt hatte, auf ihre Nonna zu warten. Als Carlotta auf die Eingangstür von Käptens Kajüte zuging, hatte sie immer noch keine Erklärung dafür gefunden, dass Paul Freier im Schutz der Dunkelheit über den Hochkamp geschlichen war, als hätte er etwas zu verbergen.

Tove blickte ihr wütend entgegen. Auf seiner Stirn prangte ein Verband, der mit einem breiten Pflaster befestigt war, das bereits schmuddelig aussah. Er erzählte gern von der Zeit, in der er als Käpten zur See gefahren war, was niemand glauben wollte und Fietje sogar rundheraus als Lüge bezeichnete. In diesem Augenblick jedoch hätte Mamma Carlotta ihm sogar geglaubt, wenn er von einer Vergangenheit als Pirat erzählt hätte. Tove sah so aus, als hätte er ein Schiff geentert und wäre mit der Beute, die er gemacht hatte, nicht zufrieden.

»Ich hoffe, Sie haben einen Sack voller Kohle dabei«, blaffte er statt einer Begrüßung. »Die Tussis, mit denen Sie hier waren, haben mein Geschäft ruiniert.«

Carlotta griff in ihre Tasche und beförderte ihr dickes Portemonnaie zutage. »Keine Sorge. Es wird alles bezahlt.«

Das machte Tove schlagartig friedfertig. »Ihr Glück! Sonst wäre ich heute Nachmittag zu Ihrem Schwiegersohn gegangen und hätte diesen Kegelklub wegen Zechprellerei angezeigt.«

Mamma Carlotta warf Fietje einen Blick zu, der sich wie immer hinter seinem Bierglas und unter dem Rand seiner Bommelmütze versteckte, weil er sich nicht gern in eine Auseinandersetzung hineinziehen ließ. »Sie sind selber schuld«, sagte sie zu Tove und schwang sich auf denjenigen der fünf Hocker, den sie mittlerweile ihren Stammplatz nannte. »Warum haben Sie sich verdrückt, während Jonas … na, Sie wissen schon.«

»Als Gastronom hat man was anderes zu tun«, behauptete Tove, »als jemandem dabei zuzusehen, wie er die Büx auszieht.«

Aber Mamma Carlotta ließ sich kein X für ein U vormachen. »Sie waren nicht da«, betonte sie. »Nicht in der Küche, nicht im Vorratsraum, auf der Toilette nicht und auch nicht im Hof.«

Tove starrte sie mit offenem Munde an. Bevor er sie des Hausfriedensbruchs bezichtigen und sich darüber aufregen konnte, dass man in seinen eigenen vier Wänden nicht vor neugierigen Italienerinnen sicher war, fuhr sie fort: »Ein Wirt muss zur Stelle sein, wenn in seinem Restaurant etwas passiert. Und meckern Sie nicht rum, dass Sie kein Geld bekommen haben. Wären Sie anwesend gewesen, hätten Sie kassieren können.«

Das waren für Tove zu viele Sätze und Argumente auf einmal. Er starrte Mamma Carlotta verblüfft an, aber noch während er nach Worten suchte, fuhr sie schon fort: »Sagen Sie mir lieber, wo Sie gewesen sind.« Sie zeigte auf den Verband an seiner Stirn. »Wie sind Sie zu dieser Verletzung gekommen?«

Tove versuchte es mit Ablenkung. »Wollen Sie eigentlich auch was bestellen? Mein Restaurant ist kein Wartesaal, wo man einfach Platz nehmen und sich aufwärmen kann.«

Hoheitsvoll orderte Mamma Carlotta einen Cappuccino. Tove drehte ihr schleunigst den Rücken zu und hantierte lange am Kaffeeautomaten herum. Aber wenn er gedacht hatte, ihre Frage wäre vergessen, sobald er den Cappuccino servierte, dann hatte er sich getäuscht.

»Also, was ist? Hatten Sie eine Schlägerei?«

»Ich bin gegen eine offen stehende Tür gelaufen«, brummte Tove. »Das habe ich Ihrem Schwiegersohn schon gesagt.« Er schüttelte den Kopf, als hielte er die Welt für verrückt und sich selbst für den einzigen vernünftigen Mensch darin. »Ich möchte ja wirklich wissen, wer da gleich die Polizei und den Notarzt gerufen hat.«

Nun ging Fietje dazwischen, der für Augenblicke in Vergessenheit geraten war. »Du Dösbaddel!«, sagte er. »Die Polizei war für Jonas gerufen worden. Und der Notarzt auch!«

Tove fuhr herum und starrte seinen Stammgast wütend an. »Warst du vielleicht dabei, du Klookschieter?«

»Wäre ich gern gewesen.« Fietje zwinkerte Carlotta zu. »Aber du lässt ja keine Männer rein, wenn Frauenabend ist.«

»Dann denk mal darüber nach, warum die Veranstaltung Frauenabend heißt.«

»Ich habe Jonas heute Morgen getroffen«, fuhr Fietje ungerührt fort. »Der lief zwar ein bisschen breitbeinig, aber zur Arbeit konnte er schon wieder. Und der hat mir erzählt, was passiert ist. Dass irgendeine wild gewordene Tante ihm in die Eier getreten hat.«

Mamma Carlotta zuckte zusammen und sah Fietje strafend an. »Signor Tiensch!«

»Sorry, Signora! Aber wie lässt sich das anders erklären?«

Mamma Carlotta dachte vergeblich nach. Wenn sie mittlerweile auch über eine großen Wortschatz verfügte, die Vokabeln, mit denen ein solcher Sachverhalt zu beschreiben war, hatte sie nie gelernt. Und außerdem wollte sie sich nicht ablenken lassen. »Raus mit der Sprache!«, sagte sie streng zu Tove. »Wo haben Sie sich rumgetrieben? Und vor welche Tür sind Sie gelaufen?«

»Das geht Sie nix an.«

»War es überhaupt eine Tür?«, bohrte Mamma Carlotta weiter nach. »Oder haben Sie wieder mit jemandem Streit angefangen?«

»Mit wem sollte ich Streit anfangen?«, fragte Tove zurück und gab sich mit einem Mal lammfromm.

Mamma Carlotta dachte an die Gestalt, die sie hatte flüchten sehen und die sich so bewegt hatte wie Paul Freier.

Tove hatte das Gefühl, allmählich auf Verständnis zu stoßen. »Die Tür, die von der Küche nach draußen führt, stand offen, und ich hab's nicht gemerkt. Da bin ich vorgebaselt.«

»Dann muss da Blut dran sein«, meinte Fietje und starrte in sein Jever, als hätte er Angst, Tove ins Gesicht zu sehen.

»Bist du jetzt Hilfspolizist?«, blaffte Tove ihn an.

Aber Fietje ließ sich nicht beirren. »Vielleicht warst du ja auch im Nachbarhaus«, sagte er. »Ich habe jedenfalls gesehen, wie du über den Gartenzaun gestiegen bist. Jawoll!«

»Verdammter Spanner!«, fuhr Tove ihn an. »Deine Rumschleicherei ist zum Kotzen. Hat es sich wenigstens gelohnt? Hast du irgendwo eine nackte Frau gesehen?«

»Nö«, antwortete Fietje. »Aber einen zweiten Mann, der auch über den Zaun gestiegen ist. Allerdings von der anderen Seite.«

Prompt wurde es still in Käptens Kajüte. Fietje schwieg, als hätte er plötzlich Angst vor der Wirkung seiner Worte, von Tove kam keine Entgegnung, und Mamma Carlotta verschlug es die Sprache. Schließlich, als von draußen der Schrei einer Möwe in das Schweigen schnitt, fragte sie ungläubig: »Ein Mann ist vom Nachbargrundstück in den Hof von Käptens Kajüte gestiegen?«

Fietje zog den Kopf ein und nickte vorsichtig.

»Haben Sie den Mann gesehen?« Noch ehe Tove leugnen konnte, fuhr Mamma Carlotta schon fort: »Wenn jemand vom Nachbargrundstück über den Zaun in den Hof von Käptens Kajüte steigt, dann hat er was zu verbergen. Sonst hätte er das Gartentor genommen und wäre auf die Straße getreten.«

»Jawoll«, murmelte Fietje.

Mamma Carlottas Zeigefinger fuhr auf Tove los. »Und Sie? Warum sind Sie über den Zaun gestiegen, statt hier, in Ihrem Ristorante, zu arbeiten?«

Nun hatte Tove seine Überraschung überwunden und fand zu seiner alten Form zurück. »Ich habe Ihnen doch gesagt, dass ich mir an der offenen Küchentür den Schädel eingeschlagen habe. Ich war an meinem Lieferwagen und habe im Verbandskasten nach einem Pflaster gesucht. Deswegen haben Sie mich nicht gefunden. Von einem Kerl, der über den Zaun gestiegen ist, habe ich jedenfalls nix gesehen. Ein Dieb war das wohl nicht. In meinem Küchenhof ist jedenfalls nix geklaut worden.«

Mamma Carlotta wollte ihm gerade vorhalten, dass niemand auf die Idee kommen würde, sich an dem Gerümpel, das sich hinter dem Haus stapelte, zu vergreifen. Aber die Worte wurden ihr abgeschnitten, noch ehe sie heraus waren.

Fietjes Stimme war so laut und bestimmt, dass sie vor Schreck zusammenzuckte: »Das Auto Ihres Schwiegersohns, Signora! Er stellt es gerade ein paar Meter weiter ab. Wenn er nicht wissen soll, dass Sie hier einen Besuch machen, dann sollten Sie schleunigst verschwinden.«

Tove wies wortlos in Richtung Küche, und Mamma Carlotta stand schon Sekunden später neben dem Herd und lauschte. Aber nichts geschah. Die Tür öffnete sich nicht, Eriks Stimme war nicht zu hören. Leise klinkte sie die Tür auf, die in den Küchenhof führte. So war sie auf alles vorbereitet. Es würde kein verdächtiges Geräusch geben, wenn es nötig sein sollte, durch den Hof auf die Straße zu fliehen.

Aber es blieb still im Gastraum. Die Eingangstür hatte sich noch immer nicht geöffnet, kein »Moin!« war in die Küche gedrungen. Hatte Fietje sich geirrt? Sie überlegte, ob sie zurückgehen sollte, wagte es aber nicht. Besser, sie wartete, bis Tove grünes Licht gab. Außerdem hatte sie nun Zeit und Ruhe, über Fietjes Behauptung nachzudenken. Warum sollte Tove in das Nachbargrundstück eingedrungen sein? Mamma Carlotta fiel kein vernünftiger Grund ein. Und wer konnte den gleichen Weg in anderer Richtung genommen haben? Obwohl ihr wieder der Mann in den Sinn kam, den sie in der vergangenen Nacht beobachtet hatte, schob sie diesen Gedanken schnell beiseite. Das Nachbargebäude war ein Haus wie jedes andere. Weder für Tove noch für jemanden mit finsteren Absichten interessant. Sie überlegte, ob sie den Besitzer des Hauses kannte, glaubte aber, sich zu erinnern, dass es sich um einen Investor handelte, der eine ältere Dame damit beauftragt hatte, sich um die Wohnungen zu kümmern, die an Feriengäste vermietet wurden. Und an Jonas Eckert! Dass der junge Friseur dort lebte, wusste sie auch. Aber wen konnte das interessieren? Tove nicht und einen Fremden erst recht nicht! Vermutlich hatte Fietje sich geirrt. Toves Erklärung, dass er in seinem Lieferwagen nach dem Verbandskasten gesucht hatte, war nicht von der Hand zu weisen.

Noch immer waren keine Stimmen aus dem Gastraum zu vernehmen. Mamma Carlotta fing an, sich zu langweilen. Wieso parkte Erik im Hochkamp, ohne Käptens Kajüte zu betreten? Was hatte er vor? Tove verhören? War ihm zu Ohren gekommen, dass der Polizeieinsatz einem anderen gegolten hatte?

Sie reckte den Hals und betrachtete den Rahmen der Küchentür, an dem Tove sich den Kopf gestoßen haben wollte. Kein Blut! Hatte er es abgewischt? Sie öffnete die Tür, sodass die Sonne auf den Rahmen schien. Nein, der war schon lange nicht mehr mit einem feuchten Tuch in Berührung gekommen. Der klebrige Fettfilm war mindestens ein paar Monate alt.

Sie trat in den Küchenhof hinaus, um zur Hausecke zu schleichen. Vielleicht konnte sie erkennen, ob Erik und Sören noch im Auto saßen, ob sie nun doch auf Käptens Kajüte zugingen oder sich woanders hinwandten.

Sie hatte erst zwei Schritte gemacht, als sie zusammenzuckte. Die Stimmen, die sie hörte, kamen aus einer ganz anderen Richtung, als sie erwartet hatte. Erik und Sören betraten gerade das Nachbargrundstück und gingen auf den Hauseingang zu.

Entsetzt huschte Mamma Carlotta hinter die hoch aufgestapelten Plastikstühle, die Tove angeschafft hatte, als er plante, hinter dem Haus einen Biergarten einzurichten. Mittlerweile standen sie so lange dort, dass niemand mehr darauf würde sitzen wollen.

Sie duckte sich, ihr Herz klopfte zum Zerspringen. »Dio mio!« Wenn Erik sie hier, im Küchenhof von Käptens Kajüte, sah! Das würde sie noch weniger erklären können, als wenn er sie auf einem Barhocker vor der Theke angetroffen hätte.

Vorsichtig reckte sie den Hals, Erik und Sören waren verschwunden. Zu wem wollten sie? Zu Jonas? Nein, Fietje hatte erwähnt, dass er Jonas getroffen hatte, als er auf dem Weg zur Arbeit gewesen war. Aber dann fiel ihr ein, dass Sören davon gesprochen hatte, die Blumen einer Verwandten zu gießen, die zurzeit verreist war. Diese Großcousine wohnte vermutlich im Nachbarhaus! »Naturalmente!« Erleichtert erhob Mamma Carlotta sich. Falscher Alarm!

Sie wischte sich die Hose sauber, die zu nah an die aufgestapelten Stühle gekommen war, und wollte zurückgehen – da fiel ihr Blick auf ein großes Quadrat, sorgfältig in die rot-weiß karierten Papiertischdecken eingehüllt, die Tove zu ihrem Leidwesen benutzte. Für eine Italienerin eine entsetzliche Geschmacklosigkeit! Sie hatte es Tove schon mehr als einmal erklärt: In ihrem Dorf gab es auch in der einfachsten Trattoria weiße Stofftischdecken und -servietten.

Missbilligend betrachtete sie das große Quadrat, dann fiel ihr auf, dass es noch nicht lange dort stehen konnte. Die Papiertischdecken waren noch sauber, während die Armlehnen der Stühle allesamt mit Möwendreck und einer dicken Staubschicht bedeckt waren. Vorsichtig befühlte sie die festen Kanten und tastete über die nachgiebige Fläche. Eine Leinwand? Ein Bild?

Nun war sie nicht mehr zu halten. Die Klebestreifen, die die Tischdecken zusammenhielten, lösten sich bereitwillig, sie brauchte nur die obere Kante des Bildes freizulegen und wusste, was sie vor sich hatte: das Bild, das Paolino gemalt hatte! Das Bild, über das sie sich lustig gemacht, das er deswegen weggeworfen hatte! Das Bild, das ihr ein schönes Erinnerungsstück sein könnte …

Nun wusste Erik, dass es falsch gewesen war, auf Sörens Vorschlag einzugehen. »Wenn es wenigstens was gebracht hätte!«

Sören wollte sich von keiner Schuld berühren lassen. »Es hat was gebracht! Nun wissen wir, dass Jonas Eckert mit der Sache nichts zu tun hat. Das ist doch nicht schlecht!«

Aber Erik wollte sich unbedingt selbst dafür bestrafen, dass er zu diesem unlauteren Mittel gegriffen hatte. »Wir hätten das nicht tun dürfen. Hoffentlich hat uns kein Nachbar beobachtet.« Er trat auf den winzigen Flur, Sören zögerte jedoch. An der Tür des Wohn-Schlaf-Raumes drehte er sich noch einmal um. »Haben wir wirklich überall nachgesehen?«

Erik stand schon an der Wohnungstür. »So ein Gemälde lässt sich nicht in eine Schublade schieben.«

Sören warf einen letzten Blick in die Küche und in das winzige Bad, dann erst nickte er. »Ja, in dieser Bude ist es nicht.«

Erik griff zur Klinke, um die Wohnungstür zu öffnen, da stutzte er. Aus dem Hausflur waren Geräusche zu hören. »Es kommt jemand.«

Die Haustür fiel ins Schloss, Schritte waren auf den wenigen Treppenstufen zu hören, die ins Hochparterre führten. Im Nu standen die beiden an der Balkontür. Erik riss sie auf, sprang ans Geländer und sah hinab. Die Dankbarkeit, dass Jonas Eckerts Wohnung nicht in den oberen Etagen lag, schoss wie eine Stichflamme durch seinen Körper.

Sören aber wollte noch nicht an Flucht glauben. »In diesem Haus gibt es acht Wohnungen. Und Eckert ist bei der Arbeit …«

Weiter kam er nicht. Das Geräusch des Schlüssels, der ins Schloss gesteckt wurde, schnitt jedes Wort ab, jede Frage, jede

Antwort erst recht. Sören schwang sich über das Balkongeländer, warf nur einen kurzen Blick nach unten und sprang. Erik wusste, dass er diesen Schwung nicht aufbringen würde.

»Schnell«, drang es von unten herauf. »Es ist nicht hoch.«

Erik wusste, dass er keine andere Chance hatte. Er hörte, dass die Tür sich öffnete, warf sich bäuchlings auf das Geländer, hob das rechte Bein hinüber, zog das linke mühsam nach, hing für ein paar entsetzliche Sekunden am Geländer – und ließ sich schließlich auf der anderen Seite herunterfallen. Wie ein nasser Sack! Das ging ihm durch den Kopf, als er von Sören unter den Balkon gezogen wurde. Wie schmerzhaft der Sprung gewesen war, bemerkte er erst, als er sich neben Sören kauerte. Sein rechtes Fußgelenk hatte etwas abbekommen. Stöhnend ließ Erik sich auf die Knie sinken, um das Gelenk zu entlasten.

»Pscht«, machte Sören und zeigte nach oben.

Beide hörten sie nun, dass jemand auf den Balkon trat. Und eine weibliche Stimme, die aus dem Wohn-Schlaf-Raum drang, sagte: »Wie kann man so leichtsinnig sein, die Balkontür offen stehen zu lassen?«

Jonas antwortete, und er war erschreckend nah. »Ich bin sicher, dass ich die Tür geschlossen hatte.«

»Dann wäre sie jetzt nicht offen.«

Füße scharrten über ihnen, dann wurde die Balkontür geschlossen. Sie konnten hören, dass Jonas es mit dem Verriegeln besonders genau nahm.

»Wir müssen so schnell wie möglich weg«, flüsterte Sören.

Erik hätte ihm gerne zugestimmt. Aber erstens war es überflüssig, und zweitens hatte er damit zu tun, sich vorsichtig auf seine Füße zu heben. Er stieß mit dem Kopf gegen den Balkon, stellte fest, dass sein Fußgelenk verdammt wehtat, beschloss aber, die Zähne zusammenzubeißen.

Sören wies zur Straße. »Da lang«, flüsterte er. »Die Hecke sieht nicht besonders dicht aus. Anlauf nehmen und dann nichts wie durch!«

»Und wenn jemand auf der anderen Seite steht?«, flüsterte Erik erregt zurück. »Wie wollen Sie das erklären?«

Sören grinste. »Wir sind die Polizei – wir dürfen so was!« Schnell wurde er wieder ernst. »Also los!«

Erik sah ihm nach, wie er forsch auf die Hecke zulief, den Kopf einzog, mit der rechten Schulter voran hindurchdrang und dann verschwunden war. Kurz darauf kam Sörens nach oben gereckter Daumen durch die Hecke. Die Luft war also rein. Über ihm regte sich nichts, keine klappende Balkontür, keine Stimme, die nach der Polizei rief, weil ein Verdächtiger auf der Flucht war.

Er unterdrückte einen Schmerzenslaut, als er den ersten Schritt machte. Aber dann gab es kein Halten. Er humpelte los, so schnell er konnte, und stand Augenblicke später neben seinem Assistenten, der die Hände in die Hosentaschen steckte, in den Himmel schaute und sogar leise pfiff, als interessierte ihn nichts anderes als das Wetter.

»Und jetzt ganz langsam und unauffällig«, murmelte er und ging zu dem Weg, der auf das Gartentor zuführte.

Erik biss die Zähne zusammen und versuchte, so wenig wie möglich zu humpeln. »Mit der Unauffälligkeit habe ich Probleme«, presste er hervor. »Ich habe mir den Fuß verknackst.«

Sören wollte nach seinem Arm greifen, um ihn zu stützen, aber Erik schüttelte ihn schon ab, bevor er ihn berührte.

Ein paar Minuten später saß er erleichtert in seinem Auto. »Verdammt, das war knapp!«

Sören sah nachdenklich aus. »Ich habe vergessen, den Schlüssel wieder ans Schlüsselbrett zu hängen.«

Erik erschrak. »Der darf nicht fehlen, wenn Ihre Großcousine zurückkommt.«

»Das dauert noch ein paar Tage. Aber ... wie wär's, wenn ich ihn jetzt gleich zurückbringe? Ich gehe zum Blumengießen! Ganz offiziell! Das kann ich jedem erzählen, der mir begegnet.«

Nun verstand Erik. »Sie wollen an Jonas' Tür lauschen?«

»Kam Ihnen die Stimme der Frau nicht auch bekannt vor?«

Erik strich sich lange und umständlich seinen Schnauzer glatt, dann sagte er: »Sie haben recht. Mir ist das in der ganzen Aufregung gar nicht aufgefallen. Ich glaube, es war ...«

»Glauben reicht nicht«, unterbrach Sören ihn. »Wir müssen es wissen.«

Mamma Carlotta stand noch immer fassungslos da. Ihre rechte Hand ruhte auf Paolinos misslungenem Bild, das sie vollkommen vergessen hatte. Die Frage, wie es in den Hof von Käptens Kajüte gekommen war, hatte keine Bedeutung mehr, als sie sah, wie erst Sören und dann Erik durch eine Hecke sprangen und anschließend zur Straße liefen, als wären sie harmlose Besucher. Sören so leichtfüßig wie immer, Erik humpelnd und augenscheinlich verletzt. Was, um Himmels willen, war da passiert?

Am liebsten hätte sie nach Erik gerufen, ihm Zeichen gegeben, dass er auf sie warten solle, wäre gern zu ihm gelaufen, hätte seinen Fuß angesehen, betastet, eine Diagnose gestellt, ihren Schwiegersohn nach Hause begleitet, um ihn zu bandagieren ... aber das war unmöglich, weil sie ihm nicht hätte erklären können, wie sie in den Küchenhof von Käptens Kajüte gekommen war.

Sie wartete darauf, dass der Motor gestartet wurde, machte einen langen Hals, um den Wagen wegfahren zu sehen, aber weder das eine noch das andere geschah. Merkwürdigerweise stieg Sören nun wieder aus und ging in das Nachbarhaus zurück.

Die Gedanken jagten durch Mamma Carlottas Kopf. Gab es eine Möglichkeit, sich auf den Hochkamp zu schleichen und dann an Eriks Auto vorbeizugehen, ans Fenster zu klopfen und sich lauthals darüber zu wundern, dass sie ihn hier traf? Sie könnte behaupten, sie habe einen Strandspaziergang gemacht ...

Doch ihre Gedanken wurden unterbrochen. Die Küchentür hatte sich geöffnet, Toves Stimme drang heraus: »Signora! Die Luft ist rein. Sie können sich wieder an die Theke setzen.«

Hastig warf sie die rot-weiß karierte Papiertischdecke wieder über das Bild und lief in die Küche. Tove hatte seinen Platz hinter der Theke eingenommen, und Fietje, der von seinem Barhocker aus durchs Fenster auf den Hochkamp sehen konnte, reckte den Hals. »Ihr Schwiegersohn hat anscheinend was im Nachbarhaus zu erledigen. Und ich dachte schon ...«

Den Rest ließ er ungesagt. Mehr als zwei bis drei vollständige Sätze an einem Stück äußerte Fietje nur ungern. Erst recht, wenn ein leeres Bierglas vor ihm stand. »Worte muss man runterspülen«, pflegte er zu sagen. »Sonst kleben sie einem am Gaumen fest.«

Tove sah mit einem Mal unruhig aus. »Will der Hauptkommissar etwa zu Jonas? Hat der spitzgekriegt, dass es hier gestern einen tätlichen Angriff auf meinen Stripper gegeben hat?«

»Dann soll Jonas ihm wohl zeigen, welche Verletzungen er davongetragen hat?«, fragte Fietje, der nun ein neues Jever vor sich stehen hatte, mit dem er seine Bemerkung, die er für witzig hielt, hinunterspülen konnte.

»Der ist doch gar nicht zu Hause«, gab Tove zurück. »Um diese Zeit steht der im Friseursalon.«

»Nix da.« Fietje sah zwischen Tove und Mamma Carlotta hindurch, das Fenster fest im Auge. »Der ist gerade gekommen. Aber nicht allein. Diese feine Dame war bei ihm. Die, deren Pelzmantel ich anhatte. War mollig warm, jawoll!«

»Madeleine Krevert?« Mamma Carlotta fiel das Telefongespräch ein, das Jonas vor seinem Auftritt mit der Frau des toten Talkmasters geführt hatte. Was wollte er von ihr? Oder ... wollte sie etwas von ihm?

Tove lief zum Fenster und spähte hinaus. »Ganz sicher?«

»Jawoll«, entgegnete Fietje. »Nun geh mal wieder vom Fenster weg, damit ich freien Blick habe.«

Tove kehrte zur Theke zurück und fing an, die Chromteile des Kaffeeautomaten zu polieren. Mamma Carlotta war sicher, dass er diese Arbeit nur aufnahm, damit er ihr den Rücken zudrehen konnte. Was spielte sich in Toves Miene ab? Und warum waren seine Hände so nervös? Sie konnte sich keinen Reim darauf machen. Irgendetwas musste in der vergangenen Nacht geschehen sein. Im Nachbarhaus? Dann kam nur Jonas Eckerts Apartment infrage. Was konnte es dort geben, wofür Tove über den Zaun stieg, statt auf seine Imbissstube aufzupassen, und wofür ein Mann, der so aussah wie Paolino, über den Hochkamp huschte und nicht gesehen werden wollte? Carlotta Capella verstand die Welt nicht mehr. Sie musste unbedingt darüber nachdenken, wie sie Erik dazu bringen konnte, ihr etwas zu verraten.

Und noch etwas anderes wollte sie dringend in Erfahrung bringen. Obwohl Tove ihr noch immer den Rücken zudrehte, sagte sie: »Ich habe da draußen zufällig ein Bild gesehen. Ein ziemlich hässliches Ding. Gefällt Ihnen das etwa?«

Tove fuhr herum. »Wovon reden Sie?«

Mamma Carlotta bemühte sich um Geduld. »Ich hab's rein zufällig gesehen. Eingewickelt in Ihre Papiertischdecken.«

»Ach so, das ...« Tove drehte sich wieder um und begann, seinen Grill anzuheizen, obwohl das Mittagsgeschäft noch fern war.

»Ich kenne das Bild«, fuhr Mamma Carlotta unbeirrt fort.

Die Grillzange fiel zu Boden, als Tove sich umdrehte. »Was sagen Sie da?«

Er hob die Zange auf und legte sie neben den Grill. Mamma Carlotta überlegte nur kurz, ob sie ihn darauf aufmerksam machen sollte, dass etwas, das auf dem Boden gelandet war, unbedingt gespült werden musste, entschied sich aber für das, was ihr wesentlicher vorkam. »Warum erschrecken Sie sich?«

»Ich? Mich erschrecken?« Toves Miene war so verblüfft, als hätte man ihn gefragt, ob er Jonas am nächsten Frauenabend vertreten wolle. »Wie kommen Sie denn darauf?«

»Paul Freyer hat das Bild weggeworfen«, beruhigte Mamma Carlotta ihn. »Warum sollten Sie es sich nicht nehmen?«

»Weggeworfen?« Nun blickte Tove so verdutzt drein, als habe man gerade Italienisch mit ihm gesprochen und er dennoch jedes Wort verstanden.

Mamma Carlotta wurde ungeduldig. »Ich weiß, dass Paolo das Bild an einen Müllcontainer gestellt hat. Er wollte es nicht behalten, weil ich mich darüber lustig gemacht habe. Allora … er ist eben kein guter pittore, noch ein Anfänger. Vielleicht wird er besser, wenn er mehr Übung im Malen hat. Natürlich hätte ich ihn nicht auslachen dürfen, das tut mir jetzt leid, aber …« Sie sah Tove erstaunt an, auf dessen Gesicht sich jetzt ein kleines Lächeln zeigte. »Warum verstecken Sie das Bild?«

Dann lachte Tove sogar, was bei ihm hieß, dass er sein Gebiss bleckte, sein Gesicht in viele Falten legte und seine dichten Brauen sich über der Nasenwurzel trafen. »Am Müllcontainer, genau! Da hat es gelehnt. Aber ich fand es ganz nett. Da dachte ich, ich nehme es einfach mit. Über meinem Sofa wird es bestimmt hübsch aussehen.«

Mamma Carlotta verzog das Gesicht, als wäre die Milch auf ihrem Cappuccino sauer geworden. »Das hässliche Gekrakel?«

Tove kam nun doch auf die Idee, die Grillzange zu spülen. »Es erinnert mich an das Bild, das mir Ihr Schwiegersohn weggenommen hat.«

»Er hat es beschlagnahmt«, korrigierte Mamma Carlotta, »weil er dazu verpflichtet war.«

Tove fuhr mit der Grillzange durch die Luft, als wollte er ihren Einwand schnappen und ins Frittierfett werfen. »Wäre er mir nicht in die Quere gekommen, könnte ich jetzt reich sein.«

»Nonsenso«, rief Mamma Carlotta. »Sie hatten ja keine Ahnung, dass das Bild kostbar war. Für fünf Euro hätten Sie es verkauft!«

Tove wurde wütend, wie immer, wenn ihm jemand nachwies,

dass er falschlag. »Lassen Sie mich in Ruhe mit diesem blöden Bild!«

Mamma Carlotta bedauerte, dass das Gespräch sich in eine Richtung bewegt hatte, die keine gute Grundlage für ihre Bitte darstellte. Trotzdem versuchte sie es: »Muss unbedingt dieses Bild über Ihrem Sofa hängen? Oder ... könnte es nicht auch ein anderes sein?«

Tove glotzte sie an. »Was soll die Frage?«

»Ich hätte es gern.«

»Gerade haben Sie gesagt, dass es hässliches Gekrakel ist.«

»Sì, ma ... ich hätte es gern als Souvenir.«

»Kommt nicht infrage! Das Bild kommt über mein Sofa.«

Nun mischte sich sogar Fietje ein. »Wenn die Signora es doch so gerne haben möchte ...«

Aber mit Tove war nicht zu reden. Er ließe sich nicht schon wieder ein Bild wegnehmen, das ihm gefiel, er selbst habe es gefunden, ihm stehe es zu, und er denke nicht daran, es herzugeben, erst recht nicht an jemanden, der in seinem Küchenhof herumschnüffelte, und schon gar nicht an eine Verwandte des Mannes, der ihn um ein Vermögen erleichtert hatte ...

Mamma Carlotta ließ ihn nicht weiterreden. Tödlich beleidigt legte sie das Geld für den Cappuccino auf die Theke und rutschte vom Hocker. Das »Arrivederci«, mit dem sie sich verabschiedete, klang so ähnlich wie das »Moin«, mit dem Tove sie zu begrüßen pflegte. Also ganz anders als die vielen Abschiedsworte, an die man in Käptens Kajüte gewöhnt war, wenn sie auf Sylt war. Das hatte Tove nun davon!

Verärgert ging sie den Hochkamp entlang. Wie konnte man einer Freundin eine solche Bitte abschlagen? Das Gemälde war nichts wert, war nicht einmal schön, es konnte Tove nichts bedeuten. Für sie jedoch hatte es einen unschätzbaren Wert. Paolino hatte es gemalt. Wenn dieses Bild in ihrem Besitz war, würde sie ihn nicht vergessen und eine wunderbare Erinnerung an ihn haben. Sie würde verblassen, wenn er erst wieder in Neuseeland war, aber dieses Bild, das er selbst gemalt hatte, würde sie stets aufs Neue in ihr wachrufen. Ob Tove umzustimmen war, wenn sie ihm erklärte, welche Bedeutung das Bild für sie hatte, das eigentlich schon verloren gewesen war? Aber sie wusste, dass sie es nicht fertigbringen würde, in Worte zu fassen, was sie für Paolino empfand. Gestehen, dass sie, eine Witwe im fortgeschrittenen Alter, noch einmal von der Liebe berührt worden war? Nein, unmöglich! Noch dazu gegenüber einem Menschen, der erschreckend gefühlskalt sein konnte? Andererseits … wer derart hartherzig war und einem Freund eine Bitte abschlug, der hatte nicht verdient, fair behandelt zu werden.

Mamma Carlotta stieß an einen Stein, der so unbekümmert vor ihr herpurzelte, dass es ihre Laune anhob. Sie merkte, dass sie auf einem guten Weg war. Die Idee, die ihr soeben gekommen war, musste sie erst noch mit vielen weiteren Beweisen, prüfenden Blicken und Erkenntnissen anreichern, aber dann würde sie so weit sein, sie in die Tat umzusetzen. Tove hatte es nicht anders verdient.

Sie machte auf dem Absatz kehrt und wäre beinahe mit einem Mann zusammengestoßen, der direkt hinter ihr ging und nicht mit einer derart spontanen Umkehr gerechnet hatte.

»Scusi, Signore!«

Sie hielt sich nicht weiter mit der Bestürzung des Mannes auf, dem sie unter anderen Umständen ausführlich erklärt hätte, wie es zu ihrer Unachtsamkeit hatte kommen können. Nein, sie musste sich jetzt auf ihr Ziel konzentrieren. Sie wusste, dass sie diesen Plan in die Tat umsetzen musste, noch bevor ihr ernste Bedenken kamen und ihre Argumente sich in drückende Schuldgefühle verwandelten.

Sören ließ nicht lange auf sich warten. »Der Schlüssel zu Jonas Eckerts Wohnung hängt wieder am Schlüsselbrett«, sagte er, während er sich auf den Fahrersitz fallen ließ.

Erik winkte ungeduldig ab. »Wer ist die Frau?«

Sören lächelte, weil er wusste, dass sein Chef die Richtige in Verdacht hatte. »Ihr Zigarettenqualm drang durchs Schlüsselloch in den Hausflur.«

»Was haben sie geredet?«

»Vor der Wohnungstür konnte ich nicht mal ihre Stimmen hören. Ich glaube, sie hatten die Wohnzimmertür geschlossen.«

»Hoffentlich kommt Jonas nicht auf die Idee, eine Anzeige wegen Einbruchs aufzugeben.«

»Weil die Balkontür offen stand?« Sören legte den ersten Gang ein und rollte den Hochkamp hinab. »Es ist ja nichts gestohlen worden.« Er warf seinem Chef einen Blick zu und grinste. »Oder haben Sie etwa was mitgehen lassen?«

Erik runzelte ärgerlich die Stirn. »Eckert hat gesagt, er wäre sicher, die Balkontür geschlossen zu haben.«

»Wie ist das bei Ihnen, Chef? Wenn die Tür offen steht, aber es ist nichts geklaut worden ... glauben Sie dann nicht auch, dass Sie einfach vergessen haben, die Tür zu schließen?«

Erik versuchte seinen Fuß zu bewegen. »Hoffen wir, dass er auch so denkt. Es wäre peinlich, wenn wir gegen uns selbst ermitteln müssten.« Dann vergaß er den Schmerz. »Was will Madeleine Krevert von Jonas Eckert?«

»Das Bild!«

»Wenn das so ist, stellen sich zwei Fragen: Woher hat Jonas das Bild? Und warum weiß Madeleine Krevert, dass er es hat?«

»Jonas hat es für Donald aufbewahrt, und Madeleine hat von Donald davon erfahren.«

»Weil sie selbst in der Sache drinsteckt?«

»Ich glaube, davon können wir ausgehen.«

»Und warum haben wir es nicht gefunden?«

»Weil er es woanders versteckt hat.«

Sören wollte gerade den Blinker setzen, um in die Westerlandstraße einzubiegen, als Erik ihn mit einer Armbewegung zurückhielt. »Hat die Observation des Friseursalons schon begonnen?«

Sören brachte das Auto zum Stehen und sah sich um. Dann nickte er zu einem weißen Ford, der am Straßenrand stand. Er trug die Aufschrift einer Sanitärfirma, die vermutlich frei erfunden war, darin saßen zwei Männer in blauen Arbeitsanzügen. »Das sind sie«, sagte er und fuhr weiter. »Ich glaube übrigens nicht, dass Dagobert Manfredini hier aufkreuzt. Natürlich kann er sich denken, dass wir seinen Bruder observieren.«

»Er befindet sich in einer verzweifelten Situation«, gab Erik zu bedenken. »So ein Mensch handelt nicht rational.«

Sören sah plötzlich ärgerlich aus. »Dagobert Manfredini interessiert mich nicht!«, sagte er heftig. »Ich will, dass wir jetzt endlich mit diesen Mordfällen weiterkommen! Verdammt, was hat die Krevert damit zu tun? Kommen Sie mir nicht wieder damit, dass sie mit Donald unter einer Decke steckt. Der macht keine krummen Touren. Sie können jeden fragen, der ihn kennt. Donald hat nur ein einziges Lebensziel: nicht so werden wie seine Familie.«

»Ich kann es langsam nicht mehr hören«, stöhnte Erik und massierte seinen Fuß. »Ob Dr. Hillmot was zum Kühlen hat? Und eine Fußbandage?«

Ehe Sören antworten konnte, drang das Zirpen durch den Wagen, das einen Anruf meldete. Stöhnend, als täten ihm auch die Handgelenke weh, griff Erik zu seinem Handy und meldete sich, ohne vorher aufs Display zu sehen. Das war ein Fehler, denn auf den Anruf der Staatsanwältin war er immer gern vorbereitet. Und wenn nur durch kräftiges Durchatmen, bevor er auf den grünen Knopf drückte.

Nun aber prallte ihre Stimme an sein Ohr, sodass er erschrocken zurückwich. »Moin, Wolf! Schon weitergekommen?«

Er hasste ihren minimalistischen Sprachstil, dem er auch nach Jahren der Zusammenarbeit noch nicht gewachsen war. So gelang es ihm auch diesmal nicht, so zackig und schnell zu antworten, wie Frau Dr. Speck es liebte. Aber zum Glück wartete sie diesmal gar nicht auf eine Antwort. »Er ist gesehen worden«, fügte sie an und legte dann eine Pause ein, in der auch ein geborener Friese zu einer Antwort finden konnte.

Beinahe hätte Erik »Wer?« gefragt, aber zum Glück besann er sich rechtzeitig anders: »Wo?«

»Auf der A23 zwischen Itzehoe und Heide. Er hat die Geschwindigkeit überschritten und ist einer Verkehrsstreife aufgefallen. Schön blöde! Wenn man als Knacki auf der Flucht mit einem geklauten Auto ist, sollte man vorsichtiger sein.«

»Er ist angehalten worden?«

»Er sollte angehalten werden«, korrigierte die Staatsanwältin. »Aber er hat Gas gegeben und ist davongerast.«

»Und dabei ist er erkannt worden?«, fragte Erik zweifelnd.

Die Staatsanwältin begann zu drucksen. »Nicht hundertprozentig. Aber der Typ, dem er den Wagen geklaut hat, hat ihn gesehen und beschrieben. Das hörte sich alles nach Dagobert Manfredini an. Und nun noch seine Flucht vor der Polizei …«

Erik gab widerstrebend zu, dass die Staatsanwältin recht haben könnte. »Ist man ihm nicht gefolgt?«

»Natürlich! Aber der war schon über alle Berge, ehe die Kollegen zu ihren Autos gelaufen waren.«

»Jetzt wird er garantiert den Wagen wechseln«, überlegte Erik. »Und vielleicht«, setzte er hoffnungsvoll hinzu, »geht er nun nicht mehr das Wagnis ein, nach Sylt überzusetzen.«

Frau Dr. Speck mochte sich seinem Optimismus nicht anschließen. »Halten Sie weiterhin Augen und Ohren offen. Die Überwachung läuft. Auch auf der Insel!«

»Das haben wir gesehen«, antwortete Erik. »Vor dem Friseursalon Manfredini sind zwei Kollegen auf Posten.«

»Also alles in bester Ordnung! Rechnen Sie damit, dass Dagobert Manfredini heute oder morgen auf Sylt eintrifft.«

Damit war das Telefonat beendet. Wenn Erik auch froh war, dass die Staatsanwältin nicht nach seinen Ermittlungsergebnissen im Todesfall Viktor Krevert und im Mordfall Larissa Freier gefragt hatte, ärgerte er sich dennoch darüber, dass sie ihre Gespräche stets ohne Abschiedsworte beendete.

»Es wird ernst«, sagte er zu Sören.

Heiliger Wattwurm! *Das wird ja immer schöner! Hinter Käptens Kajüte hat man sonst seine Ruhe, kann in aller Gemütlichkeit im Müll picken und hoffen, dass die Konkurrenz es nicht schnell genug merkt, wenn Currywurstreste und angebissene Fischbrötchen zu holen sind. Wenn die Miesmuscheln auch rot-weiß kariert eingepackt sind, ich habe sie trotzdem erkannt. Wann werden die endlich ihre Ruhe haben? Hinter den aufgestapelten Stühlen war es doch ganz nett? Aber nein, nun gehen sie schon wieder auf Wanderschaft. Lieber Himmel, die machen was mit! Da kann man ja gar nicht hingucken. Reinste Muschelquälerei ist das!*

Mamma Carlotta konnte es kaum fassen, dass es so einfach gewesen war. Ein bisschen Unverfrorenheit, eine Portion Nervenstärke, dazu eine Unschuldsmiene – und schon hatte sie bekommen, was sie wollte. Nicht lange gefackelt, sondern einfach gehandelt! Sie war von der Straße in Toves Küchenhof gegangen, hatte das Bild aus seinem Versteck geholt und war auf die Straße zurückgekehrt. Ganz ohne Eile, sodass niemand, der sie sah, annehmen konnte, sie täte etwas Verbotenes. Ihre ersten Schritte waren noch unsicher, aber als niemand hinter ihr herrief und auch Tove ihr nicht folgte, wurde sie immer sicherer.

Das Bild war leicht, aber durch seine unhandliche Größe keineswegs leicht zu transportieren. Mamma Carlotta war gezwungen, den Arm, der das Bild trug, in die Höhe zu halten, damit es den Boden nicht berührte. Schon nach wenigen Metern blieb sie stehen und wechselte die Seite.

Eine Stimme hielt sie auf. »Kann ich Ihnen helfen?«

Mamma Carlotta stellte das Bild ab. »Signora Krevert! Sind die Paparazzi nicht mehr hinter Ihnen her?«

Madeleine warf einen unsicheren Blick nach rechts und links.

»Schön wär's«, sagte sie dann. »Aber immerhin bin ich von der Titelseite verschwunden. Die Trennung dieses Fußballers von seiner langjährigen Freundin ... Sie wissen schon.«

Mamma Carlotta hatte keine Ahnung, nickte aber verständnisvoll. »Sie haben einen Besuch gemacht?«

Sie betrachtete Madeleine Krevert genauer. An diesem Tag trug die Witwe des Talkmasters einen Trenchcoat, der unauffälliger war als der Pelzmantel, in dem sie am Strand erkannt worden war. Das Tuch, das sie über den Kopf geschlungen und bis an die Augenbrauen gezogen hatte, war ebenfalls sehr unauffällig, und die riesige Sonnenbrille, die ihr halbes Gesicht verdeckte, brachte vermutlich keinen Journalisten ins Grübeln, da es ein sonniger Tag war und jede zweite Frau so ein Brillengestell auf der Nase hatte.

Mamma Carlotta beschloss, die Sache beim Namen zu nennen: »Jonas Eckert wohnt in diesem Haus, è vero?«

Als hätte er auf sein Stichwort gewartet, ertönten Jonas' Schritte hinter ihnen. Er starrte das große Viereck an, das von Toves Papiertischdecken verborgen wurde. »Was ist das?«

»Warum interessiert Sie das?«, fuhr Madeleine ihn an. »Müssen Sie nicht dringend an Ihren Arbeitsplatz?«

»Ich dachte ... ich könnte helfen.«

»Nicht nötig!« Madeleine machte eine Handbewegung, als verscheuchte sie ein lästiges Insekt. »Ich helfe der Signora.«

Jonas warf den Kopf in den Nacken und fuhr sich mit einer affektierten Geste durch die Haare. »Wie Sie meinen. Ich will mich nicht aufdrängen.«

Mamma Carlotta gefiel es nicht, dass Jonas' höfliches Angebot so rüde zurückgewiesen wurde. Sie suchte nach freundlichen Worten, um ihn zu besänftigen, wollte sich nach seiner Gesundheit erkundigen, fand diese Frage dann aber zu heikel, da Jonas vielleicht nicht gern über die Folgen von Frau Kemmertöns' Attacke reden wollte ... und ehe Mamma Carlotta die richtigen Worte gefunden hatte, eilte er schon gekränkt davon.

Madeleine Krevert zündete sich eine Zigarette an und hängte sie in den rechten Mundwinkel. »Mein Auto steht an der Ecke, vor dem Friseursalon. Ich fahre Sie nach Hause.«

»Das kann ich nicht annehmen.« Mamma Carlotta riss das Bild wieder in die Höhe und machte Anstalten weiterzugehen. »Es ist gar nicht schwer.«

Madeleine bückte sich, griff nach der unteren Kante, hob sie an und ging mit Mamma Carlotta im Gleichschritt, das Bild zwischen ihnen. Sie musste zugeben, dass der Transport nun viel einfacher war. »Grazie, Signora.«

»Gerne!« Madeleine winkte ab. »Das ist ein Bild, nicht wahr? Ein kostbares?«

»Dio mio! Sehe ich aus, als könnte ich mir ein kostbares Bild leisten? Nein, ein Freund hat es gemalt. Schön ist es nicht, aber ... ich hätte es gern als Erinnerung.«

»Aha.« Madeleine blieb so plötzlich stehen, dass Mamma Carlotta das Bild aus der Hand rutschte. Missmutig beobachtete sie, wie einer von Madeleine Kreverts langen Fingernägeln Toves Papiertischdecke einriss. »Sie wissen doch, ich bin Galeristin. Mich interessiert jedes Bild.«

Mamma Carlotta wehrte ab. »Das ist nur Gekleckse. Paolino braucht noch viel Übung.«

»Paolino? Wer ist das?«

Carlotta fühlte, dass sie rot wurde. »Paul Freier.«

Madeleine ließ das Bild zu Boden sacken. »Der malt?«

»Nicht gut. Nur so ... aus Spaß. Das Einzige, was ihm gelingt, sind Miesmuscheln. Sonst nur Striche hin und her und Kleckse da und dort. Ist das nicht verrückt?«

Missbilligend sah Carlotta dabei zu, wie Madeleine den Riss in Toves Papiertischdecke vergrößerte und hineinlugte. »Mir scheint, das Bild hat sogar eine Signatur!«

»Eine Galeristin interessiert sich sicherlich nicht für die Bilder eines Anfängers. Ich möchte es nur haben, weil ... weil ich den Maler gut kenne. Eine Erinnerung! Sie verstehen?«

Sie nahm das Bild wieder auf, und Madeleine griff erneut nach der anderen Seite, sodass sie es wieder zwischen sich trugen. »Ich würde es mir trotzdem gerne mal ansehen. Ich bin immer auf der Suche nach neuen Talenten.«

»No! Ich sage Ihnen doch, dieser Maler non ha talento.«

»Wenn Sie meinen …« Sie waren mittlerweile an der Straßenecke angekommen, und Madeleine Krevert wies auf ihren Wagen. »Das Bild passt in den Kofferraum.«

Carlotta wehrte ab, aber nur, weil die Höflichkeit es gebot, ein großzügiges Angebot mehrmals abzulehnen, damit es durch Wiederholung noch wertvoller wurde. »Es ist nicht mehr weit.«

Madeleine reagierte so, wie Mamma Carlotta gehofft und erwartet hatte. Sie bestand darauf, die Schwiegermutter des Kriminalhauptkommissars mitsamt dem Bild in den Süder Wung zu bringen. Mamma Carlotta war hingerissen. Eine Frau, die tagelang auf dem Titel sämtlicher Zeitschriften gestanden hatte, erwies ihr eine Gefälligkeit! Auf der Piazza von Panidomino würden die Nachbarn an ihren Lippen hängen, wenn sie erzählte, dass diese Frau sie nach Hause gebracht hatte! Sie vergaß sogar, dass Madeleine Krevert eine Ehebrecherin war, die man in ihrem Dorf eigentlich mit Verachtung strafte.

»Wenn Sie darauf bestehen!« Strahlend ließ sie sich auf dem Beifahrersitz nieder, während Madeleine Krevert das Bild im Kofferraum verstaute. Das dauerte sehr lange. Und als Mamma Carlotta sich umdrehte, stellte sie fest, dass Madeleine die Gelegenheit genutzt hatte, die Papiertischdecke zur Seite zu schieben, und einen längeren Blick auf das Bild warf. Eine Galeristin konnte wohl nicht anders!

»Sie haben recht«, sagte Madeleine Krevert, als sie hinter dem Steuer Platz nahm. »Mehr als einen Erinnerungswert hat das Bild nicht.« Während sie in die Westerlandstraße einbogen, zog sie das Tuch vom Kopf, als fühlte sie sich in ihrem Auto sicherer. »Wo werden Sie es aufhängen?«

Mamma Carlotta zuckte mit den Schultern. »Das Haus gehört meinem Schwiegersohn. Er wird nicht damit einverstanden sein, dass ich das Bild aufhänge. Vielleicht nehme ich es mit nach Italien. Aber ich muss mich noch erkundigen, was der Transport kostet.« Mamma Carlotta lächelte. »Erst mal trage ich es in den Keller. Dort wird es niemand sehen, der mich am Ende noch für verrückt hält. Geschmacksverirrt! Sagt man das so?« Sie lachte in der Vorfreude auf den Scherz, den sie machen wollte. »Am besten im Wäschekeller. Dort lässt sich niemand blicken, wenn ich auf Sylt bin.«

Im Nu waren sie im Süder Wung angekommen. Natürlich bot Mamma Carlotta an, sich mit einem Espresso und selbst gebackenen Biscotti für den Gefallen zu revanchieren, aber leider hatte sie damit keinen Erfolg. Dabei hätte sie so gerne in ihrer Heimat erzählt, dass eine Prominente hingerissen von ihren Biscotti gewesen sei und sie sogar um das Rezept gebeten hatte. Aber Madeleine Krevert schob Zeitnot vor.

»Es gibt ja so viel zu erledigen nach einem Todesfall.«

Das sah Mamma Carlotta ein. Voller Mitgefühl winkte sie ihr kurz darauf nach, dann nahm sie das Bild und trug es in den Keller. Zwischen Waschmaschine und Trockner schob sie es und stieg wieder die Treppe hoch. Dass sie sich eine vorgezogene Siesta leisten wollte, hatte sie nun ganz vergessen.

Erik warf den Telefonhörer zur Seite. »Wie ich gesagt habe! Der hat den Wagen gewechselt.«

»Das geklaute Auto, mit dem er in die Verkehrskontrolle geraten ist, wurde gefunden?«, fragte Sören.

»Und es gibt eine neue Diebstahlsanzeige. Auf dem Parkplatz, auf dem er das erste Auto zurückgelassen hat, wurde ein anderes entwendet.«

»Marke? Farbe?«

»Ein dunkelblauer BMW 318. Cabrio! Der Besitzer wollte sich im Gebüsch erleichtern. Gerade als ihm die Hose auf die Füße fiel, wurde er von hinten überwältigt. Eine Sekunde später war sein Autoschlüssel weg. Als er die Hose wieder oben hatte, hörte er seinen Wagen schon davonfahren.«

»Wann war das?«

»Vor vier Stunden. Es hat ein wenig gedauert, bis er den Diebstahl melden konnte. Der arme Mann hatte sein Handy im Auto gelassen.«

Sören machte sich auf den Weg ins Revierzimmer. »Ich gebe die Fahndung nach dem dunkelblauen BMW durch. Aber ob das was bringt? Dagobert Manfredini ist garantiert nicht lange in diesem Wagen unterwegs. Der weiß ja, dass danach gefahndet wird.«

Erik nickte. »Versetzen Sie sich in seine Situation. Was würden Sie tun?«

Sören brauchte nicht lange nachzudenken. »Mir ein Auto besorgen, das nicht so bald als gestohlen gemeldet wird. Also … den Besitzer außer Gefecht setzen. Oder ein Auto nachts aus der Garage klauen. Damit hätte er ein paar Stunden Vorsprung.«

»Bleibt immer noch der Weg auf die Insel. Wir müssen ihn entweder am Syltshuttle erwischen oder an der Fähre in Römö.«

»Hoffentlich nimmt er den Autozug. Ob die Dänen an der Fähre so gut aufpassen …?«

»Wenn er dieselben Zweifel hat wie Sie, dann nimmt er die Fähre.«

»Oder er besorgt sich ein privates Boot.«

»Auf der Insel braucht er einen Wagen.«

»Vielleicht reicht ihm ein Fahrrad. Wetten, dass die Fahrradverleiher nicht Bescheid wissen?«

Erik überlegte kurz, dann schüttelte er den Kopf. »Ne, der Kerl will sofort abhauen, wenn's ihm zu heiß wird. Der braucht einen schnellen fahrbaren Untersatz.«

Die Tür sprang auf, Enno Mierendorf erschien im Raum. »Er ist auf der Insel. Gerade ist ein Mann im Kofferraum seines Autos gefunden worden.«

Erik erschrak. »Tot?«

Aber Enno Mierendorf schüttelte den Kopf. »Geknebelt und gefesselt. Er war gezwungen worden, Dagobert Manfredini mitzunehmen.«

»Ist es sicher, dass er es war?«

»Die Beschreibung passt genau.«

Sören regte sich auf. »Wie konnte das passieren?«

»Er muss sich irgendwo eine Langhaarperücke und Frauenklamotten besorgt haben. Damit hat er sich neben den Fahrer gesetzt, das Gesicht vom Fenster weggedreht und sich schlafend gestellt. An der Verladerampe ist niemandem ein Verdacht gekommen.«

»Und um Zeit zu gewinnen, hat er den Fahrer aus dem Verkehr gezogen«, sagte Erik.

»Der hat sich zum Glück bemerkbar machen können. Der Wagen stand ziemlich einsam auf dem Parkplatz an Buhne 16. Spaziergänger haben dort ihr Auto abgestellt und Geräusche gehört.«

»Wann war das?«

»Vor ein paar Minuten.«

»Dann müssen wir die Observation vor Donald Manfredinis Haus verstärken. Und wir brauchen Leute, die ihn im Auge behalten. Vielleicht wird er von seinem Bruder an irgendeinen abgelegenen Ort bestellt. Sobald Donald das Haus verlässt, muss ihm jemand folgen.«

Enno Mierendorf ging zurück ins Revierzimmer. »Ich kümmere mich darum!«

»Sagen Sie sofort Bescheid, wenn ein weiterer Kfz-Diebstahl gemeldet wird«, rief Erik ihm nach. Und dann ergänzte er zu Sören: »Dagobert muss sich ja wieder ein Auto beschaffen.«

Er lehnte sich zurück und schloss die Augen. Als er sie wieder öffnete, griff er in seine Schreibtischschublade und zog die Schokolade heraus, die ihm sein Assistent mitgebracht hatte. Sören grinste schief, griff in seine Hosentasche und beförderte seine Salmiakpastillen ans Licht. »Wie geht's Ihrem Knöchel?«

Aber Erik antwortete nicht. »Dagobert sucht also tatsächlich Schutz bei seinem Bruder«, murmelte er, während er sich ein Stück Schokolade abbrach.

»Dabei muss er doch wissen«, entgegnete Sören, »dass Donald nicht mit ihm gemeinsame Sachen machen wird.«

»Donald Manfredini scheint trotzdem an seiner leiblichen Familie zu hängen. Er hat Dagobert häufig besucht, und auch zu seiner Schwester Daisy fährt er regelmäßig. Dagobert baut auf Donalds Hilfe. Der kann ihm vermutlich keine Bitte abschlagen.«

»Früher hat Donald auch versucht, aus den beiden anständige Menschen zu machen.« Sören lachte trocken. »Aber das hat er irgendwann aufgegeben.«

»Es gefällt mir gar nicht«, bemerkte Erik nachdenklich, »dass sich Dagobert Manfredini vielleicht in der Nähe des Friseursalons rumtreibt.«

Sören verstand sofort. »Sie meinen ... wegen der Kinder?«

Erik sah nun sehr besorgt aus. »Wenn der was will, setzt er es mit Gewalt durch.«

Sören schüttete sich die Salmiakpastillen in die hohle Hand. »Der will etwas, was er zu Geld machen kann. Viel Geld! Das braucht man, wenn man auf der Flucht ist.«

Schon saß Erik aufrecht da. »Klar! ›Strandläufer‹!«

Mamma Carlotta hätte diesen Tag langweilig und ereignislos genannt, wenn sie nicht mit ihren Gedanken beschäftigt gewesen wäre. Es gab so vieles, was in ihrem Kopf herumging und seinen Platz nicht fand, so viele Fragen ohne Antworten. Am verwirrendsten war das Treffen mit Paolino gewesen. Dass er sie küssen wollte! Mitten auf der Straße! Und dass Carolin dazugekommen war! »Madonna!« Wie mochte es in ihrer Enkelin aussehen, nachdem sie das unangemessene Verhalten ihrer Nonna beobachten musste?

Sie brauchte sich nur vorzustellen, sie hätte als kleines Mädchen ihre Großmutter beim Flirt mit einem Fremden erwischt … Über diesen Gedanken konnte Mamma Carlotta sogar lachen. Ihre Nonna hatte mit knapp fünfzig eisgraues Haar gehabt, während sie selbst ›Hot Drama‹ auf dem Kopf trug. Ihre Nonna hatte ihr Haar in einen dünnen Knoten gedreht, schwarze Kleidung getragen, zu ihrem fünfzigsten Geburtstag das letzte Mal ein neues Kleid angeschafft, das dann noch für drei weitere runde Geburtstage gut gewesen war. Ihre Nonna hatte sich in Carlottas Alter bereits mit einer Gehhilfe vorwärtsbewegt, ständig über Schmerzen geklagt und gestöhnt: »Ja, ja, das Alter!« Ganz sicher hatte sie mit Mitte fünfzig keinem Mann mehr einen begehrlichen Blick zugeworfen. Und niemand hätte ihr den Wunsch ins Ohr geflüstert, sie bei Nacht besuchen zu wollen.

Arme Carolina! Wie mochte sie sich jetzt fühlen? Was richtete die Erfahrung in einem Kind an, dass die eigene Großmutter noch Sehnsüchte hatte und von einem Mann begehrt wurde? Und wie würde sie sich fühlen, wenn sie wüsste, welche Gedanken sich um Paul Freier drehten? Hatte sie ihn wirklich in der Nacht, in der Tove Griess eine Kopfverletzung beigebracht worden war, auf dem Hochkamp gesehen? Oder hatte sie sich geirrt? Diese Frage beschäftigte sie während der Essensvorbereitungen so sehr, dass sie beinahe in den Salztopf gegriffen hätte, als sie den Panettone zur Vollendung bringen wollte.

Und dann Toves seltsames Verhalten! Sein Verschwinden am Frauenabend, seine Verletzung, seine Lügen! Er hatte sich die Stirn nicht an der Küchentür aufgeschlagen, so viel stand fest. Aber wenn er mit Paolo Streit gehabt hatte, warum schwieg er dann? Und worüber könnten sich die beiden so streiten, dass es zu einer Schlägerei gekommen war?

Sie wünschte sich, dass endlich jemand zum Mittagessen nach Hause kam, der sie von ihren schweren Gedanken erlöste. Ob sie herauskriegen konnte, was Erik und Sören in dem Haus wollten, in dem Jonas Eckert wohnte? Warum Jonas während der Arbeitszeit gemeinsam mit Madeleine Krevert in seine Wohnung ging? Und warum Erik und Sören durch eine Hecke sprangen, statt den normalen Weg zu nehmen? Sie musste unbedingt in Ruhe mit ihrem Schwiegersohn reden. Hoffentlich ergab sich bald eine Gelegenheit. Er hatte ihr ja auch noch nicht verraten, warum auf der ganzen Insel Polizeibeamte postiert waren. Natürlich konnte sie ihn nicht einfach fragen, dann hätte sie niemals eine Antwort bekommen. Dienstgeheimnisse behielt Erik immer für sich. Aber sie hatte sich im Laufe ihrer Ehe viele Tricks angeeignet, um an Informationen zu kommen, ohne dass ihr Dino gemerkt hatte, was er ihr verriet. Das klappte meistens auch bei Erik sehr gut. Man musste bloß behutsam vorgehen.

Während der Mittagsmahlzeit änderte sich der unerfreuliche Verlauf des Tages nicht. Erik speiste seine Schwiegermutter mit einer faulen Ausrede ab, als sie sich besorgt erkundigte, was mit seinem Knöchel geschehen war. Angeblich war er auf den Stufen vor der Polizeistation umgeknickt, und Mamma Carlotta fand es höchst ärgerlich, dass sie ihm diese Lüge nicht vorhalten konnte.

Aber dieser Ärger war nicht der einzige. Ihr Essen wurde nicht ausreichend gewürdigt, da Erik und Sören nur wenig Zeit hatten, Wiebke gar nicht erschienen war und Carolin ihren Bruder vom Antipasto bis zum Dolce damit ärgerte, dass sie einer Kundin das Haar hatte waschen dürfen, während Felix nach wie vor nur mit Handreichungen beschäftigt wurde. Mamma Carlottas Versuch, ihre Enkelin zu mäßigen, war mit einem Blick bestraft worden, der ihr unter die Haut gegangen war. In Carolins Augen hatte ein Vorwurf gestanden, den Mamma Carlotta auf keinen Fall ausgesprochen hören wollte.

Trotzdem hoffte sie am Nachmittag auf einen Besuch von Paolino und ging schließlich sogar zu Frau Kemmertöns, um sich scheinheilig danach zu erkundigen, ob sie die Eliminierung der Hausbar gut überstanden hatte. Bei dieser Gelegenheit erfuhr sie, dass Paolo mal wieder seinem Beinamen »Strandläufer« alle Ehre machte und den Beschluss gefasst hatte, zu Fuß zum Strandbistro La Grande Plage zu gehen.

Frustriert kehrte sie zurück, freute sich, dass Wiebke zwischenzeitlich heimgekehrt war, bekam aber zu hören, dass diese keine Zeit für einen Espresso hatte, weil ihr ein Fernsehmoderator begegnet war, der sich in Gesellschaft einer Dame befand, mit der er nicht verheiratet war. Und diese Tatsache musste offenbar sofort einer interessierten Redaktion mitgeteilt werden.

»Warum?«, fragte Mamma Carlotta und hoffte, aus der Antwort ein längeres Gespräch machen zu können. »Das kann doch seine Cousine gewesen sein. Oder eine Nichte.«

Aber Wiebke war kurz angebunden. »Dafür war sie zu attraktiv«, antwortete sie nur und zog sich an ihren Computer zurück.

Das Abendessen verlief ähnlich wie das Mittagessen. Erik und Sören schlangen hastig etwas in sich hinein und brachen dann wieder auf, weil sie noch einmal ins Büro mussten. Die Observation der ganzen Insel! Immerhin fand Mamma Carlotta nun heraus, dass die Sylter Bevölkerung vor einem Mann geschützt werden musste, der aus dem Gefängnis ausgebrochen war und aus irgendwelchen Gründen ausgerechnet auf Sylt Zuflucht suchte. Erik ermahnte sogar die Kinder, sich nicht in die Nähe eines Mannes zu begeben, der ihnen verdächtig erschien und der sich beispielsweise in der Nähe des Friseursalons herumtrieb.

Natürlich winkten die beiden nur genervt ab, ließen die Ermahnungen ihres Vaters ins eine Ohr rein und aus dem anderen wieder hinaus. Dann brachen sie zu ihren Freunden auf, noch bevor Erik und Sören ins Kommissariat zurückfuhren.

Erik und Wiebke, die während des Nachmittags schon wieder auf der Suche nach Prominenten gewesen war, gaben sich die Klinke in die Hand.

»Wartest du auf mich?«, fragte Erik, zog Wiebke zu sich heran und drückte kurz sein Gesicht in ihr Haar.

»Wenn es nicht zu spät wird.« Wiebke lächelte ihn an, und in

Mamma Carlotta keimte erneut die Hoffnung, dass doch noch alles gut werden würde.

Aber aus dem Plauderstündchen nach dem Abendessen, auf das sie gehofft hatte, wurde auch diesmal nichts. Wiebke zog sich wie nach dem Mittagessen wieder ins Schlafzimmer an ihren Arbeitsplatz zurück. Mamma Carlotta hörte sie telefonieren, den Drucker gehen und gelegentlich ihre Schritte.

Als Erik eine Stunde später schließlich nach Hause kam, hoffte sie auf einen unterhaltsamen Abend mit vino rosso, Amaretto und vin santo, aber auch daraus wurde nichts, denn Erik und Wiebke fassten den Beschluss, noch einen gemeinsamen Abendspaziergang zu machen und dann in den Admiralsstuben einzukehren.

Natürlich freute Mamma Carlotta sich darüber, dass die beiden endlich mal wieder den Wunsch hatten, Zeit gemeinsam zu verbringen. Ja, es war richtig, dass sie sich ein bisschen Gemeinsamkeit gönnten und in Ruhe miteinander reden konnten. Dass Wiebke diesen Wunsch äußerte, hatte Mamma Carlotta fröhlich gestimmt, und dass Erik darauf einging, erst recht. Für einen winzigen Augenblick hatte es so ausgesehen, als wollte er ablehnen, sich mit Erschöpfung nach einem langen Arbeitstag herausreden und vorschlagen, lieber gemeinsam fernzusehen. Aber zum Glück war ihm rechtzeitig aufgegangen, dass Wiebkes Vorschlag das Angebot war, wieder glücklich miteinander zu werden.

So zufrieden Mamma Carlotta damit auch war, es blieb dabei, dass sie den Abend so zubringen musste, wie es in Umbrien niemals vorkam. Ohne Gesellschaft, ohne Gespräche, ohne die Anwesenheit eines Familienmitglieds! Derart frustriert war sie, dass sie das Fensterleder holte und die beiden Wohnzimmerfenster putzte. Sie konnte es einfach nicht ertragen, die Hände in den Schoß zu legen, wenn sie allein war! Fernsehen, eine Zeitschrift durchblättern … das machte nur Spaß, wenn ein anderer neben ihr saß, den sie auf einen interessanten Artikel aufmerksam machen konnte oder mit dem sie zusammen über etwas lachte, was auf dem Bildschirm geschah.

Ein durch und durch unbefriedigender Tag! So unbefriedigend, dass Mamma Carlotta früh zu Bett ging, kaum dass die Kinder nach Hause gekommen waren und sich in ihre Zimmer zurückgezogen hatten. Es lohnte sich nicht, diesen Tag mit einem ereignislosen Abend zu verlängern.

Als sie aufwachte, starrte sie verwirrt in die glänzende, silbrige Nacht, aus der der Vollmond die Dunkelheit vertrieben hatte. Wie spät war es? Was hatte sie geweckt? Sie richtete sich auf und blickte auf die leuchtenden Zahlen des Weckers. Kurz nach Mitternacht! Sie hatte also noch nicht lange geschlafen. War sie von Schritten geweckt worden, als Erik und Wiebke heimgekommen waren? Aber jetzt war alles ruhig. Nur ein leises Knarren war zu hören. Ein Fenster, das sich im Wind hin und her bewegte. Hatte sie vergessen, ein Wohnzimmerfenster zu schließen, nachdem sie es geputzt hatte?

Sie dachte eine Weile nach, dann beschloss sie, sich zu erheben. Das Knarren, so leise es auch war, würde sie daran hindern, wieder einzuschlafen. Besser, sie sorgte auf der Stelle dafür, dass es aufhörte. Sie trat auf den Flur und lauschte. Im Haus war alles ruhig. Waren Erik und Wiebke überhaupt schon zurück? Möglich, dass sie noch in den Admiralsstuben saßen und das Alleinsein genossen.

So leise wie möglich tappte Mamma Carlotta die Treppe hinab und ging ins Wohnzimmer. Tatsächlich! Ein Fensterflügel stand offen und wurde gerade in dem Augenblick, in dem sie die Tür öffnete, von der Zugluft zugeworfen. Ein Geräusch wie ein Schuss! Mamma Carlotta erschrak heftig und spürte, dass ihr augenblicklich der Schweiß ausbrach!

Sie wartete, bis sich ihre Atmung wieder beruhigte, dann ging sie zu dem Fenster und verriegelte es. Gut, dass Erik nicht mitbekam, wie leichtsinnig sie gewesen war! Anscheinend war er noch nicht wieder zurück. Er hätte alle Türen und Fenster vor dem Schlafengehen kontrolliert und dieses geöffnete Fenster entdeckt und zugemacht. Ihr Schwiegersohn achtete immer genau darauf, dass das Haus gut verschlossen war, ehe sie zu Bett gingen. Und in diesen Tagen erst recht! Ein Schwerverbrecher machte schließlich die Insel unsicher!

Beruhigt öffnete sie die Wohnzimmertür … und blieb wie angewurzelt stehen. Es waren nur zwei Schritte bis zu der Tür, die von der Diele in den Keller führte. Eine schwere Tür, die nur laute Geräusche hindurchließ. Dennoch hörte sie, dass sich im Keller etwas bewegte. Und dann sah sie, dass die Tür nicht fest im Schloss saß, dass sie nur angelehnt war. Daher also der Durchzug! Auch im Keller musste etwas geöffnet worden sein! Die Tür, die nach draußen führte? Die Tür, zu der Paolino einen Schlüssel hatte …?

Sie versuchte nicht zu atmen, damit sie besser hören konnte. Aber das Dröhnen in ihren Ohren und die schrille Angst betäubten sie für Augenblicke. Täuschte sie sich? Nein, sie hatte richtig gehört. Jemand befand sich auf dem Kellerflur. Leise, vorsichtige Schritte waren zu hören. Das Saugen von Gummisohlen, ein Scharren, ein Knistern. Paolino?

Trotz der Dunkelheit erkannte sie, dass ein Schlüssel im Schloss der Kellertür steckte. Millimeterweise bewegte sie sich darauf zu. Wenn sie die Tür ins Schloss werfen und den Schlüssel umdrehen konnte, war sie gerettet. Wer immer sich dort unten aufhielt, würde dann wissen, dass er bemerkt worden war, und fliehen. Und wenn Paolino es war, den sie auf diese Weise aussperrte, dann geschah es ihm ganz recht. Wie konnte er den Schlüssel benutzen und sich ins Haus schleichen wie ein Dieb?

Sie merkte, dass der Groll ihr guttat. In Sekundenschnelle war er stärker geworden als ihre Angst. Er gab ihr die Kraft, auf die Tür zuzuschnellen und sie aufzureißen. Laut und schneidend, aber leise genug, dass sie jemanden, der in der ersten Etage schlief, nicht aufweckte, rief sie: »Paolino? Bist du das?«

Doch keine Stimme antwortete ihr, kein schuldbewusster

oder belustigter Ruf, sondern ein Klacken, ein Scheuern, ein Reiben an der Wand. Das Geräusch von Gummi, als wäre jemand an Eriks Schlauchboot gestoßen, und dann zwei deutliche Schritte. Schlagartig begriff Mamma Carlotta, dass es nicht Paolino sein konnte, der sich dort unten im Keller bewegte. Das musste …

Sie dachte den Gedanken nicht zu Ende, sondern warf die Tür ins Schloss und verriegelte sie gleich zweimal. Ihr Herz raste, ihr wurde schwindelig, schwer atmend lehnte sie sich mit dem Rücken an die Tür und zählte ihre Atemzüge, bis sie bei zwölf angekommen war und die Hoffnung hatte, dass ihr Herz die Angst und den Schrecken überstehen würde. »Dio mio!«

Sie hastete ins Wohnzimmer und starrte in den Garten. Auf der Rasenfläche, die vom Vollmond beschienen wurde, zitterten dunkle Umrisse. Flüchtete jemand? Das dichte Gebüsch am Ende des Rasens schien sich zu bewegen, aber das konnte auch der Wind sein. Und die Schatten konnten auch von den Bäumen des Nachbarn geworfen werden, deren Kronen im Wind rauschten. Dann eine Bewegung in der Hecke, hinter der Paolinos Holzhaus stand. Ja, sie war ganz sicher!

Ohne lange zu überlegen, riss sie die Terrassentür auf. »Paolino!« Sie machte zwei, drei Schritte in den Garten. »Paolino!«

Aber sie bekam keine Antwort, alles blieb still. Es erschien ihr sogar noch ruhiger als Sekunden zuvor. Der Wind schwieg für einen Moment, keine Schritte waren zu hören. Nichts! Sie lief ins Haus zurück, warf die Tür ins Schloss und presste die Fäuste vor ihre Brust. Nein, es konnte nicht Paolino gewesen sein. War der Kerl überhaupt geflohen? Oder befand er sich immer noch Haus?

Sie hastete die Treppe hinauf und riss die Schlafzimmertür auf, ohne sich die Zeit zum Anklopfen zu nehmen. Das Bett war leer. Erik und Wiebke waren noch nicht zurück. Sie warf einen Blick zu den Kinderzimmertüren, schüttelte dann aber den Kopf und lief wieder ins Erdgeschoss. So gut es auch getan hätte, jemanden an ihrer Seite zu haben, die Kinder durften nicht in Angst und Schrecken versetzt werden, sie sollten ruhig schlafen.

Sie stürzte zum Telefon und war froh, dass sie die Technik dieses schnurlosen Gerätes mittlerweile beherrschte. Die Nummer von Eriks Handy wäre ihr nicht eingefallen, aber sie kannte die Taste, die das eingespeicherte Telefonbuch öffnete, und wusste, wie man zu der Nummer scrollte, die man wählen wollte.

Der Ruf ging raus, und Mamma Carlotta atmete auf. Einmal, zweimal, dann ließ sie den Hörer sinken. Das Zirpen, das sie hörte, kam von oben, aus dem Schlafzimmer. »Madonna!« Erik hatte die Jacke gewechselt und vergessen, das Handy einzustecken! Vielleicht hatte er es auch nicht mitgenommen, damit er mit Wiebke reden konnte, ohne gestört zu werden.

Die Tränen schossen ihr in die Augen. Was sollte sie tun? Zu den Admiralsstuben laufen und Erik holen? Aber sie konnte die Kinder nicht allein lassen, nicht einmal für eine halbe Stunde. Wenn der Kerl noch im Haus war und merkte, dass sie auf die Straße lief ... Nein, diesen Gedanken mochte sie nicht zu Ende führen. Also die Kinder wecken und mit ihnen zusammen das Haus verlassen? Aber was, wenn da draußen jemand auf die Gelegenheit lauerte, ins Haus einzudringen und sie als Geiseln zu nehmen?

Sie starrte die Türklinke der Kellertür an, als könnte sie sich jeden Moment in Bewegung setzen. Nein, die Kinder sollten ruhig weiterschlafen. Sie würde über sie wachen und dieses Haus verteidigen. Notfalls bis aufs Blut ...

Möglicherweise war es der Cognac, der die Hitze in ihm erzeugte, aber Erik wollte unbedingt daran glauben, dass es die Liebe war, die ihn wärmte. Als sie die Admiralsstuben verließen und er Wiebke an seine Seite zog, als sie den linken Arm genauso selbstverständlich um seine Taille legte wie er seinen rechten um ihre Schultern, da glaubte er wieder daran, dass er sich richtig entschieden hatte, als er ihr sein Herz öffnete. Er wusste wieder, wie die Liebe zu ihr entstanden war, sah ihre bernsteinfarbenen Augen, die ihn vom ersten Augenblick an entzückt hatten, und konnte sich wieder darüber amüsieren, wenn sie sich auf dem Rückweg von der Toilette verlief und statt im Gastraum in der Küche landete, wenn sie eine Türschwelle umso sicherer übersah, je eindringlicher man sie darauf aufmerksam machte, und ihr ein kleiner Kiesel zum Verhängnis werden konnte, wenn man sie nicht festhielt.

Sie hatten nicht über Wiebkes Arbeit gesprochen und auch nicht über seine, nicht einmal über Wiebkes Probleme mit Carolin und Felix. Stattdessen hatte sie ihm von ihrer Kindheit erzählt, von Erlebnissen aus der Schule, von ihren Adoptiveltern und ihrem Glück, als sie während ihres Studiums endlich allein leben konnte. Erik hatte erzählt, wie es war, auf Sylt aufzuwachsen, wo es damals nur so von Prominenten wimmelte, die noch Partys am Strand feiern konnten, ohne dass die Paparazzi ihnen auflauerten. »Heute verstecken sie sich in ihren reetgedeckten Villen und hinter hohen Friesenwällen, aus Angst, gesehen und fotografiert zu werden.«

Zwischendurch dachte Erik immer wieder daran, dass sie sich eigentlich aussprechen, ihre Schwierigkeiten auf den Tisch bringen sollten, aber jedes Mal sagte er sich, dass er dieses Wohlgefühl, das er in dem Zusammensein mit Wiebke empfand, nicht aufs Spiel setzen wollte und dass dieses Behagen ihnen vielleicht mehr bei der Rettung ihrer Liebe half als jede Erörterung ihrer Beziehungsprobleme.

So war er, als sie sich auf den Heimweg machen, so glücklich und zufrieden wie schon lange nicht mehr. »Wir sollten so was öfter machen«, sagte er. »Mal allein was unternehmen.«

Wiebke warf ihm einen spitzbübischen Blick zu. »Wenn du gerade mal keine Ganoven jagst ...«

»Und du nicht hinter einer Story fürs Titelblatt her bist.«

Er fürchtete schon, dass sie nun doch in eine Diskussion über ihre Jobs gerieten, aber Wiebke schien genauso wenig Interesse daran zu haben, die wunderbare Stimmung zwischen ihnen zu zerstören. »Erstaunlich übrigens«, sagte sie lächelnd, »dass dein Handy uns in Ruhe gelassen hat. Ich hatte fest damit gerechnet, dass irgendwo auf der Insel etwas passiert, das du als Erster erfahren musst.«

Erik tastete seine Jackentaschen ab. »Ich hab's vergessen.«

Wiebke lachte und bekam so zum Glück nicht mit, dass er erschrocken war. Während laufender Ermittlungen in einem Mordfall hatte er stets erreichbar zu sein. Hoffentlich war Dagobert Manfredini nicht ausgerechnet in den letzten Stunden gefunden und verhaftet worden. Oder noch schlimmer, er bedrohte jemanden oder hatte eine Geisel genommen. Dann wählte die Staatsanwältin seine Telefonnummer vergeblich ...

Zum Glück konnte er seine schweren Gedanken vergessen, als Wiebke auf die übermütige Idee kam, über eine Mauer zu balancieren, prompt abrutschte und auf der anderen Seite in einer Heckenrose landete.

Als sie in den Süder Wung einbogen, fühlte Erik sich so wie schon lange nicht mehr: beschwipst vor Glück! So, als hätte er einen über den Durst getrunken und könnte nun zwar noch klar denken, aber seine Kräfte nicht mehr richtig einschätzen. Jedenfalls war er in diesem Moment davon überzeugt, dass er zu allem fähig war. Er würde herausfinden, wer Viktor Krevert und Larissa Freier auf dem Gewissen hatte, würde dafür sorgen, dass Dagobert Manfredini gefasst wurde, ein Gemälde finden, das schon lange verschollen war, und außerdem ab morgen eine wunderbare Beziehung mit Wiebke führen. Vielleicht schon ab heute Nacht! Es wäre doch gelacht, wenn er das nicht schaffte!

Lächelnd betrachtete er sein Haus, als er mit Wiebke darauf zuging. »Alles dunkel«, murmelte er. »Wenn wir Glück haben, können wir noch einen Absacker nehmen, ohne dass uns jemand den Rest vom Dolce aufnötigt.«

Behutsam öffnete er die Haustür und huschte auf leisen Sohlen in den Flur. Wiebke folgte ihm und kicherte hinter vorgehaltener Hand, als der Schlüssel, den sie ans Schlüsselbrett hängen wollte, den Haken verfehlte und ihr auf die Füße fiel.

»Enrico?«

Erik verdrehte die Augen, während Wiebke noch lauter kicherte. Aber das Lachen blieb ihr im Halse stecken, als Mamma Carlotta vor ihnen erschien, blass, mit angstgeweiteten Augen und zerzausten Haaren. Sie legte einen Zeigefinger auf die Lippen und flüsterte: »Pscht! Es ist ein Einbrecher im Haus!«

Heiliger Wattwurm! *Diesmal geht's aber rund mit den Miesmuscheln! Wenn nicht Vollmond wäre, hätte ich sie vielleicht gar nicht gesehen. Warum sind eigentlich alle so scharf auf diese Miesmuscheln, obwohl sie so ungenießbar sind wie der dicke, fette Hummer auf den Plakaten von Gosch? Die Beine, die jetzt unter den huschenden Miesmuscheln hervorsehen, habe ich ja noch nie gesehen. Oder doch? Aber bei dieser Dunkelheit ist ja ein Mann nicht von einer Frau zu unterscheiden. Versteh einer diese Leute, die die drei Miesmuscheln von einem Ort zum anderen tragen! Das ist so, als würde ich einen Krebs durch den Ufersaum schleppen, dann mit ihm durch die Dünen, eine Zwischenlandung im Strandhafer, dann mit ihm im Schnabel auf einem Strandkorb ausruhen, schließlich im Sand verbuddeln und ihn wieder ausgraben, und das alles, ohne ihn auch nur probiert zu haben. So weit würde ich gar nicht kommen, es gäbe ganze Schwärme, die mir den Krebs längst abgenommen hätten. So ähnlich scheint das bei den Menschen auch zu sein. Nur, dass sie bedachtsamer agieren, wenn sie an die Miesmuscheln kommen wollen …*

Sie hatte Kaffee gekocht und ihre Vorräte geplündert. Antipasti standen auf dem Küchentisch, Biscotti, Amaretti und Panettone, das Ciabattabrot hatte sie aufgebacken und Parmaschinken, Pecorino und Mortadella danebengelegt. Wer ihr in dieser Nacht zur Seite stand, sollte bei Kräften bleiben.

Immer wieder öffnete sie die Küchentür und horchte ins Haus hinein. »Was für ein Glück, dass die Kinder so einen tiefen Schlaf haben!« Allmählich wich die Angst aus ihrem Körper.

Als Erik blass und angespannt in der Küche erschien, war sie sicher, dass es ihm schlechter ging als ihr. »Es ist niemand im Hause«, sagte er und setzte sich an den Tisch. »Du kannst ganz sicher sein. Wir haben alles durchsucht. Wenn hier einer drin war, dann ist er jetzt jedenfalls woanders.«

Kommissar Vetterich trat ein und betrachtete mit großer Verwunderung den gedeckten Tisch. »Signor!« Mamma Carlotta sprang auf und rückte Vetterich einen Stuhl zurecht. »Prego, si accomodi! Nehmen Sie Platz, greifen Sie zu! Wer in der Nacht arbeiten muss, braucht etwas zur Stärkung.«

Dass Vetterich sich tatsächlich setzte, lag wohl mehr an seiner Verblüffung. Anscheinend war es das erste Mal, dass er im Verlaufe einer Spurensuche mit gutem Essen verwöhnt wurde.

»Caffè? Oder lieber Espresso? Cappuccino? Sie können auch einen Grappa haben. Oder dürfen Sie während der Arbeit keinen Alkohol trinken?«

Vetterich machte den Mund auf, als wollte er etwas sagen, blieb aber stumm, da er den Eindruck hatte, dass Mamma Carlotta sich sowieso nicht unterbrechen lassen wollte.

»Enrico kann Ihnen auch einen vino rosso aus dem Keller holen. Rotwein ist kein Alkohol, hat mein Vater immer gesagt. Vino rosso ist Medizin.«

Vetterich stotterte den Wunsch nach einem Espresso hervor und seinen Dank gleich hinterher. Dann war er froh, dass er sich dienstlichen Belangen zuwenden konnte, in denen er sich sicherer fühlte. »Es gibt zwei Möglichkeiten: Entweder ist der Eindringling durchs Wohnzimmerfenster eingestiegen, oder er ist durch die Kellertür gekommen. Sie war geöffnet.«

»Ich schließe sie abends immer ab«, sagte Erik. »Wahrscheinlich hat der Kerl das Haus durch die Kellertür verlassen. Aufschließen und raus! Danach ist die Tür offen.«

Vetterich nickte. »Könnte sein. Aufgebrochen ist die Tür jedenfalls nicht.« Inzwischen war auch Wiebke eingetreten, und er blickte einen nach dem anderen an, ehe er fortfuhr: »Oder es hat jemand einen Schlüssel benutzt. Zwar steckte der Schlüssel innen, aber Sie haben im ganzen Haus beidseitig schließende Schlösser, Wolf. Man kann aufschließen, auch wenn auf der anderen Seite der Tür ein Schlüssel steckt.«

Mamma Carlotta legte dem Spurenfahnder Ciabattabrot auf den Teller, da es den Anschein hatte, dass er sich nicht entscheiden konnte, was er nehmen und ob er überhaupt etwas zu essen haben wollte. Marinierte Champignons, Zucchini und Auberginen legte sie daneben. Und da Vetterich nicht protestierte, legte sie ihm auch Käse und Schinken vor.

»Niemand hat einen Schlüssel«, sagte Erik. »Diese Möglichkeit scheidet aus.«

Mamma Carlotta wandte sich ab und hantierte an der Kaffeemaschine herum, damit sie Erik nicht ansehen musste. Sollte sie verraten, dass sie Paul Freier einen Schlüssel überlassen hatte? Aber was würde dann geschehen? Erik würde ihn verdächtigen, verhören, womöglich sogar verhaften.

Kommissar Vetterich unterbrach ihre Gedanken, und damit war die Gelegenheit verstrichen, den zweiten Kellerschlüssel zur Sprache zu bringen. »Am wahrscheinlichsten ist, dass der Täter durchs Wohnzimmerfenster eingedrungen ist«, sagte er.

»Und durch den Keller geflüchtet«, ergänzte Erik.

»Komisch nur, dass er nichts gestohlen hat«, überlegte Vetterich. »Es gibt wirklich nichts, was fehlt?«

»Wahrscheinlich ist er gestört worden«, mischte Wiebke sich ein. »Er hat die Signora gehört und ist getürmt.«

»Schon möglich.« Vetterich machte sich nun mit Appetit über seinen Teller her. »Mal sehen, ob meine Leute Spuren finden, die uns weiterhelfen.«

»Könnte es auch sein, Enrico«, fragte Mamma Carlotta, »dass

dieser schreckliche Mensch hier eingedrungen ist, wegen dem ihr die ganze Insel überwacht?«

»Wer soll das sein?«, fragte Wiebke scharf.

Mamma Carlotta erschrak. Wurde Wiebke etwa schon wieder um eine gute Story gebracht, wenn sie nichts von diesem Verbrecher wusste? Sie warf Erik einen ängstlichen Blick zu, und der erwiderte ihn so grimmig, dass Carlotta wusste: Sie hatte erneut etwas verraten, was Wiebke nicht erfahren sollte. »Jemand, der aus dem Gefängnis ausgebrochen ist«, antwortete sie leise.

Aber Wiebke schien nur an einer Antwort von Erik interessiert zu sein. »Steht das morgen in allen Zeitungen?«

»Geheime Ermittlungen«, gab Erik kurz angebunden zurück. »Die Presse erfährt nichts.«

Die Stimmung, in der die beiden nach Hause zurückgekehrt waren, löste sich vor Mamma Carlottas Augen auf. Sie konnte zusehen, wie sich Wiebkes Miene verschloss und in Eriks Augen Ungeduld erschien.

Wiebke stand auf. »Ich geh schlafen. Es steht ja wohl fest, dass dieser geheimnisvolle Kriminelle nicht unter unserem Bett liegt?«

Erik beantwortete diese Frage nicht. Er sagte nur: »Schlaf gut!«, machte aber keine Anstalten, aufzustehen und Wiebke einen Gutenachtkuss zu geben.

Vetterich hatte sich mittlerweile an Mamma Carlottas Gastfreundschaft gewöhnt und zudem festgestellt, dass die italienische Küche es durchaus mit der friesischen aufnehmen konnte.

Obwohl er erst spät zur Ruhe gefunden hatte, stand Erik am nächsten Morgen zur gleichen Zeit auf wie immer. Wie nicht anders zu erwarten war, hatte seine Schwiegermutter noch früher aus dem Bett gefunden. Was er sonst an ihr bewunderte, war ihm an diesem Morgen lästig. Er würde Sören erklären müssen, was sich in der vergangenen Nacht in seinem Hause zugetragen hatte, und wie sollte er das tun, wenn er jedes Wort auf die Goldwaage legen musste, damit Mamma Carlotta nichts erfuhr, was sie nicht wissen sollte?

»Signorina Reimers schläft noch?«

Erik sah sich verwirrt um. »Nein! Das Bett ist leer. Ich dachte, sie sitze schon am Frühstückstisch.«

»No! Ich habe sie noch nicht gesehen.«

Erik runzelte die Stirn. »Sie ist schon so früh aus dem Haus gegangen? Ohne eine Nachricht zu hinterlassen?«

»Vielleicht hat sie einen Termin? Und sie hat es dir gestern gesagt, aber du hast wieder mal nicht richtig hingehört?«

Dieses Gespräch wollte Erik nicht vertiefen. Er entschloss sich, Sören anzurufen, damit der bereits informiert war, wenn er zum Frühstücken erschien. Das Handy steckte er in die Brusttasche seines Hemdes und ging in den Garten, als wollte er den kühlen Frühlingsmorgen genießen und sich von der klaren Luft die Müdigkeit nehmen lassen.

Sören meldete sich schlaftrunken. »Ist was passiert, Chef? Ich war noch nicht mal unter der Dusche.«

Mit wenigen Sätzen berichtete Erik ihm die Ereignisse der vergangenen Nacht. »Entweder hat meine Schwiegermutter sich das alles nur eingebildet, oder sie hat den Kerl verjagt, ehe er etwas stehlen konnte ...«

Seine Stimme hatte sich nicht gesenkt, Sören begriff, dass Erik noch eine weitere Möglichkeit in Erwägung zog. »Oder?«

»... oder es war Dagobert Manfredini.«

Er hörte, dass Sören sich auf einen Stuhl fallen ließ. »Sie meinen, er wollte Sie oder Ihre Familie als Geiseln nehmen? So wie vor fünf Jahren in Flensburg, als die Familie des leitenden Ermittlers von einem Geiselnehmer erschossen wurde?«

Erik konnte sich an diesen Fall nicht erinnern, wollte aber keine Einzelheiten hören. »Er hat vermutlich beobachtet, dass ich mit Wiebke das Haus verlassen habe. Er wollte die Kinder in seine Gewalt bringen. Und dann, wenn ich nach Hause gekommen wäre …« Er vollendete diesen schrecklichen Satz mit einem tiefen Seufzer.

»Was für ein Glück, dass Ihre Schwiegermutter rechtzeitig auf ihn aufmerksam geworden ist.« Sören zögerte. »Wäre es nicht besser, Ihre Familie wüsste von der Gefahr?«

Aber davon wollte Erik nichts hören. »Vielleicht irre ich mich ja, Sören. Eigentlich kommt es mir unwahrscheinlich vor, aber …« Wieder sprach er den Satz nicht zu Ende. »Ich möchte die Kinder nicht verängstigen.«

Sörens Stimme klang nun begütigend und tröstend. »Ganz ehrlich, Chef … ich glaube nicht, dass es Dagobert Manfredini war. Der hat nur eines im Sinn: ›Strandläufer‹. Vielleicht ist er bereits im Besitz des Bildes, und wahrscheinlich weiß er genau, wem er es anbieten kann. Wenn er es verkauft hat, kann er ein neues Leben beginnen. In irgendeinem Land, das ihn nicht ausliefert.«

»Er könnte genauso gut eine Bank überfallen«, antwortete Erik verzweifelt.

»Das wäre viel riskanter«, gab Sören zurück. »Ich bin sicher, dass er scharf auf das Bild ist. Und sobald er es hat, ist die Gefahr vorbei. Wenn also ›Strandläufer‹ bei Ihnen im Haus wäre, dann würde ich auch glauben, dass Dagobert Manfredini in der letzten Nacht bei Ihnen eingestiegen ist, aber so …«

Sören lachte gezwungen, und Erik machte: »Ha, ha!«

Er zupfte ein paar welke Blüten von einem Busch, dann wandte er sich zum Haus herum und stellte fest, dass seine Schwiegermutter auf der Terrasse stand und ihn beobachtete. »Wenn Sie gleich hier erscheinen, Sören – der Name Manfredini darf nicht fallen. Unter keinen Umständen!«, flüsterte er ins Telefon.

»Geht klar, Chef!«

Erik ging über den Rasen zurück und ärgerte sich über die feuchten Schuhe, die er sich im taubesetzten Gras eingehandelt hatte.

»Du hättest eine Jacke überziehen sollen, Enrico! Es ist kalt so früh am Morgen.«

Er schob seine Schwiegermutter ins Haus, verriegelte die Terrassentür gründlich und merkte, dass Mamma Carlotta ihn dabei beobachtete. »Das hat nichts mit dem Einbruch zu tun«, behauptete er. »So sollte es immer geschehen.« Vorwurfsvoll sah er sie an. »Ein offenes Fenster ... so was darf nicht passieren.«

Sie gab sich schuldbewusst, dann lief sie in die Küche, und er folgte ihr. »Hast du telefoniert, um zu erfahren, ob der Mann gefasst wurde, der aus dem Gefängnis ausgebrochen ist?«

Erik machte es sich einfach und antwortete: »Ja.«

»Und? Hat man ihn gefunden?«

»Noch nicht, aber ... es kann nicht mehr lange dauern.«

»Meinst du ... der Einbrecher ... das war dieser Mann?«

»Nein, nein, das war einer, der auf Bargeld aus war.«

»Und er ist geflohen, weil er mich gehört hat?«

Erik betrachtete seine Schwiegermutter, ihre fahrigen Hände, die vibrierenden Finger. Ihre Bewegungen waren so flink wie immer, aber es fehlte ihnen das Zielsichere, das gut Organisierte, das Geplante. Die Ereignisse der letzten Nacht schienen sie mitgenommen zu haben.

»Es ist auch möglich, dass du dir das alles nur eingebildet hast«, versuchte er sie zu beruhigen. »Du bist die Geräusche des Windes nicht gewöhnt. Und außerdem bist du es nicht gewöhnt, allein zu sein. Da kann man Angst bekommen, wenn der Wind durch die Ritzen pfeift und an den Fenstern rüttelt.«

Carlotta fuhr herum, als wäre sie von ihm beleidigt worden. »Ich bin keine ängstliche alte Frau, Enrico! Also behandel mich auch nicht so. Was ich gehört habe, habe ich gehört! Das war nicht der Wind, das war ein Einbrecher! Ganz sicher!«

Die Kinder waren zu Hairstylist Donald aufgebrochen, Erik und Sören hatten noch vor ihnen das Haus verlassen. Mamma Carlotta räumte den Tisch ab und überlegte kurz, ob sie für Wiebke einen Frühstücksteller anrichten sollte, der sie erwartete, wenn sie zurückkehrte. Aber da niemand wusste, wann sie wieder im Süder Wung erscheinen würde, entschloss sie sich dagegen. An diesem Morgen fragte sie sich ernsthaft, ob es noch Sinn machte, sich für Wiebke ins Zeug zu legen. Am Abend war sie noch voller Zuversicht gewesen, aber in der Nacht hatte sie jede Hoffnung fahren lassen. Dass Wiebke von ihrem armen Schwiegersohn verlangte, über jeden Kriminalfall informiert zu werden, damit sie als Erste einen Artikel darüber verbreiten konnte, war nicht richtig. Und nun war sie in aller Herrgottsfrühe aus dem Haus gelaufen, ohne eine Nachricht zu hinterlassen! Wenn das nicht aufhörte, würde aus den beiden niemals ein glückliches Paar.

Sie stellte die Spülmaschine an und beschloss, sich um die Wäsche zu kümmern. Zwar war ihr nicht wohl, als sie die Stufen in den Keller hinabstieg, aber sie riss sich zusammen. Der Einbrecher war geflüchtet! Sie brauchte keine Angst mehr vor ihm zu haben. Und die Tür zum Garten war fest verschlossen, dafür hatte Erik gesorgt. Dass jemand einen Schlüssel hatte, daran durfte sie jetzt nicht denken. Erst später! Wenn sie die Gelegenheit hatte, ihn von Paolino zurückzufordern.

Die feuchte Kälte und die Stille, die sie empfing, machten ihr Angst. Da half es nichts, sich immer wieder zu sagen, dass es keinen Grund gab, sich zu fürchten. Aber … gab es wirklich keinen? Der Verbrecher, der aus dem Gefängnis geflohen war, lief immer noch frei herum. Erst wenn Erik ihn gefasst hatte, würde sie sich wieder sicher fühlen.

Sie beschloss, die bösen Gedanken durch emsige Betriebsamkeit zu verscheuchen. Wer arbeitete, hatte keine Zeit zum Nachdenken! Entschlossen leerte sie den Wäschekorb und stopfte alles in die Waschmaschine. Dann gab sie Waschpulver hinzu und stellte sie an.

Schon waren sie wieder da, die bedrückenden Gedanken. Nachdenklich starrte sie auf das Bullauge der Waschmaschine, auf die Wäsche, die sich langsam drehte, und fragte sich mit einem Mal, ob der Einbrecher wohl auch in diesem Raum gewesen war. Der Gedanke war ihr derart unheimlich, dass sie schleunigst wieder ins Erdgeschoss zurückwollte. Raus aus diesem Keller, in dem ein Verbrecher herumgeschlichen war! Weg von der Tür, deren Klinke er womöglich berührt hatte! Weg, weg! Die gewaschene Wäsche würde sie erst in den Trockner stecken, wenn irgendein Familienmitglied im Haus war.

Sie hatte schon einen Schritt aus dem Raum hinausgesetzt, als sie stockte. Wie angewurzelt blieb sie stehen. Ihr Blick hatte die Stelle nur gestreift, ihre Augen waren darüber hinweggehuscht, dennoch hatte sie erfasst, dass irgendetwas nicht so war, wie es sein sollte. Sie zwang sich, sich umzudrehen und den Wäschekeller noch einmal zu betreten. So dicht ging sie heran, dass sie jeden Zweifel ausschließen konnte. Das Bild, das sie in die Lücke zwischen Waschmaschine und Trockner geschoben hatte, war weg.

Rudi Engdahl sah aus, als hätte er sie schon erwartet. Kaum hatten sie den Revierraum betreten, sprang er auf und kam auf sie zu. »Schon gesehen?«, fragte er und wies zu seinem Laptop.

Erik hatte keine Ahnung, wovon er sprach. »Was meinen Sie?«

»Das wird wieder einen Hype auf der Insel geben! Die Krevert war gerade aus den Schlagzeilen verschwunden, aber jetzt muss sie sich wieder warm anziehen. Die Paparazzi werden sie jagen.«

Erik begriff noch immer nicht, wovon der Polizeihauptmeister redete. Sören ging es nicht anders. Sie folgten Engdahl bereitwillig an seinen Arbeitsplatz, wo er den Laptop so drehte, dass Erik und Sören den Bildschirm gut sehen konnten.

»Mattino Online«, las Erik. »Hat die Mattino jetzt auch eine Onlineausgabe? Eigentlich ist die doch ein Wochenblatt.«

»Die Onlineausgabe ist neu«, bestätigte Engdahl. »Damit

kann die Mattino auch die brisantesten Neuigkeiten verbreiten, die eine Woche später keinen Menschen mehr interessieren.« Er wies auf einen Artikel. »Das hier zum Beispiel.«

Nun war Erik neugierig geworden. Er beugte sich vor, um die Überschrift zu entziffern und vor allem um das unscharfe Bild darunter besser sehen zu können. Trotz der schlechten Qualität war Madeleine Krevert gut zu erkennen.

»Viktor Kreverts Witwe ein männermordendes Ungeheuer?«, las Sören vor. Aufgeregt beugte er sich weiter vor, um den Absatz unter der Titelzeile, der kleiner gedruckt war, ebenfalls entziffern zu können. »Ist Madeleine Krevert, Witwe des berühmten Talkmasters Viktor Krevert, die angeblich so glücklich verheiratet war, eine Nymphomanin? Oder wie ist es zu erklären, dass sie, die erst vor ein paar Tagen gestehen musste, mit ihrem Friseur ein Verhältnis zu haben, sich nun sogar nachts zu einem Liebhaber schleicht? Es handelt sich um den Reisejournalisten und Buchautor Paul Freier. Pikanterweise der Onkel von Larissa Freier, die vor Kurzem im Hause Krevert tot aufgefunden worden war.«

Erik sah Sören verblüfft an. »Madeleine Krevert und Paul Freier?«

Sören kippte den Bildschirm des Laptops ein wenig nach hinten, um das Foto noch besser betrachten zu können. »Wo ist das gemacht worden?«

»Steht in dem Artikel«, gab Engdahl Auskunft. »Die Krevert ist hinter einer Hecke neben Freiers Haus fotografiert worden. Diese Paparazzi haben wirklich ihre Augen und Ohren überall. Dass die Krevert nichts davon gemerkt hat!« Rudi Engdahl zog die Augenbrauen in die Höhe. »Mir ist das richtig unheimlich.«

Erik stand da wie erstarrt. Er fühlte, dass Sören ihn beobachtete, war aber unfähig, sich ihm zuzuwenden. Die Rasenfläche, die Hecke, der Busch neben Madeleine Krevert, die Blumen zu ihren Füßen … das alles kannte er nur zu genau.

Sörens Stimme war ganz leise, als er sagte: »Die Krevert war also letzte Nacht in Ihrem Garten.«

»Vielleicht auch in meinem Haus?«, gab Erik zurück.

»Aber warum?«

Darauf wusste Erik keine Antwort. In Sörens Gesicht stieg ein besorgter Ausdruck, als Erik flüsterte: »Das Foto wurde von meinem Schlafzimmerfenster aufgenommen.« Dann straffte er sich, stand nun kerzengerade und sagte zu Rudi Engdahl, der verwirrt von einem zum anderen blickte: »Lassen Sie das Foto von der KTU so weit vergrößern wie möglich.« Er zeigte auf die linke Ecke des Bildes. »Da gibt es etwas, was schwer zu erkennen ist. Ein helles Dreieck zu ihren Füßen. Ich will wissen, was das ist.«

»Geht in Ordnung, Chef«, gab Rudi Engdahl zurück und blickte Erik nach, der in sein Büro ging und sich dabei um eine aufrechte Haltung bemühte.

Mamma Carlotta hielt es zu Hause nicht aus. Auf die Fragen, die in ihrem Kopf rumorten, würde sie niemals Antworten finden, wenn sie mit niemandem redete. Aber wem konnte sie sich anvertrauen? Paolo? Sie dachte eine Weile nach, dann entschied sie sich gegen ihn. Und auch gegen alle anderen, die ihr in den Sinn kamen. Gestehen, dass sie Tove ein Bild gestohlen hatte? Dass sie eine Erinnerung an Paolino haben wollte? Nein! Niemand sollte erfahren, dass sie sich verliebt hatte, Paolino am allerwenigsten. Dass sie, eine Frau von Mitte fünfzig, unangemessene Gefühle für einen Mann hegte, musste ihr Geheimnis bleiben.

Entschlossen zog sie ihre Jacke über. Hauptsache, sie konnte überhaupt mit jemandem reden! Das Schweigen in diesen vier Wänden konnte sie nicht ertragen. Wenn sich im Haus niemand fand, der ihr zuhörte, dann gab es drei Möglichkeiten: ein Besuch bei Feinkost Meyer, wo vielleicht die eine oder andere Verkäuferin Zeit für ein Gespräch hatte, ein paar Schritte am Strand entlang, wo es immer Leute gab, die sich ansprechen und aufhalten ließen, oder ein Besuch in Käptens Kajüte. Nirgendwo würden sich ihre Fragen beantworten lassen, aber wenigstens konnte sie sich von ihnen ablenken.

Sie entschied sich für alle drei Möglichkeiten. Zwar hatte sie längst alles im Haus, was sie fürs Essen benötigte, aber ein paar Scheiben Parmaschinken konnten die Vorspeisen, die sie auf den Tisch bringen würde, bereichern.

Sie zog ihre praktische Hose an, da sie das Fahrrad nehmen wollte, und die ebenso praktische Jacke, die keinen Wind durchließ und sogar vor Regen schützte. Als sie einen Blick in den Spiegel warf, war sie jedoch nicht zufrieden. Würde Paolino ihr ein Kompliment machen, wenn er sie sah? Sie schüttelte so heftig den Kopf, dass das ›Hot Drama‹ auf ihrem Kopf aus der Fasson geriet. Sie brauchte etwas Farbiges. Einen bunten Schal! Und überhaupt brauchte sie etwas, was sie über den großen Schreck der letzten Nacht hinwegtrösten konnte, den sie noch immer nicht überwunden hatte. Von der Erkenntnis, die sie vor einer Stunde im Wäschekeller gewonnen hatte, ganz zu schweigen …

Als sie bei Feinkost Meyer ankam, trug sie einen pinkfarbenen Schal, den sie im Schaufenster von Annanitas Modestübchen gesehen hatte, der zu den Strähnen in ihrer neuen Frisur passte und ihre Stimmung gehoben hatte. Sie ließ sich eine Portion Parmaschinken abpacken, fand jedoch keine Verkäuferin, die sich für ein Schwätzchen einige Minuten Zeit nehmen konnte. Nun ging es weiter Richtung Meer. Mamma Carlotta legte den Kopf in den Nacken, während sie dem Wind entgegenfuhr, und ließ den Schal flattern. Je heftiger sie in die Pedalen trat, desto besser fühlte sie sich.

Am Hotel Windrose bog sie links ab und legte dort, wo früher das Kulturzentrum Wenningstedts und das alte Gosch-Restaurant gestanden hatte, eine Pause ein. Diesen Strandübergang liebte sie ganz besonders. Der Blick vom höchsten Punkt der

Holztreppe war einzigartig. Hier konnte man die Sorgen in den Wind schreien und darauf bauen, dass er sie mitnahm.

Lange blieb sie jedoch nicht, verzichtete auch darauf, zum Strand hinabzusteigen, sondern setzte ihren Weg fort, genoss die Fahrt auf der Straße, die bis zum Hochkamp bergab führte und ihren neuen Schal in helle Aufregung versetzte. Kurz darauf stellte sie ihr Fahrrad vor Käptens Kajüte ab und zog den Schal vom Hals weg, weil die Fahrt sie erhitzt hatte. Als sie auf den Eingang zutrat, war es ihr gelungen, den Einbruch der vergangenen Nacht und den Verlust von Paolinos Bild, die wunderbare Erinnerung an ihn, in die zweite Reihe ihrer Gedanken zu drängen. Nur die Frage, wer das Bild genommen hatte, saß ihr noch im Nacken. Wie ein Tier, das sich dort festgebissen hatte. Und sie hoffte, dass Tove ihr nicht ansehen würde, dass ihm etwas gestohlen worden war. Ob er schon gemerkt hatte, dass das Bild fehlte? Und wenn ja, ob er dann eine Ahnung hatte, wer dahintersteckte?

Die Tür wurde aufgestoßen, eine Gruppe Jugendlicher drängte sich aus Käptens Kajüte hinaus. Als Mamma Carlotta an die Theke trat, war Tove so schlecht gelaunt, wie er eigentlich sein sollte, wenn er den ganzen Tag keine Gäste gehabt hatte.

»Was die für einen Krach gemacht haben«, schimpfte er und ließ Fietje dafür büßen, dass er sich gestresst fühlte, nachdem er ein Dutzend junger Leute auf einmal bedienen musste. Fietjes Wunsch nach einem frischen Bier wollte er jedenfalls erst nachkommen, wenn er sich erholt hatte.

Unter diesen Umständen wagte Mamma Carlotta nicht, um einen Cappuccino zu bitten. Sie merkte nur nebenbei an, dass sie mit einem Aqua minerale zufrieden wäre, sobald der Wirt sich erholt habe. »Aber das hat Zeit«, ergänzte sie hastig, weil sie schon wieder an das Bild dachte, das Tove über sein Sofa hängen wollte und das nun verschwunden war.

Nachdem er sich eine Weile gemütlich an den Zapfhahn gelehnt und die Arme verschränkt hatte, schien Tove genug Kraft gesammelt zu haben, um seine Gäste zu bedienen. Er stellte Mamma Carlotta ein Mineralwasser hin und zapfte für Fietje ein Jever. Währenddessen fragt er, ohne Mamma Carlotta anzusehen: »Schon gelesen?«

»Come? Scusi?«

»Was da heute Morgen in der Mattino Online gestanden hat.«

Nun orderte Mamma Carlotta doch einen Cappuccino. »Die Mattino kenne ich. Die Freundin meines Schwiegersohns schreibt gelegentlich für dieses Blatt.«

»Auch für die Onlineredaktion?«

»Online? Was ist das?«

»Wenn die Zeitung nicht gedruckt wird, sondern auf dem Computer zu lesen ist.«

»So was gibt's?« Mamma Carlotta staunte nicht schlecht und hörte ehrfürchtig zu, als Tove ihr erklärte, dass heutzutage viele Zeitschriften auch eine Onlineausgabe herausbrachten.

»Das hat den Vorteil, dass Sensationen sofort veröffentlicht werden können. Das kann die gedruckte Mattino nicht.«

Nun mischte Fietje sich ein. »Und deswegen kann man heute Morgen schon lesen, was in der vergangenen Nacht passiert ist.«

Plötzlich entstand eine unangenehme Stille. Dass Fietje nach einem vollständigen Satz nichts mehr sagen wollte, war normal, und dass Tove sich nicht gern auf Diskussionen einließ, wusste auch jeder. Aber diesmal hatte das Schweigen nichts mit Mundfaulheit zu tun, das spürte Mamma Carlotta deutlich. Diesmal hatte es einen eigenen Wert.

Sie sah Tove so lange an, bis der endlich reagierte: »Ein Gast hat mir erzählt, dass da heute was drinstand. Über diese Madeleine Krevert.« Tove fiel ein, dass er schon mal die Grillwürste aus der Kühlung holen konnte. »Wie hieß noch mal der Typ, in den Sie verknallt sind, Signora?«

Mamma Carlotta rang empört nach Luft. »Ich habe Ihnen schon mal gesagt ...«

»Ja, ja, dass Sie Witwe sind und so ... Aber ich habe trotzdem gemerkt, dass Sie sich in den Kerl verguckt haben. Oder warum haben Sie sonst eine neue Frisur?«

Nun tat Mamma Carlotta so, als verstünde sie nicht, von wem die Rede sei. »Wen meinen Sie eigentlich?«

»Na, den Onkel von Larissa Freier.«

»Was hat der nun mit Madeleine Krevert zu tun? Und mit dieser komischen Onlinezeitung?«

Tove kratzte sich am Schädel, dann sagte er entschlossen: »Ich finde, Sie sollten das wissen. Dann kann ich ja immer noch den Witwentröster spielen.«

Mamma Carlotta wurden seine Worte immer rätselhafter. »Nun sagen Sie schon!«

Tove legte seine behaarten Unterarme auf die Theke und beugte sich vor. So weit, dass Mamma Carlotta zurückwich, um seinen schlechten Atem nicht riechen und die Haare, die aus seiner Nase sprossen, nicht sehen zu müssen. »Tja, so treiben es andere Witwen. Die Krevert hatte nicht nur mit ihrem Friseur ein Verhältnis, sondern auch mit diesem Paul Freier. Eine verdammt lustige Witwe!«

Mamma Carlotta starrte den Wirt an, als wartete sie darauf, dass er sich darüber amüsierte, weil sie auf seinen Scherz hereingefallen war. Dann blickte sie zu Fietje, damit er sie angrinste und ihr sagte, dass sie auf Toves Geschwätz einfach nicht hören solle. Doch beides geschah nicht.

»Stand in der Zeitung!«, verteidigte sich Tove, ehe Mamma Carlotta den Wahrheitsgehalt seiner Worte anzweifeln konnte. »Soll sogar ein Foto bei gewesen sein.«

Erik griff nach der Trauben-Nuss-Schokolade. Als er im Stanniolpapier nur noch ein einziges Stück fand, steckte er es in den Mund, zerknüllte das Papier und warf es mit einer wütenden Geste in den Papierkorb. Diesmal ließ er die Schokolade nicht genussvoll in seinem Mund schmelzen, sondern zerbiss die

Nusskerne und schluckte alles herunter. Dann nahm er das Telefon zur Hand und wählte.

Er warf Sören einen Blick zu, der verriet, dass am anderen Ende nur die Mailbox ansprang. »Hier Hauptkommissar Wolf! Würden Sie mich bitte so schnell wie möglich anrufen, Frau Krevert! Danke! Auf Wiederhören!«

Sören ging nervös auf und ab. »Klar! Nach einer Nacht mit ihrem Liebhaber braucht sie heute Morgen länger, um in die Gänge zu kommen.«

Erik grinste unfroh. »Und Sie haben geglaubt, Paul Freier wäre in meine Schwiegermutter verknallt!«

»Und sie in ihn!« Nun sah Sören sehr bekümmert aus. »Hoffentlich bricht er ihr nicht das Herz!«

»Reden Sie keinen Unsinn, Sören!«, schimpfte Erik. »Das Herz meiner Schwiegermutter kann was ab.« Entschlossen nahm er das Telefonbuch zur Hand. »Ich rufe jetzt die Freundin an, bei der die Krevert wohnt.«

Kurz darauf erfuhr er, dass Madeleine Krevert an diesem Morgen noch nicht gesehen worden war. »Sie schläft wohl noch.«

»Wenn Sie aufwacht, sagen Sie ihr bitte, dass sie mich anrufen soll.«

»Was wollen Sie die Krevert fragen, wenn sie anruft?«, erkundigte sich Sören. »Ob sie den Einbrecher gesehen hat?«

Erik zögerte. »Was sie nachts in meinem Garten macht.«

»Ist doch klar. Sie muss immer mit Klatschreportern rechnen. Da kann sie nicht einfach durchs Gartentor der Kemmertöns spazieren.«

»Mit einer Klatschreporterin im Nachbarhaus konnte sie natürlich nicht rechnen.« Erik holte seine Pfeife aus der Schreibtischschublade und begann sie zu stopfen. Sörens warnenden Blick ignorierte er. Natürlich würde er im Büro nicht rauchen. Aber das Stopfen einer Pfeife erzeugte die Ruhe in ihm, die er jetzt dringend nötig hatte.

»Es ist doch merkwürdig«, überlegte er, »dass die Krevert ausgerechnet in der Nacht durch meinen Garten schleicht, in der bei uns eingebrochen wird. Halten Sie das wirklich für einen Zufall?«

»Wollen Sie behaupten, die Krevert wäre der Einbrecher?«, fragte Sören zurück.

Erik brauchte nicht lange nachzudenken. »Was sollte sie bei uns schon suchen?«

Sören stand auf und ging zum Fenster. Er drehte seinem Chef demonstrativ den Rücken zu. Erik wusste, dass nun etwas kommen würde, was ihm nicht gefiel. »Im Grunde interessiert Sie doch nur, Chef, wie es möglich war, dass die Krevert dabei fotografiert wurde. Und wie es sein kann, dass dieses Foto heute Morgen in der Mattino Online erscheint.«

Erik dachte an den kalten Rauch, der überall im Raum stand, wo Madeleine Krevert sich aufgehalten hatte, und warf die Pfeife in die Schublade zurück. Er schloss sie so geräuschvoll, dass Sören sich erschrocken umdrehte. »Ich weiß ja, wie es möglich ist. Weil ich mit einer Frau zusammen bin, der ihr Job über alles geht.« Und heftig ergänzte er: »Wiebke vergisst alles andere, wenn sie eine gute Story wittert.« Und dann wieder leise, verzagt: »Sie hätte mit mir reden müssen, bevor sie dieses Foto einer Redaktion anbietet. Ich habe fest geschlafen und nichts mitbekommen. Vermutlich wollte sie sich was zu trinken holen, hat zufällig aus dem Fenster geschaut … Und dann setzt sie sich mitten in der Nacht an den PC und schreibt eine Titelzeile. Das Foto ist zwei Minuten später in der Redaktion …«

»Und in der Mattino freut man sich über die brisante Neuigkeit«, ergänzte Sören. »Ein Scheißberuf! Dann doch lieber Polizeibeamter!«

Ehe Erik darauf antworten konnte, sprang die Tür auf. Rudi Engdahl stand im Raum. »Die Auswertung des Fotos ist gerade gekommen. Sie werden sich wundern, Chef!«

Die Sonne war durch die Wolken gebrochen, die immer mehr Lücken aufwiesen, sich allmählich zerfaserten und Hoffnungen auf einen wolkenlosen, sonnigen Tag machten. Den Reißverschluß der Jacke ließ Mamma Carlotta offen, legte aber dennoch den Schal um. Seine Wärme würde sie ertragen, weil sie wusste, dass seine Farbe ihrem Teint guttat.

Sie schwang sich aufs Rad und trat in die Pedalen, als jagte sie einem versäumten Termin hinterher. In wenigen Minuten war sie im Süder Wung angekommen. Sie stellte das Rad ab und ging durch das Gartentor in das Anwesen der Kemmertöns.

Paul trat aus dem Haus. Überrascht blieb er stehen, ein Lächeln ging über sein Gesicht. »Carlotta! Du besuchst mich?«

Sie ließ sich einen Kuss sowohl auf die rechte als auch auf die linke Seite ihres Gesichts hauchen, dann löste sie sich von ihm, ehe er sie in eine feste Umarmung locken konnte. »Ich muss mit dir reden.«

Er sah sich unsicher um. »Können wir zu dir gehen? Bei mir ist nicht aufgeräumt.«

Carlotta schüttelte den Kopf. »Lass uns spazieren gehen.«

»Ich wollte heute sowieso mit dir einen Strandspaziergang machen.« Paul holte den Autoschlüssel aus dem Haus, steckte sein Handy und die Brieftasche ein, dann trat er mit dem Lächeln auf Mamma Carlotta zu, das sie vom ersten Augenblick an bezaubert hatte. »Weiß deine Familie Bescheid?«

Mamma Carlotta schüttelte den Kopf. »Wir werden ja nicht lange wegbleiben.« Sie stutzte und zeigte auf den Boden. »Was ist das? Sieht aus wie Blut.«

Er zuckte mit den Schultern. »Vielleicht ist hier heute Nacht ein Tier gerissen worden.« Paul schob sie zum Ausgang, in dessen Nähe der Leihwagen stand, den er auf Sylt benutzte. »Wir fahren zum Ellenbogen. Einverstanden?«

Mamma Carlotta hatte keine Ahnung, wo der Ellenbogen war, wusste nur, dass es sich um einen besonders schönen Strandabschnitt handelte. Sie setzte sich auf den Beifahrersitz, lehnte sich zurück und genoss die Landschaft. Sie genoss es sogar, dass Paul wenig sprach und sich ganz aufs Fahren konzentrierte. Dass sie selbst nicht den Wunsch zu sprechen hatte, war ein neues Gefühl, aber es schien zu der Nähe zu Paolino zu passen.

Er umrundete schon den neuen Kreisverkehr in der Nähe von Feinkost Meyer, da erst sagte er: »Du siehst erregt aus. Ist was passiert?«

»Heute Nacht ist bei uns eingebrochen worden.«

Er nahm den Fuß vom Gas. »Was ist gestohlen worden?«

Sie zögerte, antwortete dann aber: »Nichts.« Dass sie sich sein Bild verschafft hatte, dass sie es Tove gestohlen und dann als Erinnerung im Wäschekeller versteckt hatte, wollte sie nicht zugeben. Noch nicht! Vielleicht nie. »Anscheinend habe ich den Einbrecher rechtzeitig bemerkt. Er ist durch den Keller geflohen. Die Tür war nicht verschlossen.«

Er warf ihr einen Blick zu. »Willst du mir damit sagen, dass ich dir den Kellerschlüssel zurückgeben soll?« Er wartete ihre Antwort nicht ab, sondern fuhr gleich fort: »Nach Larissas Tod brauche ich ihn nicht mehr.« Er griff nach ihrer Hand und drückte sie. »Ich würde ihn niemals benutzen, um dich zu besuchen. Es ist das Haus deines Schwiegersohns. Unmöglich, mich da nachts hineinzuschleichen …«

Mamma Carlotta atmete auf. Sie merkte sogar, dass sich ein kleines Lächeln auf ihr Gesicht stahl. Wie dumm sie gewesen war, seine Worte ernst zu nehmen! Anscheinend war die Zeit des Flirtens schon zu lange vorbei. Sie hatte die Regeln vergessen und für bare Münze genommen, was Paolino gesagt hatte.

Während sie Richtung Kampen fuhren, entspannte sie sich allmählich und erfreute sich an den schönen Reetdachhäusern und den teuren Geschäften. »Gucci«, las sie, »Bulgari, Windsor, Joop …«

Als sie Kampen durchquert hatten, dehnten sich Heideflächen aus, rechts blickte sie aufs Watt, links in die Dünen, durch die sich ein Fahrradweg wand. Große Parkplätze zeigten, dass diese Strandabschnitte im Sommer gut besucht waren, im März jedoch standen nur vereinzelte Fahrzeuge von Strandspaziergängern da. In einer Linkskurve reichte der Blick bis zum Lister Hafen, der von einem weißen Dampfer angesteuert wurde.

Paul machte sie auf die Vogelkoje, die frühere Einrichtung zum Fangen von Wildenten, aufmerksam. »Warst du dort schon? Enten werden nicht mehr gefangen, jetzt kann man dort wunderbar spazieren gehen.«

Carlotta musste zugeben, dass sie von der Insel noch nicht viel gesehen hatte. Nur Wenningstedt und einen Teil von Westerland. »Enrico hat immer wenig Zeit.«

Bald darauf gabelte sich die Straße. Ein Wegweiser zeigte geradeaus nach List, ein anderer nach links zum Ellenbogen. Als sie auf den schlecht gepflasterten Weg einbogen, wurde es einsam um sie herum, kein Auto kam ihnen entgegen. Links und rechts nur Dünen, dazwischen diese schlechte Wegstrecke, die nun aus großen Betonplatten bestand, die vom ersten Weltkrieg übrig geblieben waren. Damit endlich wieder ein paar Worte zwischen ihnen gesprochen wurden, las sie ein Schild vor, das im Dünengras stand. »Betreten verboten! Das gesamte Dünengelände steht unter Naturschutz!«

Nun fiel ihr ein, dass sie Paul erzählen konnte, wie wichtig Erik der Dünenschutz war und wie sehr es ihn erregte, wenn ignorante Touristen sich nicht darum kümmerten.

»Er hat recht«, entgegnete Paul, dann schwieg er wieder.

Links gab es ein Schild, das zum Parkplatz Weststrand zeigte, aber er fuhr weiter. Carlotta hatte das Gefühl, mit ihm ins Endlose zu fahren, und gestand sich ein, dass sie gerne irgendwo anhalten würde. Diese schweigsame Fahrt durch die Dünenlandschaft, ohne einen Menschen zu sehen, wurde ihr immer unheimlicher. Hätte sie nichts von seiner Beziehung zu Madeleine Krevert gewusst, hätte sie das Alleinsein mit ihm vielleicht genießen können. Aber so?

»Sind wir bald da?«, fragte sie zaghaft.

Paul nickte und zeigte nach vorn. »Strandabschnitt Abessinien«, sagte er. »Da ist es besonders schön.«

Wo es besonders schön war, hielten sich viele Menschen auf. Das hoffte Mamma Carlotta jedenfalls, der die Einsamkeit immer weniger gefiel. Aber im März, das stellte sie bald fest, war alles anders. Der Parkplatz war leer, die Schranke geöffnet, kein Parkwächter zu sehen. Sie konnten durchfahren, ohne eine Parkgebühr zu entrichten. Sogar die zweite Schranke, die den Parkplatz zum Strand hin versperrte, war geöffnet. Paul fuhr einen steilen Weg hoch und hielt auf der Kuppe der Düne auf einem kleinen Platz, der dem Strandkorbvermieter gehörte. Jetzt aber gab es keine Strandkörbe zu mieten, das weiße Holzhäuschen, in dem er residierte, war leer, die Strandkörbe waren alle noch im Winterlager, das Waschhaus auf der rechten Seite war verschlossen. Wieder fühlte Mamma Carlotta sich, als wäre sie mit Paul ganz allein auf der Welt. In weiter Ferne sahen sie einige Strandläufer. Hier gab es viel Platz, um sich zu zerstreuen. Und wer den Tag am Ellenbogen verbringen wollte, hatte genau das vor. Sie alle wollten allein sein mit dem Strand, dem Meer, dem Himmel, den Möwen. Sogar im Sommer würde es hier einsam sein.

Mit einem unguten Gefühl im Bauch betrat Mamma Carlotta den Strand. Bisher hatte sie nur den Strand von Westerland und Wenningstedt kennengelernt, auf diese gewaltige Einsamkeit am Ellenbogen war sie nicht gefasst gewesen. Als Paul ihren Arm berührte, wäre sie beinahe zurückgezuckt, aber zum Glück konnte sie verhindern, dass er etwas von ihrem Unbehagen mitbekam. Sie war es einfach nicht gewöhnt, sagte sie sich, so allein war sie in Umbrien nie. Und der Mann an ihrer Seite bedeutete nun nicht mehr Gesellschaft, sondern nur ein anderes Maß von Einsamkeit.

Der Anblick des Meeres verschlug ihr wieder einmal den Atem, die Dimensionen machten sie klein und schwach. Das Wasser war von einem dunklen Blau an diesem Tag, als spiegelte sich der Himmel darin, der von der Tiefe des Meeres dunkel gefärbt wurde. Weiße Gischt sprang hier und da auf, ohne Muster, ohne Regeln. Manchmal kam es ihr so vor, als täuschte das Meer weit draußen eine Harmlosigkeit vor, die den Strandläufer mit dem Donnern der Brandung überraschen sollte. Heute allerdings empfand sie es anders. Schon da, wo aus der Weite des Meeres eine Fülle von Wellen entstand, wurde bereits die Wucht deutlich, die sich später im Auslaufen der Brandung zeigte.

Mamma Carlotta hätte sich gern nach links gewandt, wo sie einige Leute ausmachte, die im Sand saßen, aber Paul wies nach rechts und ging schon los, ehe sie Einwände erheben konnte. Nach wenigen Schritten bückte er sich und zog seine Schuhe aus. »Besser, wir gehen barfuß.«

Sie tat es ihm gleich und freute sich an dem warmen Sand unter ihren Fußsohlen, der im Schatten eines Dünengrasbusches unvermittelt kühl sein konnte. Sie wäre gern zur Wasserkante gegangen, aber Paul blieb am Fuß der Dünen. Und wieder folgte sie ihm, ohne ihren Wunsch zu äußern.

»Warum wolltest du mit mir reden?«, fragte er. »Oder ... soll ich erst?«

Sie nickte, froh, einen kleinen Aufschub zu erhalten. »Du wolltest mir auch etwas sagen?«

Er blieb stehen und sah ihr so tief in die Augen, dass sie unwillkürlich vor der Intensität seines Blickes zurückwich. »Ich muss zurück nach Neuseeland.«

Sie war überrascht. »Du wolltest warten, bis Larissas Tod aufgeklärt ist. Und nun ... nun ist sie doch noch nicht einmal beigesetzt worden.«

Er ging mit gesenktem Kopf weiter, ohne darauf zu achten, ob Carlotta ihm folgte. »Es hat sich etwas geändert.«

»Was?«

»Ich plane seit Langem eine Weltumsegelung. Bisher fehlte mir das Geld, aber jetzt ...«

»Jetzt hast du es?«

»Gewissermaßen. Ich weiß, wie ich es bekommen kann. Und darum muss ich mich unverzüglich kümmern.«

Mamma Carlotta wollte ihn zwingen, stehen zu bleiben und sich zu ihr umzudrehen. »Bist du wirklich nach Sylt gekommen, um Larissa beizustehen?«

Sie hatte Erfolg, Paul wandte sich um. »Warum sonst?«

Carlotta zögerte. »Dass du jetzt davon redest, wieder nach Neuseeland zurückzukehren ... dabei wolltest du warten, bis der Mord an Larissa aufgeklärt ist ... plötzlich kommt es mir so vor, als berührte dich ihr Tod nicht mehr.«

Sein Gesicht wirkte nun bekümmert. »Du irrst dich. Der Tod meines Pralinchens setzt mir sehr zu. Erst mein Bruder und meine Schwägerin und nun auch noch sie ... Ich habe keine Familie mehr.« Mit einem Mal zeigte sich Entschlossenheit in seiner Miene. »Komm mit mir, Carlotta. Komm mit mir nach Neuseeland, begleite mich auf meiner Weltumsegelung.« Er griff nach ihren Händen.

»Ich ... war noch nie auf einem Segelboot.«

»Das macht nichts. Ich hätte dich so gerne bei mir.«

Etwas in ihr zersprang. Ein Gefühl trennte sich vom anderen, eine Erkenntnis von der nächsten, das Glück stritt mit namenloser Enttäuschung. Sie fühlte sich, wie sie sich als junges Mädchen gefühlt hätte, wenn Marcello Mastroianni ihr mit einem Heiratsantrag gekommen wäre. Das konnte nicht wahr, das musste eine Lüge sein! Die Realität trieb einen Spaß mit ihr! Hinter diesem Wunsch musste etwas stecken, was ihr nicht gefallen würde, wenn sie es wüsste. Ein Mann wie Paul Freier würde keine italienische Mamma mit auf sein Boot nehmen, für die es das größte Abenteuer ihres Lebens gewesen war, in Rom ein Flugzeug zu besteigen, um die Familie ihrer Tochter auf Sylt zu besuchen.

»Hat Madeleine Krevert dir eine Absage erteilt? Wolltest du nicht eigentlich mit ihr die Weltumsegelung machen?«

Paolino blickte sie verblüfft an. »Was sagst du da?«

»Ich habe es heute Morgen gehört. Es hat in der Zeitung gestanden. In einer ... Onlinezeitung. Madeleine Krevert hatte nicht nur ein Verhältnis mit ihrem Friseur, sondern auch mit dem Reisejournalisten und Buchautor Paul Freier.«

»Das stimmt nicht! Das ist reine Verleumdung!«

Carlotta ging weiter und starrte auf ihre Füße, sah ihre Zehen an, die sich bei jedem Schritt spreizten, den Sand, den ihre Füße verdrängten, der aufstäubte und ihr vom Wind ins Gesicht gepustet wurde. Ihre Augen begannen zu tränen ...

Erik starrte noch immer auf den winzigen Bildausschnitt, der so stark vergrößert und derart bearbeitet worden war, dass sich gut erkennen ließ, worum es sich handelte. »Ein Bild«, stellte er trotzdem fest.

Rudi Engdahl sonnte sich in seinem Erfolg. »Ich habe gleich im Flensburger Museum angerufen und denen das Foto per Mail geschickt. Sie wollten sich zwar nicht festlegen, aber zumindest halten sie es für möglich, dass es sich um die rechte untere Ecke von ›Strandläufer‹ handelt.«

»Wenn das stimmt«, überlegte Erik, »dann ist die Krevert heute Nacht mit dem verschollenen Gemälde von Boy Lindegard durch meinen Garten geschlichen. Welchen Sinn macht das?«

»Paul Freier muss da mit drinhängen«, fuhr Sören fort. »Madeleine Krevert ist nur ein paar Meter von seinem Holzhaus entfernt. Also wollte sie zu ihm.«

»Mit dem Bild?«, fragte Erik. »Sie meinen, sie wollte es zu ihm bringen? Völlig unmöglich.«

Sören nickte. »Stimmt, das hätte sie natürlich niemals getan.

»Vielleicht war es genau anders herum?«, überlegte Erik. »Sie war bei ihm und kehrt nun zurück?«

Drei Nasen näherten sich dem Computerbildschirm. Rudi Engdahl war es, der zuerst die Feststellung machte: »Ja, könnte auch so gewesen sein.«

Erik strich sich nachdenklich den Schnauzer glatt. »Das würde ja bedeuten, dass Madeleine Krevert das Bild gestohlen hat. Dann wusste sie, dass Paul Freier es besaß.«

»Wie konnte sie das wissen?«, fragte Sören genervt. »Und wieso haben wir das Bild dann nicht bei ihm gefunden?«

Ehe Erik eine Antwort geben konnte, sprang die Tür auf, und Enno Mierendorf erschien mit einem schnurlosen Telefon im Raum, das er Erik entgegenhielt. »Ein Notruf! Die Dame will aber nur mit Ihnen sprechen.«

Erik runzelte die Stirn. »Wer ist dran?«

»Ihre Nachbarin! Sie ist sehr aufgeregt.«

Verwundert nahm Erik den Hörer entgegen. »Guten Morgen, Frau Kemmertöns. Was ist passiert?«

»Eine Frau«, keuchte Frau Kemmertöns. »Bei uns im Garten! Ganz hinten! Da, wo der Komposthaufen ist.«

»Was meinen Sie damit?«, fragte Erik, obwohl er bereits ahnte, was seiner Nachbarin widerfahren war. »Ist sie tot?«

Frau Kemmertöns schluchzte auf und stöhnte so herzzerreißend, dass es Antwort genug war. »Wir kommen sofort. Rühren Sie nichts an.« Erik reichte Enno Mierendorf das Telefon zurück, stand auf und griff nach seiner Jacke. »Wir müssen los, Sören. Weibliche Leiche im Nachbargarten.« Und zu Enno Mierendorf: »Sie sagen Dr. Hillmot und der KTU Bescheid.«

Paul griff nach ihrer Hand und bemühte sich, mit ihr im Gleichschritt zu gehen. »Das ist eine Lüge, Carlotta! Glaub mir!«

Dass sie nicht antwortete, schien er für Zustimmung zu halten. »Diese Zeitungsmeldung kann nur auf einem Irrtum beruhen. Oder sie stammt von einem gewissenlosen Reporter, der Lügen erzählt, um die Auflage zu steigern. Ich habe mich einmal mit Madeleine getroffen, das ist alles.«

»Trotzdem werde ich nicht mit dir gehen. Meine Familie würde ich niemals aufgeben. Die auf Sylt nicht und die in Umbrien auch nicht. Außerdem ...«

Er drückte ihre Hand so fest, dass es wehtat. »Ich weiß, was du denkst. Wir haben bisher in unterschiedlichen Welten gelebt. Du hältst mich für einen Abenteurer, aber du weißt nicht, dass ich dein Leben viel abenteuerlicher finde. Sieben Kinder, ein pflegebedürftiger Mann, dein Leben in diesem umbrischen Bergdorf … wenn das kein Abenteuer ist! Du hast vielleicht Angst davor, in einer Umgebung zu wohnen, die dir fremd ist, eine Weile auf einem Segelboot zu leben, die Natur auf eine ganz neue Weise kennenzulernen. Aber glaub mir, ich hätte viel mehr Angst davor, in Panidomino sieben Kinder aufzuziehen.«

Die Frage, die aus ihr heraussprang, hätte sie sich zunächst gründlich durch den Kopf gehen lassen sollen. Aber so ging es ihr immer, und Erik hatte es ihr mehr als einmal vorgehalten. Sie redete, bevor sie zu Ende gedacht hatte. »Woher hast du das Geld, das du für die Weltumsegelung brauchst?«

»Ich habe es noch nicht …«

»Aber du weißt, dass du es in Kürze haben wirst.« Mamma Carlotta blieb stehen und sah sich um. Kein Mensch weit und breit! Sie war mit Paul ganz allein. »Woher?«

Sie sah sofort, dass er einer Antwort ausweichen würde. »Eine geschäftliche Transaktion. Ich weiß jetzt, dass sie gelingen wird.«

Sie wartete, bis er ihr wieder in die Augen blickte. »Paolo … ich glaube nicht, dass du mich wirklich mitnehmen willst. Allora, dass du Madeleine Krevert mitnehmen willst, glaube ich auch nicht mehr. Aber was ich glaube, ist … du willst mich auf deiner Seite haben. Ich soll nicht hinter meinem Schwiegersohn stehen, sondern hinter dir.« Nun gelang es ihr tatsächlich, zunächst kurz darüber nachzudenken, aber sie sprach es trotzdem aus: »Hast du gestern den Kellerschlüssel benutzt?«

Paul griff sich mit einer großen Geste ans Herz, wie Mamma Carlotta sie als Italienerin schon oft gesehen hatte. »Warum sollte ich?«

Carlotta blickte an ihm vorbei aufs Meer, merkte, dass sie ein paar Zentimeter gewachsen war, und fühlte sich gut dabei. Nein, nicht gut, aber stolz und unbeugsam. »Was hat es mit dem Bild auf sich, das ich in der Putzkammer gefunden habe?«

»Ich habe es dir erklärt. Mein Versuch zu malen.«

»Dieses Bild ist in der vergangenen Nacht gestohlen worden. Mein Schwiegersohn weiß es nicht. Niemand hatte eine Ahnung, dass ich es im Wäschekeller aufbewahrte.«

Paul schnappte nach Luft. »Du hast es besessen? Die ganze Zeit?«

»Nein, erst seit gestern. Und da es gestohlen wurde, kann es unmöglich das Werk eines Stümpers sein.«

Paul stand für einen Moment da wie erstarrt, dann ließ er sich in den Sand fallen, als trügen ihn seine Beine nicht mehr.

»Sag schon«, flehte Mamma Carlotta.

Paul zuckte die Schultern, holte ein paarmal Luft, dann endlich antwortete er: »Ja, du hast recht, es handelt sich um ein anderes Bild. Ein Gemälde von Boy Lindegard. ›Strandläufer‹.«

»Aber das Bild war so …« Erschüttert ließ sie sich neben ihn in den Sand fallen.

»So hässlich?« Paul lächelte leicht. »Du hast eben keine Ahnung von moderner Malerei. In deinem Haus hängen vermutlich Bilder mit toskanischen Landschaften und Kornblumen?«

Die Gedanken jagten durch ihren Kopf. »Madeleine Krevert wusste, dass ich das Bild besitze. Sie hat mir sogar geholfen, es nach Hause zu bringen.«

»Ich verstehe nicht. Wo war es? Von wo nach wo wurde es transportiert?«

Aber darauf wollte Mamma Carlotta nicht antworten. »Sie war die Einzige, die wusste, wo ich das Bild aufbewahrte. Also muss sie es gestohlen haben. Sie ist in der Nacht bei uns eingestiegen. Eine andere Möglichkeit gibt es nicht.« Nun wurde ihre Stimme kühl, ihre Haltung unnahbar. »Und ich glaube, dass du mit ihr unter einer Decke steckst.«

»Nein, Carlotta!«

Sie unterbrach seine Beteuerungen mit einer strikten Geste. »Dieses Bild ist deine geschäftliche Transaktion. Du hat es an dich gebracht und weißt, wie du viel Geld dafür bekommst.«

Paul schwieg, sein Schweigen sagte: Ja.

»Wie bist du an das Bild gekommen?«

Er starrte aufs Meer hinaus und schwieg lange, ehe er antwortete: »Ich wusste, dass mein Bruder es von einem Hehler gekauft hatte, als er noch genug Geld besaß. Er wollte es bei sich behalten, bis Gras über den Kunstraub gewachsen war. Eine gute Geldanlage, fand er damals.«

»Aber dann der Verkehrsunfall«, flüsterte Mamma Carlotta.

»Und die Kreverts kauften die Villa in Kampen. Ich kannte die beiden, wusste von Madeleines Abneigung gegen Staub und von ihrer Spinnenphobie, auch von Viktors Gleichgültigkeit diesem Haus gegenüber, das er gar nicht haben wollte. Dem Kauf hat er nur zugestimmt, weil Madeleine es sich in den Kopf gesetzt hatte. Ich konnte mir vorstellen, dass die beiden nie auf den Speicher gestiegen waren und dass das Bild noch dort war.« Er wollte einen Arm um Carlotta legen, aber sie schüttelte ihn ab. »Ich kannte einen Weg, wie man in die Villa reinkam. Larissa hat mir als Teenager mal gestanden, wie sie aus dem Haus kam, wenn ihre Eltern ihr verboten hatten, eine Party zu besuchen.«

»Das Bild war noch da?« Mamma Carlotta rückte unmerklich ein Stück von Paul ab. »Du hast es dir geholt?«

Er nickte, ohne den Blick vom Horizont zu lassen.

Mamma Carlotta veränderte ihre Haltung vorsichtig. Sie zog die Beine an, verlagerte das Gewicht auf die rechte Hüfte und hoffte, dass sie schnell genug in die Höhe kommen konnte, wenn Paul nicht damit rechnete. Womöglich würde ihr die Gartenarbeit jetzt helfen, bei der es auch oft darauf ankam, schnell aus einem Beet aufzustehen, wenn ein Kind weinte oder überraschender Besuch ins Haus kam. Sie war gewissermaßen im Training, das würde sich jetzt hoffentlich auszahlen.

Todesmutig sagte sie in Pauls Profil: »Aber Larissa hat sich dir in den Weg gestellt. Und so hast du sie …«

»Nein!« Er wandte sich ihr zu. »Ich hätte meinem Pralinchen nie etwas antun können!«

Aber Carlotta hörte gar nicht zu. Sie setzte bereits die Fußsohlen auf den Sand und stemmte sich probeweise ein wenig in die Höhe. »Warum erzählst du mir das alles?«

»Damit du siehst, dass ich ehrlich zu dir bin. Damit du mir glaubst, dass ich nichts mit Madeleine Krevert habe.« Er lächelte. »Hättest du mir geglaubt, wenn ich dabeigeblieben wäre, dass ich dieses Bild gemalt habe?«

Sie schüttelte den Kopf. »So ein Bild wäre nicht gestohlen worden.«

»Na, siehst du.« Er beugte sich zu ihr, zog sie zurück auf den Sand und küsste ihren Hals. »Und da du das Bild aufbewahrt hast, kann ich hoffen, dass ich dir mehr bedeute, als du zugeben willst.« Er setzte sich wieder aufrecht hin und fragte, als ginge es um eine Lappalie: »Wie bist du an das Bild gekommen?«

Carlotta entschloss sich zu der kleinen Lüge, die ganz dicht an der Wahrheit lag. »Du hast es an einen Müllcontainer gelehnt. Dort habe ich es gefunden.« Dann schlug sie die Hand vor den Mund, weil ihr aufging, dass sie Opfer ihrer eigenen Lüge geworden war. »Das kann nicht sein! Du hättest dieses Bild niemals weggeworfen!«

Er lächelte, ohne sie anzusehen. »Wie recht du hast! Es ist mir gestohlen worden.«

»Von wem?«

»Wenn ich das wüsste!« Nun sah er sie an. »Vielleicht von demjenigen, von dem du es bekommen hast?«

Mamma Carlotta überhörte diese Frage. »Wie hast du es zurückbekommen? Hat Madeleine Krevert es dir überlassen?«

»Das hätte sie niemals getan. Für Kunst tut sie alles, für ein gutes Bild würde sie sogar kriminell.«

»Aber … wenn sie es letzte Nacht gestohlen hat, wie kommt es heute in deinen Besitz?«

»Dabei hast du mir geholfen. Du hast heute Nacht meinen Namen gerufen.« Er strich mit einer sanften Geste über ihr Haar. »Mein Flieger geht morgen. Das Bild wird im Frachtraum sein.«

»Was ist, wenn ich dich verrate?«

»Dann müsste ich dafür sorgen, dass du keine Gelegenheit dazu hast, bis ich in der Luft bin. Wenn ich erst in Neuseeland bin, kann dein Schwiegersohn nicht mehr viel ausrichten.«

Nun setzte Mamma Carlotta die Fäuste in den Sand und stand schon im nächsten Augenblick auf den Beinen. »Du bist ein Mörder!«, schrie sie. Eine solche Drohung ließ sie sich nicht gefallen. »Und ich werde dafür sorgen, dass es jeder erfährt.« Schon rannte sie los, verzweifelt über die Schwierigkeiten, die sie sofort erkannte. Im lockeren Sand des Sylter Strandes zu flüchten war entsetzlich schwierig. Nur gut, dass Paul die gleichen Probleme hatte, ihr zu folgen.

»Bleib hier!«, schrie er.

Aber Mamma Carlotta rannte, so schnell sie konnte. Sie rannte um ihr Leben …

Wiebkes Kastenwagen stand noch immer vor dem Haus, das sah er sofort, als er in den Süder Wung einbog. Ob sie mittlerweile daheim war? Wenn sie zu Fuß unterwegs war, konnte sie nicht weit sein.

Erik seufzte leise. Sollte Wiebke mitbekommen haben, was sich im Nachbargarten zugetragen hatte, wusste er, wo er sie finden würde. Er warf einen Blick zum Küchenfenster. Als sich dahinter nichts bewegte, vermutete er, dass seine Schwiegermutter sich längst am Tatort befand und Frau Kemmertöns beistand, die sicherlich einen Schrei von sich gegeben hatte, der bis ins Nachbarhaus zu hören gewesen war. Und da seine Schwiegermutter eigentlich immer dort zu finden war, wo sich etwas ereignet hatte, ging er fest davon aus, dass er sie neben der Leiche finden würde. Sie und Wiebke …

»Erstaunlich, dass sie uns nicht angerufen hat«, murmelte Sören, der dieselben Gedanken in seinem Kopf bewegte.

»Hoffen wir nur, dass sie nicht schon mit den Ermittlungen begonnen hat«, erwiderte Erik, der sich, wenn er sich einer Leiche zu nähern hatte, gern in Galgenhumor flüchtete. Unhörbar fügte er hinzu: Und dass Wiebke keine Spuren zertrampelt hat. Der Gedanke, dass sie sich mit der Kamera über eine Leiche beugte, bereitete ihm Bauchschmerzen.

Frau Kemmertöns kam ihm entgegen. »Endlich! Ich hätte es nicht länger ausgehalten, so ganz allein mit der toten Frau.«

»Haben Sie meiner Schwiegermutter nicht Bescheid gesagt?«

»Sie ist nicht zu Hause. Und mein Mann ist einkaufen.«

»Die Presse? Schon jemand hier?«

Frau Kemmertöns sah ihn verblüfft an. »Woher sollte denn die Presse Bescheid wissen?« Sie lief ihm voraus, als läge ihr daran, dass Erik möglichst bald zum Tatort kam, als hoffte sie, es gäbe noch Hilfe für das Opfer, das sie gefunden hatte.

»Haben Sie die Frau erkannt?«, fragte Erik in ihren Rücken.

Sie fuhr herum, als hätte er etwas Unanständiges gesagt. »Glauben Sie etwa, ich hätte sie mir genauer angesehen? Um Gottes willen!«

Erik nickte verständnisvoll und gab ihr ein Zeichen, dass sie weitergehen sollte. Als sie an der Tür des Holzhauses vorbeikamen, fragte er: »Ist Herr Freier nicht da?«

»Er ist mit Ihrer Schwiegermutter weggefahren. Ich habe zufällig gesehen, wie die beiden in sein Auto gestiegen sind.«

Sörens Stimme hielt Erik zurück. »Schauen Sie mal, Chef!«

Er drehte sich um, sah Sören vor der Tür der Putzkammer stehen und auf den Boden zeigen. Als Erik näher herantrat, erkannte er es auch. »Blut?«

Frau Kemmertöns waren die schwachen Spuren offenbar vorher nicht aufgefallen. Entsetzt griff sie sich an die vibrierende Brust und wimmerte, als wäre hier ihr eigenes Blut vergossen worden.

Erik blickte auf den Weg, der an der Rasenfläche entlangführte und auf eine schmale Hecke zulief, hinter der sich der Obst- und Gemüsegarten befand. Das Wirkungsfeld von Herrn Kemmertöns!

»Schleifspuren«, sagte Sören und ging, den Blick zu Boden gerichtet, weiter.

»Lassen Sie uns erst mal die Leiche in Augenschein nehmen«, bat Erik ungeduldig und folgte Frau Kemmertöns, die bereits den Nutzgarten betrat, der mit sauberen Beeten, in Reih und Glied gesetzten Pflanzen und einer kerzengeraden Buchsbaumeinfassung sämtlicher Wege beeindruckte. Kurz vor dem Holzzaun, der Grundstücksgrenze, befanden sich der Komposthaufen und ein kleiner Schuppen, in dem Gartengeräte aufbewahrt wurden. An dessen Wand gelehnt saß eine Frau, breitbeinig, mit hängenden Armen. Der Kopf war auf die Brust gesackt, die blonden Haare hingen ihr ins Gesicht. Trotzdem erkannte Erik sie sofort.

Er fuhr zu Sören herum, der direkt hinter ihm stand und sich heftig erschrak, als er plötzlich das aufgeregte Gesicht seines Chefs vor sich hatte. »Paul Freier! Er hat meine Schwiegermutter in seiner Gewalt!«

Sören stotterte: »Wie? Sie meinen …?«

»Sie etwa nicht?« Erik lief zurück, ohne darauf zu achten, ob Sören ihm folgte. Vor dem Holzhaus blieb er stehen und betrachtete konzentriert den Boden. »Hier ist sie erschlagen worden.« Er sah auf und wunderte sich nicht, dass Sören vor ihm stand. »Auf dem Foto haben wir gesehen, dass sie ›Strandläufer‹ bei sich hatte. Er wollte es ihr abnehmen …«

»Moment, Chef!« Sören runzelte die Stirn. »Madeleine Krevert hatte das Bild bei sich, als sie sich noch in Ihrem Garten aufhielt. Wir waren uns einig, dass die Krevert das Bild nicht zu

Paul Freier gebracht haben kann. Wenn die das Bild hatte, hätte sie es für sich behalten.«

Erik sah ihn verwirrt an. »Ja, stimmt, aber ...«

»Sie muss von Freier gekommen sein, als Ihre Freundin sie fotografiert hat.«

Erik dachte kurz nach, dann verzog er das Gesicht, als litte er unter plötzlich auftretenden Zahnschmerzen. »Das wird uns Paul Freier erklären können, wenn wir ihn haben.«

»Sie halten ihn für den Täter?«

Erik winkte Kommissar Vetterich, der gerade in den Garten kam. »Hierher!« Dann erst antwortete er Sören: »Sind Sie etwa anderer Meinung?«

»Haben Sie vergessen, dass Dagobert Manfredini sich auf der Insel rumtreibt?«

»Warum sollte der ausgerechnet in diesem Garten auftauchen?«

»Keine Ahnung, aber er ist zu allem fähig.«

Erik winkte ärgerlich ab. »Nein, dass Dagobert Manfredini hier einen Besuch gemacht hat, kann ich nicht glauben. Die Einzelheiten kann ich Ihnen auch nicht erklären, aber die Tat ist hier verübt worden.« Er wies Vetterich auf die Blutspuren vor der Tür der Putzkammer und auf die Schleifspuren hin, die zur Leiche führten. Dann zog er Sören zur Seite, damit die Spurensucher sich ungehindert an die Arbeit machen konnten. »Und Madeleine Kreverts Leiche liegt nur wenige Meter von Freiers Haustür entfernt. Glauben Sie etwa, Herr Kemmertöns ist der Mörder?«

Sören wehrte ärgerlich ab. »Ihre Witze waren auch schon mal besser.«

Erik rief nach Frau Kemmertöns. »Ich brauche den Schlüssel zum Holzhaus.«

Sie zögerte. »Das wird Herrn Freier aber nicht recht sein.«

»Polizeiliche Anordnung«, knurrte Erik.

Das überzeugte Frau Kemmertöns, und kurz darauf erschien sie mit dem Schlüssel.

»Wonach suchen Sie?«, fragte Sören, als er die Tür aufschloss.

Erik wusste es nicht. »Es kann nicht schaden, einen Blick in das Haus zu werfen.«

Frau Kemmertöns war der Ansicht, dass die Indiskretion weniger wog, wenn sie so tun konnte, als wüsste sie nichts davon. Demonstrativ drehte sie den beiden Polizeibeamten den Rücken zu. »Er hat übrigens gekündigt. Morgen will er zurück nach Neuseeland.«

Erik blickte Sören an, als wollte er »Siehste!« sagen. Dann flüsterte er ihm zu: »Der bereitet seine Flucht vor.«

Im Schlafzimmer stand ein aufgeklappter Koffer, der bereits zur Hälfte gefüllt war. Mehrere Bücher waren aufeinandergestapelt, Reisedokumente griffbereit. Auf dem Nachttisch lag ein Schlüssel, über den Eriks Blick hinwegging.

Sören war es, der ihn aufnahm. An dem Schlüssel war ein Schildchen befestigt, auf dem ›Keller‹ stand. »Ist das nicht Ihre Handschrift?«, fragte er und hielt seinem Chef den Schlüssel hin.

Erik musste sich setzen. »Mein Kellerschlüssel!«

In Sörens Miene erschien nun endlich der Eifer des Jägers, der seine Beute witterte. »Das heißt ... Freier war heute Nacht in Ihrem Keller!«

»Deswegen war die Kellertür nicht aufgebrochen.«

»Aber was wollte er dort?«, fragte Sören.

Erik antwortete nicht. Er verließ das Holzhaus, weil er frische Luft brauchte.

In diesem Augenblick fuhr der Wagen von Dr. Hillmot vor. Erik ging zum Gartentor und erwartete ihn dort. Seine Finger trommelten nervös auf den Zaunpfahl, als er beobachtete, wie quälend langsam sich der dicke Gerichtsmediziner aus dem Auto wuchtete und stöhnend seinen Rücken dehnte. Bis er sämtliche Utensilien aus dem Wagen gekramt hatte, war Erik bis unter die Haarwurzeln mit Ungeduld erfüllt.

Endlich stand Dr. Hillmot vor ihm. »Moin, Wolf!«

Erik führte ihn zu der Leiche. »Was den Todeszeitpunkt angeht, werde ich Ihnen behilflich sein können. Madeleine Krevert ist heute Nacht fotografiert worden. Ich kann die Fotografin fragen, wann das Foto geschossen wurde. Dann wissen wir, zu welchem Zeitpunkt die Krevert noch gelebt hat.«

Dr. Hillmot machte sich stöhnend an die Arbeit, Erik rief im Revier an. »Eine Fahndung an alle Polizeiposten der Insel«, sagte er, als Rudi Engdahl sich meldete. »Paul Freier wird gesucht. In seiner Gesellschaft befindet sich vermutlich eine Frau von Mitte fünfzig, Carlotta Capella, Italienerin. Angeblich ist er mit ihr zum Strand gefahren, das kann aber auch eine Finte sein. Suchen Sie sich ein Foto von Paul Freier aus dem Internet. Er ist Buchautor, sicherlich hat er eine Homepage.«

»Und die Frau?«, fragte Rudi Engdahl.

Erik zögerte nur kurz. »Konzentrieren Sie sich auf Paul Freier. Wenn wir ihn finden, haben wir auch die Frau.«

Sie hetzte durch den Sand, so schnell es ging, Pauls Stimme im Rücken. »Carlotta! Bleib stehen!«

Immer am Fuß der Dünen entlang! Den kürzesten Weg zum Strandübergang! Himmel, waren sie wirklich so weit gelaufen? So lange durch den tiefen Sand gestiegen?

»Carlotta! Stehen bleiben!«

Sie war außer Atem, ihr eigenes Keuchen dröhnte in den Ohren, Seitenstiche setzten ihr zu, sie war gezwungen, kurz stehen zu bleiben, durchzuatmen, zu warten, bis der Schmerz nachließ …

»Carlotta! Warte auf mich!«

Seine Stimme war näher gekommen. Viel zu nah! Mamma Carlotta setzte sich wieder in Bewegung, notgedrungen, unter Aufbietung all ihrer Kräfte. Weiter, nur weiter!

»Carlotta!«

Da, endlich! Das Dünengras öffnete sich, bildete einen Weg, der aufwärtsführte. Steil, sehr steil! Der Schweiß rann ihr über den Rücken, als sie den Gipfel der Düne erklommen hatte. Einen Moment ausruhen, nur einen kleinen Moment …

Sie warf einen Blick zurück und stellte erleichtert fest, dass Paul Freier, der Bezwinger des Dschungels, der Gletscher und der Meere, nicht schneller war als sie. Auch er keuchte und bewegte sich vornübergebeugt voran. Sie hatte eine Chance!

»Carlotta!«

Seine Stimme war nicht mehr laut. Noch etwas mehr Vorsprung und sie würde nicht mehr von ihr erreicht werden. Sie musste es schaffen! Es musste still werden in ihrem Rücken, seine Stimme immer leiser …

Mamma Carlotta dachte, sie könnte nun schneller laufen, so schnell wie möglich. Aber die trockenen Sandwege waren tückisch. Schon nach ein paar Schritten rutschte sie aus und wäre beinahe gestürzt. Sie musste sich vorsichtiger bewegen, sich zwingen, nicht zu rennen. Lieber weit ausschreiten, damit würde sie sicherer vorankommen.

»Carlotta!«

Tatsächlich, seine Stimme war leiser geworden. Sie wagte einen Blick zurück. Paul war stehen geblieben, hielt sich den Fuß, als hätte er sich verletzt. Nun trat er vorsichtig auf, nur mit dem Hacken, humpelte ein paar Schritte, dann schien es wieder besser zu gehen. Er lief los, schneller als vorher, blickte nach vorn, sah, dass sie stehen geblieben war, und rief erneut ihren Namen.

Mamma Carlotta setzte sich wieder in Bewegung. Schneller, als sie eigentlich wollte, schneller, als es vernünftig war. Der Wind griff nach ihr, warf sie nach links und rechts, machte es schwer, sich auf dem Weg zu halten. Und dann geschah, was sie befürchtet hatte. Sie strauchelte, rutschte aus, konnte sich nicht halten. Sie verlor die Balance und konnte sich nur noch darauf konzentrieren, ihren Körper zu schützen, während sie fiel …

Erik zögerte, dann sagte er zu Sören: »Ich muss kurz nach Hause. Sie bleiben hier.«

Sören blickte auf seine Fußspitzen. »Ihre Freundin?«

»Ich muss mit ihr reden.« Erik lief los. Dem Kastenwagen warf er einen langen Blick zu, dann schloss er die Haustür auf. »Wiebke?« Niemand antwortete ihm. »Wiebke!« Wieder keine Reaktion.

Er lief durchs ganze Haus, sah in jedes Zimmer, aber von Wiebke keine Spur.

In der Küche starrte er eine Weile die Schränke an, dann griff er nach seinem Handy und wählte Wiebkes Nummer. Sie meldete sich nicht. Als er das Handy vom Ohr nahm, hörte er die Melodie, mit der Wiebkes Mobiltelefon einen Anruf meldete. Er lief die Treppe hoch, und im Schlafzimmer fand er das Handy. Es lag neben ihrem Laptop.

»Merkwürdig«, flüsterte er und sah sich im Zimmer um. Das Shirt, das Wiebke nachts trug, lag in ihrem Bett, die Kleidung, die sie am Vortag getragen hatte, war verschwunden. Anscheinend war sie, als Erik noch schlief, in ihre Klamotten gestiegen und hatte das Haus eilig verlassen. So eilig, dass sie sogar ihr Handy vergessen hatte. Nur die Kamera lag nicht an ihrem Platz. Das Kostbarste, Wichtigste, das Wiebke besaß! Sie war also als Reporterin unterwegs. Aber wohin? Und warum hatte sie ihm keine Nachricht hinterlassen?

Ratlos verließ er das Haus und sah über die Nachbarn und andere Neugierige hinweg, die auf die Wagen der KTU aufmerksam geworden waren. »Ist da was los?«, rief ihm einer zu.

Aber Erik tat so, als hätte er die Frage nicht gehört. Und tatsächlich vergaß er sie sofort wieder, als Sören auf ihn zugelaufen kam. »Ein schneller Erfolg«, rief er und hielt sein Handy in die Höhe. »Kaum war die Meldung raus, kam schon ein Anruf.«

»Paul Freier ist gesehen worden? Und meine Schwiegermutter?«

»Scheint so.« Sören war ganz atemlos vor Aufregung. »Ein Kollege sagt, er hat ein älteres Paar am Ellenbogen beobachtet, auf das die Beschreibung passt. Er ist dort, um nach Umweltsündern Ausschau zu halten, dabei hat er gesehen, dass eine Frau vor einem Mann weglief. Er war sich aber nicht sicher, ob es sich um ein neckisches Spiel oder tatsächlich um eine Gefahrensituation handelte. Er war zu weit entfernt.«

Eriks Gedanken rasten. »Macht es Sinn, zum Ellenbogen zu fahren?«, überlegte er. »Wenn es nicht die beiden sind, sondern irgendwelche Feriengäste?«

»Aber wenn sie es doch sind«, vervollständigte Sören den Satz, »hätten wir eine Riesenchance verpasst, wenn wir nicht eingreifen.«

»Sie haben recht«, beschloss Erik. »Wir fahren zum Ellenbogen. Rufen Sie Engdahl an. Der soll hier die Tatortarbeit koordinieren.«

Paul streckte ihr die Hand hin, um ihr auf die Beine zu helfen. »Hast du dich verletzt?«

Mamma Carlotta antwortete nicht. Auch deshalb, weil ihr noch nicht klar war, ob sie unversehrt davongekommen war. Konnte es sein, dass die Angst sie schmerzlos machte? Dass der Körper vor lauter Angst die Schmerzen vergaß und so dafür sorgte, dass man sich retten konnte, ohne von Schmerzen gehindert zu werden?

Sie zögerte, dann griff sie nach seiner Hand und ließ sich von ihm auf die Füße ziehen. »Warum läufst du vor mir weg?«

Sie sah Paul nicht an und tat so, als konzentriere sie sich darauf, den Sand von ihrer Kleidung zu klopfen. In Wirklichkeit belauerte sie jede seiner Bewegungen und horchte nicht nur auf seine Worte, sondern auch auf den Klang seiner Stimme und alles Ungesagte, was sie dennoch ausdrückte.

»Carlotta, lass mich erklären, was passiert ist. Komm, wir gehen zum Auto zurück. Dann fahren wir irgendwohin, wo wir ganz in Ruhe reden können. Das ist besser als hier …«

Ganz in Ruhe reden? Mamma Carlotta warf ihm einen Blick zu, dem er prompt auswich. Dass er mit ihr allein sein wollte, konnte sie sich vorstellen. Aber warum? Auf diese Frage gab es nur eine Antwort: Er wollte sich ihrer entledigen, weil sie zu viel wusste! Sie war die Einzige, die ihn durchschaut hatte. Die Einzige, die wusste, dass in der vergangenen Nacht ein Bild gestohlen worden war. Eines, das so kostbar war, dass zwei Menschen dafür sterben mussten.

Sie wartete so lange, bis Paul sich entspannte und daran zu glauben schien, dass sie ihm wieder vertraute. Seine Hände fielen herab, waren nicht mehr darauf aus, sie beim kleinsten Fluchtversuch zu packen und festzuhalten. Seine Miene war zwar noch angespannt, aber seine Augen, die kurz vorher zu schmalen Schlitzen geworden waren, hatten sich geöffnet.

»Komm, wir gehen«, schmeichelte er. »Du hast einen ganz falschen Eindruck von mir. Lass mich erklären …«

Weiter ließ sie ihn nicht kommen. Mittlerweile war ihr klar geworden, dass sie den Sturz unbeschadet überstanden hatte, nichts tat ihr weh, Knöchel und Knie waren beweglich. Zwar stand Paul so, dass er ihr den Weg zur Straße versperrte, aber sie beschloss, dass die Gefahr, über den Strand zu flüchten, nicht größer war. Zwar kam sie dort nur schwer vorwärts, aber das galt für denjenigen, der sie verfolgte, ebenso.

Sie wirbelte herum und rannte los. Im selben Moment wusste sie, dass sie ihn wirklich überrascht hatte. Er hatte nicht damit gerechnet, dass sie sich immer noch mit Fluchtgedanken trug. Gerade war er sicher gewesen, sie wieder eingelullt zu haben, und seine Überraschung brachte ihr einige Meter Vorsprung. Im Nu war sie erneut auf der Kuppe der Düne angekommen. Sie warf sich abwärts, gewann trotz des rutschenden Sandes an Tempo und flog, wie es ihr vorkam, geradezu über den Strand in Richtung Meer. Fünf, sechs Schritte, dann ging das Tempo jedoch schon verloren, und sie musste wieder kämpfen, um schnell voranzukommen, beschwerlich, unter großer Kraftanstrengung. Schritt für Schritt! Mit jeder Bewegung sackte sie ein, jeder Schritt bedeutete, den Fuß aus dem Sand zu befreien und ihn auf unsicheren Grund zu setzen. Sie kam nur langsam voran. Langsam und sehr, sehr mühsam …

Sören war auf die Idee gekommen, einen der Strandkorbverleiher anzurufen. »Die haben Trecker, mit denen sie den Strand befahren können, wenn sie die Strandkörbe ins Winterlager bringen und im Frühjahr zurück. Zu Fuß kann das sonst ewig dauern, bis wir die beiden finden und einholen.«

Erik beglückwünschte ihn zu dieser guten Idee, und Sören fiel prompt ein, dass er mit einem Kampener Strandkorbverleiher zur Schule gegangen war. »Den rufe ich an.« Fünf Minuten später hatte er die Zusage seines früheren Klassenkameraden. »Jens fährt mit seinem Trecker zum Ellenbogen. Vielleicht entdeckt er die beiden sogar schon.«

»Dass er sich bloß nicht einmischt«, warnte Erik. »Ein Mörder auf der Flucht ist zu allem fähig.«

Er fuhr so schnell wie möglich. Zum Glück war auf der L 24 nicht viel los, er drückte das Gaspedal durch. Sören, der seinen Chef als bedächtigen Fahrer kannte, musste sich daran gewöhnen, dass es plötzlich nicht mehr auf Geschwindigkeitsbeschränkungen ankam. Erst als er glauben konnte, dass Erik dem Tempo gewachsen war, wich die Anspannung aus seinem Gesicht, und er klammerte sich nicht mehr ängstlich am Türgriff fest. Sören konnte sogar an etwas anderes denken als an seine körperliche Unversehrtheit. »Ich verstehe immer noch nicht, dass wir das Bild bei Paul Freier nicht gefunden haben.«

»Vermutlich war es zu dem Zeitpunkt woanders versteckt. Nicht in seinem Apartment, erst recht nicht in der Putzkammer.«

»Wir hätten in seinem Leihwagen nachsehen sollen.«

»Wenn der Kofferraum groß genug ist …«, zweifelte Erik.

»Wahrscheinlich hat er es später in die Putzkammer getragen, weil er sich sagte, dass wir dort nicht ein zweites Mal nachsehen werden.«

Die Weggabelung, die geradeaus weiter nach List und links zum Ellenbogen führte, kam in Sicht. Erik trat aufs Gas, als die Ampel von Grün auf Gelb wechselte, und schlidderte bei Rot in den Weg hinein, auf dem niemand unterwegs war.

»Es gibt mehrere Strandübergänge«, überlegte er. »Wissen Sie, in welchem Abschnitt der Kollege die beiden beobachtet hat?«

»Nördlich von der Weststrandhalle! FKK-Strand Abessinien!«

»Da gibt es einen Parkplatz. Rufen Sie den Kollegen an, Sören. Fragen Sie, ob er die beiden noch im Auge hat.«

Der Beamte, der mit einem guten Fernglas ausgestattet war, gebärdete sich wie ein Sportreporter. Erik konnte seine Stimme hören, obwohl Sören das Handy am Ohr hatte. »Sie sind Richtung Norden unterwegs. Die Frau verliert ihren Vorsprung, der Mann holt auf. Jetzt kommt es darauf an, wer den längeren Atem hat, die bessere Kondition. Soll ich hinterher?«

»Bloß nicht!«, rief Erik, noch bevor Sören die Frage an ihn weiterreichen konnte. »Er soll sich unbedingt raushalten!«

Als sie auf dem Parkplatz ankamen, warf Erik einen verzweifelten Blick auf den Weg, der steil auf die Düne führte. »Das wird dauern«, stöhnte er und bewegte seinen verletzten Knöchel, als wollte er testen, ob dieser einem solchen Anstieg überhaupt gewachsen war.

Sören lief los, und Erik wusste, dass er nun Mühe haben würde, mit seinem gut trainierten Assistenten Schritt zu halten. Sören telefonierte währenddessen mit dem Treckerbesitzer, geriet aber trotzdem nicht außer Atem, während Erik hinter ihm herschnaufte und Meter für Meter verloren geben musste.

Trotz der Eile, die sie antrieb, war er dankbar, dass Sören sich umdrehte, danach zwar leider nicht stehen blieb, aber immerhin sein Tempo verringerte, bis Erik aufgeschlossen hatte. »Jens wartet am Ende des Weges auf uns.«

»Super«, keuchte Erik und begann zu humpeln. Sein Knöchel schmerzte.

Sören blieb bei dem moderaten Tempo, wohl weil er sicher war, dass sie mit dem Trecker, der sie erwartete, allemal schneller sein würden als Paul Freier.

»Was ist eigentlich mit Ihrer Freundin, Chef?«

»Wenn ich das wüsste«, stöhnte Erik. »Sie muss schon in aller Herrgottsfrühe aus dem Haus gegangen sein. Aber ihr Auto steht noch vor der Tür. Und ihr Handy hat sie auch dagelassen. Nur ihre Kamera ist weg.«

»Seltsam«, entgegnete Sören. »Oder ...«

Erik wusste, was er fragen wollte: »Nein, Krach hatten wir nicht, eigentlich sogar einen sehr schönen Abend. Aber dann kam Dagobert Manfredini zur Sprache ...«

»Die Presse hat seinen Namen?«, fragte Sören erschrocken.

»Nein, aber meine Schwiegermutter hat erwähnt, dass wir einen Mann suchen, der aus dem Gefängnis ausgebrochen ist und möglicherweise nach Sylt kommen wird.«

»Das hat die Signora mitbekommen?« Sören grinste vielsagend.

»Aber Wiebke hörte es gestern Abend zum ersten Mal. Da war sie wieder sauer und ist sofort schlafen gegangen. Ich bin natürlich erst zu Bett, als Vetterich gegangen war und nachdem ich mit meiner Schwiegermutter noch eine halbe Flasche Rotwein geleert hatte, weil das gut für die strapazierten Nerven ist.«

»Sagt Ihre Schwiegermutter.«

»In Umbrien machen das alle so. Da reicht schon ein ungezogenes Kind oder eine Schwägerin, die den Kuchen nicht gelobt hat, und eine Flasche Rotwein muss auf den Tisch.«

Sören lachte nicht, denn nun waren sie auf dem höchsten Punkt des Strandübergangs angekommen. Der Motor des Treckers, der im Leerlauf tuckerte, war bereits zu hören.

Jens gehörte zu den Friesen, die nicht viel redeten und nicht lange fackelten. Er zeigte zunächst gen Norden, was bedeuten musste, dass er Mamma Carlotta und ihren Verfolger ausgemacht hatte, und dann auf den Sitz neben sich. Sören sprang als

Erster auf, Erik folgte und drängte sich neben ihn. Der Sitz war zum Glück breit genug.

Als Jens Gas gab und nach links auf die Mitte des Strandes zuhielt, sah Erik sie auch. Seine Schwiegermutter, der sogar von Weitem anzusehen war, dass die Kräfte sie verließen, dass sie verzweifelt vorwärtsstolperte, und Paul Freier, der nur noch wenige Meter von ihr entfernt war. Ansonsten war dieser Strandabschnitt menschenleer. Auch während der Saison, bei schönstem Wetter, gab es hier so viel Weite und unermessliche Natur, dass die Sonnenanbeter, die den Weg zum Ellenbogen nicht gescheut hatten, oft nur an den bunten Strandschirmen oder den großen Kühltaschen zu erkennen waren. Heute gab es weder das eine noch das andere.

Sie holten rasch auf, und Paul Freier wurde bald auf den Trecker aufmerksam. Er blickte sich um, zögerte, schaute noch einmal über die Schulter zurück, dann blieb er stehen. Er kapitulierte! Er wusste, dass er keine Chance hatte.

Als der Trecker neben ihm hielt, war Erik der Erste, der heruntersprang. Nun war auch Mamma Carlotta aufmerksam geworden. Schwer atmend stand sie vornübergebeugt, beide Hände in die rechte Seite gestützt.

Paul Freier wollte etwas sagen, war aber zu kurzatmig. So sah er Erik nur abwartend entgegen.

»Herr Freier«, sagte Erik feierlich. »Ich nehme Sie fest wegen des dringenden Verdachts des Mordes an Madeleine Krevert und Ihrer Nichte Larissa sowie einer Mitschuld am Tod von Viktor Krevert.«

Mamma Carlotta bewies mal wieder, dass sie in jeder Lebenslage fix denken konnte. Ihre Seitenstiche waren vergessen, ihre Atemlosigkeit auch. Mit energischen Schritten kam sie auf Erik zu. »Che ne dici? Was sagst du da? Madeleine Krevert ist tot?«

Erik hatte sie ins Haus gebracht, obwohl er sehr in Eile war. Mamma Carlotta wusste genau, warum er trotzdem aus dem

Auto gestiegen war. Er wollte sehen, ob Wiebke mittlerweile aufgetaucht war. Aber in der Küche hatte sich nichts verändert, nichts wies darauf hin, dass während der letzten zwei, drei Stunden hier jemand gefrühstückt hatte. Erik lief ins Schlafzimmer und blickte ins Badezimmer, aber als er die Treppe wieder herunterkam, war sein Gesicht noch ratloser als vorher. »Ich verstehe das nicht«, murmelte er. »Ihr Wagen steht immer noch vor der Tür, sie kann also nicht weit sein. Aber wo?«

Mamma Carlotta machte sich genauso viele Sorgen wie er, aber sie wollte sich nichts anmerken lassen und machte ihrem Schwiegersohn Mut. »Sie wird gleich kommen, und dann stellt sich heraus, dass alles ganz harmlos war. Wenn ich daran denke, wie Signora Torricelli einmal nach ihrem Mann gesucht hat! Du erinnerst dich, Enrico? Die Frau das Organisten, der in Panidomino und Città di Castello die Orgel spielte.«

Erik erinnerte sich nicht, und es war ihm völlig egal, warum und wie lange Signora Torricelli ihren Mann gesucht hatte.

»Er hatte ihr einen Zettel hingelegt, aber als sie die Tür öffnete, wurde er vom Durchzug unter die Spüle geweht. Signora Torricelli hat ihn erst beim nächsten Hausputz gefunden. Aber da war ihr Mann schon ausgezogen, weil er so schwer gekränkt war. Seine Frau hatte ihn nämlich des Ehebruchs bezichtigt, dabei war er nur in eine Musikalienhandlung nach Perugia gefahren, um sich die Noten für ein Konzert zu besorgen, das er in der Kirche geben wollte. Die Ehe war nicht mehr zu retten gewesen.«

Erik war sicher, dass diese Erzählung erst durch viele Übertreibungen und Ausschmückungen so unterhaltsam geworden war, wie Mamma Carlotta es liebte. Trotzdem bückte er sich und sah unter allen Schränken nach. Aber einen Zettel von Wiebke fand er nicht.

»Sag ihr, sie soll mich anrufen, wenn sie nach Hause kommt«, bat er im Hinausgehen. »Ich kann nicht warten.«

»Du musst jetzt Paolino verhören?«, fragte sie leise.

Erik drehte sich in der Tür um. »Paolino«, wiederholte er nachdenklich. »Hast du dich wirklich in ihn verliebt?«

»Enrico!« Mamma Carlotta versuchte es mit Empörung, merkte aber schnell, dass sie nicht besonders überzeugend war. »Er wollte sich nur gut mit mir stellen, weil ich die Schwiegermutter eines Kriminalhauptkommissars bin.« Die Enttäuschung in ihrer Stimme war echt.

»Vermutlich hast du recht«, entgegnete Erik. »Bis heute Abend!«

»Es ist Mittag«, rief Mamma Carlotta ihm nach. »Du wirst Hunger haben.«

»Ich hole mir was beim Bäcker«, rief er zurück.

Während sie sonst akuten Vitaminmangel befürchtete, wenn Erik sich mit einem Brötchen zufriedengab, das ohne jede Liebe belegt worden war, und ihm vorhielt, dass ein schwer arbeitender Mann eine ausgewogene Ernährung brauche, schwieg sie diesmal. Die Kinder, die samstags nur einen halben Tag im Friseursalon zu arbeiten brauchten, hatten ihr gesagt, dass sie einen Teil des verdienten Geldes mit Freunden in einer Dönerbude ausgeben wollten. Da sie sich geweigert hatten, ihr zu erklären, woraus ein Döner bestand und wie er zubereitet wurde, befürchtete sie das Schlimmste. Auch die Kinder würden also unter unausgewogener Ernährung zu leiden haben. Dass es ihr dennoch recht war, aufs Kochen verzichten zu können, mochte sie nicht einmal sich selbst eingestehen. Aber die Aussicht auf eine Mittagsmahlzeit, während der sie Heiterkeit versprühen musste, damit die Kinder nichts erfuhren, was ihre Seelen ängstigte, und Wiebke nichts aus ihr herausfragte, was Erik der Presse noch nicht zur Verfügung stellen durfte, hätte sie viel Kraft gekostet. So war sie erleichtert, dass sie von der Komödie verschont blieb, die sie vielleicht nicht durchgehalten hätte. Sie war in Lebensgefahr gewesen! Von einem Mann bedroht, der ihr Liebe vorgegaukelt hatte! Dessen Gefühle sie genossen, die sie sogar erwidert hatte! Wie sollte man da einfach zur Tagesordnung übergehen? Andererseits … wie sollte sie mit diesen schrecklichen Erlebnissen allein bleiben? Den Anblick, wie Paolino Handschellen angelegt wurden, konnte sie nicht vergessen. Erst recht nicht den Blick, den er ihr zugeworfen hatte, als er in dem Streifenwagen saß, den Erik herbeitelefoniert hatte.

Sie brauchte Ablenkung! Den Gedanken, sie bei Frau Kemmertöns zu suchen, schob sie schnell beiseite. Um die Nachbarin würde sie sich kümmern, sobald diese in der Lage war, eine verständliche Schilderung der Ereignisse von sich zu geben. Doch dann würde sie auf ihren Mieter zu sprechen kommen, auf Paul Freier, dem sie nichts Böses zugetraut hatte, und auf die Gefahr, in der sie alle ahnungslos geschwebt hatten, als sie mit einem Mörder quasi unter einem Dach gelebt hatten.

Mamma Carlotta dachte nach. Oder wusste Frau Kemmertöns noch gar nicht, dass er verhaftet worden war? Dann würde sie sich verpflichtet fühlen, die Nachbarin darüber in Kenntnis zu setzen, und das würde womöglich nur zu ertragen sein, wenn der Rest von Herrn Kemmertöns' Barbestand auch noch dran glauben musste. Nein, sie wusste, welche Gesellschaft sie brauchte: die von zwei Männern, die sie reden ließen und nicht unterbrachen, die kein Interesse daran hatten, eigene Erlebnisse und Erfahrungen beizusteuern, die sich nicht um Übertreibungen scherten und ihre schlimmsten Mutmaßungen hinnahmen, ohne sie zur Sachlichkeit zu ermahnen. Genau solche Zuhörer brauchte sie jetzt.

Der Wirt staunte nicht schlecht, als sie eintrat. »Signora! Um diese Zeit stehen sie sonst in der Küche und kochen diese schrecklich vielen Gänge für Ihre Familie.«

»Antipasti, Primo, Secondo e Dolce«, bestätigte sie. »Aber heute ist niemand zu Hause. Mein Schwiegersohn muss arbeiten, seine Freundin ist weg, und keiner weiß, wohin, und die Kinder essen in einer Dönerbude.«

Das missfiel Tove, dem diese Konkurrenz ein Dorn im Auge

war. »Diesen Fraß kann man doch nicht runterkriegen«, knurrte er. »Was ist ein Döner gegen ein gutes Labskaus?«

Dazu wollte Mamma Carlotta nichts sagen, denn sie hatte Toves Labskaus einmal probiert und große Mühe gehabt, so höflich zu sein, wie es sich gehörte. Schnell orderte sie einen Rotwein aus Montepulciano, ehe Tove ihr sein Labskausrezept verriet und ihr bereits bei der Auflistung der Zutaten übel wurde.

»Wein um diese Tageszeit?« Tove wunderte sich, holte aber bereitwillig die Rotweinflasche aus dem Vorrat. »Ich dachte, für Alkohol muss erst die Sonne untergegangen sein.«

»Blöder Spruch«, kam es vom Stammplatz des Strandwärters herüber, der jeden Tag mit Bier begann und ihn selbstverständlich auch mit Bier beendete.

»Es gibt Ausnahmen«, verkündete Mamma Carlotta. »Ich hatte einen schrecklichen Vormittag, da darf man nicht kleinlich sein.« Sie zeigte auf Toves Stirn, die nur noch ein dezentes Pflaster schmückte. »Der das getan hat, ist heute verhaftet worden. Drei Menschen hat er auf dem Gewissen. Seien Sie froh, dass Sie mit dem Leben davongekommen sind.«

Tove sackte die Kinnlade herab. Vor lauter Verblüffung vergaß er sogar, die ursprüngliche Version seiner Geschichte zu verteidigen.

»Geben Sie jetzt zu, dass Sie gelogen haben? Dass Sie nicht vor eine offene Tür gelaufen sind, sondern von einem Mann …« Sie wusste nicht, wie sie es ausdrücken sollte, und machte eine entsprechende Bewegung, der das Plastik-Usambaraveilchen, das Toves Theke zierte, zum Opfer fiel. Es purzelte ins Spülbecken.

»Der Kerl hat mir eins übergebraten«, bestätigte der Wirt, holte das Töpfchen wieder aus dem Spülwasser, schüttelte es, dass die Tropfen flogen, und stellte es zurück. Dann nahm er Fietjes Bierglas, spülte es, wischte eins der künstlichen Blätter, das sich bei dem Sturz gelöst hatte, vom Glasrand und hielt es unter den Zapfhahn. Fietje sah ihm gleichgültig zu und dachte nicht daran, sich über die hygienischen Zustände in Käptens Kajüte zu beklagen.

Tove zeigte auf seine Stirn. »Der Kerl ist ein Mörder?« Er fuhr zu Fietje herum. »Du hast ihn über den Zaun steigen sehen«, schimpfte er, als wäre es seinem Stammgast anzulasten, dass er selbst einem Mörder in die Hände gefallen und trotzdem mit dem Leben davongekommen war.

»Das war der Onkel von Larissa Freier«, sagte Fietje ungerührt. »Der Mann, in den die Signora verknallt ist. Deswegen habe ich seinen Namen nicht genannt.« Er prostete Mamma Carlotta zu, die sich jedoch verbot, auf Paolino zu trinken, in dem sie sich so sehr getäuscht hatte.

»Dass der jemandem den Hals umgedreht hat, konnte ich ja nicht ahnen«, entschuldigte sich Fietje.

Mamma Carlotta wandte sich wieder Tove zu. »Warum hat er Sie geschlagen?«

Tove druckste herum, merkte aber schnell, dass er mit Ausflüchten nicht weit kommen würde. Mamma Carlottas Hartnäckigkeit war ihm mittlerweile hinreichend bekannt. »Ich wollte in Jonas' Wohnung. Der war ja mit seinem Strip beschäftigt, und ich wusste, wo seine Jacke hing. In der Tasche steckte sein Wohnungsschlüssel.«

»Was wollten Sie bei ihm?«

Tove hatte mehr gesagt, als er wollte. »Nicht, dass Sie mich bei Ihrem Schwiegersohn verpetzen.«

Mamma Carlotta hob zwei Finger. »Promesso!«

»Was soll das nun wieder heißen?«

»Versprochen!«

»Also gut … ich wollte mir ein Gemälde holen. Zufällig hatte ich ein Gespräch zwischen Ihrem Schwiegersohn und seinem Assistenten mitbekommen. Hier an meiner Theke! Die beiden haben gesagt, das Bild könnte in Jonas' Apartment sein.«

»Was für ein Bild?«

»Das habe ich mich natürlich auch gefragt. Aber ich hatte so eine Ahnung ...«

Die hatte Mamma Carlotta nun auch. Und ihr erschien eine Erinnerung vor Augen: Erik und Sören, die sich hastig, als wären sie auf der Flucht, durch die Hecke des Nachbarhauses drängten ... »Wie sollte Jonas Eckert zu dem Bild gekommen sein?«

»Keine Ahnung. War mir auch egal. Ich weiß, dass vom Sylt-Zyklus noch ein Gemälde fehlt. ›Strandläufer‹! Und da mir Ihr Schwiegersohn ein Bild abgenommen hat, fand ich es nur gerecht, wenn ich es mir zurückhole. Ob ›Krebsgang‹ oder ›Strandläufer‹, das war mir egal.«

»Und wo ist Ihnen Paul Freier begegnet?«

»In der Wohnung. Der war schon vor mir da. Hat mir hinter der Tür aufgelauert.«

»Und das Bild?«

»Das hatte er noch nicht gefunden. Nachdem er mir die Tür an die Stirn geknallt hat, verlor er die Nerven und ist getürmt.« Plötzlich wurde Tove so nachdenklich, dass er einen Genever brauchte. Nachdenklichkeit überkam ihn nicht häufig, dazu benötigte er Unterstützung. »Sieht einem Mörder eigentlich nicht ähnlich«, meinte er dann, goss den Genever ein, stürzte ihn hinunter und schüttelte sich.

»Und Sie haben das Bild in Ihren Küchenhof getragen und hinter den Plastikstühlen versteckt.«

Die Wut schoss in Toves Augen, aus seinem Mund wurde ein schmaler Strich, seine buschigen Brauen zogen sich über seiner wulstigen Stirn zusammen. »Sie waren das also? Sie haben mich bestohlen, Signora!«

Mamma Carlotta war froh, als die Tür sich öffnete und Tove nichts anderes übrig blieb, als darauf zu verzichten, sie vor Wut vom Barhocker zu werfen oder ihr den Rotwein ins Gesicht zu schütten.

Donald Manfredini trat ein, attraktiv, wohlriechend, gut

gekleidet. »Moin!« Er nickte freundlich in die Runde, ganz Geschäftsmann, der immer damit rechnete, einen potenziellen Kunden vor sich zu haben. Dann legte er seine Geldbörse auf die Theke. »Ich habe mir gestern ein Fischbrötchen bei Ihnen geholt«, begann er, »und außerdem einen Schokoriegel.«

Toves Miene, die sich kurz in Konzilianz geglättet hatte, verdüsterte sich gleich wieder. »Ist Ihnen was nicht bekommen? Für Reklamationen ist es zu spät.«

»Nein, es war alles in Ordnung«, entgegnete Donald lächelnd. »Aber Sie haben sich verrechnet.«

Tove sah aus wie ein Käpten, der eine Meuterei beenden und den Anführer über Bord werfen wollte. »Das fällt Ihnen aber reichlich spät ein.«

»Besser spät als nie!« Donald lächelte immer noch. »Der Schokoriegel kostete 1,80, das Fischbrötchen 2,50, macht insgesamt 4,30 Euro.«

Tove griff zum Schlüssel seiner Kasse, als wollte er ihn umdrehen und dann behaupten, er könne kein Geld entnehmen, weil die Lade sich nicht öffnen ließ. »Sie sind ja ein richtiger Schnellrechner«, höhnte er.

»Sie anscheinend nicht«, kam es freundlich zurück. Sie haben mir nämlich nur 3,30 Euro berechnet.« Donald wühlte in seiner Geldbörse herum, förderte ein Eurostück zutage und legte es auf die Theke. »Ehrlich währt am längsten«, verkündete er. »Einen schönen Tag noch!« Und damit verließ er Käptens Kajüte und ließ einen fassungslosen Wirt und zwei verblüffte Gäste zurück.

»Hat der sie noch alle?«, stöhnte Tove und ließ das Eurostück in die Kasse fallen. »Das ist doch nicht normal!«

Paul Freier war blass und angespannt, als er in den Besprechungsraum geführt wurde. Seine Züge waren müde, seine Augen wie erloschen. Trotzdem sah er immer noch gut aus, das musste Erik ihm lassen. Ein Mann, der auch in schweren Zeiten Haltung bewahrte. »Bitte nehmen Sie Platz!«

Paul Freier blieb stehen. »Ich bin kein Mörder.«

Erik schob ihm einen Stuhl hin, und beide setzten sich. Erik stellt ein Diktiergerät an, ehe er zu sprechen begann.

»Fangen wir mit dem Bild an. Mir scheint, alles dreht sich im Grunde um ›Strandläufer‹. Ist es richtig, was meine Schwiegermutter sagt? Sie sind nach Deutschland gekommen, um sich dieses Bild anzueignen?« Erik wartete Paul Freiers Antwort nicht ab. »Woher wussten Sie, wo es ist? Und dass es noch da ist, obwohl das Haus längst den Kreverts gehörte?«

»Ich wusste es nicht«, gab Freier zurück. »Aber ich konnte es mir vorstellen. Ich kannte die Kreverts, wusste von Madeleines Spinnenphobie, von ihrem Ekel vor Staub, und ich wusste auch, dass Viktor an dem Haus kein großes Interesse hatte. Ich konnte mir vorstellen, dass keiner von den beiden auf den Speicher gestiegen war, dass das Bild also noch im Haus war und niemand es gefunden hatte.«

»Und woher wussten Sie, wo Sie das Bild finden würden?«

Paul Freier warf Erik einen schuldbewussten Blick zu. »Mein Bruder hat mir eine Adresse aufgeschrieben. Sesamstraße 1.«

»Die Adresse haben wir in Larissas Nachlass gefunden«, sagte Erik überrascht. »Und ich habe Sie gefragt, ob Sie damit was anfangen können.«

»Ich wollte es natürlich nicht zugeben.«

»Was bedeutet diese merkwürdige Adresse?«

Paul Freier fuhr sich durch die Haare. »Larissa hat früher gelegentlich auf dem Speicher gespielt.«

»Auch das haben Sie bestritten.«

»Ja, ich weiß. Aber sie war gerne dort oben. Da stand ihr Puppenhaus, und dem hat sie die Adresse Sesamstraße 1 gegeben.«

»BL für Boy Lindegard«, sagte Erik mehr zu sich selbst als zu Paul Freier. »Das war der Hinweis, wo das Bild zu finden war.«

Er sah sein Gegenüber scharf an. »Wann sind Sie bei den Kreverts eingestiegen? Und wie?«

»In der Nacht von Montag auf Dienstag.«

»Also in der Nacht nach Viktor Kreverts Tod? Da war das Haus versiegelt.«

»Ich kannte einen Weg, wie man ins Haus kommt.«

»Der Weg durch den Anschlusskeller.«

Paul Freier nickte und blickte auf seine Hände, als schäme er sich. »Ich dachte ... es ist ja kein richtiger Diebstahl. Wenn ich das Bild finden sollte, dann würde es niemand vermissen.«

»Was reden Sie sich da ein?«, fragte Erik scharf. »Das Bild ist der Gemeinde Westerland gestohlen worden. Ihr gehört es.«

»Ja, ja.« Wieder fuhr Paul Freier sich durch die Haare. »Und Larissa habe ich es natürlich auch gestohlen, das hat mich am meisten bedrückt. Sie hätte das Geld gut gebrauchen können. Vorausgesetzt, sie hätte einen Käufer gefunden.«

»Sie hatten vermutlich schon einen in der Hinterhand?«

Paul Freier nickte. »Ich plane eine Weltumsegelung. Dafür brauche ich das Geld.«

»Und? Haben Sie das Bild gefunden?«

Paul Freier sah nicht auf, während er antwortete: »Ich habe es über das Dach heruntergelassen. Durch das Fenster im Anschlusskeller passte es nicht.«

Erik stand auf und gab Sören einen Wink. Er konnte seinen Assistenten hinter der Glasscheibe nicht sehen, aber er wusste, dass sie von der anderen Seite beobachtet wurden. Sekunden später trat Sören ein.

»Machen Sie bitte weiter.«

Sören warf seinem Chef einen besorgten Blick zu. »Alles okay?«

Erik nickte und ging in die Ecke des Raums, wo ein Stuhl stand, auf den er sich hockte. Er schaffte es einfach nicht mehr, sich zu konzentrieren. Carolins Stimme klang ihm noch im Ohr. »Ihre Kamera! Damit ist sie doch sonst so pingelig. Und nun finde ich sie hier am Treppenabgang. Findest du das nicht auch komisch, Papa?«

Ja, das hatte Erik auch komisch gefunden. Dass Wiebke ihr Handy vergessen hatte, war mit ihrer Schusseligkeit zu erklären, aber ihre Kamera war ihr Augapfel, das einzige Ding, mit dem sie immer sehr sorgsam umging.

»Was hatte sie überhaupt hier zu suchen?«, fragte Carolin.

Erik versuchte, Zeit zu gewinnen, die Angst um Wiebke wollte er noch nicht an sich herankommen lassen. »Bist du überhaupt sicher, dass es Wiebkes Kamera ist?«

Aber Carolin hatte keine Zweifel. »Ich habe mir die Bilder angesehen. Da sind Fotos von irgendwelchen Promis drauf, Madeleine Krevert zum Beispiel, aber auch Fotos von dir. Außerdem kenne ich den Kameragurt.« Ihre Stimme hatte plötzlich ängstlich geklungen. »Wie kommt die Kamera hierhin, Papa? Was hat Wiebke in Donalds Garten zu tun gehabt? Und wo ist sie jetzt?«

Keine dieser Fragen hatte Erik beantworten können.

Mühsam riss er sich von dem Gedanken an Wiebke los und versuchte, sich auf die Vernehmung von Paul Freier zu konzentrieren. Der behauptete gerade, er habe ›Strandläufer‹ nach Hause getragen, seiner Nichte sei er dabei nicht begegnet. Als Carlotta Capella das Bild zufällig gefunden habe, sei er sehr erschrocken und habe ihr die Geschichte mit dem selbst gemalten Bild erzählt.

Ein Lächeln ging über Freiers Gesicht, das Erik lieber nicht gesehen hätte. »Zum Glück hat sie mir geglaubt. Sie hält nichts von abstrakter Malerei. Sie meint, dass Künstler, die nichts Gegenständliches auf die Leinwand bringen, Dilettanten sind.«

»Wir haben bei Ihnen nach dem Bild gesucht …«, hakte Sören ein.

Paul Freier unterbrach ihn: »Ich war genauso entgeistert wie Sie, als es nicht da war.«

Erik stand auf und stellte sich neben Sören. »Reden Sie keinen Unsinn!«

»Sie können mir glauben, Herr Wolf! Ich habe mir den Kopf zerbrochen, wer es mir gestohlen haben könnte. Schließlich bin ich auf Jonas Eckert gekommen, den Schützling meiner Vermieterin. Aber bei ihm habe ich es nicht gefunden. Oder vielmehr … ich bin gar nicht zum Suchen gekommen.«

»Was soll das nun wieder heißen?« Erik setzte sich an die schmale Seite des Tisches.

»Frau Kemmertöns hat einen Schlüssel für Jonas' Wohnung, der hängt an ihrem Schlüsselbrett. Ich habe dann am späten Abend einen kurzen Besuch bei ihr gemacht. Ich weiß, dass die Kemmertöns jeden Abend um zehn zu Bett gehen und bin Viertel vor zehn bei ihnen aufgetaucht. Das Bier sei mir ausgegangen, habe ich behauptet. Herr Kemmertöns hat mir gern zwei Flaschen geliehen, und ich habe die Gelegenheit genutzt, Jonas' Schlüssel einzustecken. Gleich am nächsten Morgen habe ich die zwei Flaschen zurückgebracht und bei dieser Gelegenheit den Schlüssel unbemerkt zurückgehängt. Frau Kemmertöns hat während der Nacht natürlich nicht gemerkt, dass er fehlte.«

Er blickte auf, als wollte er kontrollieren, ob Erik und Sören ihm folgen konnten. Tatsächlich schwirrte Erik allmählich der Kopf. Dieses Bild hatte, nachdem es jahrelang ein Schattendasein auf einem Speicher geführt hatte, eine regelrechte Wanderung hinter sich gebracht.

»Und?«, fragte er herausfordernd. »Haben Sie das Bild gefunden?«

Erik warf Sören einen Blick zu, der ihn mit gleicher Intensität erwiderte. Beide dachten an ihren Besuch in Jonas' Wohnung, der erstens ohne Erfolg gewesen war, bei dem sie zweitens beinahe erwischt und drittens ihrer Würde beraubt worden waren, während sie unter dem Balkon hocken mussten wie zwei Einbrecher.

Paul Freier schüttelte den Kopf. »Ich sagte doch, ich bin gar nicht zum Suchen gekommen. Anscheinend hat noch jemand einen Schlüssel zu Jonas' Wohnung. Ich hatte das Licht noch nicht angemacht, da erschien schon der Nächste.«

»Wer?«

»Keine Ahnung! Ich habe den Überraschungseffekt genutzt, ihm die Tür an die Stirn geschlagen und gesehen, dass ich wegkam.« Er lachte unfroh. »Der müsste eine ordentliche Platzwunde an der Stirn haben.«

Wieder sah Erik seinen Assistenten an. Platzwunde an der Stirn? War hier etwa von Tove Griess die Rede?

Sören konzentrierte sich weiter auf die Wanderung des Bildes. »Signora Capella hat ausgesagt, dass Sie nun wieder im Besitz des Bildes sind. Sie wollen es verkaufen, um Ihre Weltumsegelung zu finanzieren. Wie sind Sie wieder an das Bild gekommen? Und wo ist es jetzt?«

Paul Freier wurde nervös. »Letzte Nacht ... ich hörte etwas, draußen im Garten.« Nun sah er Erik an. »In Ihrem Garten. Ich dachte, ich hätte jemanden rufen hören. Also bin ich raus und habe nachgesehen.«

»Sie sind in meinen Garten gekommen?« Erik rieb sich unauffällig seinen Fuß, der nun wieder schmerzte.

»Mir war, als stiege jemand über den Zaun«, gab Freier zurück, ohne Erik anzublicken. »Ich wollte nachsehen.« Er zögerte, als hätte er Angst, dass man ihm das Folgende nicht glauben könnte. »Hinter einem Busch sah ich etwas stehen. ›Strandläufer‹.« Er schien sich zu wundern, dass weder Erik noch Sören ihn für verrückt erklärten. »Ich weiß, es hört sich irre an, aber das Bild lehnte dort wirklich am Zaun. Ich habe nicht lange nachgedacht, es an mich genommen und in die Putzkammer gestellt.«

»Da, wo es schon mal aufbewahrt worden war«, meinte Sören.

Eriks Tonfall war herablassend. »Warum es dort jetzt nicht mehr ist, können Sie sich natürlich nicht erklären.«

Ehe Paul Freier antworten konnte, nahm Sören den Gesprächsfaden auf: »Oder Sie wollen nicht? Sonst müssten Sie schließlich auch zugeben, dass Sie Frau Krevert daran gehindert haben, sich das Bild zurückzuholen. Sie wurde vor der Tür der Putzkammer erschlagen und später im hinteren Teil des Garten tot aufgefunden.«

»Das war ich nicht!« Paul Freier riss sich zusammen, schluckte, dann sagte er so ruhig wie möglich: »Mir sind die Blutspuren aufgefallen, aber ich dachte, sie stammten von einem Tier. Carlotta meinte das auch.«

Erik spürte erneut den Widerwillen, der ihn jedes Mal erfasste, wenn Paul Freier den Vornamen seiner Schwiegermutter aussprach. Seine Stimme wurde eisig. »Sie haben Madeleine Krevert erschlagen, ihre Leiche weggeschafft und dann das Bild irgendwo versteckt, wo es sicher ist. Wo?«

Paul Freier durchbohrte ihn mit seinen Blicken, schwieg aber, als wollte er zeigen, dass es keinen Sinn machte zu antworten, weil man ihm ja doch nicht glauben würde.

»Ich nehme an«, fuhr Erik fort, »dass Sie bereits in der Nacht von Sonntag auf Montag in das Haus der Kreverts eingestiegen sind und das Bild gestohlen haben. Sie wussten nicht, dass Viktor Krevert im Haus war. Das konnten Sie nicht ahnen, davon wusste niemand. Auch seine Frau nicht. Er stellte sich Ihnen in den Weg, es kam zu einem Handgemenge, Viktor Krevert stürzte ...«

»Nein!«, rief Paul Freier.

Erik tat so, als hätte er es nicht gehört. »Als er plötzlich tot vor Ihnen lag, gingen Ihnen die Nerven durch. Sie ließen von Ihrem Plan ab und sind weggelaufen.«

»Nein!«

»In der Nacht von Dienstag auf Mittwoch haben Sie einen zweiten Versuch gemacht. Und wieder hatten Sie Pech! Larissa hatte die gleiche Idee. Und sie hat natürlich den gleichen Weg genommen wie Sie. Die Adresse ›Sesamstraße 1‹, die ihr Vater notiert hatte, war ihr anscheinend erst jetzt in die Hände gefallen. Standen Sie ihr plötzlich auf dem Speicher gegenüber?«

»Nein!«, rief Paul Freier noch einmal. »Den Diebstahl des Bildes gebe ich zu, mit den Morden habe ich nichts zu tun!«

Erik fühlte sich müde und zerschlagen, der Gedanke an Wiebke erschwerte die Konzentration. Er fühlte sich diesem Verhör nicht mehr gewachsen. Durch einen kurzen Blick verständigte er sich mit Sören, dann sagte er: »Überlegen sie sich Ihre Aussage noch mal. Wir lassen Sie jetzt zurück in Ihre Zelle bringen. Später reden wir weiter.«

Die Tür öffnete sich, obwohl Erik noch kein Zeichen gegeben hatte, dass der Gefangene abgeführt werden sollte. Enno Mierendorf stand auf der Schwelle. »Dagobert Manfredini ist am Autozug gestellt worden. Er hat eine Geisel in seiner Gewalt.«

Mamma Carlotta fühlte sich besser, als sie nach Hause kam. Wenn man einmal davon absah, dass sie allein war. Sie blickte sich in der Küche um, in der es nichts gab, was ihr sofortiges Eingreifen erforderlich machte, hängte ein Trockentuch auf, das zusammengeknüllt neben der Spüle lag, und das Spültuch ordentlich gefaltet über den Wasserhahn, wie Erik es gern hatte. Es war noch zu früh, um das Abendessen vorzubereiten. Sämtliche Zutaten hatte sie bereits im Haus, es würde schnell gehen, sobald die Familie um den Tisch versammelt war. Die Bruschette napoletana machten nicht viel Arbeit, wenn die Auberginen, die Zucchini und die Champignons schon geputzt und in Scheiben geschnitten und die Tomaten gewürfelt waren. Während die Weißbrotscheiben im Backofen geröstet wurden, würde sie das Gemüse kurz in der Pfanne schmoren, dann die Bruschette mit Knoblauch einreiben, das Gemüse darübergeben und die Mozzarellascheiben obendrauf. »Basta!« Auch Pasta al forno con l'uovo war eine Kleinigkeit, wenn man sich der Lasagneblätter bediente, die es bei Feinkost Meyer gab, und nicht den Ehrgeiz besaß, sie selbst herzustellen. Die Nudeln mit Käsesoße bestreichen, darauf rohe Eier und Parmaschinken geben und das Ganze in den Ofen! »Buono!« Die Fleischbällchen in Tomatensoße waren längst fertig, genau wie der Mascarponekuchen. Womit also sollte sie sich die Zeit vertreiben?

Erleichtert lief sie in die Diele, als sie hörte, dass sich ein Schlüssel im Schloss drehte. Carolin stand vor ihr.

»Carolina! Du willst doch nicht in diese Dönerbude gehen? Madonna, nun habe ich kein Mittagessen vorbereitet. Aber ich kann dir mariniertes Gemüse geben und dazu Ciabattabrot.«

Schon lief sie in die Küche zurück und von dort in die Vorratskammer. Dass Carolin entgegnete: »Ich bin gleich wieder weg«, realisierte sie erst, als sie schon mit der Schüssel zurückkehrte, in der die Zucchini, Auberginen, Champignons, Zwiebeln und Tomaten mit einigen Knoblauchzehen im Olivenöl lagen. »Du willst doch noch in die Dönerbude?«

Nun erst sah sie die Kamera, die Carolin auf den Tisch legte. »Ich habe mit Papa telefoniert und ihm versprochen, sie nach Hause zu bringen.«

»Ist das nicht die Kamera von Signorina Reimers?«

Carolin nickte bedrückt. »Ich habe sie hinter dem Friseursalon gefunden.« Sie sah ihre Nonna an, als wäre sie den Tränen nah. »Ist Wiebke immer noch nicht aufgetaucht?«

Nun begriff Mamma Carlotta, was das Auffinden der Kamera bedeuten konnte. Erschüttert sank sie auf einen Stuhl. »Dio mio! Du meinst, Signorina Reimers ist etwas zugestoßen?«

Von dieser schrecklichen Mutmaßung wollte Carolin offenbar nichts hören. Sie zog sich ihre Haarspiralen vors Gesicht, als könnte sie sich damit vor der Wahrheit verstecken. »Ich geh dann mal …«

»Carolina!« Aber ihre Enkelin war schon aus der Tür hinaus, ehe Mamma Carlotta aufspringen und sie zurückhalten konnte.

Verzweifelt betrachtete sie die Kamera. Was hatte das zu bedeuten? Wiebke musste in aller Herrgottsfrühe aus dem Haus gegangen sein und war bisher nicht zurückgekehrt. Oder war sie sogar in der Nacht noch auf die Jagd nach Fotos gegangen, weil sie wusste, dass sich in irgendeinem dieser schrecklich teuren Lokale reiche und prominente Sylttouristen Ausschweifungen hingaben, deren Dokumentation man einer Reporterin mit Kusshand abnehmen würde? Mamma Carlotta nahm die Kamera vorsichtig in die Hand. Niemals, das wusste sie genau, hätte Wiebke ihr wichtigstes Arbeitsgerät irgendwo liegen lassen und dann vergessen. Sie spürte eine Gänsehaut auf ihrem Rücken. Und mit einem Mal war sie sich ganz sicher: Wiebke Reimers musste etwas zugestoßen sein. War Erik bereits auf der Suche nach ihr?

Mamma Carlotta war erstaunt über das Gewicht der Kamera und legte sie behutsam von einer Hand in die andere. So, wie sie es bei Wiebke gesehen hatte, die mit ihrer Kamera geradezu liebevoll umging. Sie hatte auch beobachtet, was Wiebke tat, wenn sie die Fotos betrachten wollte, die sie gemacht hatte. Und dass eine Taste, neben der On/Off stand, zum Ein- und Ausschalten da war, wusste sie schon länger. Vorsichtig drückte sie auf die rechte Seite des Kippschalters und stellte aufgeregt fest, dass sie damit tatsächlich von einem Foto zum anderen springen konnte.

Madeleine Krevert war häufig von Wiebke fotografiert worden, oft in Gesellschaft von gut aussehenden, kostbar gekleideten Menschen in exklusiver Umgebung, oft mit einem Glas in der Hand und häufig in Zigarettenrauch gehüllt. Und dann? Mamma Carlotta runzelte die Stirn. Donald und Jonas! In der Nähe des Friseursalons! Die beiden küssten sich, auf dem nächsten Foto sahen sie sich verliebt an. Dieses Foto war in der Zeitung veröffentlicht worden, diese Szene war es gewesen, die Frau Kemmertöns beobachtet hatte. Aber die Fotografin war ihr nicht aufgefallen. Wiebke wusste anscheinend, wie sie ihren Opfern auflauern musste, ohne von ihnen gesehen zu werden.

Schließlich war sie beim letzten Foto angekommen. Ein düsteres Bild, Mamma Carlotta musste sich anstrengen, um die Person zu erkennen. Wieder Madeleine Krevert! Das Gebüsch, vor dem sie stand, kam Mamma Carlotta bekannt vor, der Baum, der seine Krone über sie wölbte, ebenfalls, und die Stauden zu ihren Füßen hatte sie selbst gepflanzt. Madeleine Krevert im Garten der Familie Wolf! Den Blick auf den Zaun gerichtet, hinter dem Paolino wohnte! Auf dem nächsten Foto kam es noch schlimmer. Paul Freier und Madeleine Krevert in einer Bar an der Theke. Beide hielten Sektgläser in den Händen und lachten sich an.

Mamma Carlotta spürte, dass es noch eine kleine Hoffnung in ihr gegeben hatte. Jetzt aber fiel sie in sich zusammen. Sie musste einsehen, dass Paul Freier, ihr Paolino, sie geküsst hatte, obwohl in seinem Herzen eine andere Frau war.

Mamma Carlotta stand auf, ging zum Kühlschrank und holte den Mascarponekuchen heraus. Für diese schreckliche Wahrheit brauchte sie etwas Süßes, etwas, das in ihrem Mund schmelzen und auf direktem Wege in ihre Seele rinnen würde.

Um nicht darüber nachdenken zu müssen, was Paolino zu ihr gesagt hatte, worum er sie gebeten, was er von ihr gewollt hatte, blätterte sie weiter in Wiebkes Fotospeicher, rief ein Bild nach dem anderen auf. Und wieder gab es eines, das sie länger ansah als alle anderen. Donald Manfredini! Er stand hinter einem Stuhl und legte dem Mann, der darauf saß, die Hände auf die Schultern. Er beugte sich zu ihm hinab, als wollte er ihn küssen. Carlotta sah genauer hin. Nein, das war nicht Jonas Eckert, diesen Mann hatte sie noch nie gesehen …

Sören wollte zu Fuß zur Verladestation gehen, aber Erik fühlte sich dazu nicht in der Lage. Zwar war der Weg nicht weit, nur über die Kreuzung, am Bahnhof und an der Bushaltestelle vorbei und dann weiter bis zu dem Punkt, an dem die Wagen sich aufstellten, die auf den Autozug rollen wollten. Aber sein Knöchel war immer noch geschwollen und schmerzte nach wie vor. Zwar hatte Dr. Hillmot ihn mit einem Verband und sogar mit einer schmerzstillenden Salbe versorgt, aber zu einem schnellen Lauf fühlte er sich nicht in der Lage.

Sören jedoch wollte nicht warten, bis sie das Auto aufgeschlossen und sich in den dichten Verkehr eingefädelt hatten. Er lief zur Eingangstür, riss sie auf und war auch schon verschwunden. Erik sah ihn über die rote Fußgängerampel hetzen und kurz darauf hinter dem Bahnhofsgebäude verschwinden.

Er selbst brauchte lange, bis er sich in einer dichten Autoschlange zur Verladestation gequält hatte. Die wartenden Autos nahmen mittlerweile mehrere Spuren ein. Neben jedem Wagen standen die Insassen, machten lange Hälse, rätselten über das Ereignis, das sie aufhielt, und überboten sich in guten Ratschlägen, die sie der unfähigen Polizei geben könnten, wenn man sie ließe.

Die Ordner des Sylt-Shuttles hatten mittlerweile viele Wagen umgeleitet, sie aus dem unmittelbaren Gefahrenbereich entfernt, und bemühten sich weiter darum, den Abstand zwischen dem Geiselnehmer und der Frau, die er in seiner Gewalt hatte, so weit wie möglich zu vergrößern.

Eriks Auto war sofort erkannt und an die Stelle geleitet worden, wo Sören bereits neben einem der Ordner wartete, der aufgeregt von einem Bein aufs andere trat. Ole Henningsen war es gewesen, dem der Skoda Yeti und seine beiden Insassen aufgefallen waren. Kurz vorher waren sie noch von einem der Beamten, die am Autozug und an der Fähre nach Dagobert Manfredini Ausschau halten sollten, durchgewinkt worden. Die Polizisten der Bereitschaftspolizei hatten über den Fahrer des Skoda hinweggesehen, Ole Henningsen jedoch war der Verdacht gekommen, dass die Frau neben ihm nicht freiwillig in diesem Auto saß. Zwar hatte er nicht erkennen können, was der Fahrer ihr in die Seite drückte, aber dass es sich um eine Waffe handelte oder um etwas, was als Waffe benutzt werden konnte, dessen war er sicher gewesen.

So war Dagobert Manfredini zwar unbehelligt auf das untere Deck des Autozuges gefahren, dort jedoch nicht lange unbehelligt geblieben. Die Beamten der Bereitschaftspolizei, die die Kleidung der Ordner trugen, um unbemerkt agieren zu können, waren schon kurz darauf auf der Ladefläche des Zuges erschienen, hatten sich zunächst unauffällig vorwärtsbewegt, das eine oder andere Detail kontrolliert und hier und da etwas festgezurrt, um Dagobert Manfredini nicht vor der Zeit misstrauisch zu machen. Dann aber war der Zugriff erfolgt. Während einige Beamte dafür sorgten, dass niemand aus den Autos vor und hinter Manfredini ausstieg, wurde die Tür des Skoda Yeti aufgerissen, und Dagobert Manfredini sah in die Mündung einer Pistole. Die allerdings wurde bald wieder heruntergenommen, als sich bestätigte, dass die Frau, die neben Manfredini saß, keine Mittäterin, sondern seine Geisel war. Sie hatte er vorsichtshalber für genau diesen Fall auf seine Reise mitgenommen und ihr versprochen, sie auf dem Festland freizulassen, wenn er sich in Sicherheit wiegen konnte.

»Er hält der Frau eine Spritze an die Brust«, sagte Sören, als Erik neben ihm erschien. »Keiner weiß, was sie enthält, keiner weiß, was passiert, wenn er die Spritze setzt.«

Erik dachte fieberhaft nach. »Er hat sich während eines Besuchs beim Arzt befreit, das hat die Staatsanwältin gesagt. Vermutlich hat er die Spritze bei dieser Gelegenheit mitgehen lassen. Wenn das so ist, kann sie keine gefährliche Substanz enthalten. Solche Spritzen liegen in einer Arztpraxis nicht frei zugänglich herum.«

»Aber Manfredini hat gedroht, die Frau umzubringen.«

»Er blufft.«

»Kann sein, aber ... solange wir nicht sicher sind, hilft uns das nichts. Oder wollen Sie das Risiko eingehen?«

»Wer ist die Frau?«, fragte Erik.

»Keine Ahnung«, gab Sören zurück. »Soviel ich weiß, haben wir noch keine Vermisstenmeldung auf dem Tisch.«

Kaum war es ausgesprochen, stieg eine alarmierende Erkenntnis in seine Augen, und seine Miene veränderte sich. Erik, der das Gleiche dachte, fühlte, dass ihm die Farbe aus dem Gesicht wich. »Doch«, flüsterte er. »Es wird jemand vermisst.«

Mamma Carlotta trat gegen den Wind und gleichzeitig gegen ihre Enttäuschung an. Sie stieg in die Pedale, als ginge es darum, etwas Schlimmes zu verhindern, und jagte aus Wenningstedt heraus, als wollte sie es mit dem schnellen Autoverkehr aufnehmen. Dabei wusste sie, dass es sinnlos war, was sie plante. Erik würde sich nicht darauf einlassen, ganz sicher nicht. Aber sich dem Schicksal ergeben, ohne den Versuch gemacht zu haben, es in ihrem Sinne zu lenken? Nein, das war noch nie ihre Sache gewesen. Wie oft schon hatte sie sich einer hoffnungslos anmutenden Angelegenheit angenommen und sie gegen alle Voraussagen mit Hartnäckigkeit, Überredungskunst und unschlagbaren, vor allem schwer zu kontrollierenden Argumenten doch noch zum Guten geführt? So würde sie es auch diesmal versuchen. Paolo sollte ihr ins Gesicht sagen, dass sie ihm nichts bedeutet hatte, dass er mit ihr gespielt und ihre Unerfahrenheit genutzt hatte, um sie auf seine Seite zu ziehen. Wie sie Erik davon überzeugen konnte, sie mit einem Häftling sprechen zu lassen, wusste sie noch nicht. Aber sie vertraute auf ihren Ideenreichtum, der sie noch nie im Stich gelassen hatte, und auf ihre Überredungskunst, die bei einem Friesen noch schneller zum Erfolg führte als bei Italienern, die von Natur aus über ähnliche Fähigkeiten verfügten. Und wenn sie nichts erreichte, dann hatte sie wenigstens die Zeit mit etwas Besserem als mit Warten zugebracht und brauchte sich später nicht vorzuwerfen, die Flinte ins Korn geworfen zu haben, statt sie zu laden.

Sie jagte durch den Verkehrskreisel am Norderplatz, freute sich darüber, dass die Norderstraße leicht abschüssig war und sie ihr mörderisches Tempo noch steigern konnte. Als sie ihr Fahrrad vor dem Polizeirevier am Kirchenweg abstellte, waren nur zwanzig Minuten vergangen. Sie richtete ihre neue Frisur, so gut es ging, öffnete die Jacke, weil die schnelle Fahrt sie erhitzt hatte, dann betrat sie mit energischen Schritten das Revierzimmer, in dem nichts los war. Kein Besucher, kein Telefonklingeln, keine Kollegengespräche, nur die Stimme von Rudi Engdahl, der den Telefonhörer am Ohr hatte. Er winkte Mamma Carlotta erfreut zu und gab ihr ein Zeichen, dass er das Gespräch so schnell wie möglich beenden wolle.

»Nein, Hauptkommissar Wolf ist zurzeit nicht im Haus«, sagte Engdahl. »Er hat am Bahnhof zu tun, am Autozug. Das kann länger dauern.«

Mamma Carlotta hatte genug gehört. Sie winkte Engdahl einen Gruß zu, der ihr mit aufgeregten Gesten zu veranschaulichen versuchte, dass er einen Kaffee mit ihr trinken wollte. Aber sie tat so, als verstünde sie seine Pantomime nicht, lächelte ihm zum Abschied zu und verließ das Kommissariat wieder. Vor der Tür blieb sie eine Weile neben ihrem Fahrrad stehen, betrachtete nachdenklich das Bahnhofsgebäude, die grünen Riesen im Wind und den Personenzug, der gerade langsam in den Bahnhof einfuhr. Danach hatte sie ihren Entschluss gefasst. Sie schob ihr Rad über den Fußgängerüberweg, schwang sich auf den Sattel und fuhr los …

Der Einsatzleiter, der sich als Oberkommissar Obermann vorstellte, erschien vor Erik, mit besorgter Miene und schweißglänzender Stirn. »Er verlangt, dass der Zug abfährt. In Niebüll sollen wir ihn runterfahren und von da an unbehelligt lassen. Er sagt, wenn ihn auf dem Festland jemand verfolgt, bringt er die Frau um.«

Erik musste sich zusammenreißen, um die Frage herauszubringen: »Wer ist die Frau?«

Obermann zuckte mit den Achseln. »Vielleicht eine Touristin?«

»Rote Locken? Sommersprossen? Mitte dreißig?«

Der Einsatzleiter sah Erik überrascht an. »Sie kennen sie?«

»Wie kann sie in seine Gewalt gekommen sein?« Eriks Frage richtete sich an Sören, der aber genauso hilflos dreinschaute wie der Einsatzleiter und keine Antwort wusste.

Sie standen in der Nähe des Kiosks, weit genug entfernt, um den Geiselnehmer nicht nervös zu machen, auch weit genug entfernt, um die anderen Autofahrer, die von einer akuten Gefahr nichts wissen sollten, nicht in Unruhe zu versetzen. Die Ordner hatten vor jede Spur eine Kette gespannt und parierten die Fragen von Autofahrern mit stoischem Schweigen.

Obermann warf einen Blick zu den Waggons, auf denen alles ruhig war. Die Fahrer in den Autos warteten darauf, dass der Zug sich endlich in Bewegung setzte, diejenigen, die vor und hinter Manfredini standen, hatten die Türen verriegelt und rührten sich nicht. Sie hatten die bedrohliche Situation erkannt, hatten mitbekommen, dass einer der Männer, die sie für Ordner gehalten hatten, eine Pistole zog, und begriffen, dass sie mitten in einem Krimi gelandet waren. Das Auto hinter Manfredini sah aus, als säße niemand darin. Die Insassen hatten es vorgezogen, sich unsichtbar zu machen.

»Wir müssen seinem Wunsch nachkommen«, sagte Erik.

Obermann war derselben Meinung. »Die anderen Autofahrer sind nicht in Gefahr, solange sie besonnen bleiben und sich ruhig verhalten.«

»Wie können wir sie dazu ermahnen?«

Obermann dachte nach, dann beschloss er: »Gar nicht. Bei einer Lautsprecherdurchsage scheuchen wir auch alle anderen auf, die noch gar nichts mitbekommen haben.«

»Aber wir können per Lautsprecher dazu auffordern, die Autotüren zu verriegeln«, schlug Sören vor.

»Okay, gute Idee.«

Den folgenden Hinweis richtete Erik an seinen Assistenten. »Wir sagen in Niebüll Bescheid, damit die wissen, was sie erwartet. Sie sollen alle Wagen in eine Wartespur winken und erst mal nur dem Skoda freie Fahrt geben.«

Sören nickte, machte ein paar Schritte zur Seite und suchte nach seinem Handy.

Der Einsatzleiter betrachtete die Menge der wartenden Autos.

»Von denen lassen wir keinen mehr auf den Zug. Die müssen auf den nächsten warten.«

»Wir werden Manfredini auf dem Festland in Ruhe lassen. Nicht verfolgen! So lange nicht, bis die Geisel frei ist.«

Obermann sah ihn überrascht an. »Natürlich werden wir ihn beschatten. Aber so, dass er nichts merkt. Und dann in einem geeigneten Moment zuschlagen.«

»Auf keinen Fall. Das Leben der Geisel ist wichtiger. Manfredini sitzt wegen Mordes. Der hat noch fünf Jahre Knast vor sich.«

»Nach diesem Ausbruch werden noch ein paar dazukommen«, meinte der Einsatzleiter. »Vorausgesetzt, wir erwischen ihn.« Obermann runzelte ungläubig die Stirn. »Wieso kommt der Kerl nach dem Ausbruch auf die Insel? Eine Flucht von einer Insel ist doch viel schwieriger.«

»Es gibt einen Verwandten auf Sylt«, gab Erik zurück. »Bei dem wollte er wohl Unterschlupf suchen. Hat er aber offenbar nicht bekommen. Sein Bruder hat ihn wohl weggeschickt, allerdings hat er ihn nicht verraten.« Erik starrte das Auto an, das im Schatten des Oberdecks stand, sodass die beiden Insassen schemenhaft zu erkennen waren. Nur wenn er sich sehr anstrengte, konnte er in dem Umriss Wiebkes Profil ausmachen. Aber je länger er hinstarrte, desto sicherer erkannte er ihre Locken. Als sich ihr Kopf drehte, glaubte er sogar, ihre Augen zu sehen.

Erik griff nach dem Arm des Einsatzleiters. »Der Mann ist gefährlich. Wenn der was merkt, ist seine Geisel in allergrößter Gefahr.«

Obermann lächelte spöttisch, als wollte ihm jemand seinen Aufgabenbereich erklären, in dem er seit Jahrzehnten tätig war. »Die Kollegen wissen schon, was sie tun. Außerdem glaube ich gar nicht, dass die Gefahr für die Geisel so groß ist. Diese Spritze ... da muss ja nicht unbedingt was Tödliches drin sein.«

»Kann aber!«, rief Erik verzweifelt.

Der Einsatzleiter wehrte ab. »Möglich ist alles, da haben Sie recht, Herr Kollege. Aber wie will er eigentlich seine Geisel mit der Spritze in Schach halten, wenn er am Steuer sitzt?«

Darauf wollte Erik gerade eine scharfe Antwort geben, aber in diesem Moment machte er eine Beobachtung, die ihm die Sprache verschlug …

Mamma Carlotta radelte über den Bahnhofsvorplatz, auf dem nicht viel los war, und bog dann hinter dem Bahnhofsgebäude ab, um zur Verladestation für den Autozug zu kommen. Dort herrschte eine merkwürdige Ruhe, wie sie es noch nie erlebt hatte. Schon häufig war sie hier gewesen, hatte sich angesehen, wie die Fahrzeuge ordentlich in mehreren Spuren aufgereiht wurden, wie die Ordner unmissverständliche Zeichen und Anweisungen gaben und die Auffahrt auf den Autozug ruhig und diszipliniert erfolgte. Jedes Mal war sie beeindruckt gewesen. Rosl, die bayrische Frau eines Cousins, hatte ihr einmal erzählt, wie sie auf einer Autofähre nach Sizilien übersetzen wollte und es vor der Einfahrt in das Schiff zu einer Kollision gekommen war, weil an jenem Morgen zum ersten Mal eine Frau für die Koordination zuständig war. Das bedeutete, dass die männlichen Ordner sich an die Anweisungen einer Frau zu halten hatten, der sie einerseits imponieren wollten, weil sie jung und hübsch war, und der sie aber andererseits nicht folgen wollten, weil ein stolzer Südländer niemals nach der Pfeife einer Frau tanzte. Die Folge war gewesen, dass ein Auto im Hafenbecken landete, sämtliche Ordner hinterhersprangen, um den Fahrer zu retten, und währenddessen die nachfolgenden Autos die Gelegenheit nutzten, ohne jede Anweisung auf die Fähre zu fahren, um schneller als alle anderen an die Bar zu kommen. Zum Glück war kein Mensch zu Schaden gekommen, die Karriere der jungen Frau allerdings am selben Tag zu Ende gewesen.

Am Sylt-Shuttle war eine solche Unordnung undenkbar. Mamma Carlotta war schon einmal mit einem Neffen auf den Autozug gefahren und hatte sich an der Kompetenz der Ordner erfreut, die genau wussten, was sie taten, die auf den ersten Blick erkannten, welche Autos auf dem Oberdeck und welche auf dem Unterdeck zu stehen kommen mussten, und davon nicht abgewichen wären, wenn man ihnen einen Geldschein in die Hand gedrückt hätte. Dass nicht einmal der Versuch gemacht wurde, war etwas, was Mamma Carlotta darüber hinaus stark beeindruckt hatte.

Sie stellte ihr Fahrrad an der Absperrung ab, die aus blitzblau gestrichenen hüfthohen Pfählen und ebenso blauen Ketten bestand. Wo mochte Erik sein? Sie blickte sich um, entdeckte ihn aber nirgendwo. Wieder kam ihr die Ruhe, die über der Verladestation schwebte, merkwürdig vor. Kein Auto bewegte sich, obwohl auf den Waggons noch Platz war. Die Ordner hatten sämtliche Ketten vorgelegt, standen vor den Spuren und blickten mit ausdrucksloser Miene über die Autofahrer hinweg, von denen die meisten in den offenen Fahrertüren standen und sich beschwerten, warum es nicht weiterging.

Weiter hinten, in der Nähe des Kiosks, stand eine Gruppe von Männern, die sich intensiv unterhielt, aber Mamma Carlotta konnte nicht ausmachen, ob Erik unter ihnen war. Sie stieg über eine der Ketten, die so weit durchhingen, dass es keine Mühe machte, sie zu überwinden. Vorsichtig blickte sie sich um, denn sie hatte schon mehr als einmal die Erfahrung gemacht, dass in deutschen Ordnungssystemen streng darauf geachtet wurde, dass Umzäunungen respektiert wurden, auch dann, wenn sie mühelos zu übersteigen waren. Sie wartete einen Moment, darauf gefasst, von einem Ordner mit strenger Miene hinter die Absperrung zurückgeschickt zu werden, aber niemand achtete auf sie. Mit Radfahrern und Fußgängern rechnete hier anscheinend niemand. Alle Ordner starrten wie gebannt auf die Männergruppe vor dem Kiosk.

In der sicheren Erwartung, in der Mitte dieser Männer ihren Schwiegersohn anzutreffen, wollte Mamma Carlotta sich unauffällig dorthin bewegen, aber in diesem Augenblick sah sie etwas,

was sie zurückhielt. Eine kleine Bewegung in einem der Autos, ein Zucken von roten Locken, ein gekringelter Schatten vor einem hellen Hintergrund. Mamma Carlotta starrte auf das Beifahrerfenster des silbergrauen Wagens, dann ging sie näher heran, ohne das Fahrzeug aus den Augen zu lassen. Wiebke Reimers? Sie wollte die Insel verlassen? Mit wem? Mamma Carlotta machte einen langen Hals. Ja, ein Mann saß am Steuer, daneben Wiebke, die in der Nacht oder am frühen Morgen verschwunden und nicht nach Hause zurückgekehrt war. Sie hatte sich einem anderen Mann zugewandt? Einem, mit dem sie jetzt die Insel verließ? Einem, den sie ihrem Schwiegersohn vorgezogen hatte? In Mamma Carlotta brodelte prompt die Empörung. Welcher Mann konnte besser sein als Enrico? Und wie konnte Wiebke so treulos sein, einfach zu verschwinden, ohne Erik zu erklären, warum sie ihn nicht mehr liebte?

Sie entdeckte mehrere kleine Treppen, die zu der unteren Ebene der Waggons hinaufführten. Dort bestiegen und verließen die Ordner die Waggons, die dafür zu sorgen hatten, dass die Wagen dicht genug aufschlossen, damit kein Platz vergeudet wurde. Mit festen Schritten, ohne nach rechts und links zu blicken, ging Mamma Carlotta darauf zu. Auch hier baute sie auf eine Erfahrung, die man als Italienerin häufig machen konnte: Je unverblümter man sich über eine Anordnung hinwegsetzte, desto größer war die Chance, sein Ziel zu erreichen. Mamma Carlotta war sicher, dass diese kleinen Treppen nur für die Mitarbeiter des Sylt-Shuttles bestimmt waren, aber wem tat es schon weh, wenn sie diese Stufen hinaufstieg, solange der Zug sich nicht fortbewegte? Natürlich würde man ihr, wenn man auf sie aufmerksam wurde, etwas von Schwierigkeiten mit irgendeiner Versicherung erzählen, was in Deutschland immer ein starkes Argument war, aber was spielte das für eine Rolle, wenn sie dann erfahren hatte, warum und mit wem Wiebke Reimers die Insel verließ? In Italien würde jeder einsehen, dass la famiglia wichtiger war als irgendwelche Vorschriften, die nicht einmal einleuchtend waren. Dass das in Deutschland anders war, wusste sie mittlerweile, und deswegen beschloss sie, sich zu beeilen. Wenn man sie vom Zug herunterholte, wollte sie alle Fragen beantwortet haben, die sie jetzt quälten. Selbstverständlich würde Erik sie später ebenfalls maßregeln, ihr aber insgeheim dankbar dafür sein, dass sie ihm die Augen geöffnet hatte.

Sie warf einen unauffälligen Blick nach links, da es ihr trotz allem Optimismus nun doch komisch vorkam, dass niemand sie zurückhielt, aber die Ordner drehten ihr nach wie vor alle den Rücken zu, und so lief sie eine Treppe hinauf, kümmerte sich nicht um das erschrockene Gesicht einer Beifahrerin im dunklen Mercedes, sondern lief zu dem silbergrauen Wagen und klopfte an die Scheibe.

Erik erstarrte und griff aufgeregt nach Sörens Arm. »Um Himmels willen! Sehen Sie sich das an!«

Nicht nur Sören, auch alle anderen folgten Eriks Blick, Einsatzleiter Obermann, seine Mitarbeiter, mit denen er gerade die zu treffenden Maßnahmen besprach, zwei Ordner, denen er Anweisungen gab, ein Sprecher, der mit einer Durchsage dafür sorgen sollte, dass alle Fahrzeuge auf dem Autozug verriegelt wurden, ohne dass jemand in Angst geriet und Panik ausbrach.

Obermanns Gesicht lief rot an. »Wer hat diese Oma auf den Zug gelassen?«

Darauf brauchte niemand zu antworten. Es war klar, dass die Ordner ihr Augenmerk ausschließlich auf die wartenden Autofahrer gerichtet hatten, die immer mehr in Unruhe kamen, und niemand damit hatte rechnen können, dass eine Fußgängerin auf die Idee kam, sich dem Autozug zu nähern.

»Himmel! Sie geht zu dem Wagen des Geiselnehmers«, hörte Erik jemanden stöhnen. »Was will sie da? Woher weiß sie überhaupt, was hier abgeht? Will die etwa die Heldin spielen?«

Erik spürte, wie seine Knie nachgaben und sich die Schwäche auf seinen bandagierten Knöchel übertrug. Er klammerte sich an Sörens Arm, der sofort zugriff und ihn stützte. »Ganz ruhig, Chef.«

Aber Erik merkte, dass seine Stimme zitterte und Sören genauso verstört war wie er selbst.

»Wir müssen eingreifen«, hörte er Obermann sagen. Und diese Worte nahmen ihm seine Schwäche.

»Auf keinen Fall!«, entgegnete Erik. »Manfredini wird sich bedrängt fühlen. Wer weiß, wie er dann reagiert?«

»Und von dieser Oma wird er sich nicht bedrängt fühlten?«, fauchte Obermann zurück.

»Vielleicht«, gab Erik zurück. »Vielleicht aber auch nicht ...«

Signorina Reimers!«, rief Mamma Carlotta zum dritten Mal und wunderte sich über Wiebkes weit aufgerissene Augen, die sie anstarrten, als wäre ihr ein Geist erschienen. Erkannte sie sie etwa nicht? Oder fühlte Wiebke sich ertappt von der Schwiegermutter des Mannes, den sie verließ?

»Wir haben uns Sorgen um Sie gemacht«, sagte Mamma Carlotta. »Sie hätten wenigstens Bescheid sagen können, dass Sie die Insel verlassen wollen.«

Sie beugte sich tiefer, um besser ins Wageninnere blicken zu können, weil sie endlich wissen wollte, wer der Mann war, den Wiebke ihrem Schwiegersohn vorzog.

Sie sah, dass sich Wiebkes Lippen bewegten, aber was sie sagte, war nicht zu verstehen. Der Mann starrte geradeaus, er biss die Zähne zusammen, sein Kiefer mahlte. Wahrscheinlich wusste er nicht, ob es richtig war, die Schwiegermutter seines Vorgängers zu begrüßen, und wollte sich lieber aus dieser Familienangelegenheit heraushalten. Ein unsympathischer Zug, fand Mamma Carlotta, die sowieso nichts Gutes an diesem Mann finden wollte.

»Machen Sie auf«, forderte sie jetzt. »Sie können wenigstens die Scheibe herunterlassen, wenn ich mit Ihnen rede.«

Wieder bewegten sich Wiebkes Lippen, und nun hörte sie

auch die Stimme des Mannes, ohne aber seine Worte zu verstehen. Wiebke ließ die Seitenscheibe herab. »Hallo, Signora!«

In diesem Augenblick sah Mamma Carlotta die Spritze, die der Mann in der Hand hielt. »Sind Sie krank, Signorina?«

Wiebke schüttelte den Kopf. »Sie haben wohl noch nicht mit Erik gesprochen?«, fragte sie leise.

»Ich bin hier, um ihn zu suchen«, antwortete Mamma Carlotta. »Aber ich habe ihn nicht gefunden. Und da sah ich Sie zufällig in diesem Auto sitzen ...« Dann warf sie dem Mann hinter dem Lenkrad einen Blick zu. »Sind Sie Arzt?« Als er keine Antwort gab und sie nicht einmal ansah, wandte sie sich erneut an Wiebke: »Was ist los, Signorina?«

»Zieh Leine!«, kam es plötzlich vom Fahrersitz.

»Come?«, fragte sie verwirrt. »Leine? Wie meinen Sie das?«

»Abhauen sollen Sie! Aber ein bisschen dalli!«

Mamma Carlotta fuhr erschrocken zurück. Was für ein ungehobelter Klotz!

»Und sagen Sie den Pappnasen dahinten, dass sie gefälligst diesen blöden Zug in Bewegung setzen sollen.«

Wenn sie eines nicht leiden konnte, dann war es Unhöflichkeit. »Signorina Reimers! Wie können Sie mit einem solchen Mann ...«

Aber der Kerl steigerte seine Unhöflichkeit sogar noch, indem er Mamma Carlotta unterbrach: »Verpiss dich, Alte!«

Zum Glück konnte sie mit dem ersten Wort nichts anfangen, mit dem letzten aber durchaus. Und dass ihr eine Beleidigung entgegengeschleudert wurde, ging ihr ebenfalls auf. Empört schnappte sie nach Luft, überlegte kurz, welche Maßnahmen in einem solchen Fall zu ergreifen waren, wie sie diesem Grobian eine Lektion erteilen konnte ... da geschah vor ihren Augen etwas, das ihr die Sprache verschlug.

Wiebke, von der sie geglaubt hatte, dass sie deren volle Aufmerksamkeit besaß, fuhr mit einer so schnellen Bewegung herum, dass sie ihren Begleiter überraschte, dessen Aufmerksamkeit Mamma Carlotta tatsächlich besessen hatte. Er wurde von Wiebkes Bewegung überrumpelt, schrie auf und starrte entsetzt auf seinen Oberschenkel, in dem die Spritze nun steckte und noch unter der Kraft, die Wiebke angewandt hatte, schwankte. Sein Versuch, sie herauszuziehen, wurde von einer merkwürdigen Schwäche, die ihn überfiel, unterbrochen. Entsetzt sah Mamma Carlotta, dass seine Hand zitterte und schließlich herabfiel, noch ehe sie die Spritze erreicht hatte. Gleichzeitig sackte der Körper des Mannes in Wiebkes Seite, sein Kopf landete an ihrer Schulter.

»Madonna!«, rief Mamma Carlotta.

Und sie starrte Wiebke verständnislos an, als diese sagte: »Danke, Signora! Sie haben mich gerettet. Wie haben Sie das nur hingekriegt? Und woher haben Sie den Mut genommen?«

Erik legte sein Handy zur Seite. »Er schläft tief und fest. In der Spritze war ein Narkotikum. In einer Stunde ist er wieder fit. »Wer weiß, vielleicht hat Paul Freier doch die Wahrheit gesagt, und Dagobert Manfredini hat Madeleine Krevert ermordet.«

Wiebke kuschelte sich an seine Seite, und Erik zog sie so nah wie möglich zu sich heran. Wiebke genoss augenscheinlich seine Nähe.

»Madonna!«, stöhnte Mamma Carlotta. »Was bin ich froh! Und ich dachte schon, dieser widerliche, unhöfliche Kerl gefiele Ihnen besser als Enrico, Signorina!«

Es war warm und gemütlich in der Küche und duftete gut, Erik genoss die friedliche Atmosphäre mit allen Sinnen. Nach der kurzen, aber heftigen Angst, die er um Wiebke ausgestanden hatte, war alles, was vorher normal gewesen war, unendlich kostbar geworden. Er nahm sich vor, diesen Augenblick nie wieder zu vergessen und die Behaglichkeit in dieser Küche nie wieder normal zu finden. Auch wenn Lucia hier hantiert hatte, war es so heimelig gewesen, auch dann hatte das Wohlbehagen geduftet. Er hatte erfahren, wie schnell es damit vorbei sein konnte, und hätte eigentlich längst wissen müssen, dass so etwas Normales in Wirklichkeit etwas ganz Besonderes war.

Carlotta holte die gerösteten Weißbrotscheiben aus dem Backofen. Während sie auskühlten, legte sie Teigplatten in eine Auflaufform, bestrich sie mit Käsesoße, ließ einige rohe Eier darauf gleiten und goss erneut Soße darüber. Sie legte Parmaschinken darauf und deckte Lasagneplatten darüber. Das wiederholte sie zweimal, dann schob sie die Auflaufform in den Ofen.

Erik und Wiebke sahen schweigend und träge zu, zu glücklich, um zu reden. Ausnahmsweise war Erik froh, dass Sören es vorgezogen hatte, zu seinen Eltern zu fahren, wo an diesem Tag ein Geburtstag gefeiert wurde. Die Atmosphäre in dieser Küche war so familiär und intim, dass Sören sich vermutlich wie ein Fremdkörper vorgekommen wäre.

Erik gähnte unauffällig. »Du hast also dieses Foto von Madeleine in unserem Garten geschossen«, begann er und gab sich Mühe, seiner Stimme jeden vorwurfsvollen Klang zu nehmen. »Und dann hast du es sofort an diese Onlineredaktion geschickt? Während ich tief und fest schlief?«

Wiebke nickte. »Mit der passenden Titelzeile.«

»Und dann?«

Wiebke warf ihm einen Blick zu, als wollte sie sich vergewissern, dass sie die Wahrheit sagen konnte, ohne Erik zu verärgern. »Dann dachte ich mir, dass sich hinter Paul Freiers Fenstern womöglich etwas Pikantes zutrug, was eine brisante Story geben könnte.«

Prompt schüttelte Erik sich. »Was hast du für einen schrecklichen Beruf! Ständig musst du im Intimleben anderer herumschnüffeln ...« Er schüttelte sich noch einmal.

»Hai ragione, Enrico!«, stimmte seine Schwiegermutter zu. »Du hast recht! So was ist wirklich ... orribile!«

Erik war dankbar für diese klare Aussage, bemerkte aber auch, dass Mamma Carlotta trotz ihrer Entrüstung an der Geschichte, die folgte, durchaus interessiert war.

»In Paul Freiers Apartment war Madeleine aber nicht«, fuhr Wiebke fort, und Erik stellte fest, dass seine Schwiegermutter erleichtert aufatmete. »Stattdessen sah ich plötzlich einen Mann durch den Garten huschen.«

»Dagobert Manfredini«, ergänzte Erik.

»Das wusste ich zu diesem Zeitpunkt nicht. Aber er kam mir komisch vor. Er trug ein großes Quadrat zum Gartentor, das aussah wie ein Bild.«

Wieder warf Erik etwas ein: »›Strandläufer‹!«

»Er versuchte es in den Kofferraum seines Autos zu packen, aber da passte es nicht rein. Und dann tat er etwas sehr Merkwürdiges, was mich stutzig machte. Er ging zu einem anderen Auto, das nicht weit entfernt stand. Ein Mercedes Offroader mit einem großen Kofferraum.«

»Madeleine Kreverts Wagen.«

»Den habe ich sofort erkannt. In dem habe ich sie mehrmals gesehen. Und ich habe mich gefragt: Was hat dieser Mann mit Madeleine zu tun? Wo ist sie überhaupt? Wenn ihr Wagen da stand, konnte sie eigentlich nicht weit sein.« Wiebke vertiefte sich für ein paar Augenblicke in Mamma Carlottas Anblick, die gerade die getoasteten Ciabattascheiben mit einer Knoblauchzehe einrieb. Dann sprach sie weiter: »Der Mann führte, bevor er losfuhr, ein kurzes Telefongespräch. ›Ich habe das Bild, Donald‹, sagte er. ›Mach die Garage auf, damit das Auto schnell von der Straße kommt.‹« Wiebke sah Erik an, als erwartete sie etwas von ihm. »Donald! Diesen Name gibt's nicht oft! Ich dachte, ich hätte einen Geliebten von Donald vor mir. Und falls er wieder bestreiten würde, schwul zu sein, hätte ich ein paar tolle Fotos auf der Hinterhand, wenn ich die beiden in flagranti erwische.«

Wieder schüttelte Erik den Kopf, enthielt sich aber eines Kommentars. »Du bist ihm also tatsächlich gefolgt?«

»Frau Kemmertöns' Fahrrad stand neben der Haustür. Nicht abgeschlossen! Das habe ich mir geschnappt und bin ihm nach.

Als ich bei ›Hairstylist Donald‹ ankam, war von Madeleines Auto schon nichts mehr zu sehen.«

»Die beiden waren im Haus?«

»Ich hatte Glück, sie sind nicht in die Wohnung in der ersten Etage gegangen, sondern im Büro hinter dem Salon geblieben. Ich bin von Fenster zu Fenster geschlichen, aber es war schwer, sie aufzunehmen. Eine wirklich verfängliche Situation habe ich nicht eingefangen. Nur ein einziges Foto konnte ich machen. Da saß Dagobert auf einem Stuhl, und Donald beugte sich über ihn. Mit ein bisschen Phantasie konnte man sich ausrechnen, dass er ihn küssen wollte.«

»Seinen eigenen Bruder!«

»Woher sollte ich das wissen?«, fuhr Wiebke auf. »Hättest du mir erzählt, dass Dagobert Manfredini aus dem Knast ausgebrochen ist, wäre ich vorsichtiger gewesen! Aber du wolltest mir ja nicht verraten, wer der Kerl ist, der die Insel unsicher macht. Eigentlich hast du mir nicht einmal verraten wollen, dass überhaupt irgendeine Gefahr bestand.«

Mamma Carlotta ließ die Bruschette im Stich. »Prego! Nicht streiten!«

Wiebke und Erik senkten die Köpfe wie ertappte Sünder. Mit leiser Stimme fuhr Wiebke fort: »Mir war nicht klar, dass die beiden mich bemerkt hatten. Ich hatte gerade die Kamera zur Seite gelegt und mich nach einem besseren Platz vor den Fenstern umgesehen, da wurde ich plötzlich von hinten überwältigt. Dagobert Manfredini! Donald ist ja zu solcher Gewaltanwendung nicht fähig. Er hat nur danebengestanden und gejammert, Dagobert solle mir nichts tun.«

»Und dann haben sie dich eingesperrt.«

»Im Keller! Und Dagobert kam auf die Idee, dass er mit einer Geisel sicherer von der Insel kommen würde.« Wiebke produzierte ein schiefes Lächeln. »Die ganze Zeit habe ich mehr Angst um meine Kamera als um mich gehabt. Wenn ich mir vorstellte, dass es zu regnen anfing …«

Erik küsste ihre Schläfe. »Meine arme Wiebke.«

»Und am nächsten Morgen?«, fragte Carlotta, obwohl die beiden sich gerade in den Anblick des jeweils anderen vertieften.

Wiebke löste sich aus Eriks Augen. »Sie haben mich gefesselt und auf den Rücksitz von Madeleine Kreverts Auto gesetzt. So sind wir zum Campingplatz gefahren. Davor gibt es einen Parkplatz. Da ist nie viel los. Dort wollte Dagobert Manfredini ein Auto knacken.«

»Warum ist er nicht früher losgefahren?«, fragte Erik. »Warum nicht gleich mit dem ersten Autozug?«

»Weil er glaubte, dass er dann eher auffällt. Er hat gesagt, er will auf jeden Fall warten, bis richtig was los ist an der Verladestation. Das wäre sicherer.«

Mamma Carlotta stellte die Bruschette auf den Tisch, die nun alle mit gegrilltem Gemüse belegt waren und ein Mozzarellahütchen trugen. »Buon appetito!«

Sie sah von einem zum anderen, während sie aßen. War es richtig, sich über die Versöhnung zu freuen? Waren die beiden überhaupt wieder versöhnt? Oder zeigte sich vor ihren Augen nur die Erleichterung, die sich nach einer überstandenen Gefahr einstellte? Würde es jemals wieder Harmonie geben zwischen Erik und Wiebke? Oder würden ihre Berufe auch weiterhin zwischen ihnen stehen? Mamma Carlotta wusste in diesem Augenblick nicht, wohin sie ihre Hoffnung ausrichten sollte.

»Dagobert Manfredini hat also Madeleine Krevert umgebracht, weil er an das Bild kommen wollte?« Mamma Carlotta sah Erik aufständisch ins Gesicht, weil sie fand, dass sie das Recht hatte, eine solche Frage zu stellen, nachdem sie Wiebke durch ihren todesmutigen Einsatz aus den Händen des Geiselnehmers befreit hatte. Dass von Todesmut keine Rede sein konnte, weil ihr nicht im Geringsten bewusst gewesen war, wie furchtlos und couragiert sie handelte, tat dabei nichts zur Sache. In einem solchen Fall konnte Erik ihr nicht verwehren, etwas von den Ermittlungen zu verraten, bei denen sie ihm entscheidend geholfen hatte. »Dieses schreckliche Bild! Krikelkrakel mit drei Miesmuscheln! Dafür zahlen die Leute nicht nur viel Geld, dafür musste sogar ein Mensch sterben.« Nun sah sie Erik so eindringlich an, dass er aufsehen und ihre Frage zur Kenntnis nehmen musste. »Oder sogar drei Menschen? Sind Viktor Krevert und Larissa Freier auch wegen des Bildes gestorben?«

Erik nickte widerstrebend. »Aber das kann Dagobert Manfredini nicht gewesen sein. Zu dem Zeitpunkt saß er noch im Knast.«

»Madonna, Enrico! Dann bist du ja noch gar nicht fertig mit deiner Arbeit! Wir haben Wochenende! Musst du etwa noch mal ins Büro?«

Erik zuckte mit den Schultern. »Es gibt zurzeit keine neuen Erkenntnisse. Ich glaube, ich kann mir ein paar Stunden freinehmen und sie mit Wiebke verbringen.«

Er wollte sie küssen, doch Wiebke wich zurück, weil ihr etwas einfiel. »Beinahe hätte ich es vergessen. Ich habe etwas Merkwürdiges entdeckt, als ich hinter Donald im Auto saß.«

»Was?« Mamma Carlotta stellte fest, dass sie selbst wesentlich interessierter war als Erik, der gleichgültig reagierte.

»Es war kalt heute Morgen«, begann Wiebke. »Donald hatte einen warmen Wollpullover an. Und ich habe gesehen, dass an seiner rechten Schulter etwas klebte. Ein kleines Schildchen. So, als hätte er etwas gestreift und nicht gemerkt, dass es an der Wolle hängen geblieben war.«

Eriks Interesse hielt sich noch immer in Grenzen. »Und was soll daran bemerkenswert sein?«

»Auf dem Schildchen stand eine Adresse«, antwortete Wiebke. »Ich kannte sie, weil Larissa mir früher oft von ihrem Puppenhaus erzählt hat. Ich wusste, welche Adresse sie ihm gegeben hatte.«

Während Mamma Carlotta nun diejenige war, die sich etwas

Interessanteres erhofft hatte, saß Erik plötzlich aufrecht da. »Was ist das für eine Adresse?«

»Sesamstraße 1«, sagte Wiebke. »Die Adresse hatte Larissas Vater ihr an das Puppenhaus geklebt. Ich frage mich, wie dieses Schildchen an Donalds Pullover gekommen ist.«

Erik wartete, bis Sören eintraf. Nervös ging er zwischen Küchentür und Fenster hin und her und versuchte, nicht auf die Worte seiner Schwiegermutter zu hören, die leise wehklagte, weil es für sie nichts Schlimmeres gab, als ein Essen zu unterbrechen und ihre Kochkünste nicht gewürdigt zu wissen. Aber Erik war derart unruhig, dass er es nicht einmal schaffte, sie mit einer Entschuldigung zu besänftigen.

Als Sörens Rennrad auf der Straße auftauchte, warf er sich die Jacke über und humpelte zur Tür. »Bis später!«

Sören sah aus, als bereute er schwer, das Handyklingeln nicht überhört zu haben. »Ich dachte, wir hätten ein freies Wochenende.«

»Das dachte ich auch«, entgegnete Erik, saß schon im Wagen, ehe Sören sein Rennrad abgeschlossen hatte, und informierte ihn über die neue Entwicklung ihrer Fälle. Endlich stellte er zufrieden fest, dass Sören nicht mehr an die Erdbeerbowle seiner Mutter dachte. Er hatte dieselbe Spur aufgenommen wie Erik und war nun genauso ruhelos wie er.

Donald Manfredini öffnete die Tür und sah die beiden Polizeibeamten erschrocken an. »Ist was passiert?«

»Ihr Bruder ist gesund und munter! Na ja, munter vielleicht nicht. Wenn er seinen Medikamentenrausch ausgeschlafen hat, wird er wieder in den Knast wandern. Länger als fünf Jahre, davon dürfen Sie ausgehen.«

Donald zitterte am ganzen Körper, als er die Wohnzimmertür öffnete und den beiden Beamten vorausging. Sie betraten einen makellos aufgeräumten Raum, sparsam möbliert, mit wenigen Accessoires, aber diejenigen, die es gab, standen genau an ihrem

Platz. Auch Donald selbst war wie aus dem Ei gepellt. Schwarze Hose, weißes Hemd, exakt gegelte Haare. Eine Augenweide!

»Warum sind Sie so nervös, Herr Manfredini?«, fragte Erik scheinheilig. »Weil Sie Ihrem Bruder geholfen haben? Weil er bei Ihnen unterkriechen durfte? Weil Sie ihn nicht der Polizei ausgeliefert haben?«

»Das konnte ich nicht«, flüsterte Donald und zeigte auf ein Sofa, auf dem Erik und Sören Platz nahmen. Donald selber hockte sich auf einen Stuhl.

Erik fühlte sich nicht wohl. Das tiefe Sofa würde ihm zum Verhängnis werden, wenn es nötig sein sollte, plötzlich aufzuspringen. Sogar Sören, der sportlich gestählt und reaktionsschnell war, würde im Nachteil sein, wenn Donald von seinem Stuhl hochschnellte und zur Flucht ansetzte.

Erik erhob sich wieder und spazierte im Zimmer herum. Dass er in der Nähe der Tür stehen blieb, sollte wie Zufall aussehen. »Wir werfen Ihnen nicht vor, dass Sie Ihrem Bruder helfen wollten. Blut ist dicker als Wasser. Stimmt's?«

Donald nickte erleichtert. »Ich habe lange auf Dagobert eingeredet, damit er sich selbst stellte und so mit einer geringeren Strafe davonkam.«

»Für Mord gibt's keine geringen Strafen«, sagte Sören und ließ Donald nicht aus den Augen. »Selbst wenn der Richter auf Totschlag befindet, wird Ihr Bruder wieder eine ganze Weile im Knast sitzen. Geiselnahme kommt schließlich auch noch dazu. Er hatte noch fünf Jahre vor sich. Nun wird es ein paar Jahre länger dauern, bis er auf freien Fuß kommt.«

Donald wollte ihnen weismachen, er wisse nicht, wovon sie sprachen, aber Erik beruhigte ihn auch diesmal: »Ich verstehe, dass Sie Dagobert nicht angezeigt haben. Aber Sie müssen nicht so tun, als hätten Sie von Madeleine Kreverts Tod keine Ahnung.«

Donald schluckte, dann nickte er stumm.

»Wir wissen natürlich auch, dass Sie daran beteiligt waren,

als Wiebke Reimers hier gefangen gehalten und schließlich als Geisel genommen wurde.«

Donald hielt sich die Hand vor die Augen. Wie ein Kind, dachte Erik, das glaubt, es werde nicht gesehen, wenn es selbst nichts sah. »Ich war dagegen, aber Dagobert … Er ließ mir keine andere Wahl.«

»Sie hängen sehr an Ihrem Bruder?«

Donald schluchzte auf und nahm die Hände von den Augen. »Wir sind zwar nicht zusammen aufgewachsen, aber trotzdem … Ja, ich hänge an ihm. Obwohl er ein Krimineller ist. Obwohl ich alles, was er getan hat, strengstens verurteile. Er ist nun mal mein Bruder.«

Erik hielt den Augenblick für gekommen, ihm das Schildchen zu präsentieren, das Wiebke ihm gegeben hatte. »Kennen Sie das?« Er hielt Donald seinen rechten Zeigefinger hin, an dem das Schild klebte. Es haftete nicht mehr besonders gut, aber es fiel doch nicht vom Finger herunter. »Sehen Sie sich mal die blauen Flusen an. Die stammen von Ihrem Pullover.«

Nun wurde Donald hellhörig. Er sah aus, als wäre er auf dem Sprung. Erik gab Sören ein Zeichen. Der verstand, erhob sich und ging zur Balkontür.

»Was wollen Sie von mir?«, fragte Donald.

»Dieses Schildchen«, begann Erik vorsichtig, »ist der Beweis dafür, dass Sie auf dem Speicher von Kreverts Villa waren. Sie müssen sich an dem Puppenhaus vorbeigedrängt haben. Aber dass das Schildchen an Ihrem Pullover haften blieb, haben Sie nicht bemerkt.«

Donald starrte Erik an, dann Sören, und schließlich, als beide schwiegen, blickte er auf seine Füße. Sie warteten angespannt darauf, was Donald tun würde. Er musste jetzt begriffen haben, dass Leugnen zwecklos war. Würde er die Flucht versuchen?

Aber Donald reagierte so, wie Erik es niemals erwartet hatte. Er brach in Tränen aus. »Was auch geschah«, schluchzte er, »ich bin immer als Erster in Verdacht geraten. Immer ich! Nur, weil ich aus dieser kriminellen Familie stamme. Dabei habe ich mir nie was zuschulden kommen lassen. Nie! Ich bin ein anständiger Mensch.«

Erik hätte ihm in jeder anderen Situation geglaubt, aber nun hatte er dieses Schildchen am Zeigefinger, das Beweis für etwas ganz anderes war. »Sesamstraße 1«, sagte er langsam. »Die Adresse von Larissa Freiers Puppenhaus.«

Wie ein Schwall brach es nun aus Donald heraus. Als wäre ein Schleusentor geöffnet worden und als wäre er nicht mehr daran interessiert, dieses Tor wieder zu schließen. Alles sollte heraus! Der grundanständige Donald Manfredini hätte vermutlich nicht mehr lange mit seiner Schuld leben können. Entweder wäre er bei Erik erschienen, um sich ganz ohne Not alles von der Seele zu reden, oder er hätte seinem Leben, seinem grundanständigen und dann doch völlig verkorksten Leben, ein Ende gesetzt.

»Dagobert wusste, wer ›Strandläufer‹ gekauft hatte, und er wusste auch, dass Freier das Bild in seinem Ferienhaus verstecken wollte, bis Gras über den Kunstraub gewachsen war. Auch im Knast hatte Dagobert noch seine Verbindungen. Er wusste, dass das Bild nicht aufgetaucht war, obwohl die Freiers nicht mehr lebten. Irgendwann kam ihm die Idee, dass das Bild noch dort sein könnte, wo Freier es versteckt hatte. Er sagte, ich soll nachschauen, es wäre nicht gefährlich. Niemand weiß davon, hat er gesagt, es steht dort, und keiner nimmt es sich. Dagobert wollte, dass ich es für ihn aufbewahre. Er hat gesagt: ›Wenn ich in fünf Jahren rauskomme, ist der Kunstraub so lange her, dass ich das Bild ohne Weiteres verkaufen kann. Dann schaffe ich es, ein neues Leben zu beginnen.‹ Er wollte sich was aufbauen, so wie ich. Er hatte es mir versprochen. Ehrlich wollte er werden!«

»Na, das ist ja geglückt«, warf Sören mit einem Lachen ein.

»Ich wollte Viktor Krevert nicht umbringen«, weinte Donald und wischte sich die Tränen mit dem Handrücken ab. »Ich hatte den Schlüssel benutzt, den Madeleine mir gegeben hatte, damit ich unauffällig ins Haus konnte. Und er saß da im Dunkeln, als hätte er nur auf mich gewartet. Nein, er ist nicht auf die Idee gekommen, dass ich das Bild holen will. Er wusste anscheinend wirklich nichts davon. Aber er wusste, dass seine Frau ein Verhältnis mit mir hatte. Und auch er dachte nur das Schlechteste von mir, weil ich ja Manfredini heiße und alle Manfredinis Diebe und Betrüger sind. Er war davon überzeugt, dass ich Madeleines Schlüssel benutzte, um etwas zu stehlen.« Er schluchzte auf und hatte Mühe weiterzusprechen. »Ich wollte ihn nicht umbringen«, beteuerte er. »Aber das konnte ich mir nicht gefallen lassen. Mich als gemeinen Dieb hinzustellen … das war zu viel.« Er schluchzte auf, und Erik verzichtete darauf, ihm die Widersinnigkeit von dem vor Augen zu führen, was er gerade von sich gegeben hatte.

»Es kam zu einem Handgemenge«, weinte Donald, »und er stürzte unglücklich.«

»Sie hätten die Polizei rufen können«, schlug Sören vor, »und den Notarzt.«

»Wie hätte ich erklären sollen, dass ich im Haus war?«, fragte Donald entsetzt.

»Sie haben Viktor Krevert also seinem Schicksal überlassen und sind getürmt«, stellte Erik fest. »Und was war mit Larissa? Hat es da auch ein Handgemenge gegeben?«

Donald weinte laut wie ein kleines Kind, das hingefallen war. Es dauerte eine Weile, bis er wieder sprechen konnte. »Ich wollte es noch einmal versuchen. Dagobert hatte mich so sehr darum gebeten. Aber es ging nicht, die Türen waren versiegelt, ich habe mich nicht getraut, die Siegel zu beschädigen. Aber dann … dann sah ich Larissa Freier, die in den Garten huschte. Und die kannte einen Weg, auf dem kein Siegel beschädigt werden musste.«

»Durch das Lüftungsgitter des Anschlusskellers«, sagte Erik.

»Ich wollte nicht, dass sie mich bemerkt, aber leider … Sie hat mir gedroht, wollte mich anzeigen, wollte mich fertigmachen. Sie war schon einmal im Haus gewesen, war aber weggelaufen, als sie auf Viktor Krevert gestoßen war.«

»Tot?«, fragte Erik.

Donald nickte. »Da hat sie wohl die Nerven verloren und ist erst mal getürmt. Sie hat mir auf den Kopf zugesagt, dass ich Viktor Krevert umgebracht habe. Und dann hat sie mich ausgelacht! Einmal kriminell, immer kriminell! Sie hat behauptet, so was läge im Blut! Bei dieser Familie könnte ich nur als Gangster enden.«

»Und da haben Sie zugeschlagen?«, fragte Sören.

»Es stimmt nicht, dass ich ein Gangster bin! Ich war immer ein anständiger Mensch. Immer!«

»War das Bild auf dem Speicher?«, fragte Erik, der plötzlich nichts mehr von Donalds Wohlanständigkeit hören wollte.

Donald schüttelte den Kopf, ohne aufzublicken. »Man konnte noch erkennen, wo es mal gestanden hatte. Aber … alles war umsonst. Ich hatte zwei Menschen auf dem Gewissen und konnte meinem Bruder trotzdem nicht helfen. Larissa Freier hatte recht. Einer wie ich kann kein anständiges Leben führen.«

Erik warf Sören einen Blick zu. Paul Freier hatte also die Wahrheit gesagt. Er hatte das Bild gestohlen, bevor Viktor Krevert starb.

Dann erzählte Donald, wie aufgewühlt er gewesen sei, als in seinem Salon von einem Bild die Rede gewesen war, das so aussah wie Boy Lindegards ›Strandläufer‹. »Die Signora hatte recht! Das Bild stand in der Putzkammer von Paul Freiers Apartment.«

Erik runzelte die Stirn. »Wieso haben wir das Bild bei Ihnen nicht gefunden? Wo hatten Sie es versteckt?«

»Auf dem Aktenschrank im Büro.«

»Dort haben wir nachgesehen.«

Donald nickte und zog ein Taschentuch hervor, um sich die

Tränen abzuwischen und die Nase zu putzen. »Ich war genauso überrascht wie Sie, als Sie es dort nicht gefunden haben.«

»Sie? Überrascht? Sie haben es zu Jonas Eckert gebracht! Der ist ja verliebt in Sie, den können Sie um alles bitten.«

»Ganz so war's nicht«, gab Donald nun ruhig zurück. »Ja, Jonas ist verliebt in mich. Und deswegen beobachtet er mich häufig. Er hat gesehen, dass auf dem Schrank ein Bild liegt, und als Sie mir Ihren Hausdurchsuchungsbeschluss vorlegten, hat er gewusst, dass Schwierigkeiten auf mich zukamen. Er hat das Bild genommen und in sein Apartment getragen. Gerade rechtzeitig!«

»Aber dafür wollte er Ihre Liebe.«

Donald sah verschämt zu Boden. »Ich habe so getan, als ginge ich darauf ein. Ich hatte Angst, dass er mich verrät.«

»Den Rest kennen wir«, sagte Erik und trat auf Donald zu. »Sie sind festgenommen, Herr Manfredini.«

Donald schlug die Hände vors Gesicht und weinte hemmungslos. »Alle werden nun sagen, ich bin so wie meine Familie. Dabei war ich immer ein anständiger Mensch. Ich wollte so leben wie meine Adoptiveltern. Ich war immer ehrlich. Immer!«

Wer etwas so Entsetzliches wie eine Geiselnahme hinter sich gebracht hatte, brauchte unbedingt eine Mahlzeit zur Stärkung. Mamma Carlotta warf ihre Planungen über den Haufen und richtete alles, was sie fürs Abendessen vorbereitet hatte, unverzüglich an, als sie im Süder Wung angekommen waren. Danach wollte Wiebke einen Mittagsschlaf machen, wofür Mamma Carlotta größtes Verständnis hatte. Die vergangene Nacht hatte die Arme in Gefangenschaft verbracht, den Tag in Todesangst, und das Ganze war gekrönt worden mit einem Glas Rotwein und so vielen Fleischbällchen wie eben möglich. Da kein italienisches Essen ohne Dolce auskam, musste auch der Mascarponekuchen noch auf den Tisch, woraufhin zwei Grappe nötig waren, um den Magen in Ordnung zu bringen. Danach hatte Wiebke zu schielen begonnen, und ihre Müdigkeit war auch durch einen doppelten Espresso nicht zu vertreiben gewesen.

Mamma Carlotta spürte, dass auch ihr eine Siesta guttun würde, die ihr in Panidomino heilig war. Aber die Ereignisse, die sich an diesem Tag überschlagen hatten, brauchten Verarbeitung. Solange sie nicht darüber geredet hatte, dass sie einem Verbrecher seine Geisel entrissen hatte und ein Mann verhaftet worden war, der zu den ehrlichsten Menschen der Insel gezählt hatte, konnte sie sowieso kein Auge zutun. Da die beiden Grappe nicht ausgereicht hatten, ihr den Magendruck zu nehmen, würde sie es mit einem Genever in Käptens Kajüte versuchen und sich nicht darum scheren, dass die Sonne noch weit davon entfernt war unterzugehen.

Aus dem Genever wurde allerdings nichts. Sie stellte gerade ihr Fahrrad vor Käptens Kajüte ab, als Tove herauskam und wütend die Plakate von der Tür riss, mit denen er für seine Frauenabende Werbung machte.

»Was ist los?«, fragte Carlotta erschrocken.

»Jonas hat plötzlich den Moralischen gekriegt«, schimpfte Tove. »Seine Tante hat ihn bearbeitet, er soll ein lieber, anständiger Junge sein. Ausgerechnet die, die ihm in die Eier getreten hat!« Er winkte ab, noch ehe Mamma Carlotta seine Ausdrucksweise beanstanden konnte. »Anders kann man das nicht sagen, Signora.«

»Und nun ist Schluss mit den Frauenabenden?«, fragte Carlotta hoffnungsvoll.

Tove platzte beinahe vor Wut. »Wenn Sie mir jetzt noch sagen wollen, dass ich auch ein lieber, anständiger Junge werden soll, dann reicht's mir für heute! Dann können Sie Ihren Rotwein getrost in der Dönerbude oder sonst wo trinken! Ich weiß sowieso nicht, ob ich eine Frau an der Theke haben will, die verhindert, dass ich ein reicher Mann werde. Und die mit einem Bullen verwandt ist, der ebenfalls verhindert hat, dass ich ein reicher Mann werde!«

»Io?« Mamma Carlotta zeigte auf ihre Brust.

»Oder waren Sie das etwa nicht, die mir mein Bild geklaut hat? Und sind Sie nicht mit dem Bullen verwandt, der mir ebenfalls ein Bild geklaut hat?«

Mamma Carlotta drehte sich wortlos um und ging zu ihrem Fahrrad zurück. Sie ließ sich viel Zeit mit dem Aufschließen, damit Tove Gelegenheit erhielt, sich zu entschuldigen. Aber als er in seine Imbissstube zurückging und wütend die Tür hinter sich zuknallte, fuhr sie in den Süder Wung zurück und beschloss, mit ihren Erlebnissen Frau Kemmertöns zu unterhalten, die hoffentlich in der Lage sein würde, sie mit der gebührenden emotionalen Aufwallung zur Kenntnis zu nehmen. Solange Tove dabeiblieb, dass er bestohlen worden war, hatte es keinen Sinn, mit ihm zu reden. Auch Fietje, der ständig um seinen Stammplatz in Käptens Kajüte fürchtete, würde da nichts ausrichten können.

Tatsächlich schien Frau Kemmertöns sich erholt zu haben. Sie stand in der Tür von Pauls Apartment und betrachtete zornig jedes Teil, das ihr Mieter dort zurückgelassen hatte. »Der wollte heute ausziehen. Und was ist nun? Seine Sachen stehen hier immer noch rum. Wie soll ich da sauber machen?«

Mamma Carlotta hoffte, dass Frau Kemmertöns ihr zur Erörterung dieser Frage einen Espresso oder zumindest einen Tee anbieten würde, aber die Nachbarin konnte sich vom Anblick des Apartments nicht losreißen. »Sie müssen doch wissen, wann er wieder freikommt, Signora.«

»Mein Schwiegersohn sagt, es besteht Fluchtgefahr. Er hatte ja schon ein Ticket nach Neuseeland.«

»Aber der nette Herr Freier ist doch kein Mörder!«, rief Frau Kemmertöns entrüstet.

Mamma Carlotta verriet ihr, dass er tatsächlich von diesem Verdacht befreit worden war, und versuchte, die Nachbarin nicht merken zu lassen, wie erleichtert sie selbst darüber war. Ihr Paolino, ein Verbrecher? Ein Herzensbrecher, va bene, ein untreuer Kerl, ein Schwindler, ein Lügner … aber ein Mörder? »No, no!

Der Mörder war ein anderer. Donald Manfredini! Stellen Sie sich das vor.«

Frau Kemmertöns' Brust begann schon wieder zu vibrieren. »Niemals!«, rief sie. »Donald ist der ehrlichste Mensch, den ich kenne. Dem würde ich mein Sparbuch anvertrauen.«

Mamma Carlotta machte einen Schritt in Pauls Apartment, während sie redete und Frau Kemmertöns damit von dem Plan, den sie spontan gefasst hatte, ablenkte. Sie erzählte der fassungslosen Nachbarin, dass Donald von seinem kriminellen Bruder genötigt worden war, der der eigentlich Schuldige war, und suchte währenddessen mit flinken Augen die Schränke, Kommoden und Tische ab. Schließlich fiel ihr ein Buch ins Auge, das den Titel »Zu Fuß durch den Dschungel!« trug. Der Autor hieß Paul Freier.

Sie schnappte es sich und schob es unter ihre Jacke, während Frau Kemmertöns sich den Schweiß abwischte, der ihr bei den schockierenden Neuigkeiten auf die Stirn getreten war. Nun hatte sie ein Andenken an ihren Paolino. Eine Erinnerung, die in den Koffer passte und ihr ganz allein gehören würde.

»Ich kann es nicht glauben«, stöhnte Frau Kemmertöns, wurde aber kurz darauf überzeugt, als Jonas auftauchte, der sich, wie Mamma Carlotta umgehend erfuhr, am Morgen mit Tante Jale versöhnt hatte.

Schluchzend fiel er ihr in die Arme. »Donald ist verhaftet worden! Er soll jemanden umgebracht haben. Und ich dachte … ich hatte so sehr gehofft …«

»Sei nicht traurig«, hörte Carlotta ihre Nachbarin flüstern, während sie sich selbst auf den Rückzug begab. »Er war sowieso nicht der Richtige für dich.«

Sie hatte gerade das Gartentor der Kemmertöns hinter sich zugezogen, da sah sie einen silbergrauen Skoda Yeti vorfahren, der ihr bekannt vorkam. Der Wagen, den der Geiselnehmer gestohlen hatte! In dem er sich aufs Festland flüchten wollte! In dem er Wiebke bedroht hatte!

Mit zitternden Knien stand sie da und beruhigte sich erst wieder, als sie feststellte, dass Erik den Wagen lenkte.

Erik grinste, als er die konsternierte Miene seiner Schwiegermutter bemerkte. »Der Wagen wird seinem rechtmäßigen Besitzer zurückgegeben. Aber zuerst muss das Bild sichergestellt werden. Der Inhaber der Sicherheitsfirma kommt gleich und holt es ab. Er sorgt dann dafür, dass es nach Flensburg ins Museum gebracht wird.« Er stockte, blickte den Süder Wung entlang und lächelte dann. »Da kommt er schon.«

Eine dunkle Limousine hielt hinter dem Skoda, ein Mann im schwarzen Anzug mit weißem Hemd und dunkler Krawatte stieg aus. Erik begrüßte ihn mit ernster Miene, da ihm gerade einfiel, dass Madeleine Krevert im Haus dieses Mannes gewohnt hatte und mit dessen Frau befreundet gewesen war. Und es gefiel ihm, dass Herr Linke nicht daran interessiert war, mehr Worte zu wechseln als unbedingt nötig.

Erik öffnete den Kofferraum des Skoda und nahm das Bild heraus. Er betrachtete es lange, und auch der Chef des Sicherheitsdienstes schien an das Unheil zu denken, dass ›Strandläufer‹ angerichtet hatte.

Mamma Carlotta kam vorsichtig heran, als näherte sie sich einer Kostbarkeit, die durch einen Luftzug Schaden nehmen könnte. Erik konnte seinen Blick nicht von ihrem Gesicht abwenden, das er noch nie mit diesem Ausdruck gesehen hatte.

»Strandläufer«, flüsterte sie, und ihm kam die Idee, dass sie womöglich an einen ganz anderen Strandläufer dachte.

Linke wollte das Bild gerade in die Hand nehmen, um es zu seinem Auto zu tragen, da ertönte ein schriller Schrei über ihnen.

Heiliger Wattwurm!

Alle drei fuhren erschrocken zusammen, Mamma Carlotta taumelte sogar einen Schritt zurück. Etwas Weißes stürzte auf sie herab, schoss wie ein Pfeil auf das Bild los. Ein starker Schnabel stieß ein riesiges Loch hinein, mitten in die Miesmuscheln.

Entsetzt ließ der Chef des Sicherheitsdienstes das Bild fallen und gab der rabiaten Silbermöwe damit die Gelegenheit, sich darauf niederzulassen und mit dem Schnabel auf das Bild einzuhacken. Immer und immer wieder …

Danksagung:

Ich danke meiner Freundin Gisela Tinnermann, meiner Erstleserin, für den bedeutsamen Satz: »Jetzt muss mal langsam was passieren!«

Außerdem danke ich Silke Muci, die dafür gesorgt hat, dass alle italienischen Ausdrücke sitzen.

Crema di Porcini (Steinpilzsuppe) – 4 Personen

500 g frische Steinpilze, 4 EL Olivenöl, 1 mittelgroße gehackte Zwiebel, 1 l Rinderbrühe, 4 EL Crème fraîche, Salz, frisch gemahlener schwarzer Pfeffer
Für die Croutons: *2 Scheiben Toastbrot, 1 EL Butter*

Guido, mein Ältester, geht gelegentlich in den Wald, um Pilze zu sammeln. Wenn er keine Zeit hat oder keine finden konnte, nehme ich auch getrocknete Pilze.

Allora ... die Pilze müssen gesäubert und gewürfelt werden. Dann das Öl in einem Topf erhitzen und die Zwiebelwürfel glasig werden lassen. Die Pilze darin 6 Minuten dünsten. Mit der Brühe aufgießen und 20 Minuten köcheln lassen. Dann alles pürieren und die Crème fraîche unterrühren. Mit Salz und Pfeffer abschmecken und wieder erhitzen. Ma... molto lentamente. Sie verstehen? Ganz langsam.

Für die Croutons das Brot in Würfel schneiden und in der Butter braten. Basta!

Supreme di Pollo al Limone (Hähnchenbrust mit Kapern in Limettensoße) – 4 Personen

4 Hähnchenbrusthälften (am besten natürlich von dem Metzger in Panidomino, sollten Sie mal in unserer Gegend sein), Mehl zum Bestäuben, Salz, frisch gemahlener Pfeffer, 1 EL eingelegte Kapern, 3 EL Butter, Schale und Saft von einer großen Zitrone

Man kann das Fleisch würzen, aber noch besser ist es, dem Mehl Salz und Pfeffer zuzugeben und das Fleisch damit zu bestäuben. Die Butter dann in einer Pfanne erhitzen. Sie muss heiß sein (naturalmente), aber nicht braun. Die Hähnchenbrüste hineingeben und auf beiden Seiten braten. Nach ca. 15 Minuten sind sie gar und goldbraun. Herausnehmen und in einer vorgewärmten Schale warm halten. Kapern, Zitronenschale und -saft in die Pfanne geben. Gut verrühren und den Bratensaft ablöschen. Mit Salz und Pfeffer abschmecken und über das Geflügelfleisch gießen. Buono!

Panettone (Napfkuchen aus Hefeteig)

42 g Hefe, 500 g Mehl, 20 g kandierte Orangen, 20 g Zitronat, 70 g Sultaninen, 100 g Zucker, 1 Ei, 4 Eigelbe, 130 g Butter, Salz

Panettone gibt's in Italia zu Weihnachten in jeder famiglia! Aber Panettone schmeckt auch zu jeder anderen Jahreszeit delizioso!

Die zerkleinerte Hefe in etwa 150 ml lauwarmes Wasser geben und darin vorsichtig auflösen. Das Mehl auf die Arbeitsfläche geben, eine Mulde bilden und das Hefewasser hineingießen. Mit wenig Mehl vom Rand zu einem Vorteig verrühren. An einem warmen Ort ca. 20 Minuten aufgehen lassen. Den Vorteig mit dem gesamten Mehl und 250 ml lauwarmem Wasser zu einem Teig verrühren und ihn wiederum an einem warmen Ort 20 Minuten aufgehen lassen. Sì, sì, das dauert, aber es wird sich lohnen. Promesso! Unterdessen die kandierten Früchte würfeln und die Sultaninen in lauwarmem Wasser einweichen. In einem Topf den Zucker in 80 ml Wasser auflösen, erwärmen und das Ei und die Eigelbe hinzugeben. Dieses Gemisch nun im Wasserbad unter Rühren langsam erwärmen! Das Langsame fällt mir auch schwer, aber es muss sein. Bei schwacher Hitze dann 100 g Butter zerlassen. Attenzione, nicht braun werden lassen! Den aufgegangenen Teig mit dem restlichen Mehl und ½ TL Salz verkneten. Mit der zerlassenen Butter verrühren (schon wieder langsam, Madonna!) und in kleinen Mengen das Zucker-Ei-Gemisch hinzugeben. Den Teig nun etwa 20 Minuten kneten und kraftvoll auf den Tisch schlagen. Das geht besonders gut, wenn man wütend auf jemanden ist. Eventuell etwas Mehl oder Wasser zugeben, wenn der Teig noch nicht geschmeidig genug ist. Dann die kandierten Früchte und die abgetropften und abgetrockneten Sultaninen hinzugeben und den Teig weitere 3–4 Minuten tüchtig verhauen, bis sich das Obst gleichmäßig verteilt hat. Zu einer Kugel formen und auf ein eingefettetes Blech und mit Mehl bestäubtes Pergamentpapier setzen. Einen Karton zu einer Manschette mit einer Höhe von ca. 20 cm und einem Durchmesser von ca. 25 cm formen. Die Manschette noch mit Backpapier auslegen und dann um den Teig geben. An einem warmen Ort 30 Minuten gehen lassen, bis sich das Volumen in etwa verdoppelt hat. Den Panettone oben kreuzförmig einschneiden, mit der Kartonmanschette auf ein Backblech geben und in den auf 200–220 Grad vorgeheizten Herd schieben. Nach 5 Minuten herausnehmen und die Einschnitte mit der restlichen Butter beträufeln. Den Kuchen wieder in den Herd geben, diesmal für 60–75 Minuten. Die Temperatur reduzieren, sobald der Kuchen Farbe bekommt.

Sie haben recht, man ist den ganzen Tag damit beschäftigt, aber es lohnt sich. Meine Jüngste hat, nachdem sie ihrem Freund Panettone vorgesetzt hat, sogar einen Heiratsantrag bekommen.

Sorbetto al Dragoncello (Estragonsorbet) – 4 Personen

2 EL fein gehackte frische Estrogonblätter, 300 g Zucker, ¾ l Wasser, Saft von 2 großen Zitronen. Basta! Mehr brauchen Sie nicht.

Estragon, Zucker, Wasser und Zitronensaft einfach in einem Topf 2–3 Minuten kochen lassen, damit sich das Estragonaroma mit dem Zucker verbindet und ein Sirup entsteht. Abkühlen lassen und ins Tiefkühlfach stellen.

Ein Sorbet muss so gefroren werden, dass es sich noch gut löffeln lässt. In einer Eismaschine erledigt sich das von selbst. Wer keine hat, muss das Ganze immer wieder sorgsam auflockern, bevor es ganz fest wird, um die Kristalle aufzubrechen. Also nach einer Stunde den Zustand des Sorbets überprüfen, alles mit einer Gabel durchmischen und erneut kaltstellen.

Wiebke, die Freundin meines Schwiegersohns, behauptet, das Sorbet, das sie in einem vornehmen Hotel in Hamburg gegessen hat, wäre nicht so gut gewesen wie dieses.

Insalata di Finocchio (Fenchelsalat) – 4 Personen

2 mittelgroße Fenchelknollen à ca. 250 g, 4 EL Olivenöl, Salz, frisch gemahlener Pfeffer

Auch ein sehr einfaches, schnelles Rezept, das ich immer mache, wenn ich nicht viel Zeit habe.

Die Fenchelknollen putzen, etwas Fenchelgrün beiseitelegen, um es am Ende über den Salat zu streuen. Den Fenchel in hauchdünne Scheiben schneiden und auf einer Platte anrichten. Olivenöl darüber träufeln und mit Salz und Pfeffer abschmecken. Schon fertig!

Tagliolini Primavera (Tagliolini mit Pesto) – 4 Personen

400 g Nudelteig – selbst gemacht oder Bandnudeln aus dem Frischregal – dazu gehackte Kräuter: 2 EL Koriander, 2 EL Petersilie, 1 EL Dill, 1 EL Salbei, 2 EL Basilikum, 30 g Pinienkerne, 2 EL Olivenöl, 100 g Butter, 1 Knoblauchzehe, 30 g frisch geriebener Parmesan, Salz, frisch gemahlener Pfeffer

Sie kennen mich, ich mache den Nudelteig gern selber. Meine Tochter und meine Schwiegertochter kaufen meist die fertigen Bandnudeln. Und ich gebe zu: Die sind auch sehr gut.

Allora ... die Kräuter mit den gehackten Pinienkernen und dem Öl zu einem Pesto vermischen. Die Butter in einer Pfanne zergehen lassen und den Knoblauch hineingeben. Die Nudeln in Salzwasser kochen, abgießen und dabei etwas von dem Nudelwasser zurückbehalten. Den gehackten Knoblauch zusammen mit der Butter unter den Pesto mischen. Parmesan, Salz und Pfeffer und ganz wenig von dem heißen Nudelwasser zugeben, damit die Soße sämig wird. Den Pesto gut unter die Nudeln mischen und auf vorgewärmten Tellern servieren. Schnelle Küche! Ma buono!

Costine di Maiale con ceci (Spareribs vom Schwein mit Kichererbsen) – 4 Personen

1 kg Spareribs vom Schwein (in Italia sagen wir Costine, aber die Verkäuferin bei Feinkost Meyer hat gesagt, in Deutschland heißen sie Spareribs. Hat man in Germania kein deutsches Wort dafür?), 250 g getr. Kichererbsen oder 2 Dosen Kichererbsen (à 400 g), 3 EL Olivenöl, 5 Knoblauchzehen, 2 Selleriestangen, 2 Möhren, 1 Dose (400 g) geschälte Tomaten, Salz, frisch gemahlener Pfeffer, etwas Brühe, ein paar frische Basilikumblätter

Die getrockneten Kichererbsen in reichlich Wasser 24 Stunden einweichen, abgießen, dann in kochendem Salzwasser etwa 1 ½ Stunden köcheln lassen, bis sie al dente sind. Das Öl erhitzen und die Costine anbraten. Knoblauch, Sellerie und Möhren hacken und zum Fleisch geben, kurz mitbraten, dann die Tomaten mit der ganzen Flüssigkeit dazugeben und alles mit Salz und Pfeffer abschmecken. Die Spareribs 20 Minuten in der Tomatensoße garen, anschließend die abgetropften Kichererbsen zugeben. Eventuell etwas Brühe angießen, damit Fleisch und Kichererbsen mit Flüssigkeit bedeckt sind. Zugedeckt 45 Minuten köcheln lassen. Die Costine sind fertig, sobald sich das Fleisch leicht von den Knochen lösen lässt. Die Basilikumblätter kurz vor dem Servieren zugeben.

Italienischer Kartoffelsalat (Insalata di patate)

800 g Kartoffeln, Salz, 2 Zwiebeln, 400 g Möhren, 7 EL Olivenöl, 300 ml Gemüsefond, Pfeffer, 4 EL Weißweinessig, Zucker, 2 Bunde Rucola, 50 g Pinienkerne, 50 g Parmesan, 1 Knoblauchzehe

Wenn Sie auch nicht gern den Kartoffelsalat mit Mayonnaise essen, dann wird Ihnen mein Rezept gefallen. Meine Tochter Lucia hat den Insalata di patate auch so gemacht, obwohl Erik die friesische Variante lieber war.

Kartoffeln waschen und mit Schale 20 Minuten kochen. Zwiebeln und Möhren würfeln. Kartoffeln pellen und in dünne Scheiben schneiden. Zwiebeln und Möhren in 2 EL Öl andünsten. Fond zugießen, einmal aufkochen und mit Salz, Pfeffer, Essig und 1 Prise Zucker abschmecken. Über die Kartoffeln gießen und durchziehen lassen. Rucola putzen, waschen und trocken schleudern. Die Hälfte davon grob hacken. Pinienkerne in einer Pfanne ohne Fett rösten. Parmesan raspeln. 30 g Parmesan mit Knoblauch, gehackter Rucola, 30 g Pinienkernen und 5 EL Öl grobstückig pürieren. Unter die Kartoffeln mischen, eventuell nachwürzen. Übrigen Rucola grob zupfen und unter den Salat mischen. 20 g Parmesan und 20 g Pinienkerne darüber streuen und servieren.

Meinetwegen mit gebratenem Fischfilet servieren, wie mein Schwiegersohn es gern mag. Für mich ist das ja … terribile.

Gallina Campagnola (Hühnchen nach Bauernart)

1 Hühnchen, 40 g Butter, 80 g gekochter Schinken, 30 g Speck, 4 Kartoffeln, 12 Zwiebeln + 1 Zwiebel, 1 Glas trockener Weißwein, 1 Ei, gehackte Petersilie, 2 EL Semmelbrösel, Salz, Pfeffer

Das Huhn ausnehmen, die Innereien zur Weiterverwendung beiseitelegen. Dio mio, während dieser Arbeit hat mein Paolino mich geküsst. Seitdem bin ich nie richtig bei der Sache, wenn ich Gallina Campagnola mache. Hoffentlich bekomme ich das Rezept noch auf die Reihe. Allora …

Die in Scheiben geschnittenen Zwiebeln in etwas Butter anbraten, den gewürfelten gekochten Schinken und die Innereien zugeben. Die Hitze reduzieren und die Semmelbrösel, die gehackte Petersilie und das Ei unterrühren. Attenzione, das brennt leicht an! Mit Salz und Pfeffer würzen und alles ein paar Minuten garen.

Das Huhn mit dieser Mischung füllen und es mit Küchengarn zunähen. Besser keine Kinder zusehen lassen, die werden dann womöglich zu Vegetariern, wie die Söhne meiner Freundin Marina.

Die Butter auslassen, das Huhn darin anbraten. Eine Zwiebel und den gewürfelten Speck zugeben, die Hitze reduzieren und alles zugedeckt schmoren lassen. Nach 10 Minuten den Wein zugeben, ca. 45 Minuten weiterschmoren. Dann die gewürfelten Kartoffeln zufügen und, wenn nötig, ein bisschen Wasser. Alles eine halbe Stunde schmoren lassen.

Das Hühnchen nach Bauernart aufgeschnitten servieren und daran denken, wie es ist, wenn man von einem Mann geküsst wird.

Mousse di Prosciutto (Schinkenmousse)

Kochschinken, Robiolakäse und Butter verrühren und mit Salz und Pfeffer würzen, Kiwischeiben daraufgeben. Sieht hübsch aus und ist doch so einfach!

Tagliatelle al Salmone (Nudeln mit Lachs) – 4 Personen

500 g Tagliatelle oder andere Nudeln, 250 g frischer Lachs, Butter, Zitronensaft, 1 kleines Glas Whisky, Sahne

Die Nudeln kochen, die Butter auslassen, den Lachs hineingeben, ihn schnell anbräunen, dann mit Zitronensaft beträufeln, die Hitze reduzieren, ein wenig Wasser zugeben und ihn ein paar Minuten ziehen lassen. Mit Whisky und Sahne löschen und die Tagliatelle hinzufügen. Man kann auch zwei Gläser Whisky nehmen und eins während des Kochens trinken. Das ist okay.

Profiteroles (6 Personen)

150 g Mehl, 250 ml Wasser, 1 Messerspitze Salz, 3 Eier, 1 Tafel Zartbitterschokolade, 1 Tafel weiße Schokolade, 250 ml Sahne, 1 Päckchen Vanillepuddingpulver, 500 ml Milch, 2 EL Rum

Wenn Sie einen Mann verführen wollen, ist das die richtige Methode. Einer Frau, die gute Profiteroles macht, kann kein Mann widerstehen.

Wasser aufkochen, Salz dazugeben, dann von der Herdplatte nehmen und das Mehl und die Eier einrühren, bis eine klebrige Masse entstanden ist und sich der Teig leicht vom Topf des Bodens löst. Mit 2 Esslöffeln kleine Portionen auf ein Backpapier geben und bei höchster Temperatur 20 Minuten backen.

Inzwischen Pudding kochen und in 2 Teile teilen. Noch im heißen Zustand in den einen Teil die weiße Schokolade geben und in den anderen die Zartbitterschokolade. Ab und zu umrühren, bis der Pudding kalt ist. Sahne schlagen und je die Hälfte unter den Pudding rühren.

Das Gebäck, wenn es kalt ist, halbieren und mit der hellen

Puddingmasse füllen, dann mit der dunklen Masse übergießen. Profiteroles sind wie die Sünde selbst! Unwiderstehlich!

Bruschette napoletana

Tomaten, Knoblauch, Petersilie, Basilikum, Auberginen, Zucchini, Champignons, Mozzarella, Weißbrotscheiben

Das Gemüse putzen und waschen, alles würfeln beziehungsweise in Scheiben schneiden und in der Pfanne kurz schmoren, aber nicht zu lange, alles muss knackig bleiben. Die Weißbrotscheiben toasten, mit frischem Knoblauch einreiben und mit Olio einpinseln. Die Gemüsemischung auf den heißen Weißbrotscheiben verteilen. Mit Mozzarellascheiben garnieren.

Pasta al forno con l'uovo (Nudelauflauf)

1 EL Butter, 250 ml Milch, 125 g geriebenen Käse, Salz, Pfeffer, Paprikapulver, Eier, Parmaschinken

Käsesoße: 1 EL Butter in einem Topf erhitzen, 1 EL Mehl darin anschwitzen. 250 ml Milch vorsichtig einrühren und unter Rühren ca. 5 Minuten kochen lassen. Attenzione! Viel rühren, sonst brennt die Soße an. Dann 125 g geriebenen Käse einrühren und mit Salz, Pfeffer und Paprika abschmecken. Basta!

Lasagneblätter in eine Auflaufform legen, sie mit Käsesoße bestreichen, darauf rohe Eier und Parmaschinken geben. Das Ganze wiederholen, bis alle Zutaten aufgebraucht sind. Dann den Auflauf in den Ofen schieben! Wenn er braun wird und die Nudeln weich sind, ist er fertig. Da ist sentenza gefragt. Augenmaß!

Polpette in salsa di pomodoro (Fleischbällchen in Tomatensoße)

500 g Hackfleisch, 25 g Semmelbrösel, 25 g Parmesan, 10 Blätter gehacktes Basilikum, Salz und Pfeffer nach Geschmack, 1 Ei, 1 EL Milch, 1 gehackte Knoblauchzehe, 2 EL Olivenöl
Für die Soße: *1 l passierte Tomaten, 1 gehackte Zwiebel, 150 ml trockenen Rotwein, Pfeffer, Basilikum*

Das geht molto velocemente, i bambini mögen die Polpette besonders gern.

Semmelbrösel, Parmesan, das Ei und den gehackten Knoblauch hineingeben, vermischen, salzen und pfeffern. Das Hackfleisch und das gehackte Basilikum zugeben, anschließend kleine Bällchen formen und in Olivenöl anbraten. Aus der Pfanne nehmen und in das Bratfett die Zwiebelstücke geben und glasig braten. Mit dem Rotwein ablöschen und aufkochen lassen. Danach die passierten Tomaten mit etwas Salz und Pfeffer zugeben. Alles gründlich verrühren und die Tomatensoße sanft vor sich hin köcheln lassen.

Die Fleischbällchen wieder zugeben, alles mit Salz und Pfeffer abschmecken und Basilikum unterheben. Meine Enkelkinder können nie genug davon bekommen.

Mascarponekuchen

Für den Teig: *125 g Mehl, 1 TL Zucker, 1 Prise Salz, 90 g Butter,*
Für die Creme: *500 g Quark, 500 g Mascarpone, 200 g Zucker, 1 unbehandelte Zitrone, 30 g Mehl, 5 Eier, 2 Eigelb, 4 EL Schlagsahne, Puderzucker zum Bestäuben*

Alle Zutaten für den Teig in eine Schüssel geben und einen Teig daraus kneten. Zu einer runden Platte ausrollen und in eine Springform legen. Den Boden mit einer Gabel einstechen und im vorgeheizten Ofen bei 180 Grad 10 Minuten backen.

Dann den Herd auf 150 Grad herunterschalten. Alle Zutaten für die Creme verrühren und über den abgekühlten Boden geben. Den Kuchen nun 1 ½ Stunden weiterbacken. Nach Belieben mit Puderzucker bestäuben. Fragen Sie Frau Kemmertöns! Die liebt diesen Kuchen!

Buon appetito – Carlotta Capella

Hauptgewinn für Mamma Carlotta!

Hier reinlesen!

Gisa Pauly

Sonnendeck

Ein Sylt-Krimi

Piper Taschenbuch, 480 Seiten
€ 11,00 [D], € 11,40 [A]*
ISBN 978-3-492-30363-7

Die temperamentvolle Italienerin Carlotta Capella ist überglücklich, als sie einige Tage an Bord eines Kreuzfahrtschiffs gewinnt. Ihr Schwiegersohn, der Sylter Kriminalhauptkommissar Erik Wolf, kann ihre Freude jedoch nur bedingt teilen, denn seit einiger Zeit vermutet er einen Dieb an Bord der »Arabella«. Als sie das letzte Mal vor Anker lag, wurde gar der Besitzer eines Wenningstedter Restaurants ermordet. Wird Mamma Carlotta dem Täter an Bord näher kommen, als ihnen allen lieb ist?

*Cover- und Preisänderungen vorbehalten

PIPER

Leseproben, E-Books und mehr unter **www.piper.de**